- 兰州大学"双一流"建设资金人文社科类图书出版经费资助

- 国家社科基金重大招标项目：西北民族地区回族话与回族经堂语、小儿经语言研究（17ZDA311）阶段性成果

语言接触与语言演变

——东乡语与东乡汉语研究

敏春芳 著

中国社会科学出版社

图书在版编目（CIP）数据

语言接触与语言演变：东乡语与东乡汉语研究／敏春芳著．—北京：中国社会科学出版社，2018.11
ISBN 978-7-5203-3591-1

Ⅰ.①语… Ⅱ.①敏… Ⅲ.①东乡语—方言研究 Ⅳ.①H233.7

中国版本图书馆 CIP 数据核字（2018）第 265873 号

出 版 人	赵剑英
责任编辑	孔继萍
责任校对	杨　林
责任印制	李寡寡

出　版	中国社会科学出版社
社　址	北京鼓楼西大街甲158号
邮　编	100720
网　址	http://www.csspw.cn
发 行 部	010-84083685
门 市 部	010-84029450
经　销	新华书店及其他书店
印　刷	北京明恒达印务有限公司
装　订	廊坊市广阳区广增装订厂
版　次	2018年11月第1版
印　次	2018年11月第1次印刷
开　本	710×1000　1/16
印　张	30.5
字　数	468千字
定　价	125.00元

凡购买中国社会科学出版社图书，如有质量问题请与本社营销中心联系调换
电话：010-84083683
版权所有　侵权必究

目　录

上编　东乡语语音语法词汇研究

第一章　东乡地区语音研究 …………………………………（3）
　第一节　东乡语的音位系统 ……………………………………（4）
　第二节　双语现象——东乡汉语语音研究 ……………………（17）
　第三节　混合语——唐汪话语音研究 …………………………（27）

第二章　东乡语语法系统 ……………………………………（40）
　第一节　东乡语名词格范畴 ……………………………………（40）
　第二节　东乡语动词时体范畴 …………………………………（75）
　第三节　东乡语副动词特殊用法 ………………………………（96）

第三章　东乡语汉语借词研究 ………………………………（118）
　第一节　东乡语汉语借词概况 …………………………………（118）
　第二节　东乡语汉语借词类别 …………………………………（130）
　第三节　东乡语借词的结构特点 ………………………………（150）

第四章　语言接触与语言演变 ………………………………（175）
　第一节　东乡语词汇系统变化 …………………………………（175）
　第二节　东乡语构词法的变化 …………………………………（192）
　第三节　东乡语的语言功能变化 ………………………………（208）

下编 东乡汉语等西北方言复杂句式研究

第五章 东乡汉语及西北汉语方言名词格范畴研究 ……………… （252）
  第一节 东乡汉语格范畴研究 ……………………………… （252）
  第二节 东乡语中的 -ɕiə 和东乡汉语的"些" ……………… （263）
  第三节 西北民族地区汉语方言名词格标记研究 ………… （276）
  第四节 西北汉语方言与元白话格范畴比较研究 ………… （302）

第六章 西北汉语方言的复数词尾"们/每" ……………………… （322）

第七章 西北汉语方言"是"字句研究 ……………………………… （334）

第八章 西北汉语方言"给"字句研究 ……………………………… （364）

第九章 西北汉语方言"着"字句研究 ……………………………… （378）

第十章 语言接触与西北方言语法变异 …………………………… （405）

附 录 …………………………………………………………………… （433）

参考文献 ……………………………………………………………… （473）

后 记 …………………………………………………………………… （480）

上　编
东乡语语音语法词汇研究

第 一 章

东乡地区语音研究

西北地区特殊的社会历史条件形成了甘青民族地区汉族、回族和少数民族杂居的格局，造就了汉语与阿尔泰语系语言及藏缅语族的藏语等语言接触的局面，最终导致了甘青民族地区汉语方言别具一格的特点。东乡族连片居住，各村落之间小片聚居，自给自足的农业经济和近距离的商业经济使东乡族固守本土的"土语"；同时，由于汉语的强势影响，汉族与东乡族杂居共处，交往密切，东乡人逐渐转用汉语，汉语对东乡语的影响，还将继续。

据1958年社会历史调查的资料记载，那时东乡地区按语言使用情况分为三类地区：第一类地区包括汪集区、四甲区、高门区、免古池乡、大树乡和罗穆、平善两区的大部分，共计63024人，其中会汉语的有8193人，约占该地区总人口的13%；第二类地区为锁南镇、春台乡、坪庄乡，这类地区共13511人，会汉话的4459人，约占该地区总人口的33%；第三类地区包括百和乡、唐汪区达板乡、科妥乡的一部分，董岭乡、红塔乡的黄家村、红崖乡的一小部分，河滩区的大部分，关堡乡的一小部分，罗穆、平善的部分边沿地区，这类地区共37885人，会汉话的有35233人，约占该地区总人口的93%。[①] 近半个世纪过去了，根据我们多年对东乡语的跟踪调查，从语言使用上看，东乡县的河滩、百合、东源、关卜、果园乡已基本转用汉语；柳树、达坂、那勒寺、赵家、春台、北岭、董岭、车家湾等乡镇以及广河县阿里麻土东乡族乡、临夏县安家

---

① 甘肃省编辑组编：《裕固族东乡族保安族社会历史调查》，民族出版社2009年版。

坡东乡族等乡使用汉语和东乡语双语；东乡县中部和腹部地带，像锁南、汪集、凤山、高山、龙泉、考勒等还使用东乡语。东乡地区语言的使用基本上可以分为三类：东乡语、双语使用中的东乡汉语、混合语唐汪话。那么，要想全面了解东乡语及其与汉语的接触现象，就必须关注这三种循序渐进的语言状况。语音作为语言的外衣，在语言的各个结构层面中最具有系统性，音系结构的对称性不容易产生广泛而深刻的变异，借词的广泛渗透会导致构词方式的改变，进而波及语音系统，正是这种语音结构的渐变性、稳定性、系统性会在一种语言的接触动态演变中留下痕迹，语音结构的系统性变化又为语言接触研究提供了一个典型。东乡语语音的共时描写和历史比较是东乡语研究的首要问题。

本章我们用国际音标注音，不使用以《汉语拼音方案》为基础的东乡语记音字母；为区别咽喉音 h，用"·"来表示送气符号。

第一节　东乡语的音位系统

东乡语元音音位共有 17 个，其中单元音音位 6 个，即/i/、/ə/、/u/、/ɯ/、/o/、/a/，单元音没有长短的对立。复合元音音位共有 11 个，其中二合元音 9 个，即/ai/、/au/、/əi/、/əu/、/ui/、/ia/、/iə/、/iu/、/ua/，三合元音 2 个，即/iau/、/uai/。

一　东乡语元音音位

（一）单元音音位

东乡语有 6 个基本的元音音位，即/i/、/ə/、/u/、/ɯ/、/o/、/a/。

1./i/：舌面前不圆唇前高元音。发音时，舌尖接触下齿背，开口度很小，舌面前向上拱起，与硬腭形成狭窄的气流通道，嘴角向两旁展开，不发生摩擦。

/i/音位有 [ɿ] 和 [ʅ] 两个音位变体。

ṣini 新　　　　　　　　bi 你

tṣʻinar 后天   tɕiəz̩i 节日

2./ə/：不圆唇央元音。发音时，双唇呈自然状态，舌尖稍离下齿背，舌面中部微微收缩。

/ə/有［e］、［ə̃］、［ə̊］三个音位变体。元音/ə/与浊擦音/j/和清擦音/h/结合时，实际读音为［e］；与鼻音/m/、/n/、/ŋ/结合时，实际读音为鼻化元音［ə̃］；与浊塞擦音/tʂ/、/tʂʻ/及清擦音/f/结合时，实际读音为清化元音［ə̊］，在其他条件下均读［ə］。如：

  ərə 男性   ənə 这个
  tʂəŋmian 正面   pʻəsə 再

3./u/：舌面后圆唇高元音。发音时，开口度很小，舌体后缩，舌尖离下齿背较远，舌面后部向软腭拱起，形成狭窄的气流通道，不发生摩擦音。如：

  pʻuʂi 不是   tʻurʁaŋ 瘦肉
  usu 水   futa 口袋

4./ɯ/：舌面后不圆唇高元音。发音时，双唇向两旁展开，略成扁形。如：

  əʁɯ 打   qʻɯʂuŋ 酸的
  tʂɯni 直的   quwa 容易

元音 ɯ 在 ts、tsʻ、s 后读作 ɿ；在 tʂ、tʂʻ、ʂ、z 后，不接 n 时读作 ʅ，接 n 时仍读作 ɯ，如：

  uatsɯ［uatsɿ］ 袜子   tsɯdao［tsʻɿtao］ 刺刀
  kəitʂɯ［kəitʂʅ］ 戒指   kʻəntʂɯ［kʻəntʂʅ］ 麻

5./o/：舌面后圆唇次高元音。发音时，舌体后缩，舌尖平放离下齿背较远，口腔圆唇半闭，舌面、唇部向软腭拱起。如：

  pontɕi 小腿（名词）   poʁoni 矮、低（形容词）
  haron 十   otʂʻi- 喝（指喝茶、喝酒等）

6./a/：舌面后不圆唇低元音。发音时，舌尖离下齿，舌面中间微微隆起。如：

  kʻaŋtsi 旁边,侧面（名词）   aman 嘴
  baijə 身体   ana 母亲

（二）复合元音音位

东乡语的复合元音音位共有 11 个，其中二合元音 9 个，即/ai/、/au/、/əi/、/əu/、/ui/、/ia/、/iə/、/iu/、/ua/，三合元音 2 个，即/iau/、/uai/。

1. 前响二合元音音位/ai/、/au/：发音时前面的 a 元音清晰响亮，音值较固定；后一个元音 i 或 u，音值模糊不固定，动程较短，只表示舌位滑动的方向。如：

   ts'ai 菜   kai 街
   sau 坐   kaula- 搞（动词）

2. 前响二合元音音位/əi/、/əu/、/ui/：双元音音位/əi/发音时舌位从央元音滑到高元音音位，动程较短；双元音音位/əu/发音时舌位从央元音过渡到高元音，唇形由展至圆；双元音音位/ui/发音时舌位高低不变，是从高元音到高元音的过程，变化程度小，发音清晰。如：

   tuləi 耳聋   p'afəi 肺
   kəusəuta 索要   ləusa 骡子
   t'uitɕi 推   uila 哭

3. 东乡语后响二合元音音位/ia/、/iə/、/iu/、/ua/：发音时，后一个单元音为主要介音，其发音较重较长，且响亮，前一个单元音为次要音，其发音要轻一些、短一些、模糊一些。如：

   ɕiapiənk'un 南方人 t'utɕia 屠夫
   kiətʂi 干活   p'iənfuŋ 粉条
   tɕiənliutsi 小偷   atɕiu 舅舅
   quarutu 两天   tunkua 冬瓜

4. 东乡语三合元音音位/iau/、/uai/：东乡语三合元音音位/iau/的发音是从单元音 i 到双元音 au 的自然过渡；/uai/的发音是从单元音 u 到双元音 ai 的自然过渡。如：

   ʂiautɕiauruŋ 露水 tɕiaukan 野生的
   q'uaitʂ'in 陈旧（形容词） kuaini 老实的

二　东乡语辅音音位

东乡语有 29 个单辅音，即 p、p‘、m、f、t、t‘、n、l、r、ts、ts‘、s、tɕ、tɕ‘、ɕ、tʂ、tʂ‘、ʂ、ʐ、k、k‘、x、ŋ、q、qh、ʁ、j、w、h。

（一）根据发音部位可以分为：双唇辅音 p、p‘、w、m；唇齿辅音 f；舌尖前辅音 ts、ts‘、s；舌尖中辅音 t、t‘、n、l；舌尖后辅音 tʂ、tʂ‘、ʂ、r、ʐ；舌面前辅音 tɕ、tɕ‘、ɕ；舌面中辅音 j；舌根辅音 k、k‘、x、ŋ；小舌音 q、q‘、ʁ；咽喉音 h。

（二）根据辅音的发音方法，从阻碍方式、声带是否颤动、气流的强弱三个方面，又可以对辅音进行分类。

根据形成阻碍和解除阻碍的方式不同，东乡语单辅音分为：塞辅音 p、p‘、t、t‘、k、k‘、q、q‘；擦辅音 w、f、x、h、s、ɕ、ʂ、z、j、ʁ；塞擦辅音 ts、ts‘、tʂ、tʂ‘、tɕ、tɕ‘；鼻辅音 m、n、ŋ；边音 l；颤辅音 r。

根据声带是否颤动，可以分为浊音和清音，发音时声带颤动的是浊音，如 w、ʐ、j、ʁ、m、n、l、ŋ、r；发音时声带不颤动的是清音，如 p、p‘、f、h、q、q‘、k、k‘、x、t、t‘、tɕ、tɕ‘、ɕ、ts、ts‘、s、tʂ、tʂ‘、ʂ。

根据解除阻碍时气流强弱的不同，分为送气音和不送气音。送气音如 p‘、q‘、k‘、t‘、tɕ‘、ts‘、tʂ‘；不送气音如 p、t、k、q、tɕ、ts、tʂ。

发音部位和发音方法相结合对东乡语辅音音位逐一加以描写如下：

p：双唇清塞不送气音。

　　piən ʂɯ　饺子　　　　　pi　我

p‘：双唇清塞送气音。

　　p‘əsə　再，还（副词）　　p‘itʂɯ　写

t：舌尖中清塞不送气音。

　　tolu　舔　　　　　　　　tansun　食盐

t‘：舌尖中清塞送气音。

　　t‘aitɕiən　特点　　　　　mat‘aŋ　咱们（代词）

k：舌面后清塞不送气音。

　　kuntu　重　　　　　　　oki-　给（动词）

k‘：舌面后清塞送气音。

　　　　　kʻun　人　　　　　　　　　kʻiə　风

q：小舌清塞不送气音。

　　　　　qatasun　钉子　　　　　　qaʁatʂha-　分离（动词）

qʻ：小舌清塞送气音。

　　　　　qʻa　手　　　　　　　　　qʻan　火

w：双唇浊擦音。

　　　　　kʻəwon　孩子　　　　　　waŋku　顽固

f：唇齿清擦音。

　　　　　furun　唇　　　　　　　　fanfa　方法

x：舌面后清擦音。

　　　　　xulan　红　　　　　　　　xəŋ kʻun　英雄

h：咽喉清擦音。

　　　　　haqa　粪（名词）　　　　　hə　他，那个

s：舌尖前清擦音。

　　　　　sara　月　　　　　　　　 sanla-　梳头（动词）

ç：舌面前清擦音。

　　　　　çinətun　笑话　　　　　　tuŋçiaŋ　东乡（名词）

ʂ：舌尖后清擦音。

　　　　　ʂɯni　新　　　　　　　　pau ʂi　宝石（名词）

ʐ：舌尖后浊擦音。

　　　　　ʐɯnmin　人民　　　　　　ʐutsɯ　褥子

j：舌面中浊擦音。

　　　　　jaŋ　什么（代词）　　　　pajan　雷

ʁ：小舌浊擦音。

　　　　　iʁa　碗（名词）　　　　　ʁusili　大净（名词）

ts：舌尖前清塞擦不送气音。

　　　　　tsunli　总理　　　　　　 patsa　贼

tsʻ：舌尖前清塞送气音。

　　　　　tsʻu　醋　　　　　　　　 tsʻailiau　材料

tʂ：舌尖后清塞擦不送气音。

　　　　tʂansun 雪　　　　　　　tʂau - 咬　（动词）

tʂʻ：舌尖后清塞擦送气音。

　　　　tʂʻɯ 你　　　　　　　　qʻuitʂʻi utu 第二天（名词）

tɕ：舌面前清塞擦不送气音。

　　　　tʂautɕin 梦　　　　　　kotɕia 自己（代词）

tɕʻ：舌面前清塞擦送气音。

　　　　tɕʻiən 甜　　　　　　　tɕʻiəʁau 铁勺

m：双唇浊鼻音。

　　　　miŋa 肉　　　　　　　mimau 眉毛

n：舌尖中浊鼻音。

　　　　naran 太阳　　　　　　niə 一

ŋ：舌面后浊鼻音。

　　　　paŋa 青蛙　　　　　　mutʻuŋ 树（名词）

l：舌尖中浊边音。

　　　　la ʂiʁa 面条　　　　　tʻaulei 兔子

r：舌尖后浊颤音。

　　　　aruŋ 干净的（形容词）　rəi 狂风（名词）

三　东乡语的语音演变

　　语言接触导致语言变化的类型主要有两种：语言结构的变化和语言功能的变化。语言结构的变化涉及语音、词汇、语法各个方面，既包括个别、零散的变化现象，也包括系统性的变化。约瑟夫·房德里耶斯（J. Vendryes）说："相邻语言的影响在语言的发展中常常起重大的作用。这是因为语言的接触是历史的必然，而接触必然会引起渗透。"[1] 语言演变往往与语言的相互影响密切相关，在语言的相互接触中，最容易被渗透的一个方面无疑是词汇。而语言系统中的语音、词汇、语法之间是密切关联的。因此，任何一个子系统的变化都可能在不同程度上触发另外

---

[1]　[法] 约瑟夫·房德里耶斯：《语言》，岑麒祥、叶蜚声译，商务印书馆1992年版，第310页。

两个子系统的相关变化。这就是说语音系统、语法结构以及语言类型的变化，都是缘于语词的大量借入。也许，个别的借词不会产生影响或者其影响微乎其微，但是，大量的借词不仅会使一种语言的词汇系统和语义系统发生改变，而且可以使借入语言的语音要素发生变化，由此引起音位组合规则、音节结构类型的改变，最终导致语音系统的本质变化。民族语言学家通过对大量语言接触事实的调查分析，提供了因词语互借引发语言系统变化的大量事实，证明词语的互借往往导致语音系统的变化和调整，甚至是句法的调整。

东乡语中的蒙古语，与同语族的其他语言比较，在语音和语法上保留了较多的古代蒙古语规范。现代蒙古语词中，第一音节后开音节的短元音已经丧失，但东乡语中仍然保留着，这是十三四世纪蒙古语元音体系的一个特点。在现代蒙古语中，以元音为首的很多词的开头，在东乡语中可以用清擦音，这也是十三四世纪蒙古语辅音体系的一个特点。

（一）汉语语音渗透与东乡语元音变化

1. 单元音

东乡语有单元音音位 6 个，即 /i/、/ə/、/u/、/ɯ/、/o/、/a/，用东乡语记音符号表示即 i、e、u、ii、o、a。

元音没有长短的对立，在鼻音前面构成闭音节时，一律产生鼻化。元音 o 有明显的复元音色彩，ɯ 则不出现于辅音 q、q' 之后。

东乡语和汉语这两个语言中的 a、ə、i 等不圆唇元音之间的区别不大，可以相互对应。除上述所说的 i 和 ɯ 外，其他元音可以出现在音节的任何位置，也可以单独构成音节。汉语中元音 o、u 没有单独构成音节的功能，它只位于辅音声母之后作音节的韵母，或与其他元音结合起来构成复元音韵母。

单元音例词：

a：	anian 姨娘	tʂan tɕila 记账	p'ata 变虚
ə：	əmurəi tsuŋtɕi 遵命	pun ʂə 本色	kolotə 角落里
i：	itʂəu 宇宙	tʂ'əntsi 铲子	li ʂə 旅社
ɯ：	kɯntsi 根源	pɯ ʂi 本事	niutsi 纽扣
o：	ot'əu 膝盖	tʂ'otsi 戳子	poji 拨动

u： uru 叫   kuji 谷雨   loku 锣鼓

2. 复元音

东乡语共有 11 个复元音。按照发音情况，这些复元音可以分为前响复元音、后响复元音、中响复元音三类。

东乡语前响复元音有五个：ai、əi、au、əu、ui，这与汉语中的情况一致。在东乡语中，这些复元音均出现在开音节里，不能构成闭音节。

前响复元音例词：

ai： pəsai 白菜   xai 鞋   xuai masa 炕洞
əi： pəiko 驼背   sanməi 煤灰   xəit'an 红糖
au： kaitau 街道   paupəi 宝贝   kau ʂi 告示
əu： tʂ'əuji 抽   k'əutʂ'a 口吻   mantəu 冰雹
ui： tʂ'ui 拳头   tuiwu 队伍   kuisa 嫌贵

后响复元音有四个：ia、iə、ua、iu。

与现代汉语相比，东乡语中没有 ye 和 uo 这两个复元音，汉语中 ye 这个音在东乡语中读为 iə，汉语中的 uo 在东乡语中读为 o（如 kotɕia 国家、xotʂ'ə 火车等）。

后响复元音例词：

ia： tatɕia 打架   ɕiatʂ'a 一直   niaʁa 粘上
iə： pintɕ'iə 禀帖   taɕiə 大雪   kiətɕia 偏方
ua： kanxua 闲话   xuaji 划   kuata 吃瓜
iu： tɕiuwo 酒窝   litɕ'iu 立秋   liujə 六月

中响复元音有两个：iau、uai。

这与现代汉语的中响复元音基本一致，发音时，前面的元音轻短，中间的元音清晰响亮，后面的元音音值含混，只表示舌位滑动的方向。

中响复元音例词：

iau： futɕ'iau 辐条   tɕiaukan 钓竿   ɕiautɕiə 跪
uai： xuai 横   quailu 挑剔   xuai ʂu 槐树

其中四个前响复元音与蒙古语书面语相同，其他的都是在汉语的影响下形成的新复元音，这些新复元音与汉语是完全相同的。

以蒙古语书面语为基础的东乡语与蒙古语书面语之间已经不存在像

别的亲属语言那样有一定范围、一定条件、一定规律的元音对应关系。东乡语不但与蒙古语之间的元音对应关系错综复杂，就是东乡语之间也缺乏整齐划一的、有规则的对应。事实上，东乡语的元音配置情况、元音和谐的宽严存亡在很大程度已经发生了变化，与汉语的元音系统极其相似。

3. 东乡语元音和谐规律的消失

元音和谐本是阿尔泰语系语言的一种普遍属性。无论蒙古语族还是突厥语族、满洲—通古斯语族的语言都具有这种现象，只不过有的语言里表现得较为严格，有的语言里表现得比较松散而已。按元音和谐规律，蒙古语的元音可分为阴性元音和阳性元音，蒙古语阴性元音和阳性元音是绝对地互相排斥，阴性元音和阳性元音不会在同一个词里面出现。元音和谐规律不仅对元音的阴阳性有严格的规定，还要求词里的所有元音必须唇形和谐。

鲍培（1978）认为：元音和谐是蒙古语中的一种古老现象，它来源于共同的阿尔泰语言，也存在于共同蒙古语中。他构拟共同蒙古语里的元音和谐规律是：

<pre>
    第一音节   其余音节
    a o u ï   a u ï
    e ö ü i   e ü i
</pre>

随着时间的推移，共同蒙古语分化为不同的语言。元音和谐规律在这些语言里也经历了各不相同的演变过程：蒙古语和布里亚特语的元音和谐规律变得更加严整了，既有元音舌位的和谐，又有元音唇形的和谐；卡尔梅克语、莫戈勒语、东部裕固语保持着一种中度严整的水平，有元音舌位的和谐，其中东部裕固语兼有唇形的和谐，但只涉及一部分元音；达斡尔语也有部分的元音舌位和谐及松弛的唇形和谐；土族语里只剩下了元音和谐遗留的痕迹；而东乡语和保安语成了蒙古语族语言甚至整个阿尔泰语系语言中元音和谐规律彻底消亡的语言了。

东乡语受汉语的影响日益加深，随着时间的推移，这些影响促使东乡语的语音系统逐渐地、持续地发生变化，由量变到质变，元音音位的数量增加了，有的固有词里的元音发生了明显的分化，固有词里的音素进行了重新组合，原来的元音和谐规律再也支配不了变化后的语音体系。汉语的借词纷至沓来，大量借词的涌入淹没甚至泯灭了东乡语日渐消亡的元音和谐现象。这大概也是在复杂语言环境的强烈影响下，语言发展演变的一种必然趋势。

（二）汉语语音渗透与东乡语辅音变化

东乡语有 29 个辅音，即 p、pʻ、m、f、t、tʻ、n、l、r、ts、tsʻ、s、tɕ、tɕʻ、ɕ、tʂ、tʂʻ、ʂ、z、k、kʻ、x、ŋ、q、qʻ、ʁ、j、w、h。列表如下（见表1—1）。

表 1—1

方法	发音部位	双唇	唇齿	舌尖	舌尖后	舌面前	舌面	舌根	小舌	喉门
塞音	不送气	p		t				k	q	
	送气	pʻ		tʻ				kʻ	qʻ	
塞擦音	不送气			ts	tʂ	tɕ				
	送气			tsʻ	tʂʻ	tɕʻ				
擦音	清		f	s	ʂ	ɕ		x		h
	浊	w		z			j		ʁ	
鼻音		m		n				ŋ		
边音				l						
颤音					r					

从表 1—1 中可以清楚看出东乡语与现代汉语辅音的异同：唇齿音、舌尖后音、舌面前音完全一致，然而东乡语中的舌尖音却包括了汉语中发音部位为舌尖前和舌尖中的辅音。东乡语的发音部位和发音方法与现代汉语并不完全相同，因此东乡语中就产生了许多现代汉语中没有的辅音，如舌面音 j，小舌音 q、qʻ，喉门音 h，双唇音中的浊擦音 w，小舌浊擦音 ʁ，多出现于固有词中与开音节相邻的后续音节之首以及颤音 r（东乡语发颤音时舌尖连续颤动，气流呼出的通道被堵住后迅速打开，再堵住，再打开，汉语中没有颤音）。

东乡语中的例词：

j:	saujən 草原	ɕiəji 卸		kuji 谷雨	
q:	qatasun 钉子	quʈʂun 颈		tɕʽiqan 铁锹	
qʽ:	qʽan 火	qʽusun 俊美		qʽiʂulu 吃苦	
h:	həʈʂʽə 疲劳	hantʽu 一同		həliə 漂浮	
w:	tsʽiwi 刺猬	ʂawo 沙漠		ʂəuwa 手套	
ʁ:	pitɕiənnuʁuŋ 我们的（名）	ʁajə 最终		ʁusilitʽau 洗大净（动）	
r:	tsʽanfəira 变残	taurin 道士		pari 凭据	

j 和 w 是介于辅音和元音之间的音，它们在发音时气流受到的阻碍很小，只是在通过时有很轻微的摩擦。小舌音 q、qʽ 在东乡语里是相互对立的两个音位，并且主要出现在固有词里，汉语借词中不出现。

1. 东乡语辅音 tʂ、tʂʽ、ʂ的产生

汉语借词中的声母 tʂ、tʂʽ、ʂ融合东乡语固有音位 tʃ、tʃʽ、ʃ，形成了今天的舌尖后音 tʂ、tʂʽ、ʂ音位。东乡语塞擦音 tʂ 和 tʂʽ 是蒙古语塞擦音 tʃ、tʃʽ的变化形式，擦音ʂ是蒙古语辅音 ʃ 一部分的变化形式（蒙古语辅音 ʃ 有三种变化形式即 s、ɕ、ʂ，其中ʂ同汉语的ʂ）。蒙古语塞擦音 tʃ、tʃʽ的发音部位是舌叶音，发音时舌面向硬腭靠拢，除舌叶和齿龈接触外，舌面的边缘也比较用力，和上臼齿相接触，气流只从舌叶和齿龈之间出去。辅音 ʃ 是舌叶和齿龈后部擦音，东乡语 tʂ、tʂʽ和 ʂ 的发音部位是舌尖后音，发音时舌尖翘起向硬腭前部接触形成阻碍。从普通语音学单辅音的发音部位看，舌叶音 tʃ、tʃʽ、ʃ 发音部位较舌尖后音 tʂ、tʂʽ、ʂ靠后。显然，东乡语在以后的发展过程中，舌叶音的发音部位逐渐靠前，形成了今天的舌尖后音 tʂ、tʂʽ、ʂ，这在同语族语言中是非常特殊的，而这种特殊性却和汉语有着密切的关系。从语音学的角度来说，舌叶音演变成舌尖后音也是一种发音习惯的改变，而这种音变现象之所以出现在东乡语里，显然是受汉语影响的结果，因为汉语（西北方言）的塞擦音中都有翘舌音 tʂ、tʂʽ。

使用任何语言的人都有自己的发音习惯，发音习惯是很难改变的，即使改也是一种长期的、渐变的过程。东乡语舌叶音的演变也经历了一个渐变的过程。东乡族最初学习汉语时，因为本族语没有舌尖后音，而用自己母语里的相近音位去代替目的语的相关音位，这是语言接触中的一种常

见现象，所以东乡语就用与之非常接近的舌叶音去代替汉语的舌尖后音。况且，用舌叶音代替舌尖后音，不会影响交际，语音的差别表现在语言里不是音位的差别，关系就不大了，随着东乡语和汉语接触的深入，汉语借词的大量涌入，东乡语发音习惯已向汉语靠拢，固有词的大量丢失，舌尖后音的使用频率已高于固有词的舌叶音。基于舌尖后音和舌叶音无很明显的差别，最终导致舌叶音归并为舌尖后音。不管是在固有词中，还是在汉语借词里，都只出现 tʂ、tʂʻ、ʂ，固有的舌叶音已经消失。

2. 增添舌面音 tɕ、tɕʻ、ɕ

蒙古语中本来没有汉语的 tɕ、tɕʻ、ɕ 声母，东乡语的 tɕ、tɕʻ来源于蒙古语书面语的 ə、o、u 前的 t、tʻ，请看下列一组例词：

tɕ： tautɕi 到底   xontɕi 皇帝   tɕʻiətɕiən 缺点
tɕʻ： tatɕʻi 大体   kʻatɕʻi 字体   tɕʻiauwu   跳舞

从语音学的角度来说，t、tʻ（舌尖中音）变读为 tɕ、tɕʻ（舌面音）是一种比较常见的语音腭化现象。这种常见的腭化现象只出现在东乡语和保安语里，而没有出现在其他蒙古语族语言里，这就和东乡语、保安语所处的语言环境有很大的关系。但是音变所涉及的范围在两种语言里有着明显的不同，在东乡语里不仅涉及汉语借词，也涉及固有词；而在保安语里，主要涉及汉语借词，很少涉及固有词。

东乡族和甘肃的保安族都信仰伊斯兰教，生活习惯与当地回族基本相同，因此与当地的回族交往非常密切。而临夏地区的回腔汉语有一个明显的、不同于当地汉腔汉语的特点即普通话齐齿呼 i 和撮口呼 y 前的 t、tʻ变读为 tɕ、tɕʻ，正是受临夏话的影响，东乡语和保安语出现了 t、tʻ变读为 tɕ、tɕʻ的现象。

东乡语 ɕ 音位主要与蒙古语书面语阴性元音 ə、o、u 前面的 s 相对应。s 的发音部位是舌尖前，与 ə、o、u 相拼时受 ə、o、u 舌位靠后的影响，舌位靠后发成了舌面前，即东乡语中的 ɕ 音位，例如：

    miɕin 迷信   tɕʻiənɕi 谦虚   ɕiauɕiə 小雪

总之，蒙古语中本来没有与汉语相同的 tɕ、tɕʻ、ɕ 声母，东乡语中的舌面前音 tɕ、tɕʻ是从 t、tʻ分化出来的，即处在元音 i 和 y 前面的 t、tʻ在元音的影响下产生腭化而形成。在汉语西北方言的临夏话中，将普通话的

ti、tʻi、tiə、tʻiə、tiau、tʻiau 一律读作 tɕi、tɕʻi、tɕiə、tɕʻiə、tɕiau、tɕʻiau。可见，东乡语出现这样的语音演变，与当地汉语的影响有很大关系。

3. 保留词首辅音 f

蒙古语本来没有辅音 f，在 14 世纪，蒙古语书面语仍然用辅音 w 来书写借词辅音 f，后来才有了书写辅音 f 的符号，一直用于借词范围。但东乡语受汉语影响，将蒙古语中一些词首辅音 x 读成 f 辅音，并且在日常使用中与汉语的辅音 f 没有差别。例如：

蒙 古 语　　　　　　　东 乡 语
xuxutʻa　口袋　　　　　futa　口袋
xukər　牛　　　　　　 fukiə　牛
xunəkan　狐狸　　　　 funiəʁan　狐狸

总之，通过对东乡语语音的研究，可以发现东乡语在汉语影响下语音系统已经发生了很大的变化：单元音数量变少，复元音数量增多；舌尖后音 tʂ、tʂʻ、ʂ 融合了东乡语固有的舌叶音 tʃ、tʃʻ、ʃ；增添舌面音 tɕ、tɕʻ、ɕ；保留词首辅音 f。不仅如此，东乡语的音节模式也与汉语相同：没有复辅音；音节末尾辅音只限于 n 和 ŋ；元音和谐解体。由于东乡语音节结尾辅音的变化，导致了东乡语辅音音位的重新分布。东乡语在汉语影响下，语音结构的变化尤为明显。变化后的东乡语语音结构与蒙古语有了明显的区别。在东乡语语音结构和蒙古语书面语语音结构之间，我们似乎已经看不出像别的亲属语言那样有一定范围、一定条件、一定规律的对应关系。这些现象说明东乡语在发展演变过程中，受到了汉语强有力的影响和干扰，在汉语影响下，东乡语的语音系统发生了一系列的变化：受汉语词双音节化发展趋势的影响，东乡语构词音节减缩，从而失去产生长元音的条件；汉语复元音词的大量涌入，使得东乡语复元音异常丰富，复元音的增多使东乡语元音系统繁化。元音、辅音系统繁化，音节类型重组，最终导致东乡语元音和谐趋于解体。而变化后的东乡语语音结构与汉语非常相似。第一，东乡语元音、辅音系统所包括的单元音、复元音、辅音与汉语的元音、辅音系统基本一致，就连音节模式也完全相同。第二，汉语没有元音和谐规律，东乡语元音和谐规律也趋于解体。

第二节 双语现象——东乡汉语语音研究

一 东乡汉语方言音系

我国实行改革开放以来，随着民族团结的不断加强和族际交往的不断增多，人们学习汉语言文字的自觉性日益提高，各少数民族越来越认识到汉语在不同民族交往中所起的重要作用，普遍认为，要尽快地发展自己，就必须通过使用族际共同语与各民族相互交流，学习先进科学技术知识。经济是社会发展的基础，而经济的发展又离不开语言媒介，离中心城市越近的少数民族，拥有更多与外界接触交流的机会，语言受到的影响和冲击越大。

东乡语是东乡族的民族语和民族社区交际的主要用语，是一种只有口头语而没有书面语的特殊民族语（汉语借词高达58%），语言的社会功能集中表现为人们的日常生产生活交际，特别是在东乡族自治县境内居住的东乡族，有95%以上的人口在日常生活和生产中，很自然地使用本民族语言。随着外来移民不断增加，多民族杂居的状况使得本族人口比例的逆差不断加大，这种人口、民族成分比例的改变，给语言的使用带来了直接影响，东乡语和汉语的接触也就势在必然了。

语言接触对语言使用的影响首先是产生双语现象。"双语"是一个语言社团的成员交替使用两种或两种以上语言的现象，但一个言语社团使用双语并不意味着所有的居民都能使用两种语言，而居民能同时使用两种语言的地区也不一定实行双语制。东乡族各成员之间使用东乡语作为第一交际语，随着经济的发展以及汉语教育的普及，越来越多的社会团体在许多正式场合使用汉语方言交际。所以，我们考察东乡地区的双语现象主要是指以东乡语为本民族的主要交际语，在特定场合下兼用汉语，即民汉双语，包括东乡语和东乡汉语方言，而汉语方言又可分为东乡族说的汉语方言和当地汉民族说的汉语方言。

据我们调查了解，东乡县共有24个乡镇，除了4个乡镇的东乡族和汉族、回族杂居外，其余20个乡镇为纯东乡族乡，这20个东乡族乡以东乡语为母语，基本不通汉语，杂居乡的东乡族也大部分以东乡语为母语。本节内容主要介绍东乡县汉语方言的语音系统，我们选取双语程度最高的东塬乡、关卜乡、河滩镇、锁南镇（见图1—1）为调查点，每一调查点分别选取一名东乡族和一名当地汉族中年男性作为发音合作人，以当地汉族口音为依据，二者发音不一致必要时补充东乡族使用汉语时特殊的发音习惯。对东乡县汉语方言语音结构系统性变化的研究，有助于弄清语言接触和语言演变的关系问题。

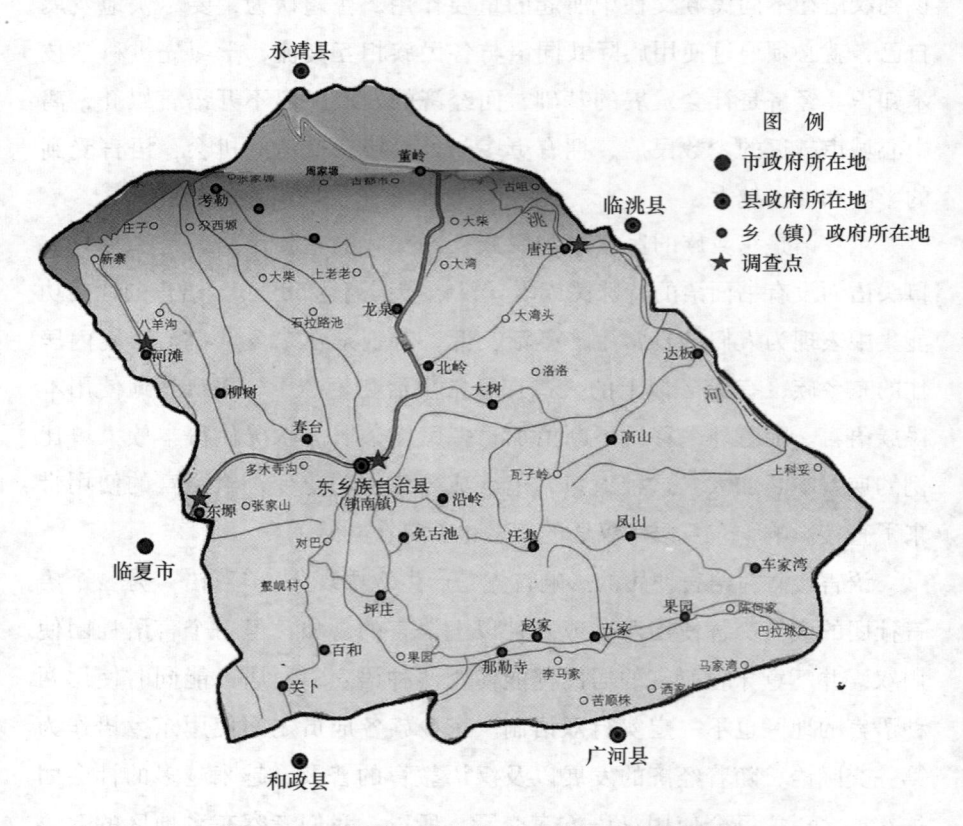

图1—1 东塬乡、关卜乡、河滩镇、锁南镇区位

（一）东塬乡汉语方言音系

1. 声母：25个，包括零声母

p 八比布保　　p' 爬皮铺袍　　m 马米母毛　　f 法福飞风　　v 瓦物歪威

t 大低毒到	tʻ 塌体土掏	n 拿泥努脑		l 拉梨路老
ts 字祖左早	tsʻ 刺醋错草	s 四苏锁扫		
tʂ 知猪招砖	tʂʻ 吃出超穿		ʂ 湿书烧上	ʐ 日热人软
tɕ 鸡局家军	tɕʻ 气去钱裙		ɕ 细续霞兄	ʑ 一衣雨玉
k 骨果盖敢	kʻ 苦开快看	ŋ 我饿鹅讹	x 胡火害汗	
∅ 阿牙烟远				

音值说明：

①唇音与单韵母 u 相拼，唇齿化色彩明显，上门齿轻咬下唇内沿，双唇有轻微颤动。

②v 实际音值为 ʋ，在跟单元音韵母 u 相拼时，上唇和下齿触及，唇齿摩擦较重。

③舌尖前鼻音声母 n 在与齐齿呼韵母和撮口呼韵母相拼时，实际的音值是 ȵ，n 逢洪音读 n。

④x 的发音部位靠后，读音接近小舌音 χ。

2. 韵母：32 个

ɿ 资磁私四	i 比米地起	u 布肚柱固	y 吕区虚鱼
ʅ 知迟十是			
ɚ 耳儿二而			
a 爬搭杂茶	ia 家洽夏牙	ua 抓刷瓜华	
ɤ 特测蛇河	iɛ 灭铁姐野	uɤ 桌锁国活	yɤ 脚缺雪药
ɛi 白带盖害		uɛi 摔怪快坏	
ɔ 跑刀草烧	iɔ 叫巧小摇		
ei 杯煤飞贼		ui 对吹贵醉	
əu 斗走丑口 ue	iəu 牛九修有		
an 班盼弯安	ian 棉天见烟	uan 短专船宽	yan 全选圆院
ə̃ 深升根耕	iə̃ 林新星英	uə̃ 冬春农顺	yn 军群胸云
ã 帮党厂康	iã 良将乡杨	uã 装床霜光	

音值说明：

①i、u、y 作单元音韵母时，带有明显摩擦。

②ɵu 发音较松，略有动程。

③ei 的实际音值是ɿi。

④an、ian、uan、yan 的元音带有轻微鼻化色彩。

⑤ɔ̃、iɔ̃的鼻化色彩不稳定，有时有弱鼻尾。

3. 声调：3个

平声	˧	13	高开飞、穷寒鹅、得七黑、
上声	˦˦˨	442	古打底　五委椅
去声	˥˧	53	故大地　误胃易

音值说明：

①上声和去声声调不稳定，有串调现象，上去声有混读。

②去声实际音值接近52。

（二）关卜乡汉语方言音系

1. 声母：25个，包括零声母

p	八保比布	pʻ	爬跑皮铺	m	马毛米母	f	法飞风福	v	瓦威物歪
t	大到低毒	tʻ	塌掏体土	n	拿脑泥努			l	拉老梨路
ts	字早祖左	tsʻ	刺草醋错			s	四扫苏锁		
tʂ	知招猪砖	tʂʻ	吃超出穿			ʂ	湿烧书双	ʐ	热绕入软
tɕ	鸡家局军	tɕʻ	气前取群			ɕ	细霞先兄	ʑ	一衣雨玉
k	盖敢骨果	kʻ	开看苦阔	ŋ	我饿鹅讹	x	害汗胡火		
ø	阿牙烟远								

音值说明：

①唇音与单韵母u相拼，唇齿化色彩明显，上门齿轻咬下唇内沿；双唇有轻微颤动。

②v 实际音值为ʋ，在与单元音韵母u相拼时，上唇和下齿触及，唇齿摩擦较重。

2. 韵母：32个

ɿ	资磁私四	i	比米地起	u	布柱固肚	y	区虚鱼吕
ʅ	知迟十是						
ɯ	耳儿而二						
a	塔爬茶沙	ia	家夏洽牙	ua	刷抓瓜华		
ɤ	河蛇哥车	ie	铁姐野灭	uɤ	锁活国桌	ye	缺决雪月

ɛi	盖筛来带	uɛi	快怪坏摔				
ɔ	烧跑草刀	iɔ	叫小巧摇				
ei	飞杯贼煤	ui	对醉吹贵				
ɯɣ	斗走丑口	iɯɣ	九牛修有				
an	班安盼弯	ian	天见棉烟	uan	短专船官	yan	全选圆院
əŋ	根横很更	in	新星英林	uŋ	冬春农顺	yn	云军群胸
ã	党帮厂康	iãŋ	杨粮将乡	uã	光装床霜		

音值说明：

①i 韵母带有很强的摩擦有舌尖化倾向，实际读音为 ij。

②y 发音时摩擦较大，有舌尖化倾向，实际音值是 ɥ。

③ɯ 发音时有动程，实际音值接近 ɯə。

3. 声调：3 个。

平声	˦	13	高开飞、穷寒鹅、得七黑、月六药、
上声	ˇ	42	古水粉、五老有
去声	ˋ	53	盖大病 抱近厚

（三）河滩镇汉语方言音系

1. 声母：25 个，包括零声母

p	八保比布	pʻ	爬跑皮铺	m	马毛米母	f	法飞风福	v	瓦威物歪
t	大到低毒	tʻ	塌掏体土	n	拿脑泥努			l	拉老梨路
ts	字早祖左	tsʻ	刺草醋错			s	四扫苏锁		
tʂ	知招猪砖	tʂʻ	吃超出穿			ʂ	湿烧书双	ʐ	热绕入软
tɕ	鸡家局军	tɕʻ	气前取群			ɕ	细霞先兄	ʑ	一衣雨玉
k	盖敢骨果	kʻ	开看苦阔	ŋ	我饿鹅讹	x	害汗胡火		
∅	阿牙烟远								

音值说明：

①pʻ 跟开口呼韵母相拼实际音值为 pʻχ，x 的实际音值为 χ。

②唇音与单韵母 u 相拼时，双唇有轻微的颤动。

③v 实际音值为 ʋ，跟单元音 u 相拼时，有唇齿摩擦。

④n 声母逢洪音读 n，逢细音读 ȵ。

2. 韵母：32 个

ɿ	资磁私四	i	比米地起	u	布肚柱固	y	吕区虚鱼
ʅ	知迟十是						
ɚ	耳儿二而						
a	爬搭杂茶	ia	家洽夏牙	ua	抓刷瓜华		
ɣ	特测蛇河	iɛ	灭铁姐野	uɣ	桌锁国活	yɛ	脚缺雪药
ɛi	白带盖害			uɛi	摔怪快坏		
ɔo	跑刀草烧	iɔo	叫巧小摇				
ei	杯煤飞贼			eu	对吹贵醉		
ɯ	斗走丑口	iɣɯ	牛九修有				
ã	班盼弯安	iæ̃	棉天见烟	uæ̃	短专船宽	yæ̃	全选圆院
ə̃	深升根耕	iə̃	林新星英	uə̃	冬春农顺	yə̃	军群胸云
ɑ̃	帮党厂康	iɑ̃	良将乡杨	uɑ̃	装床霜光		

音值说明：
①i、u、y 作单元音韵母时，带有明显摩擦。
②eu 韵母主要元音的开口度较小，在语流中近似于 ui。
③ɔo、iɔo、ɯ、iɣɯ 发音时动程较小。
④æ̃ 韵母与 k 组声母相拼，实际音值接近 ɛ̃。

3. 声调：3 个。

平声	˧	13	高开飞、穷寒鹅、得七黑、
上声	˦	44	古水粉、五老有
去声	˥	53	盖大病、抱近厚

（四）锁南镇汉语方言音系

1. 声母：25 个，包括零声母

p	帮保别布	pʻ	皮怕跑盼	m	买毛女麦	f	扶放冯父	v	五文王袜
t	东夺赌豆	tʻ	体踏烫拖	n	难眼泥捏			l	兰粮炉辣
ts	卒最昨钻	tsʻ	草从财错			s	思桑三虽		
tʂ	知招专侧	tʂʻ	吃出船测			ʂ	湿山烧色	ʐ	任惹绕日
tɕ	家杰局军	tɕʻ	请去秋掐			ɕ	洗续县想	z	衣姨雨遇
k	哥街根骨	kʻ	开规糠哭	ŋ	我饿鹅讹	x	红还鞋航		

Ø 押野影圆

音值说明：

①n 声母逢洪音读 n，逢细音读 ŋ。

②唇音与单韵母 u 相拼，双唇有轻微颤动；v 实际音值为 υ，在跟单元音韵母 u 相拼时，唇齿摩擦较重。

2. 韵母：32 个

ɿ	资磁私四	i	比米地起	u	布柱固杜	y	区虚吕鱼
ʅ	知迟十日						
ɯ	儿耳二扔						
ɑ	搭爬茶杂	iɑ	家夏洽牙	uɑ	抓娃华刷		
ɤ	河蛇哥测	ie	铁姐野灭	uɤ	戳活国勺	ye	瘸脚雪药
ɛ	盖筛爱得			uɛ	快怪横摔		
ɔ	烧跑草刀	iɔ	叫小巧要				
ei	飞碑贼煤			ui	鬼追推碎		
əu	藕口丑走	iəu	九牛修有				
æ̃	班安盼弯	iæ̃	天见棉烟	uæ̃	短专船涮	yæ̃	全选圆院
ə̃	根庚很深	ĩ	新星英林	uə̃	蹲春遵虫	yn	云军群胸
ã	党帮厂康	iã	杨良讲乡	uã	光装床霜		

音值说明：

①i、u、y 作单元音韵母摩擦较重。

②ɯ 发音时有动程，实际音值接近 ɯə。

③ei 的实际音值是 ii。

3. 声调：3 个

平声	˧	13	高开飞、穷寒鹅、得七黑、月六药、局白熟
上声	˨	42	古水好、五老有
去声	˦	53	盖大病、抱近厚

（五）东乡语对汉语方言语音系统的影响

所谓"语言接触"是指不同的语言或方言在共居相融或相互接触的环境中，经过长期或短期的频繁交际而互相影响、互相渗透，使双方语言特点结构、功能特点发生变化的一种语言现象。陈保亚在《语言接触导致汉语方言分化的两种方式》中提出:"民族语言在和汉语的接触中通过两种方式影响汉语。首先是汉语民族方言通过母语干扰有规则、有系统地影响汉语,导致方言的形成;其次是汉语民族方言通过母语转换变成汉语方言。"① 语言接触是双向的,一种语言在接受另一种语言影响的同时也会影响对方。王福堂先生把方言的语音变化分成两种:"一种是原发性音变,音变的原因来自内部,一种是由语言接触引发的音变,音变原因来自外部。前一种音变是纵向的,即音类早期形式向近期形式的演变,后一种音变是横向的,即这一方言的语音形式向另一方言语音形式的转变。"②

历史上由于汉民族在政治、经济、文化方面居优势地位,东乡族与当地汉族交往密切,自觉或者被迫地接受汉语教育,学习和使用汉文。相比之下,在蒙古语族语言里,东乡语是受汉语影响较深的语言之一。语言接触是双向的,东乡语受汉语方言影响的同时,东乡地区的汉语方言也相应受到了阿尔泰语系语言的影响,两种语言的族群在生活地域上相互紧邻,来往密切,长期交错杂居,在这种相互影响的情况下,两种语言逐渐趋同。在语音方面,受东乡语的影响,东乡地区的汉语方言呈现出特殊的面貌。

第一,东乡汉语方言音系简化剧烈。罗美珍先生指出:"强势语言在替代弱势语言之后受到弱势语言干扰而形成强势语言的变体。比如,在语音方面,多按原有语言的语音系统来接受或判断另一种语言的音系。两种语言相同的音可以全部接受,但另一种语言有的而原有语言无的音,只按原有语言中相近似的音接受,原有语言有的而另一种语言没有的则完全放弃不用,因此过渡语的语音系统总会比两种语言都简单。"③ 据我们对东塬、关卜、河滩、锁南的调查,语音系统一般有25个声母、32个韵母,韵母单元音化的程度很高,有三个声调,并且有三个声调合并为两个的趋势。我们发现,东乡附近所属的河州方言代表点循化、民和、乐都、大通也只有三个声调,并且也有合并为两个声调的趋势,调类数

---

① 陈保亚:《语言接触导致汉语方言分化的两种方式》,《北京大学学报》(哲学社会科学版) 2005 年第 2 期,第 43—50 页。
② 王福堂:《汉语方言语音的演变与层次》,语文出版社 1999 年版,第 19 页。
③ 罗美珍:《论族群互动中的语言接触》,《语言研究》2000 年第 3 期。

目、分派规律与河州话诸多代表点基本一致。请看二者的比较，其中河州话的声调来自张建军（2009）《河州方言语音研究》（见表1—2）。

表1—2

方言点	平声	上声	去声
和政	平13	上55	去43
唐汪	平13	上44	去53
广河	平13	上53	去44
民和	平13	上53	去34
临夏市	平13	上55	去31
临夏县	平13	上55	去31
积石山	平13	上44	去53
循化	平13	上53	去44
同仁	平13	上53	去44
贵德	平13	上55	去41
乐都	平13	上53	去34
永靖	平13		去53

通过以上对比我们可以知道，河州地区三声调的演变是普遍存在的语言现象。汉语三声调方言的演变主要是因为汉语声调的简化、调值近似的合并以及方言或语言之间的相互影响。张世方（2000）认为，汉语声调演变的主要趋势是简化，声调简化的动因就是汉语的双（多）音节化。早期汉语词汇以单音节为主，虽然有声母的清浊对立，但还是有很多同音词（字）在交流中要求通过别的手段达到辨义的目的，而音高辨义就是一种有效的手段，所以声调起着举足轻重的作用。随着汉语词汇的双（多）音节化，产生了连读调，这样一方面使单音节词在词中得以区别，另一方面单字使用的频率大大降低，所以单字调在语音系统中的地位降低，语言系统经济原则促使单字调朝着简化的方向发展。潘悟云（1982）、曹志耘（1998）都曾指出，调型相同、调值相近是声调合并的最直接、最表层的条件。但调值相近只是使声调合并成为可能，具体合并与否、合并方式如何，还要受其他条件的制约，如自身的语音条件、

其他方言的影响等。方言或语言之间的相互接触，会给某一特定语言的发展带来一些影响。西北地区汉语与少数民族杂居，这种情况使一些少数民族语言（多属阿尔泰语系）或多或少对汉语产生一些影响。桥本万太郎先生认为，汉语方言从南到北音节数逐渐减少，声调数也逐渐减少。这种声调数目的减少是由于"当初使用阿尔泰语言的民族侵入中原地区改用汉语作为自己的语言，并把他们所讲的那种汉语加以发展的时候，只能保留有限数量（二三种）的音节语调"。①

作为东乡语与汉语方言接触融合的典型代表，我们调查的东塬、关卜、河滩、锁南四地的汉语方言分别选取东乡族、汉族两位发音合作人进行语音比较，这种三声调的演变恰恰证明了阿尔泰系语言没有声调的特征会直接地影响汉语方言原本的调值，声调的功能逐渐被轻重音取代了。调类的减少并非是语言结构内部调整的结果。语音系统的简化之后一般会出现一些相应的补偿形式或保留一些原有的区别形式，声调的简化也不例外。重音的产生就是语言结构中声韵系统和音节简化而采用的补偿手段。我们调查的东乡汉语方言，其语言底层是东乡语，他们的母语只有重音，没有声调，这些人兼用母语和汉语方言，他们在兼用或转用语言时，母语的语感起了作用，对汉语的声调不敏感，把汉语中音高较高的音节说得较重，音高较低的音节说得较轻。而汉语高调低调的位置在多音节词里的位置是不固定的，于是汉语方言及河州话里产生了区别词义、位置不固定的重音。这些重音的位置有的位于词首音节，有的位于词末音节，靠语流中的轻重音区别意义。我们知道，东乡语的词重音一般在词末位置，但是由于汉语借词的出现，原本固有的重音位置也发生了变化。如 bao'dzw "包子" 和 baodztu "豹子"，重音位置不同，意义也不同，很明显这是汉语声调影响的结果。

第二，东乡语对汉语方言语音系统的影响还表现在个别音变现象。汉语送气塞擦音 tsʻ 声母的个别单字音受东乡语辅音系统的干扰，发生音变现象，读为擦音 s。这种音变现象主要是因为东乡语固有的辅音系统中

---

① ［日］桥本万太郎：《汉语声调系统的阿尔泰化》，工希哲译，《晋中师范高等专科学校学报》1986 年第 2 期，第 112—120 页。

没有辅音 tsʻ，借汉语 tsʻ声母后，只能用相近的音去代替。用母语发音部位或发音方法相近的音去代替外来音，这是语言接触中的一种常见现象，如村 suŋ、草 sɔo、慈 sʅ、醋 su、发财 fa sɛi、翅膀 sʅ pã、芹菜tɕiŋ sɛi。据我们对东塬东乡族和汉族两位发音合作人的音位分析，在交际中，tsʻ声母在汉语方言中均存在两读现象，辅音 tsʻ和 s 基本可以辨别，老人以及没有受过教育的人读 s 的比较多，大多数受教育者已经能分清二者的区别。我们对比临夏方言，发现临夏话回腔汉语中也存在这种音变现象，临夏汉腔汉语没有这种音变现象。东乡的汉语方言在交际时基本与临夏话一致，这种音位系统的两读是东乡族由于长期受到临夏回腔和汉腔的汉语影响，导致了这种两读的音变现象。

第三节 混合语——唐汪话语音研究

唐汪镇是东乡县的一个乡镇，是一个不说东乡语的乡镇。它位于东乡族自治县的东北部，是唐家村和汪家村的合称，因其位于洮河下游谷地，故称"唐汪川"。以洮河为界，东乡族、回族、汉族融合聚居于此：洮河以东是汉族居住区，属于甘肃省临洮县；南面洮河上游和西面山区的上川，是以唐家、汪家为代表的回族和东乡族聚居区；北面的照壁山、塔石沟、白嘴三村并称三合，是汉族居民聚居区；处于中间地带的则是各族居民混杂居住。

语言是一个民族的历史发展、文化交流的重要佐证。据当地人及史料记载介绍："现在唐汪川的唐姓东乡人自称是元末明初来自四川的汉族；汪姓东乡人是明代来自山西洪洞县汉族。今东乡县锁南地区的王家、张王家以及汪家集的高家、张家等都说自己的祖先是汉族。"[①] 从唐汪人的形成民族属性来看这里有回族、东乡族和汉族。唐汪的汉族祖先为了在动荡的社会大环境中适应社会环境的变迁，顺应政治潮流，汉族尊重对方的宗教选择，甚至改变宗教信仰，一部分汉族群体伊斯兰化，一起分享唐汪优越的自然资源和交通区位优势；回族和东乡族有共同的民族来源和宗

[①] 杨绍猷、莫俊卿：《明代民族史》，四川民族出版社 1996 年版，第 231 页。

教信仰，唐汪回民有的称自己为回族，有的称东乡族，而唐汪汉民和唐姓汪姓的回民有相同的血缘关系。因此，汉族与回族、东乡族长期和睦共处、互相认同，并相互通婚保持血缘延续，以至于形成了一个既不完全同于汉人，又不完全同于东乡人、回族人的"唐汪人"的特殊身份。

唐汪话是唐汪人讲的语言，处于阿尔泰语系的东乡语包围圈内，这种语言最有特色或受东乡语影响最深的部分是其语法结构。唐汪话名词和代词的复数表达、格范畴，包括从比格、领属格、反身格、造联格以及动词的各种体（继续体、未完成体、经常体）、副动词等范畴，句法结构的语序和东乡语是完全平行的。据我们近十年的调查研究，唐汪话在语音、词汇、语法系统与周边的临夏话基本一致。如词汇系统绝大多数是汉语词汇，小部分是阿尔泰语系蒙古语族同源词；句法系统接近阿尔泰语系的蒙古语族，有特殊的语序类型和语法范畴，语序类型主要是 SOV 式结构，在格标记、副动词、宾动式等方面与相邻的东乡语极为接近。

最早引起学界对唐汪话关注的是东乡学者阿·伊布拉黑麦（陈元龙），他在《甘肃境内唐汪话记略》（1985）一文中指出：唐汪话语音有 23 个声母，32 个韵母，4 个声调；词汇部分列举了常见的阿拉伯语、波斯语以及少量的东乡语借词；语法部分介绍了唐汪话的数、格、领属、态、体、副动词六种语法范畴，以及"主—宾—谓"的句子结构。这些特殊的语法现象引起学术界的关注，随着语言接触理论研究的深入，更多的学者开始致力于唐汪话"阿尔泰化"研究。徐丹《唐汪话的格标记》（2011）一文重点介绍唐汪话里的格标记，注意到了唐汪话具有阿尔泰语系蒙古语族的语言特征，与临夏话有类似的特点，对唐汪话与河州话的宾格标记"哈"进行比较，观察唐汪话里的格标记和后置词的情况，"后置词+格标记"的句型显然是由于语言接触而形成的混合句法形式；徐丹《甘肃唐汪话的语序》（2013）一文，主要从语序类型的角度来考察唐汪话的基本语序 OV 式，但在句法层面和词法层面也有 VO 语序，唐汪话动词词组里的语序与普通话差别较大，受普通话语言接触的影响，出现特殊的"把"字句、"是"字句。对唐汪话的全面研究还是徐丹的专著《唐汪话研究》（2014）；随后，莫超、张建军《从语法特点看唐汪话的语言性质》（2015）从语法方面对唐汪话的性质有了更深入的论述，他们认为唐汪话的语法跟汉语方言有许多对应之处，没有与东乡语对应的数、态、体的语法范畴，唐汪话更趋向于临夏话，是汉语底层加上跟东乡语部分接触变异而形成的较低的"混合语"。

以上学者对唐汪话的语言有较为清晰深刻的论述，特别是对唐汪话的语法系统进行了深入描述探源。但对唐汪话的语音以及与周边诸语言的接触与形成的机制，还有待于进一步研究。

一 唐汪话音系

唐汪居住人口中回、汉、东乡族三族杂居共处，45%为汉族，36%为东乡族，回族人口约占19%。唐汪话有回民话、汉民话两种口音，使用这两种口音的人能够完全沟通，沟通率达100%，只是在个别字的声调中稍有差异。因此，本书的调查以汉民话为主，在语音特点中兼顾回民话，有不同之处悉尽列出。[①]

（一）声母

声母有25个，包括零声母：

p	八比布保	pʻ	爬皮铺袍	m	马米母毛	f	法福飞风	v	瓦物歪威
t	大低毒到	tʻ	塌体土掏	n	拿泥努脑	l	拉梨路老		
ts	字祖左早	tsʻ	刺醋错草			s	四苏锁扫		
tʂ	知猪招砖	tʂʻ	吃出超穿			ʂ	湿书烧上	ʐ	日热人软
tɕ	鸡局家军	tɕʻ	气去钱裙			ɕ	细续霞兄	z	一衣雨玉
k	骨果盖敢	kʻ	苦开快看	ŋ	鹅我饿熬	x	胡火害汗		
ø	阿牙烟远								

音值说明：

①唇音与单韵母 u 相拼，唇齿化色彩明显，双唇有轻微颤动，实际音值为 p^f、$p^{ʻf}$、m^f；双唇清塞音 p、pʻ与单韵母 i 相拼时，实际音值是 ps。

[①] 主要发音合作人：汪胜利，男，汉族，生于1960年11月1日，东乡县河滩镇汪胡村人，高中文化程度，村干部，父母说本地方言，小学语文老师说本地方言，一直在本地居住，说地道的唐汪话，可以听懂东乡语；唐忠，男，汉族，1969年生，东乡县唐汪镇塔石沟村人，高中文化程度，公务员；汪英梅，女，回族，1983年生，东乡县唐汪镇汪家村人，大学文化程度；马小虎，男，回族，1992年生，东乡县唐汪镇唐家村人，大专文化程度，警校学生。

②v 实际音值为 ʋ，在与单元音韵母 u 相拼时，唇齿摩擦较重。

③舌尖前鼻音声母 n 在与齐齿呼韵母和撮口呼韵母相拼时，实际的音值是 ȵ。

④tɕ、tɕʻ、ɕ 与 i 相拼，摩擦较大，实际音值为 ʧ－。

⑤x 的发音部位靠后，发音时有阻碍，与韵母相拼时有小舌颤音 R，如河 x^{R}ɣ[13]。

（二）韵母

韵母有 32 个：

ɿ	资磁私四	i	比米地起	u	布肚柱固	y	吕区虚鱼
ʅ	知迟十是						
ɚ	耳儿二而						
ɝ							
a	爬搭杂茶	ia	家洽夏牙	ua	抓刷瓜华		
ɤ	特测蛇河	iɛ	灭铁姐野	uɤ	桌锁国活	yɛ	脚缺雪药
ɛ	白带盖害			uɛ	摔怪快坏		
ɔ	跑刀草烧	iɔ	叫巧小摇				
ei	杯煤飞贼			uei	对吹贵醉		
əɯ	斗走丑口	iəɯ	牛九修有				
æ̃	班盼弯安	iæ̃	棉天见烟	uæ̃	短专船宽	yæ̃	全选圆院
ə̃	深升根耕	iə̃	林新星英	uə̃	冬春农顺	ỹ	军群胸云
ã	帮党厂康	iã	良将乡杨	uã	装床霜光		

音值说明：

①i 单独作韵母拼合时有舌尖化色彩，处于 tɕ 组向 ts 组相拼的过渡阶段，具体分为两种情况：第一，与声母 ʑ 相拼，舌面抬高，舌叶接近上齿龈，实际音值接近半元音 j；第二，与 tɕ、tɕʻ、ɕ 相拼，实际音值是 i¹。

②ts、tsʻ、s 与 u 相拼，实际音值是 ɯ。

③ɛ、uɛ 的韵尾开口度较大，特别是与 k 组声母相拼，实际音值接近 ɛɜ、uɛɜ。

④æ̃ 韵母与 k 组声母相拼，实际音值是 E。

（三）声调

平声　　　˦　　13　　　高开飞、穷寒鹅、得七黑、

上声　　 ˧　　44　　古打底　五委椅
去声　　 ˩　　53　　故大地　误胃易

音值说明：

①上声和去声声调不稳定，有串调现象，上去声有混读。
②去声实际音值接近52。

二　唐汪话音韵特点

（一）声母

1. 古全浊声母清化。古全浊声母今音为塞音、塞擦音的，相应地与同发音部位的清塞音、清塞擦音合流，古全浊声母仄声字也有个别例外字读送气音，大多为老派的白读音，如耙 p'a¹³、步 p'u⁴⁴、倍 p'əi⁵³、伴 p'æ̃¹³、病 p'iə̃⁴⁴、肚 t'u¹³、坐 ts'uɤ⁵³、匠 tɕ'iã⁵³。

2. 端组四等个别字的声母在介音 i 前腭化成 tɕ 组，这种语音变异只存在于个别字当中，主要受临夏回腔汉语和东乡语汉语借词的影响，且有代际差别，汉族年轻人一般不发生腭化，如挑 tɕ'iɔ¹³、天 tɕ'iæ̃¹³、听 tɕ'iə̃¹³、题 tɕ'i¹³、低 tɕi¹³、电 tɕiæ̃⁵³、弟 tɕi⁵³、敌 tɕi¹³、调查 tɕiɔ⁴⁴tʂ'a¹³。

3. 泥来母不相混，泥母与齐齿呼韵母和撮口呼韵母相拼时，实际的音值是 ȵ；来母字今读 l 声母，如男泥 næ̃¹³ ≠ 兰来 l æ̃¹³、牛泥 niəɯ¹³ ≠ 刘来 liəɯ¹³。泥母也有个别字读 l 声母，如内泥 luəi⁴⁴、脓泥 luə̃¹³、浓泥 luə̃¹³；泥母的"女"读 mi⁴⁴，在西北方言中普遍存在。

4. 精组字和见组、晓组字在今细音前不分尖团音，见系开口二等字的声母腭化成 tɕ 组音，少数文白读的字未完全腭化，文读音为 tɕ 组，白读音为 k 组音，如瞎 ɕia¹³文 xa¹³白、下 ɕia⁵³文 xa⁵³白、解 tɕiɛ⁴⁴文 kɛ⁴⁴白、鞋 ɕiɛ¹³文 xɛ¹³白、虹 xuə̃¹³文 k ã⁵³白、巷 ɕiã⁵³文 x ã⁴⁴白、街 tɕiɛ¹³文 kɛ¹³白、腔 tɕ'iã¹³文 k'ã¹³白。

5. 知庄章组声母一般读 tʂ 组音，如茶 tʂ'a¹³、遮 tʂɤ⁴⁴；崇母平声字读 tʂ'声母，个别例外字读 ts'，如豺 ts'ɛ¹³、愁 ts'əɯ¹³、馋 ts'æ̃¹³、岑 ts'ə̃¹³、茬 ts'a¹³。

6. 疑影母开口一等字读舌根鼻音 ŋ，如鹅 ŋɤ¹³、熬 ŋɔ¹³；疑母止摄开口三、四等字读 ʐ 声母，如宜 ʐi¹³、义 ʐi¹³；疑母也有部分字读 n 声母（逢细音实际音值是 ȵ），如崖 nɛ¹³、矮 nɛ⁴⁴、岸 n ã¹³、挨 nɛ¹³、咬 niɔ⁴⁴、颜 niã¹³、硬 niɔ̃⁴⁴、额 nɤ¹³。

（二）韵母

1. 果摄开口一等韵一般与合口一等韵的主要元音合流读作 ɤ，果摄合口一等字中的见晓组个别字，如科、颗、棵、和_{和气}，与果摄开口一等端系字的韵母合流为 uɤ。

2. 蟹摄开口一、二等字韵母一般读 ɛ，见系部分字读 iɛ，如界 tɕiɛ⁴⁴、蟹 ɕiɛ⁴⁴；三、四等字韵母一般读 i/ɿ，帮组、端组、泥组、精组、见系字韵母读 i，知章组韵母读 ɿ，如制 tʂɿ¹³、世 ʂɿ⁴⁴。蟹摄合口一等非帮组字韵母读 ui，帮组字韵母读 ei，合口二等韵母一般读 ɛ、ua、uɛ，如画 xua⁴⁴、歪 vɛ⁵³、怀 xuɛ¹³，合口三、四等韵母一般读 ei、ui，如岁 suei⁴⁴、卫 vei¹³。同时，蟹摄合口一等字，如累_{积累}、雷等，与止摄合口三等字里泥组的部分字，如"累、泪、类、磊"合流，韵母都为 uei。

3. 止摄开口三等韵母读同蟹摄开口三、四等字的帮系、端组、泥组以及见系，如眉 mi¹³、美 mi¹³、里 li⁵³。

4. 效摄开口一等字韵母读 ɔ，如桃 tʰɔ¹³、羔 kɔ¹³，开口二等字见系韵母读 iɔ；三、四等知章组字读韵母 ɔ，如超 tʂʰɔ¹³、照 tʂɔ⁵³，除知章组外都读 iɔ，如料 liɔ⁵³、窑 ʑiɔ¹³。

5. 咸山摄开口一、二等舒声字韵母一般读 ã，见系二等字韵母读 iã，开口三、四等（知章组字除外）舒声字韵母一般读 iã，知庄章组、日组舒声字韵母一般读 ã。山摄字一般读 ã/uã/yã，如完 vã¹³、船 tʂʰuã¹³、原 yã¹³。咸山摄开口一等入声字端组、精组的韵母读 a，见系字韵母读 ɤ。咸山摄开口二等入声字知庄组韵母读 a，见系字韵母读 ia；咸摄开口三、四等入声字韵母一般读 iɛ。山摄合口一等入声字韵母读 uɤ，二等知庄组读 ua，见系读 a/ua，三、四等字韵母一般读 yɛ。

6. 深臻曾梗通摄韵母读 ɔ̃ 组音。臻曾摄韵母合流，一般读 ɔ̃，深臻曾梗摄开口三等帮端见系舒声字韵母一般读 iɔ̃，知系舒声字韵母读 ɔ̃；臻摄合口一、三等帮系舒声字韵母今读 ɔ̃，端精组、见系舒声字韵母今读 uɔ̃，合口三等泥组、知章组读 uɔ̃，见系字读 ỹ；通摄一等（帮组除外）舒声字韵母一般读 uɔ̃，帮组舒声字韵母一般读 ɔ̃；通摄三等非组舒声字韵母一般读 ɔ̃，晓影组舒声字韵母一般读 yɔ̃，其他系组字一般读 uɔ̃。

7. 宕江摄舒声字韵母合流，宕摄一等帮系、端组、见系及江摄二等帮系、知庄组、见系部分字分别都读为 ã 和 iã，如光_{宕合一平唐见} = 刚_{宕开一平唐见} kã¹³、黄_{宕合一平唐匣} = 杭_{宕开一平唐匣} xã¹³，同时，宕摄合口一、三等见晓组部分舒声字韵母一般与江摄开口二等知庄组舒声字韵母合流，即这两摄韵母的部分字逢今北京音的合口呼韵母 u 时，韵头 u 丢失，使得合口呼变为开口呼，如壮 tʂã⁴⁴、装 tʂã¹³、窗 tʂʰã¹³、双 ʂã¹³。

8. 通摄一等（帮组除外）舒声字韵母一般读 uɔ̃，帮组舒声字韵母一般读 ɔ̃；通摄三等非组舒声字韵母一般读 ɔ̃，晓影组舒声字韵母一般读 ỹ，其他系组字一般读 uɔ̃；通摄一等入声字读 u，三等入声字韵母读同遇摄合口三等。

（三）声调

1. 唐汪话一般有三个声调：平声、上声、去声，与西北其他三声调方言区类似，没有曲折调。平声不分阴阳；古清上及次浊声母上声字今读平声。

2. 唐汪话声调的辨义功能减弱、区别特征模糊，需要在实际语境中辨别，如煮 tʂu⁴⁴ = 住 tʂu⁴⁴ = 猪 tʂu⁴⁴、废 fəi⁴⁴ = 肥 fəi⁴⁴ = 飞 fəi⁴⁴。

3. 与唐汪汉民话的声调相比，回民话的单字调大大简化，只有两个声调，调值约为 24 和 44，单字调在语音系统中的地位降低，主要靠双（多）音节中的重音来区别词义，关于唐汪汉民和回民两种口音单字调生理、音理上是否具备区别特征还需要我们结合语音实验软件来进一步研究。

4. 唐汪话声调古今对应关系详见表 1—3（以 1500 单字为例进行分派统计）。

表 1—3

调型调值	平		上			去		入		
	清	浊	清	次浊	全浊	清	浊	清	次浊	全浊
平声 13	114	243	133	49	7	31	17	61	11	30

续表

调型调值	平		上			去		入		
	清	浊	清	次浊	全浊	清	浊	清	次浊	全浊
上声44	212	50	49	12	47	137	112	64	31	14
去声53	2	2	3	2	5	28	20	2	8	

从表1—3我们可以得到三个基本结论。

第一，声调方面串调现象严重。除具有基本的古今对应关系的字外，串入大量不符合古今对应关系的字，缺乏严格意义上的对应关系，串调情况在平声和去声中的表现特殊。这种现象普遍存在河湟地区的三声调方言中，我们认为是语言接触导致"北方汉语阿尔泰化"的结果。

第二，单字调有合并两个声调的趋势。我们以1500（1496个有效读音）字为例，各古今对应关系的字中，读平声的有696字，上声的728字，去声的72字，可见平声和上声是声调简化合并的主流，与回民话的13和55调值演变基本接近。

第三，唐汪话的词调比较稳定。单字调有合并的趋势，但在连读变调中不同的词语读何种声调模式是基本固定的，既受语音规则的控制，又受语法规则的控制，连读调往往保留早期的声调差别。

从以上与中古音的比较中我们可以得知，唐汪话的语音演变和《中原音韵》《切韵》密切相连，与中古音对应整齐，很多地方保存了中古音的音韵特征，并与西北方言临夏话的语音基本保持一致。整个语音系统受汉语底层影响保持封闭状态，东乡语对唐汪话的影响只存在于语音、词汇、语法的借用，不触及语音的系统结构调整。

三 语言接触与唐汪话

（一）唐汪话与东乡语的关系

唐汪人保持了自己作为一个汉族后代的清醒认识，又和东乡族穆斯林具有一致的宗教信仰。然而，从东乡族的来源、近代历史、语言学的角度研究结果看，东乡人整体又与蒙古族有着直接的联系。于是，在唐汪人中，回族、东乡族与汉族保持着"异族同宗"的和谐关系，并且保留了复杂但一致的民族认同,即汉族后裔认同、东乡族身份认同、穆斯林身份认同以及蒙古族后裔认同。在这种认同下,语言经历了不同民族的融合,"东乡语、唐汪回民话、唐汪汉民话形成一个渐变链"。①

东乡语是阿尔泰语系蒙古语族语言之一,和同语族的蒙古语、土语、保安语、东部裕固语有明显的对应关系:无声调,音节中有重音,词汇中有较多的蒙古语族同源词,在与汉语的接触中借入了大量的汉语借词,语法特点保留了蒙古语的 SOV 型语序特点和格范畴,同时也有汉语的语法结构和语法词缀。东乡人在和汉民族相互接触过程中,当地强势汉语方言临夏话在政治、经济、教育等各方面占有绝对优势,为了融入汉民族文化圈,学习汉族先进的文化,就不得不先从语言这一媒介入手,少数民族在保留自己民族特色的同时,通过汉语借词的大量渗入,使汉语句法结构特点逐步渗入东乡语中,例如,东乡语出现格附加成分省略的现象,语序开始出现 SOV 和 SVO 的混合。

唐汪回民话语音系统与临夏话一致,有两个声调,并且有向无声调演变的趋势,开始失去单字声调用音节重音来区分词义,词汇系统采用了东乡语的转用模式,有大量的汉语词汇,同时借入少量东乡语借词,主要为伊斯兰特殊词汇及经堂用语;有格范畴和少量语法词缀,是一种掺有东乡语成分的回民汉语。我们可以认为,唐汪回民话是以汉语为底层借入东乡语成分的地方回民话。

唐汪汉民话与临夏话有明显的对应关系,是甘青地区特有民族语言文化的区域特征之下的一个小的方言区域,与其他汉语方言语音发展是平行的,与西北地区语音发展规律相同。唐汪人的主体是汉民和回民以及少量东乡人,东乡人和回民由于宗教信仰相同,唐汪回民有意接受东乡人的语言,甚至包括东乡语转用汉语时的特殊句法,这种语法系统的转用可以被认为是一种有意模仿的借贷,是接触方式上的"感染"。所谓感染,"不是具体语言成分的借用,而是某种语言特征或结构方式上的模仿和趋同"。唐汪回民对阿尔泰语系诸多的非汉语语法特征有意模仿,借鉴了名词的把被格、从比格、造联格、SOV 式、副动词 t'ala 等语法形式。而唐汪汉民和

---

① 徐丹:《唐汪话研究》,民族出版社 2014 年版,第 329 页。

回民长期和睦相处，互相认同，共同的血缘关系，尊重对方的宗教选择，也接受其东乡化的特殊句法成分。但是，唐汪人祖辈的第一语言是汉语，语音、词汇系统仍保留汉语的因素，语法系统自然也以汉语为底层，没有与东乡语相对应的数、态、体语法范畴。一半的汉语语法特征，一半的东乡语语法特征，这样就使得唐汪话逐渐成为以汉语为底层，借鉴东乡语的用法，接受并模仿伊斯兰教的习得方式而形成的一种具有特殊民族认同的通用语，这种语言既不完全同于汉语，也不完全同于东乡语。

（二）语言接触中的唐汪话语音变异

语音演变的类型可按其发生原因分为自源型与他源型两类。自源型音变往往是因为语音的内部演变规律性以及内部语音的相互影响，而由语言接触引发的。他源型音变可以由外部语音特征以及词汇的借入产生语音变异。受阿尔泰语的影响，唐汪话在接触中发生语言变异。

首先，声韵母的简化。唐汪话有25个声母，32个韵母，韵母的单元音化程度较高，且具有系统性，成套匹配。根据金双龙（2013）的研究，东乡语有17个元音音位，单元音6个，即/a/、/u/、/ɯ/、/ə/、/o/、/i/，单元音没有长短的对立；复合元音音位有11个，即/ai/、/au/、/əi/、/uəi/、/əu/、/ia/、/iə/、/iu/、/ua/、/iau/、/uai/。东乡语有29个单辅音，根据发音部位可以分为：双唇辅音p、pʻ、w、m；唇齿辅音f；舌尖前辅音ts、tsʻ、s；舌尖中辅音t、tʻ、n、l；舌尖后辅音tʂ、tʂʻ、ʂ、r、ʐ；舌面前辅音tɕ、tɕʻ、ɕ；舌面中辅音j；舌根辅音k、kʻ、x、ŋ；小舌音q、qʻ、ʁ；咽喉音h。其中ts、tsʻ、ʐ只出现在借词里，如tsʻailiau 材料。唐汪话与东乡语的音节结构相比有共同之处，元音在音节结构中占优势，辅音只出现在音节的开头或末尾，东乡语在末尾出现的辅音只限于n、ŋ、r，而唐汪话没有鼻辅音音节，-m、-n、-ŋ合并，并且-n、-ŋ对前面的介音进行同化，出现鼻化元音，ɐ̃、iɐ̃、uɐ̃、yɐ̃、ɔ̃、iɔ̃、uɔ̃、yɔ̃、ã、iã、uã的元音带有轻微鼻化色彩，有弱鼻尾。唐汪上川回民话受东乡语的影响，声母t、tʻ和单韵母i及韵头是i的复韵母相拼时会被腭化成tɕ组，如弟tɕi⁴⁴、铁tɕʻiɛ⁴⁴，唐汪汉民端组字的腭化不稳定。

其次，唐汪话声调出现了明显的简化现象：汉民话有三个声调，且出现调类合并现象，回民话有两个声调，由声调"合二为一"演变为无声调趋势。声调特征日趋模糊,在多音节结构当中,用一个或两个音高较高、音强较强的重音补偿声调,这一特征是河湟地区汉语方言在超音段特征上的区域共性。陈元龙《甘肃境内唐汪话记略》(1985)介绍唐汪话有四个声调,阴平24,阳平554,上声224,去声31,"阴平调24与上声调224很相似,相当于普通话阴平的字唐汪话中有一部分读作阳平554调,当地人对这一差别已经不很敏感。唐汪话的声调有演变为三个调类的趋势,即阴平字分别归到上声和阳平两类"[1]。据我们现有的调查,唐汪话确实已经演变为三个调类,并且有演变为两个调类甚至无调的趋势,这应该是语言内部演变以及两种语言深入接触、变异的结果。从声调的物理属性来看,声调的合并是从调值开始的,音位学上的"调值相近"和"不对立"使不能区别意义的调值归为一个调类,在陈元龙的调值中,阴平24和上声224,中间调素2是边缘调素,决定一个调型的核心调素是2和4,当一个核心调素和边缘调素根据相对时长进行组合,就使得两个调型在听感上接近,并随着调型组合发生合并;从语言接触的角度来看,甘肃的两声调及三声调方言被认为由于受了无声调的汉藏语系的藏语或阿尔泰语言影响,声调从多到少甚至可能消亡这一演变方向。桥本万太郎曾提出"北方汉语在词组末尾音节上的声调数目之所以能减少,原因在于当初使用阿尔泰语言的民族侵入中原地区改用汉语作为自己的语言,并把他们所讲的那种汉语加以发展的时候,只能保留有限数量(两三种)的音节语调"[2]。如果只看单字调,这些结论都有事实依据和合理的逻辑基础,但在连读调中,唐汪话及甘肃方言的声调没有合并,反而变多了。唐汪处于阿尔泰语系东乡语的包围圈中,对外交往的中介语是临夏话,在强势的汉藏语系语言影响下,唐汪话的语音变异没有触及深层语音结构系统的调整,韵母的简化以及声调的变化和临夏话一致,符合北方汉语声调演变的整体趋势,与汉语方言的声调演变保持一致。

(三)语言借贷与底层干扰

Thomason、Kaufman(1988)和 Thomason(2001)区分了两种接触引

---

[1] 阿·伊布拉黑麦:《甘肃境内唐汪话记略》,《民族语文》1985年第6期,第33—47页。
[2] [日]桥本万太郎:《汉语声调系统的阿尔泰化》,工希哲译,《晋中师范高等专科学校学报》1986年第2期,第112—120页。

发的语言演变。一种是借贷引起的，一种是转用干扰引起的。借贷指一个语言社团先借贷外来词汇，然后逐渐发展到借贷功能词、句法结构等。借贷的深度可以分为几个等级。转用干扰指一个语言社团在习得一种语言（目标语）不完善时产生的现象。

　　唐汪人的底层语言是汉语，在民族融合的过程中兼用母语和东乡语，唐汪人在习得二语的时候，先是借贷非基本词汇，在语言借贷的第一阶段保留了众多母语成分；语言转用的过程中，在非基本词汇借贷的顺序上，是句法和语音的渗透。借贷的过程中会同时显现底层干扰，二者犹如互相竞争的势力，决定了一种语言的性质。底层干扰通常是从音系和句法成分开始的，汉语母语的语感起了作用，声调作为汉语最为重要的区别特征，在多音节中往往会不自觉地带入声调区别词义，受语言借贷顺序的影响，唐汪人也会受东乡语的影响把他们在习得第二语言汉语中音高较高的音节说得较重，音高较低的音节说得较轻。久而久之，在两种语言的影响下，唐汪人对汉语的声调渐渐变得不敏感，产生了区别词义、位置不固定的重音。这种特点可能在河州方言中也留下一些痕迹，80%的双音节词两个音节分轻重，其中轻读音节的音高低、音势弱、音程短，包括各个单字调的字；重读音节的音高高、音势强、音程长，包括各个单字调的字。

　　我们认为语言接触会导致语言变异，语言借贷的顺序是词汇、句法、音系，语言的底层干扰通常是从音系和句法成分开始的，底层干扰可以保证二语习得中较为系统地保留底层语言的痕迹。同时，声调作为语音系统中最为敏感的要素和区别特征，在底层干扰中的级别最低，最容易在二语习得中失去自身特性。东乡语与汉语的声母差别较大，容易把母语干扰下的目的语特征带入自己的母语中，而东乡语作为蒙古语族的一个代表，讲究元音和谐，对元音的拼读并没有那么严格，所以就导致了在语音方面的底层干扰顺序是声调＞声母＞韵母（先于）。

（四）唐汪话的性质

　　混合语是在一定的历史条件下，两种或两种以上的语言通过长期的接触，混合生成的一种语言，并且在语音、词汇、语法等方面与源语言有着密切关系。目前我们公认的混合语有海南回辉话、青海的五屯话、甘肃的唐汪话、四川的倒话、新疆艾依努语等。目前对混合语的一般性理论研究较为深入的是意西微萨·阿错的《倒话研究》，他从结构和功能相结合的角度对混合语的界定提出四条基本标准："（1）源语言必须各自都是独立的语言，不能互为对方的方言，这是一个基本的前提。（2）从结构上说，是深度的结构异源。在共时层面的反映是不同语言结构的交错混合，从历时层面反映出的就是来自不同语言的异源性。（3）从功能上说，必须是一个语言社团的母语或者母语性的语言。（4）从结构功能上，和任何自然语言一样，混合语拥有一个独立语言的所有特质和全部功能。由于结构上的深度异源性，使得无法将这种语言划归源语言中的任何一方，和源语言之间是互不隶属的独立语言一样，新的混合语也不隶属源语言中的任何一方，也是一个独立的语言；同时为了担当起作为特定语言共同体的第一交际语和孩子们学习的母语的功能，新产生的混合语也就必然地拥有了适应交际需要的相当丰富的词汇、完备严密的语音语法体系。"[1]

青海的五屯话、四川倒话都是藏、汉两种语言相互影响与融合的结果，词汇大部分来源于汉语，各种语法手段、语法范畴在结构和功能上与藏语有严整对应；并且表现这些语法手段的具体形式，可以在汉语中从语音和语义上找到语素对应，但表达的却是汉语语素完全不可能具有的语法功能。五屯话和倒话词汇、句法和音系已经合成了一个新的语言，是一种典型的混合语。

混合语的产生是词汇、语音、语法混合的结构，在语言的融合过程中会产生兼具这种语言或那种语言的第三种语言。唐汪话的声调系统受到了东乡语的影响，但语音系统又是汉语系统，与临夏和青海等地方言在语音上也表现出相同或相近的演变规律；词汇系统以汉语为主，借词较少；语法系统一半汉语结构、一半东乡语结构等，这些异质系统有机结合，成为一种具有身份认同的特殊语言——唐汪话，唐汪话的本质是一种汉语方言，是一种阿尔泰化的汉语，而不是一种汉化了的东乡语。

---

[1] 意西微萨·阿错：《倒话研究》，民族出版社2004年版，第7页。

第二章

东乡语语法系统

第一节 东乡语名词格范畴

　　语法系统研究中的"格"指的是标示名词或代词句法功能的完全虚化的黏着附加成分。美国语言学家菲尔墨（C. J. Fillmore）从深层语义的角度重新探讨了"格"范畴。"格"表达的是句子中的名词与其他成分在深层语义中的关系；语法形式方面，"格"的深层语义关系总是通过一定的表层形式显现出来，不论这种形式是隐性的还是显性的，显性的格标记有词形变化、黏着后缀附置词等；隐性的格标记有语序、名词的语义类别、动词的配价等。"格"范畴是名词、代词、形容词、形动词以及时位词所共有的一种语法范畴，这几类实词充当句子成分时，借助于格的变化表达句中该词与其他词之间有各种意义上的联系，阐明该词同句中其他成分之间的关系，格也能表示词的句法功能。

　　东乡语基本格有六个：主格、领宾格、向位格、从比格、凭借格、联合格。另外，还有两个非基本格：方向格、处位格。基本格使用面相当广，适用于名词、代词等各类词；非基本格使用面相对窄小，主要用于表示方位的一部分名词和时位词。这些格除了主格（零形式）之外，其余都有专门的附加成分。

一 东乡语基本格及其省略现象

（一）东乡语基本格

1. 主格

主格没有专门的附加成分，用零形式。主格名词主要表示主语，也可以表示判断句的谓语。

（1）bi chujiegva – zhi – se dao – zhuo hhe nie gie.
　　我 没看见 副动词 过 他 一 家。
　　我没见过他的家。

2. 领宾格

领宾格名词主要表示事物之间的领属关系、部分和整体的关系；也表示行为所涉及的客体，格附加成分是 – ni。

（2）mi – ni jiaojiao qioron otu – zhi hen.
　　我 领格 弟弟 头 痛 得厉害。
　　我的弟弟头痛得厉害。

（3）zhangmin – ni gie – de ula jianzi jiere echi – wo.
　　张明 领格 做 房子 建 山 去。
　　张明把房子盖在山顶上了。

蒙古语族语言的领属格和宾格词缀在诸语言中的分布情况不完全一样。在蒙古语、布里亚特语、卡尔梅克语这三个语言中分别使用领属格和宾格两个格，而在东乡语中，领属格和宾格两个格采用一种形式来表达，即领宾格一种形式，表达的是蒙古语等语言中的领属格和宾格两个格意义。表达的是领属意义还是客体意义，决定于搭配的词是名词还是动词，具有领宾格的词与名词搭配，则表示领属关系，做定语；若同其后的动词搭配，则表示客体关系，做宾语。

格本来是黏着语的一大特点，对黏着语来说是不可缺少的。可是在东乡语里的各种格均有不同程度的省略现象，其中表领属关系的领格受到汉语的影响最大，格省略的情况也常见。我们略举几例表示有意义的领格的省略。

（4）mi gie – de tavun kun.

　　　　我　家　<small>向位格</small>　五人
　　　　我的家有五口人。

　　这一句子的画线部分按照东乡语的语法规则应该是 mi – ni gie（我的家），句中省略了领宾格附加成分 – ni。

　　（5）yang chi ana – se kielien kielie – zhuo?
　　　　谁　你　妈妈<small>从比格</small>　话　说
　　　　谁在和你的妈妈说话？

　　这一句子的画线部分按照东乡语的语法规则应该是 chi – ni ana（你的妈妈），句中省略了领宾格附加成分 – ni。

　　（6）matan ana　chugvudu beijin echi – wo.
　　　　我的　阿娜　昨天　北京　去
　　　　我的妈妈昨天去北京了。

　　这一句子的画线部分按照东乡语的语法规则应该是 matan – ni ana（我的妈妈），句中省略了领宾格附加成分 – ni。

　　（7）he mi kang〔kewon〕kerei – zhuo.
　　　　他　我　儿子　　　　找
　　　　他在找我儿子。

　　这一句子的画线部分按照东乡语的语法规则应该是 mi – ni kang（我的儿子），句中省略了领宾格附加成分 – ni。

　　（8）mi shighara otu – zhuo chi made nie xin jigvale echi – ne.
　　　　我　腿　　疼　　　你　我　一　信　寄　　去
　　　　我腿疼，你去给我寄封信吧。

　　句中画线部分 mi shighara 之间省略了领宾格附加成分 – ni。

　　（9）zhagnmin ana chugvudu beijin echi – wo.
　　　　张明　阿娜　昨天　北京　去
　　　　张明妈妈昨天去北京了。

　　这一句子的画线部分按照东乡语的语法规则应该是 zhagnmin – ni ana（张明的妈妈），如例（6）中的"matan ana"（我的妈妈），此句中省略了领宾格附加成分 – ni。以下是领宾格附加成分省略的句子，两个词之间均省略了领宾格附加成分。

（10） mi laoshi.　我的老师

（11） mi lienshou.　我的同事

（12） matan xianzhang.　我们的县长

（13） ta mishu.　你们的秘书

东乡语表领属关系的领格省略的现象比较普遍，我们不再一一列举。东乡语之所以存在这样的现象，是因为与汉语的影响有关，即与汉语的结构助词"的"有直接的关系。汉语"的"是表领属结构的标记，但有些名词前的领属定语也可以不带任何标记，名词作定语可以直接组合，"的"可以不出现，如国家干部、人民代表、舞蹈演员等。东乡语在长期与汉语接触的过程里，受到汉语领属结构的标记"的"的影响，使得东乡语名词作定语时直接与名词组合使用，这种现象不仅普遍存在，而且出现条件常常与汉语如出一辙。如：

（14） giemin ganbu　革命干部

（15） renmin daibiao　人民代表

（16） wu dao yan ian　舞蹈演员

汉语亲属关系最容易成为无须用"的"的直接组合（语言距离小）的领属关系（张敏，1998：229）。如"我妈妈""他儿子"，比"我的手""他的钢笔"自然得多。东乡语的情况类似，如：

（17） mi laoshi. 我的老师

　　　　 我　老师

（18） matan xianzhang. 我们的县长

　　　　 我们　县长

（19） ta mishu. 你们的秘书

　　　　 你们　秘书

在北方汉语中，亲属关系还常有一种特殊的专用表达手段，就是用半虚化的"他"和"家"来连接，而领属标记"的"不出现。东乡语也有一致的情况，如：

（20） zhangmin hhe gaga.

　　　　 张明　　他　哥哥

　　　　 张明他哥哥

（21） zhangmin gie ajiu.
　　　张明　　家　阿舅
　　　张明家舅舅。

（22） hhe kere – zhuo zhagnmin gie　ana.
　　　她　找　副动词　张明　家　阿娜
　　　她在找张明家妈妈。

领属者为非指人名词，汉语则是由数量短语充当名词的限定成分，"的"也可以不出现，如一只羊、五吨煤等。东乡语的情况类似，如：

（23） nie shir zhuazhua.
　　　一　桌子　爪　爪
　　　一条桌子腿。

（24） ene　nie　wijien yaoshi.
　　　这　一　门　钥匙
　　　这扇门钥匙。

（25） bi ghuran shu uzhe – zhi dao – zhuo.
　　　我　三　书　看　过
　　　我看过三本书。

（26） bi zhangmin liushi olu – se ana – ni chujiegva – zhi dao – zhuo.
　　　我　张明　六十　岁　从比格　阿娜　见　　过
　　　我见过张明六十岁的母亲。

（27） chi ghua shir　banji – zhi　ali – de echigva – wo.
　　　你　两　桌子　搬　副动词　哪里 向位格
　　　你把两张桌子搬到哪儿了？

有些语言、方言倾向用复数、集体类词语代替实际所指的单数词语来充当领属语，称为强制性规则，"的"可以不出现（刘丹青，2008：303），犹如东乡语：

（28） ta noyen.　　你们领导
（29） ta laoshi.　　你们老师
（30） bijien shida.　我们旁边
（31） ta jiadang.　　你们家当/财产

（32）hhele ana　shi nie laoshi.
　　　他们　阿娜　是　一　老师
　　　他们妈妈是个教师。

（33）hha matan ana kere – zhuo.
　　　她　我们　阿娜　找
　　　她在找我们妈妈。

（34）ta　kang chizhe huayi mejie lie.
　　　你们　儿子　画　画的　知道
　　　你们儿子会画画吗？

联系汉语领属标记"的"的省略，我们可以发现，东乡语领宾格附加成分"–ni"的省略与汉语领属标记"的"的省略一脉相承。东乡语伴随源源不断地借用汉语词汇，并有大量的结构借用，包括借用那些会对借用语造成重大类型改变的结构，像 lun sun gan bu 农村干部类，东乡语领宾格附加成分的省略受到了汉语的影响，即蒙古语书面语里使用领格的定中关系词组，到了东乡语格附加成分就被省略了，或者直接用名词修饰另一名词，如用半虚化的"他"和"家"来连接定中结构；或者用复数、集体类词语代替实际所指的单数词语来充当领属语；当领属者为非指人名词时，还可以由数量短语充当名词的限定成分，修饰关系只有靠"定"前"中"后的严格词序来表示等。正是以上汉语的语法结构特点影响了东乡语，使东乡语出现省略格的现象，而且领格省略的情况最多。

东乡语中领属格和宾格两个格均采用一种形式，表达的是蒙古语等语言中的领属格和宾格意义。领属格与宾格虽然在有的语言中有同样的形式，但是在作用方面有明显的区别。

研究蒙古语族语言的学者讨论蒙古语领属格和宾格的关系的时候，见仁见智，有不同的看法：兰司铁认为最早有一个领宾格，后来在蒙古语、卫拉特语、布里亚特语、达斡尔语中分化成领属格和宾格；鲍培主张，最早的共同语有领属格和宾格两个不同的格，后来在一些语言中才合并了这两个格。事实上，这个问题可以从人称代词的领属格和宾格去考虑。人称代词的系统很稳固，在每个蒙古语族语言系统中，人称代词都保存了领属格和宾格的区别，改变的也最慢。

3. 向位格

向位格也叫与位格、与格、给格等，是阿尔泰语系所有语言中形式和作用最相同的格。主要表示行为或事情发生的地点、时间，表示动作或性质状态涉及的对象等义，附加成分是－de。如：

(35) chi hhe dansun－ni name －de jieleizhi ogi.
　　 你　那个　盐　　　我　向位格　传递
　　 请你把盐递给我。

(36) budan－ye shihou －de dianshi buwo－zhi.
　　 吃饭　　时候　向位格　电视　不看
　　 吃饭的时候不要看电视。

(37) chugvudu hhan yiyuan －de zhangmin uzhe－echi－zhi?
　　 昨天　　哪　医院　向位格　张明　　看　去
　　 昨天谁去医院看张明了？

(38) ma －de ye nie shuang sibang gao wo ma!
　　 我 向位格 也 一 双　　翅膀　好
　　 如果我也有一双翅膀该多好啊！

向位格最重要的语法作用是表达间接宾语，像例（35）中的"把盐递给我"中的"我"，例（37）中说明动作地点的"医院"，例（36）中动作发生的时间"吃饭的时候"等，主要表示动作或者状态发生的处所或者时间。

4. 从比格

从比格也叫出发格、界限格、离格、从格等。从比格主要表示的是行为动作的出发点、经过的地点、引起行动的原因、表示比较的对象等，附加成分是－se。如：

(39) chi hhe －se zhasheng bubenda khizhegva.
　　 你 那里 从比格　绳子　　上　　扔
　　 从你那儿扔条绳子上去！

(40) bi sumula －se liangjian －se jifen dawa wo.
　　 我 思慕 从比格　两点　从比格　几分　过

我估计两点过了几分。

(41) bi nei kug <u>－se</u>   u kuai baer lajie wo.
　　 我 一 人 从比格 五块 钱 借
　　 我从一个人那里借了五元钱。

(42) zhangmin nama <u>－se</u> undu xiangli.
　　 张 明 　我 从比格 高 像哩
　　 张明和我一样高。

向位格与从比格的省略　在蒙古语族语言里，一些表示时间或者地点意义的词（像方位名词等）就可以用主格表示动作发生的地点和时间。这些词本身和向位格、从比格一样表示地点或者时间。按照蒙古语族语言的特点，词汇内容已经表达的意思不再用语法手段表达。因此，表示地点或者时间的词已经表达的意义，没必要用语法格再一次重复。这也是向位格、从比格省略的原因之一。

向位格的省略

(43) chi changji <u>laojiga</u>－la asa.
　　 你 常 的 老 人 　 问
　　 你要经常向老人请教。

画线部分按照东乡语的语法规则应该是 laojiga－de，例句中省略了向位格附加成分－de.

(44) <u>beijing echi</u>－ku huoche yijing kai yaola－wo.
　　 北京 去 火车 已经 开
　　 开往北京的火车已经出发了。

画线部分beijing echi 之间省略了向位格附加成分－de.

(45) nie kuzi mogvei bagvada－zhi <u>zhangmin</u> shida echi－wo.
　　 一 蛇 爬 张明 旁边 去
　　 有条蛇爬向张明。

画线部分zhangmin 后省略了向位格附加成分－de.

(46) hhe nie chezi <u>beimian</u> kai－zhi echi－wo.
　　 那 一 车子 北 面 开 副动词 去
　　 那辆车朝（往/向/……）北开去了。

画线 beimian 后面省略了向位格附加成分 – de.

（47） shang ge sara – se kaishi gie – se hhe jiu gie sao dao – zhuo.
　　　 上　个　月 从比格 开 始　从比格 他 就 家 没 回
　　　 从上个月起，他就没回过家。

画线部分 gie 后面省略了向位格附加成分 – de.

（48） bi sumula – zhuo magvashi beijing echi – ne.
　　　 我 思慕　　　　 明天　　 北京　 去
　　　 我想明天去北京。

画线 beijing 后面省略了向位格附加成分 – de.

从比格的省略

（49） daigo tongzi jindizi daizia khizhe.
　　　 待过　桶子　井底子　吊　 出来
　　　 快把桶吊出井底来！

画线部分 jindizi 后面省略了从比格附加成分 – se.

（50） zhangmin yao – de lou doura bao – zhi wo.
　　　 张　明　 走 向位格 楼　下　 来
　　　 张明走下楼来了。

（51） he ojienni chezi jiere bao – zhi.
　　　 那 物件　 车子　上　下 来
　　　 把那东西从车子上卸下来。

从比格和与位格的关键区别就在出发点和终点。孟达来（1999）认为，在阿尔泰语言的变格形式中，从比格是在向位格形式基础上派生出来的，是产生较晚的形式。从意义上看，向位格表达行为动作发生的空间和时间，而从比格表达行为动作起始的空间和时间，二者所表达的意义具有内在的联系。蒙古语族的从比格后缀跟向位格后缀之间结构上表现为同构，语音上构成对应，表达意义上也具有关联性。这表明从比格和向位格两种形式在起源上有密切关系。也正因此，两种格形式有相互替代使用的现象。东乡语中普遍存在这种现象。例如：

向位格形式表达从比格意义

（52） daigo yao – de lou doura bao – zhi.

带过 走向位格　楼　　　下
　　快点走下楼来！

(53) beijin －de yi tang shi　mi yao －de hechegvala.
　　 北 京 向位格 一趟　是　我 走　　累
　　 一趟北京走得我很累。

(54) shiqing gie －de yijing gie －wojiu houhui bu gie.
　　 事 情　做 向位格 已经　　　就　后悔 不
　　 事情做都做了，就不要后悔了。

(55) zhangmin cai gie －de la　gie －zhi gaodi－da gao－wu.
　　 张　明　菜 做 向位格　做 副动词 不好
　　 张明做菜呢，做得一点也不好。

从比格形式表达向位格意义

(56) fugie kun－la －se wan xiao bu kai.
　　 大　人 从比格 玩 笑 不 开
　　 不要跟大人开玩笑！

(57) zhangmin sao －se shi nie fugie gie.
　　 张　明　住 从比格 是 一　大　房
　　 张明住的是一个大房间。

(58) nie kuzi chezi dao －wo bijien shida －se.
　　 一　辆　车子 过　　我们 旁边 从比格
　　 一辆车经过我们旁边。

(59) zhangmin sumula －se shuxie suru －zhi chijia wu.
　　 张　明　思慕 从比格 数　学　学 副动词 吃家　不
　　 张明认为数学不难学。

5. 凭借格

凭借格也叫工具格、凭联格、造格等，主要表示名词实现某行为所用的广义的工具和材料等，附加成分是－ghala。如：

(60) chi　gangbi －ghala pizhi！
　　 你　钢笔　凭借格　写
　　 你用钢笔写！

(61) zhangmin bianzi –ghala hhe nie ghoni eghi–zhuo.
　　 张 明　鞭子 凭借格　那 只 羊　 打
　　 张明是用鞭子打那只羊的。

(62) chi mutun –ghala shire gie.
　　 你 木头 凭借格　桌子 做
　　 你用木头做桌子。

(63) nanfang kun–la–de gaigva –ghala budan ye–se iji–se tala–ne.
　　 南方　人　　 小碗 凭借格　饭　　 吃
　　 南方人喜欢用小碗吃饭。

东乡语相比蒙古语，凭借格形式所表示的意义范围要窄，如蒙古语凭借格所表示的"依循或经由的处所"等意义，东乡语里不用凭借格形式，而是用从比格形式来表示。哈斯巴特尔（1982）指出，蒙古语中的凭借格要表达13种语法意义，表示为了实行一个动作的方式、手段、工具、条件、材料、原因或者目标等，还可以表示动作者的身份、职业、工作、社会位置、家庭中的位置等；而在东乡语里，不能用凭借格表示人的身份职业，只表达广义的工具方法、表达实现某种行为所用的工具、材料、凭借等；表示地点或者时间范围，则不用凭借格而用与位格或者从比格来表示，凭借格形式的人称代词在东乡语中很少使用，与凭借格的意义有直接关系，如果用凭借格表示"让某人做某事"的意义时用向位格，如果用凭借格形式，则含有不满、轻视等情绪。如：

(64) chi –ghala lajine.
　　 你 凭借格　拉
　　 你来拉？

(65) chi bi –ghala ghazhia tarinu?
　　 你 我 凭借格　 地　　种
　　 你靠我种地？

汉语中有些可以直接由名词作状语如"木头桌子""柏油马路""花布衣服"等，使用材料比使用工具更容易直接组合，东乡语的情况类似，蒙古语用凭借格表达的语法意义，东乡语或用与位格，或用从比格，或用其他语法手段来表示。如：

（66）zhangmin sanqian ba'er – ni jien musi – se ye hhen – de uzhe – zhuo gao wo.

　　　张 明　三 千　元　宾格　衣服　　从比格　也　看　好

　　　张明三千元买的衣服也不好看。

（67）bi nayi – ku shi gaoji gieyan – ni yanse jien.

　　　我 爱　　　稍微　亮　宾格 颜色 衣服

　　　我喜欢亮一点儿的衣服颜色。

6. 联合格

联合格名词主要表示伴随或协同的人或者事物，表示对事物之间的比较，附加成分是 – le。例如：

（68）ibura chima – le hhantu echi.

　　　伊不拉 你 联合格 一起　去

　　　伊不拉要和你一起去。

（69）tere benlai nema – le hantu echine giezhi wo tere – de shijie uwo.

　　　他 本来　我　联合格 一起　去　　　　他向位格 时间 没有

　　　他本来和我一起去，可是他没有时间。

（70）li gang kielie – zhuo bijien guajia – le echi – ye.

　　　李 刚　说　　　我们　各家 联合格　去

　　　李刚说，我们自己去吧。

联合格是大部分蒙古语族语言所有的格。口语形式也和所有的联合格基本一致。蒙古语族语言除了有联合格外还有共同格，这两个格的功能基本一样，均表示主体一起实行一个动作或者行为，所以蒙古语中联合格的意义就由共同格基本上完成；而东乡语中没有共同格，保安语也没有共同格，所以联合格也就表达共同格的意思。由于东乡语大量借入了汉语虚词，尤其是借入了一些连接词，原来联合格表示的意思就由汉语中的并列连词"xo"（和）、"ji"（及）来表达，如：

（71）xiaowang xo xiao li guala guanxi gao hen.

　　　小　王　和 小 李 两个 关系　好 很

　　　小王和小李关系很好。

（72）nie ojin ji nie kewoŋ wo.

一 女孩 及 一 男孩
有一个女孩和一个男孩。

东乡语和土族语还有一个处位格，附加形式均为 – re。土族语的处位格一般指动作的地点或者时间，表示"在……上""在……里"。东乡语处位格除了表示准确地点以外，还能表达动作的方向是沿着什么地方发生的。所以东乡语的处位格有时候可以与向位格替换，有时候可以与方向格替换。

（二）东乡语格附加成分省略的原因

1. 语言结构本身的原因

格附加成分和所谓的"可变格词"——静词的关系不是相互依赖、密不可分的，而是有着可分性和游离性，两者之间可以被别的东西隔开，即"格附加成分"具有分离能力和通用能力。另外，格附加成分受词的元音和谐律的影响。桑热耶夫（1953）、王鹏林（1997）指出，元音和谐律是后置词转变为格附加成分的标志性特征之一。波普（1965）也指出，附加成分要服从于元音和谐律。他认为，后置词被有关系的名词同化并受元音和谐律的影响表现为新的形式，它有时被认为是新的格形式。由此可知，元音和谐律是确定"格附加成分"的最鲜明的和可靠的一个标准。"格附加成分"受词的元音和谐律的影响，它们总是服从于元音和谐规律的。而东乡语的元音和谐规律趋于解体，这是导致东乡语的"格附加成分"不同程度省略的原因之一。

此外，东乡语在汉语影响下，语音系统发生了一系列的变化。如汉语复元音词的大量涌入，使东乡语复元音异常丰富，东乡语元音系统繁化，元音、辅音系统繁化，音节类型则会重组，最终亦会导致东乡语元音和谐规律趋于解体。

2. 格附加成分兼用

在东乡语里，格附加成分的兼用现象较常见，正是这种兼用现象给汉语语法特点冲击东乡语提供了条件。每个格的表达语法意义的功能扩展了，但同时又容易造成歧义，造成歧义就说明格的区别功能已经有所弱化；在"格附加成分"区别功能弱化的情况下，词序、虚词表语法意义的功能就会有所加强。

在传统语法中，格是指某些屈折语法中用于表示词间语法关系的名词和代词的形态变化，这种格必定有显性的形态标记，即以表层的词形变化为依据。每个格各表各的语法意义，分工明确，各司其职，以此互相区别。所以，对有变格的语言来讲，语序的作用是次要的，带变格的词有时即使改变词序，也不会对意义的理解产生什么影响。但是，对于省略格附加成分的结构来讲，在意义的理解上词序、虚词则变得尤为重要。这种省略格附加成分的结构是不能随便更改它的词序的，词与词之间是用先后顺序来表示各种语法关系的。如表示领有意义的 – ni，在蒙古语书面语里使用领格的定中关系，到了东乡语中格附加成分就被省略了，用名词直接修饰另一名词，修饰关系靠"定"前"中"后的严格词序来表示。用词序来表示各种语法关系是汉语孤立语的显著特点，与之长期接触的东乡语使用变格来表示各种语法关系这一固有特点正在发生微妙的变化，词序的作用也在逐渐得到提高。这一变化为我们揭示了黏着型的东乡语正在接受一些孤立型语言的特点，虽然这种变化还处于初级阶段，但随着汉语影响的进一步深入，孤立型语言的特点也会更多地渗进东乡语的语法结构。

3. 大量地借用词汇

大量借用汉语词汇，这也是东乡语格附加成分省略的主要原因之一。东乡语词汇有一半以上的汉语借词，汉语借词也包括虚词。东乡语副词、连接词、语气词、叹词等虚词从数量上看，来源于汉语的借用虚词要比固有虚词多。东乡语借用汉语词汇，并不是直接复制，而是要根据黏着语的特征对汉语借词进行改造加工，即在汉语借词词干后加汉语或东乡语的附加成分。如动词的派生方式，要在汉语借词词干后面加 – ji，即汉语的结构助词"的"。甘肃临夏地区方言的结构助词都读的[ji]，"吃的""喝的"等，例如：

汉　语	东乡语
染　ran	ran – ji
印刷　in	in – ji
搬运　ban	ban – ji
做功课　zuogongke	ameli　ganji

想办法、设法　xiang banfa　　　　　banfa xian－ji
认错、赔不是　rencuo/peibushi　　　bushi rin－ji

东乡语与汉语的"的"字结构完全一致，约定俗成为一个词了。试看例句：

（73）Libai shi matanji　gojiani tanchao youminji shirin wo.
　　　李白 是 我们的　国家领格 唐 朝 有 名 的 诗人
　　　李白是我国唐朝有名的诗人。

例（73）中"gojiani"（国家）后加了领格"ni"；而在"matanji"（我们的）、"youminji"（有名的）后面加的是"ji"（的），与汉语结构如出一辙。东乡语早期借入的主要是词汇，随着语言接触的进一步深入，开始借入汉语的词组，如"'的'字结构"之类。例如：

（74）我的老婆：mi－ji bieri. 也可以说成是 miji bieri.
　　　　我领格 媳妇
（75）我的同事：mi－ji lienshou. 也可以说成是 miji lienshou.
　　　　我领格 连 手
（76）我的果园：mi－ji alima yuanzi. 也可以说成是 miji　alima yuanzi.
　　　　我领格 水果园子

"我的 miji"是由东乡语的"mi 我"加汉语的"－ji（的）"组成的合璧词。

"'的'字结构"之类看出"的"字结构深入东乡语，另外，汉语的短语或句段也大力显现。如：

（77）农村干部 lun sun ganbu；面向西边 mian xian xibiankie；五点半下班 u jien pande xia ban.
（78）yan wileigei liaozhe zhiyao gunfu xiaji geizhi gaodagvawo.
　　　　什么事　了者　只要　功夫 下的 做 副动词好没有
　　　　干什么事只要下功夫，就没有干不好的。
（79）ene shi qieban mo xiu zhin, gundao ziren chin.
　　　　这　是铁棒　磨绣　针，功到　自然 成

短语会涉及词与词之间的语法关系。由于东乡语对汉语短语的直接复制，使东乡语在句法、语序、语法关系有比较大的改变。外来形式对东乡语的结构系统产生严重侵蚀，一些固有成分和表现形式逐渐被替代，结构系统趋于衰退，区别功能弱化，自身特点逐渐消失。

二 东乡语人称代词的数与格

东乡语人称代词在词类系统中保持着自己独有的特点。有第一、第二、第三人称的区别，各人称分单、复数。东乡语人称代词的复数和格的形态标记跟名词的相关标志基本相同。只是人称代词的变格跟名词有所不同，其格标志完全是黏着性的，有复杂的形态变化。如第一、第二人称的复数形式不用或不单纯用形态标记表现：第一人称复数形式分为排除式和包括式两种；第二人称单数形式和复数形式用不同的词表达；第三人称代词的复数形式构成式与名词一样，只需要在单数词根后接上复数附加成分 – la 或 – sɯla（sla）。

东乡语人称代词有如下几种：

	单　数	复　数
第一人称	bi	bijien/matan
第二人称	chi	ta/tan
第三人称	hhe/tere	hhela/terela

我们在上文交代过，东乡语有六个基本格：主格、领宾格、向位格、从比格、凭借格、联合格。另外，还有两个非基本格：方向格和处位格。基本格使用面广，适用于名词、代词等各类词，非基本格使用面相对窄小，主要用于表示方位的一部分名词和时位词。上文我们讲的是东乡语名词基本格的使用现象，下面我们讨论东乡语人称代词的数与格的变化。

（一）第一人称数与格的变化（见表2—1）

表2—1　　　　　　东乡语第一人称数与格的变化

格范畴	单、复数	单　数	复　数	
			排除式	包括式
主格	bi	bi	bijien	matan

续表

格范畴 \ 单、复数	单 数	复 数 排除式	复 数 包括式
领格	–ni	mi–ni/mi–ji	bijienni	matanni
宾格	–ni	mi–ni/mi–ji na–mi	bijienni	matanni
与位格	–de	nama–de/ ma–de	bijiende	matande
从比格	–se	nama–se/ ma–se	bijiense	matanse
联合格	–le	nama–le/ ma–le	bijienle	matanle
凭借格	–ghala	bi–ghala	bijienghala	matanghala

从表格中我们可以看到几种现象。

第一，在东乡语中，第一人称单数的主格、凭借格词根相同，都是 bi，主格和凭借格是 bi 和 bi–ghala；东乡语与格和从格的附加成分接在词根 nama– 和 ma– 上；联合格的附加成分也接在词根 nama– 上，即 bi 的与格、从格和联合格分别是 namade /made、namase /mase 和 namale，也就是说与格、从格和联合格的词根均相同，都是 nama– 和 ma–，ma– 是 nama– 省略 na 的形式；

第二，东乡语单数第一人称代词的领格和宾格是用相同形式表示的，即第一人称代词的领格和宾格分别是 mi–ni/mi–ji 和 mi–ni/mi–ji/na–mi，形态由 bi 变成 mi。宾格附加成分和领格附加成分趋于一致（–ni、–ji），属格附加成分、宾格附加成分（–ni、–ji）接在词根 mi– 的后面，宾格和领格的附加成分同音，有两种读音 –ni 和 –ji，都是自由变异（free variation），它们可以互相代替，第一人称代词的领格和宾格的形式相同，在蒙古语族中，东乡语是唯一具有这种现象的语言。

1. 第一人称单数格的变化

第一人称代词的主格是 bi，变格分别是：领格 mi–ni/ mi–ji，宾格 mi–ni /mi–ji na–mi，与位格 nama–de/ ma–de，从比格 nama–se/ ma–se，联合格 nama–le/ ma–le，凭借格 bi–ghala。

主格形式的人称代词和形动词结合时，成为形动词所表达的行为的客体；和静词结合时，成为被表述的对象。例如：

(80) bizui mila wo ajie <u>mini</u> zui fugie wo.
　　　我 最 小　阿姐 我 领格　最 大
　　　我最小，姐姐最大。

领宾格附加成分：领格 mi – ni/ mi – ji，宾格 mi – ni /mi – ji na – mi，领宾格的人称代词和形动词结合时，既能作形动词所表达的行为或状态的主体，也能作该形动词所涉及的客体。

(81) <u>mini</u> jiaojiao qioron otu – zhi hen.
　　　我 领格 弟弟　头　痛　副动词 很
　　　我的弟弟头痛得厉害。

(82) zhangmin ligang chi <u>mi</u> eghi – wo，bi chi eghi – wo.
　　　张明　李刚　你 我 打　　我 你 打
　　　张明和李刚你打了我，我打了你。

(83) melie – du hhe　nie kun，<u>mi</u> gaga – ghala nie kielien.
　　　前 面 他　　一 人　我的 哥哥　一 样
　　　前面那个人，跟我哥哥一样。

与位格附加成分是 nama – de/ ma – de。
与位格的人称代词和形动词结合时，表明动作或性质状态涉及的对象，或者表示使动态动词所指的行为动作的真正实施者。例如：

(84) ene shi bi sumulase chi <u>nama – de</u> zui quina shiku bangmang gieku nie uilie wo.
　　　这 是 我 思慕　　你 我　向位格　最　　　　帮 忙
　　　一 事
　　　这是需要你给我帮忙的最后一件事情。

(85) chima – de chaye wain（e）u？u wo. <u>ma – de</u> heitang u wo，ma – de baitang waine.
　　　你　向位格 糖　有吗？　　没有。我 向位格 黑 糖　没有
　　　我　白糖　有
　　　你有红糖吗？没有，我没有红糖，我有白糖。

(86) chi hhe dansunni <u>name – de</u> jieleizhi ogi.
　　　你 那个 盐　　我 向位格　　　　给

请你把盐递给我。

(87) ene san zang wo chi name – de ganjinni nie ogi.
　　 这　伞　脏　你我　向位格　干净　一　给
　　 这把伞脏，请你给我一把干净的。

从格附加成分是 nama – se/ ma – se。

从格的人称代词和形容词结合时，代词所指代的人用作与某种性质或状态比较的对象（如比某某高、比某某好；或表示索取的来源或对象，如从某某处借钱）。例如：

(88) zhangsan nama – se chezi kaiyi – zhi gao.
　　 张三　我　　从格 车子　开的　好
　　 张三比我开车好。

联合格附加成分是 nama – le/ ma – le。

联合格人称代词和名词结合时，表示伴随或协调的人或者事物，如我和某某。例如：

(89) tere benlai nema – le hantu echine giezhi wo tere – de shijie u wo.
　　 他　本来　我　联合格　一起　去　　　　他 向位格 时间 没有
　　 他本来和我一起去的，可是他没有时间。

凭借格附加成分是 – ghala。

凭借格的人称代词在东乡语中很少用，这与凭借格的意义有直接关系，因为凭借格表示的是实现某种行为所用的工具、材料、凭借等，如果使用人称表示实现某种行为所用的工具、材料等形式，则是一种不满情绪。例如：

(90) chi – ghala lajine.
　　 你　凭借格　拉
　　 用你拉。

(91) chi bi – ghala ghazhia tarinu?
　　 你 我　凭借格　地　　种
　　 你用我种地？

2. 第一人称复数格的变化

复数第一人称代词有 bijien（我们）、matan（咱们）两个，前一个是不包括听话一方（第二人称）的排除式，后一个是包括听话一方的包括式。

复数第一人称代词的排除式都是以辅音 b‒ 起首的（莫戈勒语是正 b 的变体）；包括式都是以辅音 m‒ 或者 b‒ 起首的，bijien 是第一人称的排除式复数代词，以 bi 为基础，可是‒jien 表示复数在其他代词后都不出现。

第一人称的复数形式不常用或不单纯用形态标记表现：

主　格　bijien / matan
宾　格　bijien ni（bijien ji）/ matanni—matanji / mani（maji）
属　格　bijien ni（bijien ji）/ matanni—matanji / mani（maji）
与　格　bijien‒de / matan‒de
从　格　bijien‒se / matan‒se
造　格　bijien‒ghala / matan‒se
联合格　bijien‒le / matan‒le

(92) bijienni giede jieron matu kun wo.
　　　我们　家向位格　四　　人
　　　我家有四口人。

(93) biejien nie nie‒ne minbai wo.
　　　我们　一　一　　明白
　　　我们都彼此相当了解的。

(94) li gang Zhangmin‒de kielie‒zhuo: ingiese matan guajia‒la echi
　　　‒ye chi gaode hhamura.
　　　李刚　张　明 向位格　说　　　　　咱们 个家　　去
　　　　　　你　好 休息
　　　李刚对张明说：那咱们自己去吧，你好好休息。

(95) bi chixila‒s gao xiaji ulie mejie‒ne matan guala nie banjindu‒ye.
　　　我 棋下　　不好　　　　　　　咱们 联合格 一　绊脚
　　　我下棋不好，咱俩摔跤吧。

(96) bijien‒ni shen‒de bosi nokie‒ke gongshen olon wo.
　　　我们 领格　省 向位格 许多纺织　　工厂

在我们省里，有许多纺织工厂。

(97) zhangvei kielie：<u>matan</u> ghuala ene – ni ijie – ye.
　　狼　　 说　　 咱们 联合格　它　 吃
　　狼说："咱们来吃掉它吧。"

(98) funiegvan kielie ulie <u>mantan</u> ende bu bai – ye.
　　狐 狸　 说　不要　咱们　这里 停留
　　狐狸说："咱们不要在这里停留吧。"

根据 Binnick（1987）的研究，包括式和排除式代词的区别是蒙古语族的一个共同语法特点。除了达斡尔和莫戈勒（阿富汗）语外，其他语言中的包括式和排除式代词的区别已不存在，可是在东乡语中还保留了这一特点。梅祖麟（1988）指出，北方官话中第一人称代词复数包括式和排除式对立的产生，是由于阿尔泰语的影响。因为汉语到唐代还没有包括式和排除式的区别，北方官话中包括式和排除式的对立在汉语本身找不到来源，汉语方言中包括式和排除式的区别都不是土生土长的，受外来影响而产生的可能性相当大。阿尔泰语系的三大语族突厥语族、蒙古语族、满—通古斯语族中，蒙古、满洲这两个语族都有包括式和排除式的对立。如：

	满文	锡伯	蒙文	突厥［奇瓦（Khiva）语］
排除式	be	boo	ba	biz
包括式	muse	mese	bida	bizlàr

是哪种阿尔泰语在这方面影响了汉语，要看包括式和排除式的对立在北方官话里的产生年代。刘一之在《刘知远诸宫调》中指出：排除式和包括式的对立已经是非常清楚的。用作包括式的"咱"和用作排除式的"俺"各自有自己的范围，绝不相混。《刘知远诸宫调》是金代（1115—1234）的作品，所以刘先生认为，12 世纪就已经产生了包括式和排除式的对立。而在那个时期，汉族和蒙古族还没有直接接触，阿尔泰诸民族中和汉族接触最密切的是契丹和女真。所以梅祖麟先生认为北方系官话是受了女真语或契丹语的影响而引进包括式和排除式的对立。当然，这种对立能在北方系官话中维持不衰，一部分还是要归功于后来蒙语和满语的影响。

（二）第二人称数与格的变化（见表 2—2）

表 2—2　　　　　　　东乡语第二人称数与格的变化

格标志	单、复数	单　　数	复　　数
主格	chi	chi	ta　tan
领格	– ni	chi – ni	ta – ni
宾格	– ni	chi – ni	ta – ni
与位格	– de	chima – de/ cha – de	tan – de
从比格	– se	chima – se/ cha – se	tan – se
凭借格	– ghala	chi – ghala	ta – ghala
联合格	– le	chima – le/ cha – le	tan – le

1. 第二人称单数格的变化

chi 是东乡语的单数第二人称代词，在变格时却显示出一些独特的成分，词根 chi – 上可接属格附加成分、宾格附加成分、凭借格附加成分：chini /chiji、chini /chiji /chighala；词根 chima – 上可接与位格、从比格和联合格的附加成分：chima – de、chima – se、chima – la /chin – la。

以下是东乡语单数第二人称代词在变格时的变化：

主　　格　　**chi**

属　　格　　**chi** – ni　**chi** – ji

宾　　格　　**chi** – ni　**chi** – ji

与　　格　　**chi**ma – de

从　　格　　**chi**ma – se

造　　格　　**chi** – ghala　．

联 合 格　　**chi**ma – la　**chi**n – la

主格（chi）

(99)　c̲h̲i̲　shi　kien　wo?　chini　niereni　yang　giene?

　　　你　是　谁　　　你的　名字　什么　做

　　　你是谁？你的名字叫什么？

(100) chi qula olusan wo?
你 哪里 出生
你出生在什么地方？

(101) ede chi gaodawo（u）?
现在 你 好 吗
现在你好了吗？

领宾格（chi-ni/chi-ji）

(102) chi-ni ana zhenxian chizhe mejie lie?
你的 阿娜 针线 刺
你的妈妈会刺绣吗？

(103) bi sumulase udunie jinjidene chi-ni nie uzhele irene.
我 思慕 约定 时间 你 一 看
我想找一个时间来看你。

(104) bi chi-ni eri-ku-de, chi yan gie-zhi wo?
我 你 找时候 你 什么 做
我在找你的时候，你在干什么？

与位格（chima-de）

(105) bi chima-de ghua fugie wo, mini jiao chima-de ghua mila wo.
我 你 比 两岁大 我的 弟弟 你 比 两岁 小
我比你大两岁，我弟弟比你小两岁。

(106) chi-ni giebi-la chima-de gao waine u?
你们的 隔壁 你 对 好 吗
你们的邻居对你很好吗？

(107) chima-de yeshi uikuni bi mejiezhi pese bi uijienni ulie sozilane.
假如我知道你没有钥匙，我本来不会把门锁上的。

(108) ene uilieni chima-de giegase kunpa chima-de te mafan wo ba.
这 事 你 做 恐怕 你 太 麻烦
叫你做这件事，恐怕太麻烦你了。

从比格（chima – se）

（109） zhangsan <u>chima – se</u> wundu ya.
　　　　张 三　　你 比　　　　高
　　　　张三比你要高。

（110） bi <u>chima – se</u> gouji nie baer asugvune giezhi sumulazhi wo.
　　　　我 你 向　　稍微 一　 钱　借　　　做　　思慕
　　　　我想向你借一点钱。

联合格（chima – le／cha – le）

（111） bi <u>chima – le</u> hhamtu echi – se bi jiu liujien – se melieshi kharei – zhi ire – ne.
　　　　我 你和　　一起 去　　　我就 六点　　　前　　回 来
　　　　如果我和你一起去的话，我就得六点前回来。

（112） ibura <u>chima – le</u> hhantu echi.
　　　　伊不拉 你和　　　一起 去
　　　　伊不拉要和你一起去。

2. 第二人称复数格的变化

东乡语复数第二人称代词是 ta。在 ta 后面接属格、与格、从格和联合格附加成分时要变成 tan –。这点与蒙古语、达斡尔语大致相同（保安语也大致如此）。在东乡族邻近的土族语中，只有变为属格时才使用这个词根。

（三）第三人称数与格的变化（见表2—3）

表2—3　　　　　　东乡语第三人称数与格的变化

单、复数 格标志		单 数			复 数		
主格		hhe	tere	egven	hhe – la	tere – la	egven – la
领格	– ni	hhe – ni	tere – ni	egven – ni	hhela – ni	terela – ni	egvenla – ni
宾格	– ni	hhe – ni	tere – ni	egven – ni	hhela – ni	terela – ni	egvenla – ni
与位格	– de	hhe – de	tere – de	egven – de	hhela – de	terela – de	egvenla – de
从比格	– se	hhe – se	tere – se	egven – se	hhela – se	terela – se	egvenla – se
凭借格	– ghala	hhe – ghala	tere – ghala	egven – ghala	hhela – ghala	terela – ghala	egvenla – ghala
联合格	– le	hhe – le	tere – le	egven – le	hhela – le	terela – le	egvenla – le

1. 第三人称单数格的变化

东乡语第三人称代词有 hhe、ene、tere、egven。第三人称代词 hhe 他/她，在接与格、从格和联合格的附加成分时，词根上要加 –n–。 例如：

(113) hhe – ni ana shi nie laohi。
　　　 他 的 阿娜 是一老师
　　　 他的妈妈是个教师。

(114) hhe mini si xiaoshi – de nie ijie gie – zhi kielie – wo.
　　　 他 我 四 小时 一 次 服
　　　 他叫我每 4 小时服一次药。

(115) hhe kien – le jiehun gie – wo? hhe nie tolazhi kaiyicen kun – le jie-hun gie – wo.
　　　 她 谁 和 结婚　　　　 她 一 拖拉 开的车人 和 结婚
　　　 她和谁结婚？她和一位开拖拉机的人结婚。

(116) dui bu qi hhe guala – ni wilie ede qigvara wo.
　　　 对不起 他们两个 正在 现在 忙
　　　 对不起，他们两位现在都忙着。

(117) Zhangmin hhe guajia – ni lie naiyi – ne.
　　　 张明 他 个家 不 爱的
　　　 张明不喜欢他自己。

(118) zhangsan undu wo, lisi hhe – se undu.
　　　 张三 不高 李四 他比 高
　　　 张三不高，李四比他要高。

(119) Zhangsan 25 olu – wo hhe 23 olu – wo, zhangsan hhe – se giedon fugie an.
　　　 张三 25 岁， 他 23 岁，张三 他 多少 大
　　　 张三 25 岁，他 23 岁，张三不比李四大多少。

第三人称代词 hhe，在指人称之外还可指事物，带有相对指远的意义。例如：

(120) melie – du hhe nie kun, mi gaga – ghala nie kielien.
　　　 前面 那一 人 我哥哥 和 一样

前面那个人，跟我哥哥一样。

(121) bi ene　manse yawumu　**hhe** manse yawu – ne.
　　　我应当从这边　　走　　还是从那边　　走
　　　我应当从这边走，还是从那边走。

(122) **hhe** mande nie dosile – ne kielienchendu – zhi wo.
　　　他　那边　一　朋友　说话
　　　在那边和一个朋友谈话。

(123) bu shi wo, minugvun bu shi wo, **hhe** shi　chinugvun wo.
　　　不 是 我的　　　　　　　那　是　　你　的
　　　不是我的，那是你的。

(124) bi uzhese **hhe** shi nie gao zhuyi wo.
　　　我认为　　那 是 一　好 主意
　　　我认为那是一个很好的主意。

(125) **hhe** – zegve kunla guajia – laneda uzhe da – nezhangmin ye hhenla uzhe da – ne.
　　　那些　　人　各家　连　看　　张明　也 恨 着
　　　那些连自己都看不起的人，张明很讨厌。

东乡语 ene（这个、这个人）、tere（那个、那个人）两词与蒙古语书面语的读音相近。这两个词有"近称""远称"之分。在一般交流中 tere 用得很少。习惯上 ene 既可作人称代词，又可作指示代词，而 tere 则少见当作指示代词使用的现象。

一个句子中若有 ene，可以根据具体情况、语言环境、前后句子分清它到底是指人、指物还是指事情。ene 可在实词前充当定语，例如 ene kun（这个人）、ene goni（这只羊）、ene mutun（这棵树）、ene gadʐa（这个地方，这块地）等；而 tere 一般只当作人称代词使用，所以习惯上没有 tere mori（那匹马）、tere asun（那只牲畜）、tere ʂuʐe（那张桌子）的用法。例如：

(126) ene nie kun bu lienaiyi – ne.
　　　这　一 人　不 喜 欢
　　　这人我不喜欢。

(127) ene shi mini shu wo.
　　　这　是　我的　书
　　　这是我的书。

(128) ene usun jiang puchalu – wo, dawu – zhi lie lu – ne.
　　　这　水　刚　烧开　　还 不能 喝
　　　这水刚烧开，还不能喝。

(130) ene shi minugvun, hhe shi chi – nugvun.
　　　这 是 我的　　那 是　你 的
　　　这是我的，那是你的。

实际上 ene 就是指示代词。因为中古蒙古语缺乏独立的第三人称代词，常以指示代词 ene（近指，单数）、tere（远指，单数）、ede（近指，复数）和 tede（远指，复数）来兼任第三人称代词。

再看看有关 tere 的例子：

(131) tere nie oqin – de kun yeshi dou xuesheng enbene nu？
　　　那 一 女子　　人 也是　学 生
　　　那个女子也是学生吗？

(132) **tere** pushi wo，**tere** shi laoshi wo.
　　　她 不是　　　她是老师
　　　她不是，她是教师。

(133) tere meliedu fa chima – de xin pizhisan shi yan shihou？
　　　他 上　发　你　信 写　是 什么 时候
　　　他上次给你写信是什么时候？

(134) bi ye tere – le hantu echine geizhi wo.
　　　我也 他　　一起　去
　　　我愿意和他一起去。

《东乡语汉语词典》中 对"ene"的解释是（代）这、这个；对"tere"的解释是（代）他、她。前者解释为指示代词，后者解释为人称代词。

《蒙古秘史》中这两个词大体上是当作定语使用的，而东乡语中 tere 只指人，如上所举，其他地方不用；《蒙古秘史》中这两个词都不能直接加格附加成分，而东乡语则可以。东乡语作人称代词使用的 ene、tere 的变格如下：

(135) bi tere – se ukuai baer lajiwo.
　　　 我　他 宾格 五块　钱　借
　　　 我从他手里借了五元钱。

(136) chezi kai – zhi zhangsan tere – se olon gao.
　　　 车子　 开　 张　 三他 宾格　 好
　　　 开车张三比他要开得好。

东乡语第三人称的反身变化，不是把人称代词变成附加成分来使用，而是使用 ni。这个词和现代蒙古语反身附加成分 ni 在意义和作用上相同，来源也一致，都是书面语 anu、inũ 的变体。这个词词首的辅音 n – 是在原词因功用改变而成为附加成分时，受前面词汇的语音的影响而出现的。总之，东乡语的人称代词可以说大部分来自指示代词。

2. 第三人称复数格的变化

第三人称要构成复数形式，只需要在单数词根后接上复数附加成分 – la 或 – suɯla（sla）。不过，egven 变为复数时不用 – la 而用 sla（suɯla），同时还要把 – n 去掉。东乡语复数第三人称代词的构成方式与保安语十分相像。

(137) hhela yawuzhi moron ghizha echi wo.
　　　 他们　 到 小河边　　　　 去
　　　 他们走到了小河边。

(138) hhela ghuala shi nie nasun wo, igua shi ghoni zhuntun – ni wo.
　　　 他们两个　　 一同岁，　 一挂　 属羊
　　　 他们俩同岁，都是属羊的。

(139) hhela – ni sunzi – la igua fugieda – wo.
　　　 他们 的　孙子　　 一挂　 大
　　　 他们的孙儿现在都长大了。

(140) hhela – ni ana shi nie laoshi.
　　　 他们的 阿娜　 是一 老师
　　　 他们的妈妈都是老师。

三　东乡语人称代词词干溯源

东乡语人称代词在词类系统中保持着自己独有的特点，人称代词中存在元音屈折现象，同时在诸格中采用不同的词干变换形式，就是通常所说的变换词干现象。如第一、第二人称的复数不用或不单纯用形态标记表现；第一人称复数分为排除式和包括式两种；第二人称单、复数形式用不同的词汇表达等。以下我们就对东乡语人称代词变格的词干进行溯本求源。

如我们前面所说，东乡语人称代词有以下几种形式：

　　　　　　单　数　　　　　　　　　　复　数
第一人称　　bi　　　　　　　　　　　　bijien　matan
第二人称　　chi　　　　　　　　　　　 ta
第三人称　　hhe　　　　　　　　　　　hhela

东乡语变换词干的现象主要涉及第一、第二人称代词的单数形式：单数第一人称代词变格时，以 nama – 和 ma – 两个词干交替出现；第二人称单数形式和复数形式用不同的词干表达。

它们的变格情况如下：

第一人称代词

　　主格　领属格　宾格　与位格　从比格　联合格　凭借格
单数　bi　mi – ni　mi – ni　ma – de　ma – se　ma – le　bi – ghala　na – mi　nama – de　nama – se　nama – le
复数　bijien　bijienni　bijienni　bijiende　bijiense　bijienle　bijienghala　matan　matanni　matanni　matande　matanse　matanle　matanghala

单数第一人称代词变格时用三种不同词干形式：

（1）bi，用于主格和凭借格；（2）mi，用于领宾格；（3）nama – 和 ma – 用于与位格、从比格和联合格等。复数第一人称代词变格时，其词干不变。

第二人称代词

　　主格　领属格　宾格　与位格　从比格　联合格　凭借格

单数　chi　chi–ni　chi–ni　cha–de　cha–se　cha–le　chi–ghala　chima–de　chima–se　chima–le

复数　ta　ta–ni　ta–ni　tan–de　tan–se　tan–le　ta–ghala

单数第二人称代词变格时用两种不同词干 chi 和 chima–。

（1）chi 用于主格、领宾格和凭借格；（2）chima–用于与位格、从比格和联合格中。复数第二人称代词则不存在词干变换现象。

第三人称代词

主格　领属格　宾格　与位格　从比格　联合格　凭借格

单数　hhe　hhe–ni　hhe–ni　hhe–nde　hhe–nse　hhe–nle　hhe–ghala

复数　hhela　hhela–ni　hhela–ni　hhela–de　hhela–se　hhela–le　hhela–ghala

单数第三人称代词 hhe 变格时，在与位格和从比格里有两种词干：hhe/hhen，两者通用。复数第三人称代词也不存在词干变换现象。

以上形式比较复杂的词干变换主要集中在单数第一、二人称代词变格上，即第一人称代词变格 bi、mi、nama–和第二人称代词变格 chi、chima–。

（一）主格 bi 和领宾格 mi

对于主格 bi 和领宾格 mi 的来源及其相互关系，阿尔泰语言学家们从不同的角度进行了分析研究，学者们见仁见智，看法不尽相同。

1. 鲍培（1964）、桑席叶夫（1959）认为 bi 和 mi 是来源完全不同的两个词干。鲍培认为，bi 的早期形式是＊bin，词尾辅音脱落，＊bin 在主格变化中变成了 bi，在领属格变化中变成了 min–；桑席叶夫的看法与鲍培的正好相反，他认为 min–是由 bi 发展来的；那木四来（1981）又认为 bi 是早期形式，min–是在早期的 mi–上附加了–n 构成的。

2. 兰司铁（1981）、特木尔陶高（1977）根据突厥语的材料，认为主格 bi 和领宾格 mi 两者具有同源关系。他们将 bi–和 mi–的早期形式重建为＊min，特木尔陶高还进一步指出，由＊min 演变出了 bi（＜＊bin），还有 nad 和 nam–等，是因为经历了不同的语音变化，变成了不同的词根。

东乡语仅在人称代词中出现变换词干现象，这表明词干的变化应当与不同的格词缀有密切联系。阿尔泰语系诸语言名词都有"格"的范畴，那么，对人称代词早期形式的重建与分析，我们也需要在整个阿尔泰语系语言的范围内进行分析和观察。

在蒙古语族和满—通古斯语族语言中，第一人称代词单数形式的主格词干都以 b-辅音开头，即蒙古语族语言第一人称代词单数形式的主格词干是 bi；满—通古斯语族语言第一人称代词单数形式的主格词干也是 bi。

突厥语族语言的情况有所不同，有的语言中只有一种形式 b-，有的语言中有两种形式，即以 b-和 m-开头。例如，在土耳其语中只有 ben 这一种形式；古代突厥语中有两种形式：bεn、mεn；其他语言中都以 m-起首，如维吾尔语 mεn，柯尔克孜语 men 等。突厥语的情况反映了这样一种历史演变关系：b>b-m>m。这就是说，词首辅音在总的趋势上存在着 b>m 的演变，其中，这一变化经历过 b-m 并存这样一个过渡时期，之后它才演变成了 m，古突厥语的情况就是反映了 b-m 并存的语音现象，维吾尔语等的情况反映了已经变成了 m-时期的语音现象。所以，突厥语第一人称代词的早期形式也是以 b-起头的。

通过分析表明，鲍培提出：bi 的早期形式是 *bin，词尾辅音脱落，*bin 在主格变化中变成了 bi，在领属格变化中变成了 min-，我们认为他的看法是正确的。他认为如果-n 在某些主格中不出现而在其他变格中出现，那么这个词本来就是以-n 结尾的词，它的音只是在主格中没有被发掘出来而导致它的消失。bi 曾有过词尾-n，也可从领属格变格词干 min-中保留-n 得到证明。

因此，我们也认为 bi 是东乡语主格词干形式，在主格变格条件下，*bin 的词尾辅音-n 脱落了，这是蒙古语中普遍存在的一种语音现象。

*bin 在除主格以外的其他诸格的变化中都有变化。min-只保留在领属格变格词干中。*bin>min 的一个最主要原因是 b-受词尾辅音-n 的影响。词首 b-在词尾-n 的同化下变成了鼻辅音 m。如在突厥语中主格代词 bu（这）要与其他格成分结合时，中间出现一个-n，而受这个鼻

音的影响开头音 b 变成了 m。mu－n－ï（把这个＜宾格＞），mu－n－da（在这里＜方位格＞）等。在领属格 min－中，由于词首鼻辅音 m－的影响使得词尾鼻辅音－n 未发生脱落。突厥语和满—通古斯语中的 b＞m 都属于这类变化，只是在东乡语和满—通古斯语中，b－在主格变格中保留下来，而在其他诸格变格中＊bin 都变成了 min－。min－在满语的诸格变化中没有发生任何变化。例如：

主格	领属格	宾格	与位格	工具格	从比格
bi	min－i	mim－be	min－de	min－i	min－či

nama－词干

在阿尔泰语诸语言中的蒙古语族语言内部，人称代词变格时其词干变换情况也不尽相同。例如，在蒙古语中存在着变换词根现象的情况：

主格	领属格	宾格	与位格	工具格	从比格	合同格	联合格
bi	min－u	nama－yi	nama－du	nama－bar	nama－ača	nama－tai	nama－luɣa
—		nada－yi	nada－du	nada－bar	nada－ača	nada－tai	nada－luɣa

保安语中只有两种变格词干形式：

主格	领属格	宾格	与位格	工具格	从比格
bə	mən－ə	mən－da	mən－da	mən－da	mən－sa
bu	—	mən－də	mən－də	mən－də	mən－sə
—		na－da	na－da	na－da	na－sə
—			bə－ghale		bə－sə
—			bu－ghale		bu－sə

东乡语中也存在着丰富的变换词干现象。除主格、工具格和领宾格外有 ma－和 nama－词干形式：

主格	领属格	宾格	与位格	从比格	联合格	工具格
bi	mi－ni	mi－ni	ma－de	ma－se	ma－le	bi－ghala
		na－mi	nama－de	nama－se	nama－le	

蒙古语中，主格采用以 b－起首的一种词干形式，领属格用 m－形式，其他诸格一律采用 na－起首的词干形式，除主格和领宾格外有 nama－和 nada－两种词干形式；保安语的词干变格是在工具格和从比格中保留与主格相同的词干形式，其他诸格有 mən－和 na－两种词干形式；

东乡语主格、领属格词干形式同蒙古语完全一样，并且在工具格中还保留着与主格相同的词干形式，其他诸格采用 ma – 和 na – 起首的两种词干形式。

nama – 是东乡语与位格、从比格、联合格的变格词干，也是蒙古语除主格和领属格外包括宾格和工具格的变格词干。对于变格词干 na – 的来源，鲍培认为大概与朝鲜语的 na "我"一样；– ma 同蒙古语 yaguma 中的 – ma 一样，nama – 是由 *nima < *mima – < *bima – 演变来的。

桑席叶夫认为 nama – 中的 na – 与卫拉特语和蒙古语的 nan –，莫戈勒语第二人称代词 čina –、指示代词 ene 中的 – na、– ne 成分相同；– ma 则同蒙古语第二人称代词 čima – 以及 jaguma 中的 – ma 等相同；nada 的 – da 同蒙古语第一人称代词 bida、bide，指示代词 ede、tede 中的 · da、· de 等相同。但是，它们的来源现在还不清楚。那木四来参考了朝鲜语的 na，日语的 na（第一人称或第二人称代词），云南蒙古语的 na（第一人称单数）、nai（第二人称单数）等，认为 na 也是早期形式。

上述我们提到东乡语在人称代词中出现词干变换现象，而且只发生于变格时这一特定的条件，是因为词干的变化与不同的格词缀有密切联系。同样我们认为，词干 nama – 是从早期领属格 *min – a 的变格形式中演变来的。– a 现为与位格词缀，在早期曾表示除主格和领属格以外的其他诸格的意义。*min – a 变成 nama –，经历了如下几个阶段：*min – a 中的词首元音 i 在词缀元音 a 的影响下，逆同化为 a，因此 *min – a > 变 *man – a。*man – a > nam – a 则是由于语音换位现象造成的，人称代词变格也和其他词类一样，在历史发展中发生了一系列的语音演变，蒙古语中，在相同条件下这种语音换位现象也不乏其例，如书面语 manan "雾"，该词在土族语中是 naman 等。所以，*min – a > nam – a 是在一系列语音条件下发生特殊演变的结果，即 *min – a > *man – a > nam – a > nama。

ma – 是 nama – 省略 na 的形式，第一音节元音弱化消失的现象，在东乡语词汇中也能常常见到。

（二）chi 和 chima

第二人称单数形式中也有词干变化现象，第二人称代词中的变化只出现在词中而不出现于词首；第二人称代词复数形式中不存在词干变化。

主格　　领属格　　其他诸格
chi　　chi – ni　　chima – de　　chima – se　　chima – le

chi 是东乡语单数第二人称代词，同土族语 tɕə、裕固族语 tʃə、保安语 tɕi 一样，是蒙古语 tʃi（či）的变体。第二人称单数形式存在两种变化。(1) 同第一人称代词相一致，主格变化中词尾 – n 辅音脱落，领属格变化中都保留着词尾 – n 辅音。(2) 与位格、从比格和联合格诸格的变化一样，其共同点是词尾辅音 – n 变成了 – m。

chi ＞chima 是由于语音演变。

chin – 是东乡语单数第二人称代词词干形式，– a 是与位格词缀形式。chin – a 为早期变格形式，它同第一人称代词一样，也曾表达过除主格和领属格以外的其他诸格意义。后来，这一变格形式也像第一人称一样逐渐变成了固定的词干形式 china – ，并成为再变格的基础。当 china – 再变格时，例如在 china – de 这样的场合，词中位置上的词干与词缀语音之间构成了舌尖辅音的连续排列顺序，这种辅音排列顺序为快速发音带来不便。于是为了发音便利，词中 – n 异化为在发音方法上与 – n 相同的 – m，– m 是由 – n 异化而来的。这样，china – de ＞ chima – de，chima – 这一变化形式成了有别于主格和领属格变格词干的另一种词干形式，即 chin – a ＞ chim – a ＞ chima – 。

单数第三人称形式 hhe 的情况同第二人称单数形式的情况不完全相同：(1) 同第一、二人称代词相一致，主格变化中词尾 – n 辅音脱落。(2) 领属格变化中，除主格以外的领属格、宾格、与位格等诸格变格中词干不变，并且都保留着词尾 – n 辅音。

主格　　领属格　　宾格　　与位格　　从比格　　联合格
hhe　　hhe – ni　　hhe – ni　　hhe – nde　　hhe – nse　　hhe – nle

（三）bijien 和 matan

东乡语第一人称代词复数有排除式 bijien 和包括式 matan 两个，词干在主格和其他诸格中没有变化。bijien 是第一人称的排除式复数代词，以词干 bi 为基础，但是 – jien 表示复数在其他代词后还未曾见到。

现在我们讨论包括式 matan 的来源，即 matan 是从 ma + tan 而来的，还是从 ba + tan 变来的？

我们先来看与东乡语同语族或同语系的其他语言的情况：复数第一人称代词在中世纪蒙古语中曾有过排除式和包括式的区别，是用 bida 表示包括式，东乡语与之同源的 bijien 则表示排除式，中世纪蒙古语 ba（主格形式）表示排除式，而东乡语中没有复数人称代词 ba，而用相应的词干 matan 表示包括式。现代蒙古语普遍使用 man（主格形式）和 bidən（宾格形式），有时要有所区别，但没有包括式和排除式的严格区别；保安语中的复数第一人称代词 bədə 表示排除式，mangə（主格形式）表示包括式；在满语中，复数第一人称代词 bə 表示排除式，musə 表示包括式。

那森柏认为（1988），蒙古语复数第一人称代词的排除式都是以辅音 b - 起首的（莫戈勒语正是 b 的变体），包括式则都是以辅音 m - 或者 b - 起首的。他把 - ma 与蒙古语书面语中的 jaɣuma，中世纪蒙古语中的 jama 等词中的 - ma 看作同一个构词成分 - ma，认为 - ma 这个附加成分是由用作蒙古语人称代词演变而成的带有关系意义的构词附加成分，它的作用是使带有这个附加成分的代词具有确定的意义。并且从语言学角度分析， - ma 就是从 - ba 演变而来的。如 jan + ba > jama；jan + ɣun + ba > jaɣuma 等此类现象不仅蒙古语中有，就是在满—通古斯语族语言和突厥语族语言中也有不少重要的材料，如 či（n）（ * tin）—— * činba > * čimba > čima > čama - 。

所以，我们认为包括式 matan 是从中世纪蒙古语第一人称复数形式 ba（主格形式）加复数附加成分 tan 变来的。matan 的词首辅音由 b - 变成了 m - ，这正是蒙古语的基本特征。另 ba 虽然是中世纪蒙古语第一人称排除式，若加复数附加成分 - tan，词义扩大为包括式，从语义上也可以讲通，如第一人称排除式 bijien 有时候也接 - tan，不管是词义上还是感情上都强调"大家一起"的意思。

第二、第三人称代词复数形式的词干，除了第二人称在主格变化时 - n 脱落外，在其他诸格变化中它们都没有变换词干的问题，也就是说复数第二人称代词变格时，在主格、领宾格和凭借格仍用词干 ta，在其他格中带复音 n，变作 tan；第三人称代词在复数形式中则不存在词干变换现象。

	主格		其他诸格		
第二人称：	ta	ta-ni	tan-de	tan-se	tan-le ta-ghala
第三人称：	hhe	hhela-ni	hhela-de	hhela-se	hhela-le

综上所述，我们对东乡语人称代词变格时变换词干的现象溯本求源。通过研究证明，东乡语人称代词中出现的不同变格词干均与不同的格词缀有密切联系，也有的是在词干和格词缀的影响下语音发生了演变。

第二节 东乡语动词时体范畴

蒙古语动词有着纷繁复杂的形态变化：有态、式、时、体等语法范畴及副动词、形动词等形式。按语法功能，动词分为三大类：终结形（祈使式和陈述式）、连接形（包括各种副动词）和多能形（包括各种形动词）。（刘照雄，1981、1982；布和，1986）

终结形的动词，顾名思义就是出现在句子最后面的动词，包括祈使式和陈述式两种时体，祈使式形式分为意愿式、命令式、希望（允许）式三种，表示意愿、命令、希望语气，分别用于不同的人称。每种语法范畴用一定的形态标记表达。对动词的陈述形式来说，"时"制范畴是很重要的。所有的蒙古语族语言都有过去、现在、将来三种时制的区分，东乡语也不例外。值得注意的是，东乡语"时"的范畴往往同"体"的范畴交织在一起，甚至分不清"时"。这是东乡语在汉语优势语言的影响下产生的变体。在此，我们有必要概要介绍一下汉语的"时"和"体"。

学者们一般认为汉语是没有"时"范畴的，即使承认汉语有语法成分标记的"时"，也使用了相对的"时"制，且与"体"标记成分重叠。例如，陈平（1988）认为现代汉语有表现相对时的"时"范畴；李铁根（1999、2002）则认为汉语的"了""着""过"有相对"时"的用法，即"着"表示同时，"了""过"表示"异时"；左思民（2007）提出现代汉语"时"标记包含词汇标记和语法标记两类，其中语法标记使用相对"时"制。总的来看，一般观点认为汉语没有"时"范畴，是用语法手段表达"时"。

对于"体标记",吕叔湘（1942）在《中国文法要略》中称为"动相",即一个动作过程中的各种阶段,分为动作已经完成、动作正在进行、动作之将有;王力（1954）在《中国现代语法》中将"体"成分称之为"情貌",包括"开始""进行""完成"等;陈平（1988）建构了现代汉语时间系统的三个主要部分。（1）句子的时相（phase）结构,体现句子命题意义内在的时间的特征,主要由谓语动词的词汇意义所决定,其他句子成分的词汇意义起着重要的选择和制约作用,其中宾语和补语所起的作用尤为显著。（2）句子的时制（tense）结构,指示情状发生的时间,表现为该时间与说话时间或另一参照时间在时轴上的相对位置。（3）句子的时态（aspect）结构,表现情状在某一时刻所处的特定状态。

国外系统地讨论"体"范畴始于Comrie（1976）的《体范畴（Aspect）》。他在（1976：1—3）指出"时"是情状发生的时间,表现为该时间和说话时间或另一参照时间在时间轴上的相对位置;"体"是观察一个情状内部时间构成的不同方式。"体"从观察角度分为完整体（perfective）和未完整体（imperfective）,未完整体分持续体和惯常体等。汉语体貌系统研究比较早的是戴耀晶（1997）,他对"体"的定义是"体是观察时间进程中事件构成的方式"。"时"则是"观察事件的时间构成的方式"。如果关注时间进程中的事件构成,那么就是一种"体"。他归纳的汉语时体系统比较接近Comrie的框架,即（1）完整体,其中包含现实体"了"、经历体"过"、短时体"动词重叠";（2）非完整体（持续体"着"、起始体"起来"和继续体"下去"）。

"时"和"体"虽然都是用来表示谓语动词的时间信息,但着眼点不同。就"时"和"体"而言,"时"是描述动作发生的时间,是观察一个情状内部时间构成的不同方式;而"体"则是说明动作处于进程中的阶段或状态,是观察时间进程中事件构成的方式,并不强调动作具体什么时候发生,如果需要强调动作什么时候发生,须借助"时"才能表达出来。在一个具体的句子里动词所表达的时间信息是在"时"和"体"结构相互兼容中体现出来的,所以东乡语中"时"和"体"往往是结合在一起出现的。

一 东乡语动词的陈述式

陈述式形式表示的是"时"的时间范畴，即动词的陈述形式是和时制范畴结合在一起的，因此陈述形式分为过去时、现在时、将来时三类形态标记，作为句子中的结束形式，充当单句谓语和复句中的句末谓语。东乡语动词陈述形式包括三种形态标记：完成体 – wo、进行体 – tʂɯwo、未完成体 – nə。例如：

(1) pi   niə   ɕinni   pʻitʂɯ – wo.
    我   一   信   写 陈述式
    我写了一封信。

(2) pi tʂɯn niə   ɕinni   pʻitʂɯ – tʂɯwo.
    我   正   一   信   写副动词 进行式
    我正在写一封信。

(3) pi   niə   ɕinni   pʻitʂɯ – nə.
    我   一   信   写副动词 完成时
    我要写一封信。

(4) pi həntə tsʻan ɕinni pʻitʂɯ – nə.
    我   他   常   信   写副动词 未完成时
    我常给他写信。

(5) həni irəsəntə pi tʂɯn ɕinni pʻitʂɯ – tʂɯwo.
    他   来   我   正   信   写副动词 进行式
    他来的时候我正在写信。

(6) zhangmin budan ijie – wo.
    张明   饭   吃 陈述式
    张明吃了饭。

(7) beijing echi – ku huoche yijing kai yaola – wo.
    北京   走   火车 已经 开 发   陈述式
    开往北京的火车已经出发了。

(8) zhangmin ede 《xiyouji》uzhe – tʂɯwo.
    张明   现在 《西游记》看   进行式

张明在看《西游记》呢。
(9) made kielien waine tan－se kielie －ne.
　　我　　话　　想　　你从比格　说话 未完成时
　　我有话跟你说。

　　与蒙古语族其他亲属语言比较，东乡语的上述三种形态标记接近其他语言动词的"体"。时间概念主要靠上下文或句子里的时间词（汉语借词）来表达，如上述例句中的 tʂɯn（正）、tʂʻan（常）。

　　另外，蒙古语族动词陈述形式有一个重要的范畴：确定语气与非确定语气。确定语气与非确定语气乃是陈述形式的动词特有的范畴，即陈述形式的语法意义仍然包含说话者表达主观上认为实际发生或存在的行为或状态。确定语气指表达说话人的直接经脸、亲身经历、主观决定和意愿；非确定语气表达非自身的经验、经历和出乎意料（非自主的）、意愿的事态以及表达转述语气。在蒙古语族和突厥语族的语言里，陈述形式动词充当谓语以及体词（包括名词、代词、形容词、数词、形动词）和判断动词构成谓语的句子里，区分确定语气与非确定语气。凡具有确定语气与非确定语气范畴的蒙古语族语言，其判断动词"是"和存在动词"有"都有两种语音形式，东乡语只有一种语音形式，已经不区分确定语气和非确定语气的范畴。我们将蒙古语族语言东乡语、保安语、土族语等列举、对比如表2—4 所示。

表2—4

	保安语	土族语	东部裕固语	东乡语
是（有）	i-/o	i -/a	pai/wai	wo
不是	çi-/ço	pʻu ʂii -/a	pʻu ʂiwai	pʻu ʂɯwo
有	wi-/wa	i -/a	pei/pai	(pi-) /uainə
没有	ki-kinə	kui-kua	uɣui/uɣuai	(ui-) /uwo

　　从表2—4 可以看出以下两点。
　　第一，使用从判断动词和存在动词转化来的助动词作为表达"体"的语法手段，这是许多有形态变化的语言共同存在的特征。东乡语表否

定的判断动词"pʻuʂɯwo"是汉语的"不是"+助动词；保安语表否定的判断动词 çi-来自 ʂii，ço 来自 ʂio。当是 pʻuʂi 的减音形式。

以上例句告诉我们：使用从判断动词和存在动词转化来的助动词作为表达"体"的语法手段，这是蒙古语等有形态变化的语言共同存在的特征；另外在东乡语例里，动词陈述式的时、体意义已经融合，侧重于表现"体"的意义，有完成体、进行体和未完成体，完成体的附加成分－wo 接近于其他语言的过去时，未完成体的附加成分－nə 接近于其他语言的将来时。这就是东乡语受汉语影响的典型例证。在汉语没有"时"范畴的影响下，东乡语的"时"与"体"标记成分重叠，已经融合为一。

第二，以上蒙古语判断动词和存在动词的列举充分表明：在蒙古语族语言里，体词（名词、代词、数词、形容词、形动词）充当句子的谓语时，必须在体词的后边使用判断动词。下面我们简要列举一些判断动词和存在动词的例句。

东乡语例句：

(10) pi (tʂɯ/hə)　tunçian　kʻun (pʻuʂɯ)　wo.
　　　我 (你/他)　东乡　人　(不是)　是
　　　我（你，他）是（不是）东乡人。

(11) matɜ　(həntə)　niə　kaka　uainə.
　　　我　（他）　一　哥哥　有
　　　我（他）有一个哥哥。

(12) matə　(həntə)　kaka　uwo.
　　　我　（他）　哥哥　无
　　　我（他）没有哥哥。

保安语例句：

(13) Pũ　paonaŋ　kʻun　i　(çi).
　　　我　保安人　是 (不是)
　　　我是（不是）保安人。

(14) ntçiaŋ　paonaŋ　kʻuŋ　o (ço).
　　　他　保安　人　是 (不是)

他是（不是）保安人（非确定语气）。

(15) natə nəkə kakə wi.
　　 我　 一　 哥哥　 有
　　 我有一个哥哥（确定语气）。

(16) ntɕiaŋtənəkəkakəwa.
　　 他一哥哥有
　　 他有一个哥哥（非确定语气）。

(17) ntɕiaŋtə kakə kinə.
　　 他　　 哥哥　 无
　　 他没有哥哥（非确定语气）。

土族语例句：

(18) pǔ moŋqol kʻuŋ (pʻu ʂi) i.
　　 我　土族　人　（不是）是
　　 我是（不是）土族（确定语气）。

(19) tʻie moŋqol kʻuŋ (pʻu ʂi) a.
　　 他　土族　人　（不是）是
　　 我是（不是）土族（非确定语气）。

(20) nta nikə atɕia i.
　　 我　 一　 哥哥　 有
　　 我有一个哥哥（确定语气）。

(21) tʻientə nikə atɕia a.
　　 他　　 一　 哥哥　 有
　　 他有一个哥哥（非确定语气）。

(22) nta atɕia kui.
　　 我　 哥哥　 无
　　 我没有哥哥（确定语气）。

(23) tʻientə atɕia kua.
　　 他　　 哥哥　 无
　　 他没有哥哥（非确定语气）。

东部裕固语例句：

（24）pǔ   jɔʁɔr   kʻǔ   pai.
　　　我   裕固   人   是
　　　我是裕固人（确定语气）。

（25）tʻere   jɔʁɔr   kʻǔ   wai.
　　　他   裕固   人   是
　　　他是裕固人（非确定语气）。

（26）pǔ（tʻere）   jɔʁɔr   kʻǔ   pʻuʂiwai.
　　　我（他）   裕固   人   不是
　　　我（他）不是裕固人（否定句不分确定语气与非确定语气）。

（27）nantə   neke   koko   pei.
　　　我   一   哥哥   有
　　　我有一个哥哥（确定语气）。

（28）tʻentə   neke   koko   pai.
　　　他   一   哥哥   有
　　　他有一个哥哥（非确定语气）。

（29）nantə   koko   uʁui.
　　　我   哥哥   无
　　　我没有哥哥（确定语气）。

（30）tʻentə   koko   uʁuai.
　　　他   哥哥   无
　　　他没有哥哥（非确定语气）。

判断动词和存在动词的确定语气与非确定语气范畴与人称范畴无关，例如（东部裕固语）：

（31）tɕʻɪ́nə   sɿʁəi   hana   qatɕiarə   kʻũ   p（ai）   u（wai）?
　　　你   妻子   哪   地方   人   是
　　　你妻子是哪地方人?

（32）tʻere   lantʂou   kʻũ   pai.
　　　他   兰州   人   是
　　　他是兰州人（确定语气）。

以上是蒙古语判断动词和存在动词的例句。对于例句中句末的判断动词，该地区汉语方言均以汉语的"是"来对应。反过来讲，东乡族、保安族、撒拉族等少数民族，他们在讲汉语的时候，不自觉地会将自己母语中判断动词和存在动词带进他们所讲的汉语中：用汉语的"是"对应判断动词，用汉语的"有"对应存在动词。例如：

(33) pi   niə   çinni   p'it ʂɯ – wo.
　　　我　一　　信　　　写陈述式
　　　我写了一封信。

西北方言　我一封信写了是。

(34) pi   tʂɯn   niə   çinni   p'it ʂɯ – tʂɯwo.
　　　我　正　　一　　信　　写副动词 进行式
　　　我正在写一封信。

西北方言　我正信写着是。

(35) həni   irəsəntə   pi   tʂɯn   çinni   p'it ʂɯ – tʂɯwo.
　　　他　　来　　　我　正　　信　　写副动词 进行式
　　　他来的时候我正在写信。

西北方言　傢来我正信写着是。

例（33）是完成体，附加成分是"–wo"，后两例（34）、（35）是进行体，附加成分是"–tʂɯwo"。以上三例被当地方言直译成"我信写了（是）"，"我信写着（是）"，"傢来我信写着（是）"。"是"对应判断动词"–wo"和"–tʂɯwo"。这就使得临夏话等西北方言少数民族语的汉语里"是"字句随处可见。我们再举几例东乡语和东乡汉语对比的例子：

(36) 东乡语　beijing echi – ku huoche yijing kai yaola wo.
　　　　　　北京　去　火车　已经　开　　是
　　东乡汉语　北京搭火车开了是。
　　普通话　开往北京的火车已经出发了。

(37) 东乡语　ene igva shi bi ghalugva san bushi wo he ghalugva san wo.
　　　　　　这 碗　是 我 破碎　打 不是（是）他 破碎 打 是
　　东乡汉语　兀个碗我打破的不是，傢打破的是。

　　　　　　普通话　这个碗不是我打破的，是他打破的。
(38)　东乡语　ene nie oqin　shi　bi zhangmin-de jieshao gesang　wo.
　　　　　　　　这　一　姑娘　是　我　张明　　　介绍　　　　是
　　　　　东乡汉语　兀个姑娘我张明介绍的是。
　　　　　普通话　这个姑娘是我介绍给张明的。
(39)　东乡语　ene xigua shi lamachuande tari-san　wo.
　　　　　　　　这　西瓜　是　喇嘛川　　种的　　是
　　　　　东乡汉语　兀个西瓜是喇嘛川种的是。
　　　　　普通话　这个西瓜是喇嘛川（地名）种的。

　　这几例中的"wo"是东乡语动词完成体的形态标记，在临夏话中都用汉语的系词"是"来对应。我们对照临夏话可以发现：汉语方言句末"是"与东乡语完成体形态标记"wo"一一对照。也就是说临夏话依然用"是"来对译完成体的形态标记"wo"，而不是系词"是"，它是蒙古语判断助动词的对译，是阿尔泰语言从动词语法化而来的 wo 类推来的，也是阿尔泰语法成分在汉语中的底层干扰。

　　我们再看看另一个句末特殊动词"有"在临夏话等西北接触方言中的例子：

(40)　ŋo　to'　tsɿ-liankə　ry ts'ietə　 jy.
　　　我　刀子　凭借格　　肉　切　　进行体　["V（着）有"是进
　　　　　　　　　　　　　　　　　　　　　　行体构式]
　　　五屯话　我正用刀子切肉。（陈乃雄，1982）
　西北方言　我刀子 两个肉切。

(41) 你大大家里<u>有</u>么？（临夏话）（你爸爸在家吗，引自汪忠强，1984）

(42) 这霍州里所属的中镇霍岳庙，咱每的先生苗宗师住持<u>有</u>。（元白话）（祖生利，2002）

(43) 他们归信主的那些人啊！你们完全一些约会<u>有着</u>！（经堂语）（敏春芳，2012）

　　"有"在临夏话、五屯话、经堂语里表判断、存在。它们既能独立使用，表示"有、是、存在"等实际的意义，又能作助动词依附于主要动词之后，辅助表达一定的时体意义。"有"虽然表存在，但并非汉语的动词"有"，与元代"蒙式汉语"和"汉儿言语"一样，是蒙古语族乃至整个阿尔泰语系广泛存在的一类特殊动词——助动词的反映。

二　东乡语动词的祈使式

祈使式形式和陈述式形式属于动词"式"的范畴，它们的共同点是，可以作为句子中的结束形式，能充当单句谓语和复句中的句末谓语，各自用一定的形态标记表达不同的语法范畴。陈述式形式有完成体、进行体和未完成体时体范畴；而祈使式则分为意愿式、命令式和希望式三种，表示意愿、命令、希望语气，分别用于不同的人称。

祈使形式的各种形态和意义，在蒙古语族语言里比较单纯，一般不超过四五种。刘照雄（1982）指出：波普在《喀尔喀—蒙古语语法》将通常的祈使形式分为祈使形式（Zumutungsformen）和愿望形式（Stimmungsformen）两类，祈使形式包括命令式（Imperative）、规定式（Präskriptiv）、请求式（Prekativ）、祈求式（Benediktiv）；愿望形式包括允诺式（Konzessiv）、愿望式（Optativ）、意愿式（Voluntativ）、可能式（Potential）－mdza（－mdze）和怀疑式（Dubitativ）。东乡语祈使式形式分为意愿式、命令式、希望（允许）式三种，分别用于第一、第二和第三人称。

意愿式　表示这个动作是由说话人自己或包括自己在内的一些人立志进行的。意愿式的附加成分是－jə，例如：

(44) mataŋ　hantu　çi　udzi－jə.
　　　咱们　　一同　戏　看　意愿式
　　　咱们一同看戏吧。（布和，1986：155）

(45) bidʑiən əndə baudəi çi－jə.
　　　我们　这里　小麦　拔　意愿式
　　　我们在这里收割小麦吧。

(46) bi tʂimadə nie banfa surukar－jə.

我　你宾格一　办法　教 意愿式
我教给你一个办法吧。

命令式　表示命令或恳求第二人称进行这个行为动作。命令式不用附加成分表示，即东乡语用动词的词干形式表示命令式。而在蒙古语书面语除了用动词的词干形式表示命令式外，还有专门用来表示命令式的附加成分 -ɣtun/ -ɣɑrɑi/ -gerei 等。在东乡语里见不到这类命令式的附加成分。例如：

(47) niənəi tʂina madə goudʐi niə amusaka!
　　 奶奶　 你　我　高的　一　 尝尝
　　 老奶奶，请你给我稍为尝一尝。

(48) tɑ gudukaŋ xolundu.
　　 你们　跑　快
　　 你们快一点跑。

(49) tʂi mo dʐiərə piŋpiŋnannandʐi kurui.
　　 你 路　　　 平平安安　　 到达
　　 祝你一路平安！

但是东乡语在命令式动词后面还可以连用 a、ba、ʂa、ma 等语气词，表示委婉的恳求或进一步敦促的语气。例如：

(50) tʂimadə jaŋ nanɕin pəse tʂi namadə kiəlie ma.
　　 你　　什么 难心　 遇到 你 我　 说　嘛
　　 你有什么困难跟我说嘛。

(51) tʂi niə udʐə ʂa.
　　 你 一 看 哪
　　 你来看哪！

希望（允许）式　表示希望、允许第三人称进行这个行为动作。附加成分是"-giə"。"-giə"与中古蒙古语动词附加成分（-tuɣai、-tügei）（蒙古语口语为 -g）同源。例如：

(52) hə kewoŋ kiəliən uliə tʂanliənə ət ʂisə ət ʂi -giə.
　　 那 孩子　 话　不听　常常　 去副动词 去　希望式
　　 那个孩子不听话，要是去就去！

（53）he mɑkɑ ʂidʐiə goni ɑduliə －giə bɑ！
　　　他　明　天　　羊　　放希望式
　　　他明天可以放羊！

（54）bi pudʐɑlukɑ mu hə pudʐɑlukɑ －giə？
　　　我　烧　水　吗　他　烧　水 希望式
　　　我来烧水吗，还是他烧？

希望式动词有时也用于第一人称，将某种动作状态当作客观现象，表示对此抱允许或听任的态度。例如：

（55）bi sudosə sudu －giə tʂimɑdə jɑmɑ gɑdɑkɑŋ uliə kurunə.
　　　我 醉副动词 醉 希望式 你 向位格 什么 不 妨碍
　　　我醉就醉，不妨碍你。

东乡语希望式附加成分"－giə"及其对汉语的影响

由于东乡语希望/允许式附加成分"－giə"和汉语"给"的语音非常相近，所以以上四例中的"ət ʂi giə""goni ɑduliə－giə""pudʐɑlukɑ－giə""sudu－giə"就可以对应成汉语的"去给""羊放给""水烧给""醉给"等，用汉语的"给"音译了东乡语希望式附加成分"－giə"。例如，东乡语和东乡汉语之间的对译（以下三例引自布和，1986）

（56）东乡语　hə kəwoŋ kiəliən uliə tʂɑnliənə ət ʂisə ət ʂi giə！.
　　　　　　那孩子　　说 话 不　　常听 去副动词 去希望式
　　　　　　那个孩子不听话，要是去就去！（布和，1986：156）
　　　东乡汉语　那个孩子不听话，去就去给。

（57）东乡语　hə mɑʁɑ ʂidʐiɑe Goni ɑduliə －giə bɑ！
　　　　　　他　明天　　羊　　放 希望式
　　　　　　他明天可以放羊！（布和，1986：156）
　　　东乡汉语　傢明天羊放给。

（58）东乡语　bi pudʐɑʁɑ mu he pudʐɑʁɑ －giə？
　　　　　　我　烧水　吗　他　烧水　希望式
　　　　　　我来烧水吗，还是他烧？（布和，1986：156）
　　　东乡汉语　我烧水木傢水烧给。

（59）东乡语　tʂɯ beijin－de tʂɯ－senu guɑjiɑ shenti－ne ɑixi－giə.

你 北京　去 副动词 个 家身体　爱惜 希望式
你去北京后要爱惜自己的身体！

东乡汉语　你北京去的话，个家身体爱惜给！

以上四例汉语方言中句末的"给"就是祈使式形态标记"-giə"的音译对应，"去给""羊放给""水烧给""身体爱惜给"等中的"给"是希望别人来进行某项活动的形态标记，而不是汉语里"给予"的"给"。我们再举几例蒙古语祈使式形态标记"-giə"与西北方言的"给"相对应的用例：

（60）蒙古语　dəŋ ɷntărbăl ɷntăr-(ă)-g.
　　　　　　　灯　熄　　熄希望式
　　　　　　　把灯熄灭。

西北方言　灯灭给。

（61）保安语　ndʐasə natə-gə.
　　　　　　　他们　玩希望式
　　　　　　　让他们玩吧！（布和、刘照雄，1980：350）

西北方言　傢们玩给。

（62）土族语　te ntəraa-lagə (ntəraa-gə)
　　　　　　　他　睡希望式
　　　　　　　让他睡吧！（照那斯图，1981：200）

西北方言　傢睡给。

（63）东部裕固语　here χarədʐə ere-gani.
　　　　　　　　　他　　回　来希望式
　　　　　　　　　让他回来吧！[①]（照那斯图，1981：399）

西北方言　傢回来给。

以上例句均表示说话人对别人进行这个动作或进入这个状态采取的听任的态度。与"给予"义毫不相关。我们把上述例句再加以总结，得到表2—5。

[①] 《中国少数民族语言简志》编委会、《中国少数民族语言简志丛书》修订本编委会：《中国少数民族语言简志丛书》（修订本），民族出版社2009年版。

表 2—5　　　　　　　蒙古语祈使式形态标记句法分布

少数语言 希望式	保安语 –gə	东乡语 giə	土族语 laxge/gi	东部裕固语 –gani
同意希望第三者进行的行为	ndʐaŋ kal–gə. 他说	ne kəwaŋ kliəsən uliə, tʂɯsə tʂɯ giə. 这个孩子不听话，走就走吧。	te jousa sjoulaxgə（互助）他走就走吧。 gə jo: ku jə: gi.（民和） 他走就　走	hgor ʃukʉrejidasa ere–gana. 牛要乱跑的话就让他回来吧。
汉语方言对应	说给	走给	走给	回来给

保安语第三人称祈使式动词的附加成分是"–gə"，表示说话人对第三者的允许，互助土族语形态标记是"laxgə"，土族语"–gi"，东部裕固语是"–gani"，东乡语是"giə"等均与汉语"给"的语音相近。

表 2—6 是阿尔泰语言祈使式形态标记和汉语的对应关系。

表 2—6　　　　　阿尔泰语言祈使式形态标记句法分布①

阿尔泰语系		形态标记	例　　句	汉语对应
蒙古语族	蒙古语	–g	dəŋ ⊚ntărbăl ⊚ntăr–(ă)–g 灯　熄　　熄	灯熄给
	东乡语	–giə	hə kəwoŋ kiəliən uliə tʂanliənə ət ʂisə ət ʂi giə! 那个孩子说话　不 常话　去　去！	去给
	土族语	–lage/ –ge	te ntəraa–lagə (ntəraa–gə) 让他睡吧！ 他 睡	睡给
	保安语	–ge	ndʐasə natə–gə. 让他们玩吧！ 他们　玩	玩给

---

① 这些少数民族语言的式范畴用例来自 2009 年修订的《中国少数民族语言简志丛书》。

续表

阿尔泰语系		形态标记	例　句	汉语对应
蒙古语族	东部裕固语	－gani	here χarədʒə ere－gani. 让他回来吧！ 他　　回　来	回来给
	达斡尔语	－tgai	iin jau－tgai! 让他走！ 他　走	走给
满语	满语	－kine gɯ	tʂamaxa tər tʂdʐi－kine. 明天让他来吧！ 明天　他　走	走给
突厥语族	撒拉语	－gel	u geʃoŋ－ə va（r）－ʁusi gel－ba. 他想上街。 他　街上　　去　（助动词：来） u（－ular）et－gi / et－Guʁə. 让他（他们）做吧。 他（他们）　　做　　做 u（－ular）vaχ－Gə/ vaχ－Guʁə. 让他（他们）看。 他（他们）　　看　　看	街上给 做给 看给

表 2—6 中阿尔泰语言祈使式形态标记的"－giə"等对应汉语的"去给""说给""做给"等，均与东乡语动词允许式附加成分是"－giə"的用法完全一致，附着在动词后的后置附加成分，显然还是借用汉语的"给"来对译，是动词式的一种附加成分而已。与汉语"给"的内容大相径庭，两者不能相提并论。"给"在西北方言中的特殊用法是语言接触的结果。

表中蒙古语、满语、突厥语第三人称祈使式动词的附加成分是"－g"＋元音。汉语方言也是用"给"来对译祈使式附加成分的。宋金兰（1990）在谈到青海汉语助动词"给"与阿尔泰语言的关系时强调：阿尔泰语中的助动词和附加成分"－giə"与汉语词"给"之间存在着语音上的相似性和语义上的相关性。《蒙古秘史》中，汉语就用"秃该"或"秃孩"为蒙古语中表示希望、祝愿的祈使式动词的附加成分－tʊqai，－tʰukəi（－tuɣai，－tügei）注音。宋先生言之有理，持之有故。

由此看来，西北接触方言的动词有着与阿尔泰语，特别是蒙古语族语言非常接近的语法"式"范畴。蒙古诸语的"式"范畴是与动词句法功能的实现直接相关的形态变化。

东乡语祈使式"giə""-gə"的来源，学者们也是各执己见，莫衷一是。陈乃雄（1986）认为，东乡语祈使式"giə"有可能是由联系动词或者助动词"给"虚化而来。

东乡语普通动词"做"就是"giə"（东乡语是用汉语拼音作为记音符号的）。如：

(64) bi dʐao tʂʅni kiəliəsənni mutun giə.
　　 我 照 你说 　 那样 　 做
　　 我照你说的那样做了！（刘照雄，1981：165）

(65) lindao bikudə bi iə ənə giədan wo；uikudə bi iə ənə giədan wo.
　　 领导 有 我也这 做 　　 没有我也这 做
　　 领导在时我也是这种做法；领导不在时我也是这种做法。（刘照雄，1981：169）

(66) 东乡语　hə ənə uiliənni giə-giə.
　　　　　 他 这 事 做 希望式
　　　　　 让他做这件事吧！（刘照雄，1981：145）
　　 东乡汉语　傢这件事做给。

值得注意的是，最后一例中"giə-giə"中两个"giə"相连，第一个"giə"是东乡语动词"做"，第二个"giə"则是动词祈使式的一种附加成分，"giə-giə"对译成汉语就是"做给"。这句话东乡汉语为"傢这件事做给"。

《东乡语词典》第13页："giə"解释为"做"；助动词，相当于"说"（东乡语是用汉语拼音作为记音符号的）。刘照雄（1981）指出，"giə"是由动词giə"做"虚化而用作引语的标记。从阿尔泰语的东乡语中我们也可以观察到"做"义动词有一个虚化的过程："giə"由普通动词"做"虚化为助动词（引语标记），再虚化为祈使式的附加成分，即"做"义动词（giə）→联系动词（引语标记）→祈使式标记（附加成分）。故祈使式标记（附加成分）"-giə"是由"做"义动词"-giə"虚化而来，表达动词的"式"范畴。

-mu 在东乡语中的语法功能

动词的"式"范畴是蒙古语语法研究的重要问题之一。布和先生论文《东乡语动词的"式"的一个形式——附加成分-mu》(《东乡语论集》1988：132—137)，在论述东乡语动词的形态变化时，认为-mu 是由陈述式将来时的附加成分-m 与疑问语气词 u（相当于蒙古语书面语 uu）连接在一起，是东乡语加在动词后面的"式"的附加成分。他分析，带有附加成分-mu 的动词在不同的语言环境中所表达的语法意义有所不同。大致归纳为两项。

带有附加成分-mu 的动词在疑问句里充当谓语，表示对将来发生的动作提出疑问或者选择。他举的例子是：

(67) bi badʐa ətʂi mu bu etʂi？
　　我 城里 去 （吗）不 去
　　我要不要进城去？

(68) hə urəu pidʐʅmedʐiə mu uliə mədʐiəsə bi uliə mədʐiənə.
　　他 会 写 知道 （吗）不 知道 我 不 知道
　　他会写字吗还是不会写？我不知道。

(69) hə durala mu uliə duralase.
　　他 喜欢 （吗） 不 喜欢
　　他喜欢吗，还是不喜欢？

(70) bi ənə giedʐiə ɕiaŋdʐʅ tʂuɑi ʂʅ olukɑ mu.
　　我 这 做 副动词 箱子 坏 是 变成（吗）
　　我把这个纸箱子弄坏吗？

(71) bi ənə morini unu mu.
　　我 这 马 骑 （吗）
　　我骑这匹马吗？

以上五例中，前三个例句"ətʂi mu bu etʂi"（去还是不去）、"mədʐiə mu uliə mədʐiəsə"（知道还是不知道）、"durala mu uliə duralase"（喜欢还是不喜欢）中的-mu，加在前一个动词后表示的是选择疑问的意义，相当于汉语的"吗"；后两个句子中的-mu 是表示疑问的语气词。

布和先生认为：-mu 是由陈述式将来时的附加成分-m 与疑问语气

词 u（相当于蒙古语书面语 uu）连接在一起，从而形成复合结构的固定形式，并进行了细致的分析，他说例中由肯定和否定意义的两个动词并列构成了复合谓语，而其中的前一个动词接加附加成分 – mu。oluka mu（变成……吗）、unu mu（骑吗）等五个动词词干均接加附加成分 – mu，并且都表示双重语法意义：一是表明该动作属于将来时；二是表示疑问语气。其中前三个例句均采用了"是不是这样做吗，还是那样做"这种形式，即由肯定和否定意义的两个动词并列构成了复合谓语，而其中的前一个动词接加附加成分 – mu，以表示选择疑问意义。由此可见，这个附加成分 – mu 本来是复合构成的；是东乡语动词"式"的附加成分。布和先生反复强调：虽然 – mu 这个形式是由陈述式将来时的附加成分 – m 与疑问语气词 u 两者结合而成的，但 – m 通常不能离开它后面的 u 而单独出现，疑问语气词 u 却可以单独用于陈述式动词的其他附加成分之后，在这一点上附加成分 – mu 与陈述式的其他形式有所不同。

　　布和先生的研究方法、研究深度以及研究的结论确实令人信服，也确实有更强的解释力。读后获益很多。但是，我们在考察东乡语的连接词时，发现东乡语大部分连接词源于汉语借词。故我们认为东乡语用在选择疑问句中的 – mu，是借自汉语的语气词"吗/么"，是"吗/么"的音变。在东乡语的连接词中，大部分连接词源于汉语的借词，源于蒙古语族的同源词反而较少。如表示并列连接的有 dʑi "及"、xo "和"、jəu "又"等。例如：

（72）niə otɕin dʑi niə kəwoŋ　wo.
　　　一　女孩　和　一　男孩
　　　有一个女孩和一个男孩。

（73）luŋniə xo guŋniə hanta fadʑangiə nə.
　　　农业　和　工业　一同　发展
　　　农业和工业将共同发展。

　　表示选择连接的有 wonu "或者"、xodʑə "或者"、mu "或者"。这三个连接词在意义和用法上没有明显的差别，从来源上讲，前一个 wonu 是由东乡语判断助动词 wo 的疑问形式转来，后两个连接词借自汉语。例如：

(74) kuŋ sugiəku xodʐə kuŋ əkɯku iguɑ əsə oludʑi wo.
　　　人　骂　　或者　人　　打　一挂　都　不对
　　　骂人或打人都是不对的。

(75) ənəniəbiandʑi samusa u ʂigiə mu liu ʂigiə pəsə.
　　　这一　辫子　　蒜　五十 吗 六十　头
　　　这一辫子蒜可能有五十头或者六十头。

(76) hə kuŋ nie mori mu lausɑpəsəlajidʑi giəru wo.
　　　那人　一 马 吗 骡子　头　拉　过去
　　　那个人牵着一匹马或者骡子走过去了。

这三例中的"mu"的用法和前面布和先生的例句中"-mu"的用法完全相同。毋庸置疑，-mu 就是汉语的"吗/么"，用以表达选择，或者用以表达疑问语气。例如：

(77) tʂi mɑkɑ ʂɿdʐiə ətɕiə mɑkɑ mini niə uru bi kidʑiədʐɿ udɑ mu.
　　　你　明天　　早晨　　我　一　叫　我 担心　迟到
　　　你明天早晨叫我一下，我害怕睡过时呀。

(78) tʂi dɑrsuŋ oloŋ otʂlwəmɑ sodo mu.
　　　你　酒　　多　小心　　　醉　啊
　　　你喝了不少酒，小心要醉啊。

(79) bi tʂini udɑ mu giədʐl ɕiəri kɑwə.
　　　我　你　迟到 吗 做　　　醒（引自以上例句，布和，1988：133）
　　　我怕你迟到，就把你叫醒了。

例中的 -mu 不难看出是表示害怕、怀疑、顾虑等的语气词，汉译的时候翻译成了"吗""呀""啊"等语气词。

我们在前面论述中指明，"式"属于"终结形"动词，是作为句子中的结束形式出现的。陈述形式包括完成体 -wo、进行体 -tʂuwo 和未完成体 -nə 三种形态；祈使式分为意愿式 -jə、命令式（原型）以及希望式 -giə，虽然各自用一定的形态标记表达不同的语法范畴，但都充当单句谓语和复句中的句末谓语。而 -mu 显然不属于"终结形"动词范畴，而应该是汉语的选择连词，用以表达选择或者疑问语气。

布和先生认为，如果把－mu 不看作动词"式"的一种形式，而认为它是表达疑问意义的一种语气词的话，至少会出现如下的问题：第一，在动词词干后所表示的陈述式（将来时）的语法意义很难解释清楚；第二，如果说在动词词干后能直接连用疑问语气词，那就跟该语言总的体系及其序列不相符合。因为，东乡语动词的疑问形式总是在动词词干后接加陈述式的附加成分，然后连用疑问语气词而构成的。动词的这种语法规律与蒙古语基本相同，即总的序列为"动词词干＋式的附加成分＋疑问语气词"。因此，他认为与其把附加成分－mu 视为一种专门的语气词，还不如把它看作动词"式"的一个附加成分，这样比较符合本语言的实际情况。

布和先生的两个问题不难解释。首先，OV 型语言复句的关联标记通常居于前一分句的末端；而 VO 型语言的几种模式的关联标记或者在整个句首，或者在前一分句句首，并不居于前一分句的末端。历史上，汉语从秦汉以降一直都是 VO 语序，关联标记一般不会居于前一分句的末端；蒙古语则是 OV 语序语言，复句的关联标记通常居于前一分句的末端。其次，东乡语是黏着语，其语法意义靠附加在动词词干上的附加成分来表达。如蒙古语族表假定形式的"sa/sə/sɛ"即"－s＋元音结构"，就用汉语的"是"对译阿尔泰语言副动词标记。因为"是"［ʂɿ］也是"－s＋元音结构"，这其实就是音译的一种对应手段。我们知道元代汉语常借用一些固有词语，如"呵""时""哈"等来模拟蒙古语结尾词或后置词，因而这些词具有与一般用法不同的语法意义，就不能用原有的词语意义去解释。再次，这种现象在现在的西北方言临夏话中普遍使用。例如：

（80）兀个大学文凭有<u>木</u>米_{他有大学文凭吗没有？表选择}

（81）老虎草吃<u>木</u>不吃_{老虎吃草吗不吃草？表选择}

（82）熊猫可能是江水打不来<u>木</u>_{熊猫恐怕不会游泳吧。表猜测}

（83）你昨个的［tɕi］早一些起来是兀门是多好<u>木</u>_{如果你昨天起来早一点，那该多好啊！}

（84）我昨个的［tɕi］菜要买起着是，钱［tɕia］走久不过<u>木</u>_{如果我昨天没去买菜，钱就不会丢了。}

第二章　东乡语语法系统 / 95

　　由此可以看出，临夏方言选择问句的结构具有特色。选择项的中间没有语音停顿，选择项开头也不出现关联词，而是在选择项的末尾出现语气词，如前两例"有木米"（有吗没有）和"吃木不吃？"构成句式为"动词+选择关联词+疑问语气词"。根据不同的语气词及其构成的不同的格式，临夏方言的选择问句一般有两种格式。第一种前项末尾出现语气词"呢吗"，后项末尾出现语气词"呢"，前后相呼应，构成"……呢吗……呢？"的格式。如：

　　（85）你吃些呢吗喝些呢_{你吃点什么（呢），还是喝点什么（呢）？}
　　（86）老人们去呢吗尕娃们去呢_{是老人们去（呢），还是孩子们去（呢）？}
　　第二种前一项末尾出现语气词"了吗"，后一项的末尾出现语气词"了"，前后相呼应，构成"……了么……了？"的格式。如：

　　（87）尕王割肉去了吗倒黄酒去了_{小王买肉去了（呢），还是买黄酒去了（呢）？}
　　（88）兀一千元钱盖了房子了吗买了牲口了_{那一千块钱是用来盖了房子了}（呢），还是用来买了牲口了（呢）？

　　"……呢吗……呢""……了吗……"这两种格式表示的意义不相同。前者表示未开始，即供选择的事件尚未进行，或者动作都没有发生。后者表示完成，即供选择的事件已成定局，或者是"倒""买"的动作已完成，只是问话人尚不了解情况。第二种只在前项末尾出现语气词"吗"，构成"……吗……？"的格式。如：

　　（89）白杨树高吗柳树高_{白杨树高（呢），还是柳树高（呢）？}
　　（90）公公的口味重吗轻_{公公的口味重（呢），还是淡（呢）？}
　　（91）兀个地里种的麦子吗豆子_{那块地里种的是麦子（呢），还是豆子（呢）？}
　　（92）你尕娃心上的人是光脸吗麻子_{你孩子心上的人是俊（呢），还是丑（呢）？}

　　选择问句的这两种格式同选择项的性质有关。一般来说，第一种格式的选择项是动词性词语且系分句；第二种格式的选择项是形容词性词语或名词性词语，形容性词语是分句，名词性词语是句子成分。另外，临夏方言选择问句里也有一种特殊的类型正反问，正反问的正项（肯定项）末尾一定有语气词，反项（否定项）末尾一定没有语气词，整句后也不能有语气词。如语气词"呢么"，正反两项谓词都出现，谓语部分的形式是"动（形）+呢么+不（没）+动（形）"如：

(93) 你兰州去呢吗不去？

(94) 你（饭）吃呢吗不吃？

(95) 兀个人做事麻利呢吗不麻利？

还有一类是语气词"呢吗"，反项只出现否定副词"不"（"没"），谓语部分的形式是"动（形）+呢吗+不（没）"。如：

(96) 艾优卜家里有呢吗没艾优卜（人名）在不在家？

(97) 黑糖卖的有呢吗没有没有卖的黑糖（红糖）？

通过上述与西北方言的比较，我们可以推测，东乡语 – mu（吗）其实就是临夏话表示选择的语气词的借用和复制，只不过是读音有所变化而已，并不是东乡语加在动词后面的"式"的附加成分，也不是由陈述式将来时的附加成分 – m 与疑问语气词 u 的组合。

第三节　东乡语副动词特殊用法

我们在第二节提到，东乡语动词有着十分复杂的形态变化，不仅有祈使式和陈述式，还有副动词形式。副动词的性质相当于名词的格，名词的格范畴后可以出现动词和名词，而副动词后只能出现动词。刘照雄（2009）指出：带副动词标志的动词必须跟后面的另一个动词发生关系，副动词不能终止一个独立的句子，隔着它或者与紧跟后面的动词发生关系，或者隔着一些其他实词和另一个动词发生关系。总之，这些动词不管和后面另一个动词发生什么关系，都表现了它们在结构上的共同特征——连接另一个动词。副动词有两种功能：第一，可以表示两个动词之间的时间和语义关系；第二，可以表示两个动词的行为是否在同一个时间出现。

按照 Field（1997）的观点，东乡语是一个"分句连接语言"（clause chaining language），即这种语言的两个动词是用副动词等附加成分来连接的。东乡语副动词有七种：并列副动词 – zhi，假定/条件副动词 – se，分离/联绵副动词 – dene/de，目的副动词 – le，立即/让步副动词 – senu，界限/选择副动词 – tala，组合副动词 – Ø。东乡语副动词的附加成分和蒙古语书面语副动词附加成分大部分是同源的，与其相对应的蒙古语书面语副动词的基本意义和用法是相同的。副动词同后面的动词连接时，在不同的场合可以表示几种不同的连接关系。但是，我们在调查东乡语时发现，东乡语中有的副动词出现了不同于蒙古语的一般用法，如并列副动词；有的已经省略不用，如目的副动词、让步副动词和选择副动词等。以下是东乡语副动词的特殊用法。

一 东乡语并列副动词及其对汉语的影响

东乡语并列副动词的附加成分是 –zhi 与蒙古语书面语、蒙古语口语并列副动词附加成分 –ʧʊ/ʧhʊ、ʧu/ʧhu 同源。故东乡语并列副动词的以下几种意义和用法与蒙古语是相同的。它与后面的动词构成并列关系，表示两个行为动作同时发生，或者一前一后相继发生。例如：

（1） you oliesi –zhi　you gonjiene.（两个动作同时发生）
　　 又　饿 副动词　 又　冻
　　 又饿又冻。

（2） fuzhukadu bi nie daifu qingla –zhi nie jiancha　gie wo.
　　 昨　天　我一　大夫　请 副动词　让　检查　了
　　 昨天我请医生给我做了一次检查。（两个动作一前一后相继发生）

（3） ene xulag makalatu gagala sau –zhi bai –zhi duruzhi wo.
　　 这　 戴红帽子　 哥哥们　坐 副动词　站 副动词　满
　　 这些戴红帽子的哥哥们坐着站着挤满了。（动作同时发生）

并列副动词还可以与后面的动词构成状述关系（状中结构），表示另一个行为动作的进行方式或发生的原因。例如：

（4） bi yawu –zhi　hezhe wo.
　　 我　走 副动词　累
　　 我走累了。

（5） chi mafan kei –zhi zhulani nie feilie –zhi xinika bi kexiene.
　　 你　麻烦　 副动词　蜡烛　一　吹 副动词灭　我　 睡觉
　　 麻烦你把灯吹灭，我要睡觉。

并列副动词亦可与后面的助动词结合，并列副动词在助动词的辅助下共同合成谓语。

（6）ejie bosisan　gala　nokuru　–zhi　alane.
　　　　早 起　　　困　　副动词　死
　　　由于起得早，困极了。

（7）ene xieni chi eneshikagni ojienla ni kietenne uku –zhi echi.
　　　这　晚　你　这 些　　物件　家　带副动词 去
　　　今天晚上你把这些东西带回家去。

（8）chi musisan he jien chate neira　–zhi wo.
　　　你　穿　那 衣服 你 合适　副动词
　　　你穿那套衣服看来很合适。

另外，在东乡语里，并列副动词还有以下几种蒙古语并列副动词没有的意义和用法，这是东乡语和蒙古语不同的地方。并列副动词后可以直接连接形容词，表示这个形容词的前提或者条件。即副动词表示动作的行为，形容词说明动作行为的性质特征。而在蒙古语书面语里表述动作行为的性质特征的词通常以状语或谓语的形式出现。例如：

（9）东乡语　mini　jiaoni　jiaorug　othu　–zhi xeŋ　wo.
　　　　　　我的　弟弟的　头　　疼 副动词 很
　　　　　　我的弟弟头痛得厉害。

（10）蒙古语书面语　minu tekuu　jin tolokaini　surexei　epetthhu
　　　　　　　　　paina.（充当状语）
　　　　　　　　　我的 弟弟　的　　头　厉害　疼　（助动词）

（11）东乡语　ghura　bause　mo　jawu　–zhi　gau　uwo.
　　　　　　雨　　下　　路　走　副动词　好　不
　　　　　　如果下雨，走路比较难。

（12）蒙古语书面语　porukan orʊpal　cham　maku　pʊlʊna.（充当谓语）
　　　　　　　　　雨　下　　路　不好　　走

（13）东乡语　ene　budag　ijie　–zhi　andutuno　wo.
　　　　　　这　饭　　吃 副动词　香很
　　　　　　这饭吃起来很香。

（14）蒙古语书面语　ene pʊtaka itehuxu thuŋ amthathai.（充当状语）
　　　　　　　　　这　饭　吃　<u>很香</u>

（15）东乡语　enetetu orog qulug wo joushi narawo wo zhuanjia osi-zhi xudu hen wo.
　　　　　　这　地方　热又是　阳光足　　庄稼　长 副动词 胡度 很

这里气候温暖，阳光充足，庄稼长的非常高。

（16）蒙古语书面语　ene katʃar tʊlakan mor eken naran-nu kerel kuitʃet tʃarijia sajin ʊrkʊna.
　　　　　　　　　这 地方　温暖 而且　　太阳的　光充足
　　　　　　　　　<u>庄稼　好　　长</u>

以上各例东乡语中的并列副动词都与形容词结合，如 othu-zhi xeŋ（疼很）、jawu-zhi gau uwo（走好不）等，而相应的蒙古语中的情况相反，表述动作行为的性质特征的词通常以状语或谓语的形式出现，如 surexei epetthhu（厉害疼）、maku pʊlʊna（不好走）、sajin ʊrkʊna（好长）。

东乡语中动词后加形容词，并列副动词是述的部分，表示动作行为，后面的形容词类似于补语，补充说明这一动作行为的性质、特征和趋向；这种结构类似于汉语的述补结构。

（17）ene budag ijie-zhi andutuno wo.
　　　这　饭 吃 副动词　香

述补结构是汉语的语法特征，蒙古语是没有述补结构的。那么东乡语为什么会出现类似于汉语的述补结构呢？而且这种述补结构的述语还是并列副动词。我们推测东乡语并列副动词的附加成分-zhi 与西北方言的临夏方言的 [tʂə]"着"有一定的联系。

二　东乡语并列副动词-zhi 与西北方言的 [tʂə]

[tʂə] 字在西北方言中比比皆是、随处可见，出现的频率很高。书面上有时写作"着"，有时又写作"者"，我们统一写为"着"。从 [tʂə]

本身而论，多数情况下是词，有的性质（词性）极为明显，有的还有待进一步研究。我们把含有"着"［tʂə］的句子统称为"着"［tʂə］字句，对它进行分类分析。出现在两个动词性词语之间，动₁与动₂之间有连谓词组中的三种意义关系。

1. V₁与V₂是先后两个动作。如：

（18）尕娃饭吃过着［tʂə］上学去了 小孩吃完饭就去上学了。

（19）尕媳妇面擀下着［tʂə］走了 妻子擀完面走的。

（20）阿达饭吃罢着［tʂə］电影看去了 父亲吃完饭去看电影的。

（21）东乡语　bi　nie　daifu　qingla – zhi　nie　jiancha　gie wo.
　　　　　　　我　一　大夫　请 副动词 　一　检　查　做 完成体

2. V₁表示V₂的方式。如：

（22）阿哥车子哈骑上着［tʂə］城里去了 哥哥骑着车子进城了。

（23）耍社火的来了，老百姓拍手着［tʂə］欢迎 闹社火的来了，老百姓拍手欢迎。

（24）东乡语　bi yawu – zhi　hezhe wo.
　　　　　　　我　走 副动词　累 完成体

东乡汉语　我走累了。

（25）东乡语　nie kuzi mogvei bagvada – zhi zhangmin shida echi – wo.
　　　　　　　一　条　蛇　　爬 副动词 张 明　旁边　去 完成体

有条蛇爬向张明。

东乡汉语　一条蛇爬着张明跟前去了。

（26）东乡语　hhe nie chezi beimian kai – zhi echi – wo.
　　　　　　　那　一　车子　北面　开 副动词　去

东乡汉语　那辆车朝（往/向/……）北开去了。

（27）东乡语　zhangmin ire – zhi sao – wo.
　　　　　　　张　明　来 副动词　过 完成体

东乡汉语　张明来过。

3. V₁与V₂从正、反两方面说明主语，动₁、动₂共同充当合成谓语。如：

（28）草木经要念着［tʂə］不忘呢草木经要经常念呢。

（29）他我的手哈抓住着［tʂə］不放他抓住我的手不放。

（30）东乡语　zhuanjia osi – zhi xudu hen wo.
　　　　　　　庄 稼长 副动词　胡度很 完成体

　　　东乡汉语　庄稼长着胡度好！

（31）东乡语　budan ye balu – dene zhangmin khiche – zhi echi – wo.
　　　　　　　吃完　饭后　　张 明　　出 副动词 去 完成体

　　　东乡汉语　吃完饭后，张明出去了。

以上这些出现在动₁、动₂之间的"着"［tʂə］，从意义和语法功能上看与上述东乡语并列副动词的三种用法完全一致。另外，在临夏话里，形容词、趋向动词作补语和普通话不同，补语标志不用普通话的"得"，而使用一个特殊的结构助词"着"。"着"相当于普通话的结构助词"得"。

4. 结果补语，如：

（32）风刮着［tʂə］树上的叶子一呱跌着下来风刮得树上的叶子全都掉下来了。

（33）尕哥哥活着［tʂə］人大了，妹妹啦话也搭不上了哥哥变得架子大了，和妹妹连话也不说了。

（34）尕丫头干散着［tʂə］尺码没小姑娘漂亮得没法儿形容。

结果补语是词组，补语和中心语之间一定出现"着"［tʂə］；结果补语是词，特别是单音词，补语和中心语之间不出现"着"［tʂə］，如"说清楚了""吃饱了""听懂了"。

（35）东乡语　zhangmin sanqian ba'er – ni jien musi – se ye hhen – de uzhe – zhuo gao wo.
　　　　　　　张 明 三 千 元 衣服　　也　　看 副动词
　　　　　　　好

　　　东乡汉语　张明用三千元买的衣服也不好。

（36）东乡语　zhangmin cai gie – se la gie – zhi gaodi – da gao – wu.
　　　　　　　张 明 菜做　　做副动词 稍微　好

东乡汉语　张明做菜做得不怎么好。

5. 程度补语，如：

（37）手抖着［tʂə］筷子啊抓不住了 手抖得拿不住筷子了。

（38）雨大着［tʂə］地啊淌过了 雨大得把地都冲毁了。

（39）尕马急着［tʂə］坏坏的了 小马急坏了。

程度补语是动词性词组和形容词性词组，补语和中心语之间出现着［tʂə］，补语是副词，补语和中心词之间不出现着［tʂə］，出现"得"或"地"，如"好得很""爱得凶""激动地呱"。

"着"［tʂə］后面的结果补语和程度补语，在一定语境中也和普通话一样可以省去，如"尕红狠着［tʂə］"。（尕红是那样能干，有本事。表示赞许。）

6. 趋向补语，如：

（40）汽车开着［tʂə］过了 汽车开过去了。

（41）东西一呱搬着［tʂə］进去了 东西全搬进去了。

（42）日子一天一天好着［tʂə］起来了 生活一天天好起来了。

趋向补语无论是单音节词还是双音节词，中心语无论是动词还是形容词，中心语和补语之间都出现"着"。只有"上"、"下"不具有实在趋向意义时，"上"、"下"和中心语之间才不出现着［tʂə］。如"衣裳雨泡下了"（衣服让雨淋湿了）；"兀个人走上回了"（那个人走回去了）。如果谓语中包含宾语，宾语不论是受事还是施事，都只能出现在趋向补语之后。如"拿着出来一本子书"或"书拿着出来一本子""走着进来一个人"。而不是像普通话那样，"着"出现在中心语和趋向补语之间或出现在双音节趋向补语之间。

7. 可能补语，如：

（43）你站着［tʂə］起来呢么站着［tʂə］不起来 你站得起来站不起来？

（44）水淌着［tʂə］下来了 水淌了下来。

（45）路窄着汽车开不着［tʂə］过去 路窄得汽车开不过去。

可能补语和趋向补语明显的不同在于语气词。可能补语是句子末尾出现表肯定的语气词"呢"，趋向补语是句子末尾出现表已然的语气词"了"。如"站着［tʂə］起来呢"，"起来"是可能补语，"站着［tʂə］起来了","起来"是趋向补语。如表示不可能,则只是在"着"[tʂə]和谓语中心语中插入否定副词"不",不能在"着"[tʂə]和趋向补语中间插入"不"。在东乡语大量借用汉语虚词的情况下,临夏话这个使用频率非常高的[tʂə]也会渗入东乡语。[tʂə]这个外来成分的语音形式和东乡语固有的并列副动词附加成分 – zhi[tʂi]的语音形式很接近。因而,固有的并列副动词附加成分 – zhi[tʂi]与外来的[tʂə]由于语音非常相近,东乡语中的 – zhi 就承担了外来成分[tʂə]的全部功能。它在句子中的位置不同,所表现的意义和性质便不同。出现在两个动词性词语之间,表示动$_1$与动$_2$之间有普通话连谓词组中的三种意义关系;出现在中心语和补语之间,起结构作用。所以,东乡语并列副动词就出现了不同于蒙古语的特殊用法:可以直接和形容词结合组成述补结构。

请看东乡语的例句:

(46) bi ghuran shu uzhe – zhi dao – zhuo.
　　　我　三　书　看 副动词 过
　　　我看过三本书。

(47) bi zhangmin liushi olu – se ana – ni chujiegva – zhi dao – zhuo.
　　　我　张明　六十岁　阿娜　看见 副动词 过
　　　我见过张明六十岁的母亲。

(48) hhe nie chezi beimian kai – zhi echi – wo.
　　　那　一　车子 北面　开 副动词 去
　　　那辆车朝(往/向/…)北开去了。

(49) bi sumula – zhuo magvashi beijing echi – ne.
　　　我　思慕 副动词　明天　北京　去 未完成体
　　　我想明天去北京。

(50) zhangmin ire – zhi sao – wo.
　　　张　明　来 副动词过 完成体
　　　张明来过。

(51) budan ye balu – dene zhangmin khiche – zhi echi – wo.
　　　吃完　饭后　张明　出 副动词去 完成体
　　　吃完饭后,张明出去了。

（52）zhangmin cai gie－se la gie －zhi gaodi－da gao－wu.
　　　张　明 菜 做 副动词　做 副动词　好　　　　无
　　　张明做菜呢，做得一点也不好。

从以上例句分析：东乡语并列副动词附加成分－zhi［tʂi］隐含了不同的发展层次：出现在形容词、趋向动词前的［tʂi］来源于临夏汉话的"着"［tʂə］，这是个独立的结构助词，不是构形成分；而东乡语和蒙古语共有的用法才是构形成分，与蒙古语书面语的－tʃʊ/tʃh、tʃu/－tʃhu同源。

下列情况属于述补结构：

（53）zhangmin sanqian ba'er－ni jien musi－se ye hhen－de uzhe
　　　－zhuo gao wo.
　　　张明 三千 元 衣服　　 也　看 副动词 好
　　　张明用三千元买的衣服也不好。

（54）nie xieni kixie－zhi fudanno wo.
　　　一 晚 睡觉副动词 舒 坦 完成体
　　　整夜睡得很舒服。

（55）he xolu－zhi qutuŋ wo.
　　　他 跑 副动词 快 完成体
　　　他跑得快。

（56）ana heni ore－zhi xeŋ wo.
　　　阿娜 她 爱 副动词 很 完成体
　　　妈妈非常疼爱他。

例句中的"看着好""睡得舒服""跑得快""爱得很"显然与汉语的述补结构如出一辙。

三 并列副动词的省略与汉语述补结构的引入

上述各例中的副动词后面的成分在东乡语里都变为述补结构。有时候东乡语动词词干后面的并列副动词附加成分－zhi可以省略，直接同后面的动词相连，其意义与并列副动词相同。例如：

（57）jinda qiauli bosi irese.

赶达　跳　走　来

赶忙跳起来走过来。

(58) bi chini uzhele ire wo.
　　　我　你　看　　来

　　　我来看望你。

(59) bi ede gowai echi gunzo giezho.
　　　我现在国外　去　工作　做

　　　我现在去国外工作。

(60) dɑkumu kide echi gonian gie ne.
　　　大估摸　　去　过年　做

　　　大概将回家过年。

(61) chi oruŋni beiliedene xoluaŋ!
　　　你　我　　背　　跑

　　　你要背着我跑啊！

上述各句在画线动词₁后面省略了并列副动词附加成分－zhi，因而两个动词就紧密结合在一起，这种结构和汉语的表述法很相似，却和蒙古语书面语的表述方法有很大的出入。东乡语的这种结构在蒙古语书面语、蒙古语口语中一般都不成立，东乡语复合两个动词表达的意思，蒙古语一般就用一个动词加缀构形成分来表达。如东乡语和蒙古语的表述方法：

东乡语	蒙古语书面语	
khari（zhi）echi wo	xarichixapa	回去
回　着　去	回	
khiri（zhi）echi wo	karpa	上去
上　着　去	上	
posi（zhi）ire wo	pospa	起来
起　着　来	起	
iqie（zhi）akiwo	itechixepe	吃掉
吃　着　掉	吃	
fuku（zhi）vitawo	uxuchixepe	死去
死　着　没	死	

上述各例的画线部分都是词干部分，没有画线的部分是构形成分，括号里的是东乡语并列副动词附加成分，可以出现也可以省略。东乡语的表述法和蒙古语书面语有区别，这是对汉语结构进行了逐词翻译，反而和汉语的述补结构一致。如：

   iqie（zhi）aki wo   loji（zhi）turuka wo
    吃   着 掉   落 着 满

述补结构是汉语的句法特征。蒋绍愚（2005）指出：述补结构的产生与发展，是汉语语法史上的一件大事，它使汉语的表达更加精密了。朱德熙在《语法讲义》中将现代汉语述补结构从构成形式上分为黏合式述补结构和组合式述补结构两大类；根据补语所表达的意义，将补语分为结果补语、趋向补语、可能补语、状态补语、程度补语五类。其中结果补语的作用在于说明动作和结果，因此称为动结式（曹广顺、蒋绍愚，2005）；趋向补语表示事物随动作移动的方向，学界多称其为动趋式；可能补语和状态补语均为组合式述补结构，一般统称为带"得"的述补结构。述补结构的结构方式是词的组合，本质上与词的构成一致。汉语是分析性强的语言，多以词根的组合表示各种意义，有较大的构词空间；而黏着性强的语言，谓词大多不能以词根形式出现在句法中，其前后往往要附加大量表示各种语法意义的附加成分。这就是黏着型语言为什么不易发展述补结构的原因。东乡语是黏着型语言，为什么会出现两个动词紧密结合在一起，类似汉语的述补表述法呢？我们认为这主要是因为东乡语在汉语影响下，出现了一些从汉语方言中借来的趋向补语结构的仿造词。

普通话、临夏方言趋向动词的特征

趋向动词是表示动作趋向的一种动词，可以分为单纯和合成两类。单纯的由一个趋向动词表示，合成的由两个趋向动词合成，趋向动词可以直接作谓语。

单纯趋向动词结构是：V_1 + V 趋向补语，V_1是行为动词。

普通话的单纯趋向动词有九个：上、下、去、来、出、回、过、起、进。

临夏话单纯趋向动词也有九个：上、下、去、来、出、回、过、起、开。

（有"开"没有"进"）

普通话合成趋向动词有七个：上来/去、下来/去、出来/去、过来/去、回来/去、起来、进来/去。

临夏话合成趋向动词有六个：上来/去、下来/去、出来/去、过来/去、回来/去、起来（没有"进来和进去"）①。

合成趋向动词结构是：V_1 + $V_{趋向补语}$ + 来/去。

临夏话趋向动词特征

趋向动词必须和"着"或"了"联合在一起，如：

单纯：搬起了/搬着起（了）；拿来了/拿着来（了）；上来了/上着来了

合成：搬起来了/搬着起来（了）；拿回来了/拿着回来（了）

东乡语中的趋向动词

东乡语的行为动词一般含有趋向的意义。我们从《东乡语汉语词典》中选取了以下十种行为动词：

echi：去、用去、花去

ire：来

bao：下、下来、降落、降临、打粮、人快要死、显现

kharei：回去、反回、死去、退去

khiche /khizhe：出去、上去

khirei /khi：上去、出去、折算、上涨、完成

oro：进入、加入、参加、收入、容进、完成

bosi：起来、站起来、起身

dawa：过、走开、曾经

这些动词用于连接结构与汉语的趋向补语结构很相似。东乡语语序是 SOV 型，谓语动词出现在句尾且一般有时体：未完成体 – ne、完成体（过去时） – wo、进行体 – zhiwo（zhuo）。

---

① 《临夏方言》：兰州大学中文系临夏方言调查研究组，甘肃省临夏州文联，兰州大学出版社。

东乡语趋向动词的具体意义

东乡语一般的行为动词含有趋向的意义，所以不用加趋向动词来表示趋向的概念。但是有很多动词在连接结构中的行为动词后再加一个相当于趋向动词的动词的情形，如：

(62) chi khugvo – zhi　echigva – wo ye?
　　 你　送　进行体　使去完成体 耶
　　 你把她送去了吗？

这句话的动词结构与汉语趋向补语"送去"很相似。echi 有过去完成体的标记（-wo），所以这里是谓语。不过，有时候东乡语语法受汉语的影响很明显，谓语和补语的位置不稳定，如：

(63) hhe　ghalugva – se　hhe　yan – se khiche – zhi　echi – zhuo.
　　 他　破坏 副动词　他　怎么　出 副动词　去　进行体
　　 他受伤了，怎么出去？

这里的动词补语结构"khiche – zhi echi – zhuo"是汉语"出去"的仿造词。第一，"khiche"就是"出去"的意思，从意义方面看两个动词的关系，单独用 khiche 来表示"出去"的意思就够了。第二，echi – zhuo 有陈述式的标记，所以从语法的角度看这两个动词的关系 echi 是谓语，khiche 是补语。但是从意义方面看，khiche"出去"是主要动词，所以这句话的动词补语结构是与汉语的［谓语 +补语］结构一样。用否定的时候也没有固定位置，有时候否定出现在两个动词前面，有时候出现在两个动词中间，如：

(64) bi mokien – de anda　– Ø baozhi echizhuo.
　　 我茅坑 向位格　掉　副动词下副动词 去　进行体
　　 我从厕所（里）掉下去了。

这里的动词结构"anda baozhi echizhuo"也是合成趋向动词的仿造语：anda bao 是个语素，由两个词素构成，意思为"掉"，第二个语素"bao"含有趋向的意义，就是"下去"的意思，所以也不用加 echi 来明确趋向。从意义上来看那个句子 echi 不能等于谓语，不能说我在厕所去掉下。

东乡语下面的"echi"（去）都表示趋向：

yawula echi – se		走去
ugvu echi – zhuo		拿去
oro echi – zhuo		进去
khugvo – zhi		送去
baozhe echi – zhuo		下去
khizhe – se echi – zhuo		出去

东乡语"来"表趋向：

东乡语	ire（来）
khirei	ire – zhuo
出	来（趋向）
oro	ire
进	来（趋向）
donji – zhi	iregva – zhuo
端	来（趋向）
sidaragva	ire – zhuo
烧	来（趋向）
chujie	ire – wo
看	来（趋向）
bao	ire – zhuo
下	来（趋向）
lingla – le	ire – zhuo
领	来（趋向）
khiche	ire – zhuo
出	来（趋向/转义）

(65) enedu mini agade nie shini bierei agi zhi **ire** wo.
　　今天 我的 哥哥 一 新 娘子 娶副动词 来 完成体
　　今天，给我哥娶来了一个新娘子。

(66) niedude nie laojiga tuma xili echiwo xizhi **khizhegva** dazho.
　　一天一 老爷爷 萝卜 拔 去　　拔 出来　　不
　　一天，一位老爷爷去拔萝卜却拔不出来。

（67）manugvun ghujigvan sarani laoyizhi khizhi **ire**ye ba！
　　 我　们　　赶快　　月亮　　捞 副动词 上　　来　吧。
　　 我们赶快把月亮捞上来吧。

（68）nie jini udude adami ghua xigua agi zhi **ire** wo.
　　 一　集市　爸爸　两　西瓜　买副动词 来 完成体
　　 爸爸从集市上买来了两个西瓜。

临夏话中的"来""下""上"有与普通话不同的搭配关系和引申意义。

"来"在普通话许多动词后面都不能出现，如看、写、买、做、补等；东乡语中这些动词后都可以出现"来"，说成"看来""吃来""写来""买来"等；而在普通话中"来"只能在"吃"等动词前面，形成典型的连谓词组，如：

　　普通话　　　　　东乡语
　　快来吃饭　　　　赶紧吃来
　　孩子们来买　　　尕娃们买来
　　我来看电影　　　我电影看来呢
　　我来写作业　　　作业写来
　　快来做饭　　　　快来做来

临夏话中的"下"[xa^{42}]：

"下"在临夏话中经常出现在动词和形容词后面。出现在动词后面的时候，有的和普通话相同，如坐下了，表示趋向，但是也有不少不表示趋向，大致有三种情况。

　　表示动作的持续。如尕妹妹站下时一根葱。（小妹妹站着像一根葱。）
　　表示动作完成。如我拉昨个看下的花布叫人扯光了。（我和你昨天看了的那块花布，让人买光了。）
　　表示经验阅历。如这个衣服是我阿达穿下的。（这件衣服是我父亲穿过的。）

东乡语受临夏话的影响，"下"也有这种意义，有时候表示动作完成，有时候表示动作的持续。

bao（baozhe）"下"，表示动作的完成：

(69) daban　hhe　yidou – de zeimei doura　lou – ni　waji bao jiu usu khiche – ne.

　　达板　他　楼　在土　壤　上　楼　挖下　就 水　出来

　　他在达板地下挖了一个洞，水就出来了。

"waji bao"是东乡语话"挖下"的仿造词，意思为挖成、挖了。

有时候"bao"表示动作的持续，如：

(70) nanxin　kielie – Ø baozhe – se　zhenzhen nie lishi　mati kielie – ne.

　　难心　说 副动词 下　副动词　真 正　一 历史　怎么说 未完成体

　　我们的苦难是真正的一部历史。

"kielie – Ø baozhe – se"（说下）如我们上面分析的，这个结构是对临夏方言动词"下"用法的仿造。

东乡语中的"ire"（来）有时也表示动作的完成，类似于临夏话的"下"。如：

(71) alima baolu – zhi ire wo.

　　果子　熟 副动词 来 完成体

　　果子熟了。

(72) zhonjia baolu – zhi ire wo.

　　庄稼　熟 副动词 来 完成体

　　庄稼成熟了。

(73) baogu fugieni baolu – zhi ire wo.

　　包谷　大　熟 副动词 来 完成体

　　玉米大的成熟了。

(74) bijien nie pinguo baolu – zhi irewo ijie – wo tian hen.

　　我们 一　苹果　熟 副动词 来　吃 甜 很

　　我刚吃了熟了的苹果，甜得很。

以上四个例句都是 baolu（熟）＋ ire（来），"熟来"就是熟了，东乡语中的 ire（来）相当于临夏话的"下"。

东乡语副动词的附加成分 – zhi 与临夏话 [tʂə]"着"二者的相似性显而易见，东乡语出现类似于汉语的述补结构，我们认为这也是并列副动词的附加成分-zhi与临夏方言［tʂə］"着"的融合，是在两种对立类型的语言之间，通过"协商和妥协"达到的双赢。

在东乡语大量借用汉语虚词的情况下，临夏话使用频率非常高，与东乡语固有的并列副动词附加成分-zhi［tʂi］的语音非常相近的［tʂə］也会渗入东乡语中，这样东乡语中的-zhi就承担了外来成分［tʂə］的全部功能，它在句子中的位置不同，所表现的意义和性质便不同：出现在两个动词性词语之间，表示动₁与动₂之间有普通话连谓词组中的三种意义关系；出现在中心语和补语之间起结构作用。所以，东乡语并列副动词就出现了不同于蒙古语的特殊用法：可以直接和形容词结合组成述补结构。也就是东乡语并列副动词附加成分-zhi［tʂi］隐含了不同的发展层次：出现在形容词、趋向动词前的［tʂi］来源于临夏汉话的"着"［tʂə］，这是个独立的结构助词，不是构形成分；而东乡语和蒙古语共有的用法才是构形成分，与蒙古语书面语的-tʃʊ/tʃh、tʃu/-tʃhu同源。

东乡语的趋向动词仿造语有两个阶段，最早的阶段是在临夏方言的影响下出现的趋向补语，不管是单纯或合成动词都有具体意义，也有一部分趋向动词已经具备了临夏方言的趋向动词的引申意义。第二个阶段是近几十年，随着社会经济的发展，媒体和双语教学日益普遍，东乡语开始受到北方方言和普通话的影响，趋向动词仿造语增多，而且趋向动词的引申意义用得越来越多。

副动词的特殊用法使东乡语呈现一种简化的趋势，省略副动词附加成分、省略副动词后出现的助动词、副动词后出现的助动词"wo"、无复杂的形态变化等现象，丧失来源语和借用语中不相匹配的形态范畴，实际上就是一种简化现象。汉语对东乡语的深刻影响，导致的演变总是使接受语系统变得更自然，也就是说，总体上标记趋于减少。

东乡语附加成分的省略不仅仅限于并列副动词，也涉及分离副动词。分离副动词附加成分是（-dede）/de。例如：

(75) chi　echi（-dede）bi　echi　je.
　　　你　去　副动词　我　去　吧
　　　你去了之后我去吧。

(76) muthugtu echi（-dede）nie kaŋjie wo.

树上　　去 副动词　　一　　碰 完成体
跑到树旁，碰了一下树。

上面两句话括号里的是分离副动词附加成分－dede/de 被省略了，但对全句意义没有什么影响。既然不影响意义的表达，人们自然愿意选用简单的表述方法。在来源语中借用不相匹配的形态范畴，这种副动词附加成分的省略现象是一种变异现象，东乡语中的副动词均有不同程度的省略。

四　东乡语中的其他副动词

（一）让步副动词

让步副动词的附加成分是－senu。表示另一个动词所指的行为动作将不以这个副动词所指的行为动作为转移。前、后两个动作既可以发自同一个主体，也可以发自不同的主体。如：

（76）chi qala echi －senu namade xin nie iregva!
　　　 你 哪里 去 副动词　　我　信 一　写来
　　　 你无论去哪里，给我来一封信。

但在东乡语中已经不使用后置的让步副动词附加成分－senu 了，这种语气多数用前置的借词"liauzhe"来表示。liauzhe 来源于汉语方言词"了着"，同"也"一样表示让步语气。但是 liaudzhe 除了用于副动词和静词后面以外，还可以用在动词词干形式后面。liauzhe 的使用面更广。例如：

（77）chi qala echi liauzhe namadexin nie iregva!
　　　 你 哪里 去 了着　 我 信 一　 写来
　　　 你无论去了哪里，给我来一封信！

（78）he mini qinlase liauzhe bi ulie echine.
　　　 他 我 请 了着 我 不 去
　　　 他即使请我了，我也不去。

（79）enu du matu qara olu liauzhe bi kidene qaridri echine.
　　　 今天 夜里 黑 了着 我家 回 去
　　　 夜里多么黑了着，我也要回家。

（二）选择副动词

选择副动词附加成分是 –tala，例如：

（80）chi xozhou echi –tala lan zhou echi.
　　　你 河 州 去 副动词 兰 州 去
　　　你去临夏不如去兰州。

但在东乡语中已经很少使用选择副动词 –tala 了，而是选择完全用前置的汉语借词 xozhe "或者"、mu "吗"等来表示。如：

（81）ene nie uilieni giezhi shenjigvase san nian xozhe u nian baine.
　　　这 一 工程 做副动词 完成 三 年 或者 五 年时间
　　　这一工程做完或者三年或者五年。

（82）kuŋ sugieku xozhe kuŋ egvɯku igua ese oludri wo.
　　　人 骂 或者 人 打 一挂 不对 完成体
　　　骂人或打人都是不对的。

（83）ene nie biandzi samusa u shigie mu liu shi gie pese.
　　　这 一 辫子 蒜 五十个 吗 六十个
　　　这一辫子蒜可能有五十头或者六十头。

（84）he kuŋ nie mori mu lausa pese lajizhi gieru wo.
　　　那人 一 马 吗 骡子 拉副动词 过去 完成体
　　　那个人牵着一匹马或者骡子走过去了。

（三）假定、条件副动词

假定、条件副动词的附加成分是 –se。东乡语中既使用后置的假定条件副动词 –se，又用前置的 jaushi "要是、假如"，ruguo "如果"，daŋ "当"等汉语借词，组成一种混搭的形式。例如：

（85）jaushi terela kereuse bijien ogine.
　　　要是 他 们 要副动词 我 们 给。
　　　如果他们想要，我们就给。

（86）jaushi tsowu bise ijiŋ jau gaizhen giene.
　　　要是 错误有副动词 一定 要 改正。
　　　要是有了错误，一定要改正。

（87）ruguo bi beijiŋ echi ku oluse chi made nie seigvaŋ jien agidri ireje.
　　　如果　我　北京　去 副动词　你 我　一　漂亮　衣服 买　来
　　　假如我能去北京的话，我给你买来一件漂亮的衣服。

（88）daŋ ghura ese bau – se bi dragvasuŋ barile echine.
　　　当　雨　不 下 副动词 我　鱼　　钓　去
　　　假如不下雨的话，我就钓鱼去。

假定副动词或某些语气词表示连接关系，连接词往往可以被省略。下面的例句中括号内的连接词 danshi "但是"、rugo "如果"均可以省略。

（89）he nie tɕibau udrese seigvaŋno wo ma,（danshi）jiatɕien fugieno wo.
　　　那一 提包　看 副动词　漂 亮 完成体　　但是　价钱　贵 完成体
　　　那个提包看起来很漂亮，但价钱太贵。

（90）（rugo）made shijie bidri pese bi chini ochi rale irene giedri wo.
　　　如果　我　时间 有　副动词 我 你　看　　做　完成体
　　　如果我有时间的话，我本来要来看你的。

蒙古语书面语表示估量之义时，可以用前置的估量副词 "paruk"，也可以使用后置的语气词 "makat ukei"，或者两者搭配使用。但在东乡语中很少使用后置的语气词，估量意义完全用前置的汉借副词 kautshu（靠住）肯定，dagaili "大概哩"，dakumu（大估摸）"大约"，sumula 思慕（估计）等来表示。例如：

（91）chi　heni qinlase　he kautshu ire – ne.
　　　你　他　请 副动词 他 靠住 来 未完成体
　　　如果你请他，他肯定要来的。

（92）dakumu kide echidri gonian giene.
　　　大估摸　回　去　过年　做 未完成体
　　　大概将回家过年。

（93）bi sumulase liangjian – se jifen dawa wo.
　　　我 思慕 副动词 两 点 从比格 几分 过　完成体
　　　我估计两点过了几分。

蒙古语书面语有与汉语 "但是" "可是" 相对应的转折连词

"polpatʃʊ",但蒙古语书面语转折连词"polpatʃʊ"的性质是后置词,不同于汉语的"但是""可是"的前置词性质。在东乡语里,转折连词一般是汉语借词 danshi(但是)、keshi(可是)。例如:

(94) tere nasuŋ fugiedadri wo, <u>danshi</u> jiŋshen gau xeŋ wo.
　　　他　年纪　　大　　　　但是　精神　好很完成体
　　　他虽然年迈,但是精神很好。

(95) ene uilieni jau kikaji giedri quxane, <u>keshi</u> mamaxuxuji giese ulie olune.
　　　这 工作 要 赶快 做　　完未完成体 可是 马马虎虎地　做 不
　　　这项工作需要赶快做完,但马马虎虎地干完是不行的。

汉借副词"je"(也)在东乡语里使用频率较高。蒙古语书面语与此相对应的是"pasa"一词。东乡语也有与"pasa"同源的"phese"。蒙古语书面语"pasa"的语法意义基本上与汉语"还、又、也"所表示的语法意义"je"相当。但在东乡语里情况有所变化,因为表"phese"的表义范围已不像蒙古语书面语那样广泛,主要与汉语的"还/又"相当,因为"phese"表"也"的语法意义已经被汉借虚词"je"替代了。例如:

(96) ene oqin ulie chujikene ene kewog <u>je</u> ulie chujikene.
　　　这　姑娘不　见　未完成体　这　小伙子也不见未完成体
　　　这个姑娘不见,这个小伙子也不见。

(97) xin ulie iregvase <u>je</u> olune.
　　　信　不 来 副动词 也 可以
　　　不来信也可以。

(98) gie gao wo ma xiaogo <u>je</u> gao wo.
　　　做　好完成体吗 效果 也 好　完成体
　　　做法好,效果也好。

(99) tshu jiegvetsheŋ kuŋ <u>je</u> oloŋ wo.
　　　观 看的　　　人 也 很多完成体
　　　观看的人也很多。

蒙古语书面语"tʃhu"和让步副动词形式"patʃhu"属于后置词,所以与前面的词发生联系,而东乡语汉借虚词"je"属于前置词,与后面的词发生联系。所以说汉借虚词"je"等连接词的出现使东乡语固有的语言类型特征发生了重大变化。

东乡语副动词附加成分的省略，是东乡语在汉语的影响下产生的新的语法变异现象，这种变异现象预示着东乡语黏着语类型向汉语孤立语类型转变，即东乡语正在丧失一些关系模（agreement patterns）；同时，东乡语受汉语的影响日渐月染，尤其是最近十几年，汉语借词更是突如其来、铺天盖地，使得东乡语也出现了依靠词序和虚词表示语法意义的现象。

第 三 章

东乡语汉语借词研究

语言接触最直接的结果就是大量借词的产生。Thomason（2001）指出，语言接触最容易移借的语言成分首先是词汇，其次是语序。萨丕尔（1986）曾经说过："语言像文化一样，很少是自给自足的。邻居的人群互相接触，不论程度怎样、性质怎样，一般足以引起某种语言上的交互影响。一般来说，两种语言的接触越多，一种语言向另一种语言的借用就越多，而词汇更是最容易产生借入的语言层次。"从历史角度来看，每种语言都受到它相邻语言的一定程度的影响。东乡语长期处于汉藏语系语言的包围之中，是受汉语影响最深的蒙古族语言之一。在与汉语接触过程中不断吸收新词，汉语借词如雨后春笋，与日俱增，渗透到东乡语的语音、语法、词汇各个系统，尤其在词汇方面，东乡语中的汉语借词占58%，汉语借词不仅成为东乡语借词的主要组成部分，而且成为丰富和发展东乡语词汇的重要手段之一。东乡语在吸收外来成分的时候既喜欢直接移植汉语词汇，更喜欢用自己的黏着语的构词方式对汉语借词进行重新改造。

第一节　东乡语汉语借词概况

东乡语借词丰富多彩，构词方式灵活多样。我们信手拈来几个东乡语借词（如下）。

bailazhi uzhegva（展览）：（汉语 bailazhi 摆拉着 + 东乡语 uzhegva 看）

laojia oron（故乡）：（汉语 laojia 老家 + 东乡语 oron 家乡）

mafan giewo（谢谢）：（汉语 mafan 麻烦 + 东乡语动词词缀 gie）

minxien（明晰、清晰）：（汉语借词 minxien 明晰）

nie hanzi（一行）：（东乡语 nie 一 + 汉语 hanzi 一行）

qiaoqigva（神奇）：（汉语借词 qiaoqi 跷蹊 + 东乡语动词词缀 gva）

Khuzhagvu shuxie（数学）：（东乡语 Khuzhagvu 数学 + 汉语 shuxie 数学）

waili kicha（弯弯曲曲）：（汉语借词 waili kicha 歪理咔嚓）

yanyanji（各式各样）：（汉语借词 yanyanji 样样的）

xiachezhi uzhe（凝视）：（汉语借词 xiachezhi 瞎茬 + 东乡语 uzhe 看）

zhenzhenxin（崭新）：（汉语借词 zhenzhenxin 崭崭新）

nie tozi（一套子/感冒）：（东乡语 nie 一 + 汉语借词 tozi 套子）；

boli chongun（橱窗）：（汉语借词 boli chong 玻璃窗 + 东乡语词缀 un）

qiaoqide amin biwuni xianli（神气）：（汉语借词 qiaoqide 跷蹊的 + 东乡语 amin 命 + 阿语借词 biwuni + 汉语借词 xianli 像里）

有些借词是汉语的复制，如 minxien（清晰）、waili kicha（弯弯曲曲）、zhenzhenxin（崭新）、yanyanji（各式各样）等；有的是汉语和东乡语的混合搭配，如 bailazhi uzhegva（展览）、laojia oron（故乡）、nie hanzi（一行）、Khuzhagvu shuxie（数学）、xiachezhi uzhe（凝视）、nie tozi（一套子/感冒）等；有的则是汉语的词根加东乡语的词缀，如 mafan giewo（谢谢）、qiaoqigva（神奇）。其中"神气"（qiaoqide amin biwuni xianli）一词，是汉语、东乡语和阿语的组合搭配。东乡语的词法牵扯句法，也许我们看到的今天的词法就是昨天的东乡语句法。所以，词汇是语言接触研究中的重点也是难点，语言接触中的词汇研究相比语法研究还薄弱。

学界对外来词讨论较多，但对外来借词进入本族语之后的演变发展研究得不够深入，特别是语言接触对构词法的影响还讨论的较少。构词法问题一方面涉及外来词的理据性问题，另一方面也可以此探求语言接触影响的深度问题，如果语言接触可以影响到某种语言的构词法，足以证明其在句法上的影响也必然是深刻的。

东乡语中的汉语借词涉及的范围相当广泛，包括生产和生活用具、社会生产活动、人体器官、亲属称谓、职业名称、数目及单位名称等。有些借词是在新中国成立前或更早的时期吸收进来的，已成为东乡语常用词中的一部分。例如：

qixaŋ	铁锹	zhuanjia	庄稼
xai	鞋	wazi	袜子
Jaŋji/yaiou	洋芋	daŋla	当（当官、当老师等）
qiŋla-	请/邀请	xaba	下巴
wajiaŋ	瓦匠	ershi	二十
bajiŋ	八斤	jiumu	九亩（地）
dafala	打发/出嫁	dabala	打扮
jiuji-	救	dazhiliə	打整/收拾

有些汉语借词虽然也是早期吸收进来的，但是随着社会制度和时代的发展变化已成为旧词，不常用了。例如：

xiaujiə	小姐	jaxuan	丫鬟
xuaŋshaŋ	皇上	fuma	驸马

还有一大批汉语借词是反映新中国成立以来出现的新事物和新概念的。其中包括政治、经济、文化等方面的新词语，体现他们不断学习先进的科学技术的历程，他们或者赋予汉语借词以新的意义，或者用东乡语的构词材料构成新词，借以反映新事物、新概念。例如：

giəmiŋ	革命	minzhu	民主
jiəfaŋ	解放	piŋdəŋ	平等
tuanjiə	团结	wəixiŋ	卫星
tolaji	拖拉机	jiənshi	电视

以上借词无疑是东乡民族与其他民族在政治、经济、文化等方面长期交往中逐渐吸收进来的。这些借词渗入东乡语之后，多数接受了东乡语语法规则的支配与调整，因而东乡语并没有因此丧失其独立性。

一 东乡语汉语借词概况

我们在系统研究东乡语的汉语借词之前，首先介绍三部著作：《东乡语简志》《东乡语词汇》和《东乡语汉语词典》。

刘照雄的《东乡语简志》（1981），是第一次系统地收录东乡语词汇并对其进行研究的著作。该书初步探讨了东乡语与各亲属语言同源固有词的关系。其主要是对汉语借词、早期汉语借词和近期汉语借词做了简单说明，简要介绍了派生法和合成法两种借词的构词特点，著作最后列有 2000 词汇的附表。

布和等编的《东乡语词汇》（1983），收词 4000 余条，其中包括复合词和词组。收词以常用词为主，同时收录了新中国成立以来出现的一些新词和少量比较生僻的旧词。本书是继《东乡语简志》之后，第一个大量收集东乡语词汇的著作。其最大的特点是标注了每个词的来源，如在蒙古语语族词汇后注上同源的蒙古语词（蒙文），在来源于汉语、阿拉伯语、波斯语的借词上标写了原来的词形。这对东乡语的语音、词汇、语法描写研究方面有重要作用，尤其对研究东乡语和蒙古语及其他亲属语的同源关系有举足轻重的作用。

马国忠、陈元龙的《东乡语汉语词典》，1983 年开始调查收集，2001 年正式出版，共收词条 10840 余条，包括派生词和复合词以及少量地名，还收集了东乡语中的固定短语和引申义词，数量上大大超过了《东乡语简志》和《东乡语词汇》。该词典对收集的各类借词也作了详细的词源标注。

有关东乡语汉语借词的数量统计，可谓众说纷纭、莫衷一是，概括起来有以下几种说法。

《临夏回族自治州概况》（1986）指出：东乡语言属阿尔泰语系蒙古语族，其中蒙古语成分约占 60%，汉语成分约占 20%，还有约 20% 的阿拉伯语和波斯语成分。[1]

阿·伊布拉黑麦（1988）认为，东乡语借词包括汉语、突厥语、阿拉伯语、波斯语等，借词在东乡语词汇中约占 20%。[2]

马国良、刘照雄（1988）两位学者均指出：东乡语里借词较多，从

---

[1] 见《临夏回族自治州概况》编写组：《临夏回族自治州概况》，甘肃民族出版社 1986 年版，第 64—68 页。

[2] 甘肃省民族事务委员会、西北民族学院西北民族研究所编：《东乡语论集》，甘肃民族出版社 1988 年版，第 138 页。

汉语吸收的借词约占常用词的 4/10。①

　　Field（美国）统计（1997）：布和等编的《东乡语词汇》共 4522 条，汉语借词是 1623，占 36%；还有东乡语 + 汉语：161，占 3%；汉语 + 东乡语：271，占 6%；三项加起来占 45%。

　　钟进文（1997）指出，东乡语是一个受汉语影响较深的语言，东乡语中的汉语借词达 45%。②

　　包萨仁（2006）在研究中指出：马国忠、陈元龙的《东乡语汉语词典》（2001 年版）共收词条（包括派生词和复合词及少量地名）10800 余条。数量上大大超过了《东乡语简志》和《东乡语词汇》，并收集了东乡语中的固定短语和引申义词，其中汉语借词约占 34%。

　　以上是 2001 年以前对东乡语中汉语借词的统计情况。

　　我们（2012）对布和《东乡语词汇》做了统计：其中完全音译的汉语借词是 1095，占 26.84%；东乡语 + 汉语：147，占 3%；汉语 + 东乡语：410，占 10.5%，三项合起来汉语借词占 42%。

　　我们从 2009 年到 2013 年的五年间，对《东乡语汉语词典》（2001 年版）中的 10800 余条词汇重新进行实地调查，调查结果显示：汉语借词已经达到了 58%。我们将其中的汉语借词分为三个历时层次。

　　第一层次，是东乡语对汉语词汇进行了改造的词汇，即旧瓶装了新酒。这类词汇主要是在内部因素作用下对外来词汇作了重新分析，也是东乡语根据自己黏着语的特征对汉语借词进行了改造。如原来是汉语加东乡语结构的，现在还是汉语加东乡语结构形式，只是数量上的变化。这类词汇占总数的 31%（3321/10800）。其中名词：1682，占 16%；动词：1166，占 11%；形容词：390，占 4%；例如：

　　yapai gie（压迫）：由汉语 yapai（压迫）+ 东乡语动词词缀 – gie 构成，现在直说 yapai（压迫），舍弃了东乡语动词构词词缀 – gie；

　　zhonjia kun（农民）：由汉语 zhonjia（庄稼）+ 东乡语词汇 kun 组成，舍弃了东乡语名词 kun；

---

①　马国良、刘照雄：《东乡语研究》（1988）。
②　钟进文：《甘肃地区突厥蒙古诸语言的区域特征》，《民族语文》1997 年第 4 期，第 55—60 页。

layesanshini xieji（除夕）：由汉语 layesanshi（腊月三十）+东乡语格标记 ni+东乡语词汇 xieji（晚上）组成；现在直说 chuxi，舍弃了汉语的 layesanshi（腊月三十）和东乡语词汇 xieji（晚上）；

jienjiengvei（尖尖）：由汉语 jienjien（尖尖）+东乡语 gvei（头）组成，现在直说 jienjien，舍弃了东乡语词汇 gvei（头）；

khishun naizi（酸奶）：由东乡语词汇 khishun（酸）+汉语词汇 naizi（奶子）组成，现在就说 naizi，舍弃了东乡语词汇 khishun（酸）；

khudogvo beizi（刀背）：由东乡语词 khudogvo（刀子）+汉语词汇 beizi（背子）组成，现在直说 daobeizi，舍弃了东乡语词 khudogvo（刀子）；

kielian fanyi（翻译）：由东乡语汇 kielian（说）+汉语词汇 fanyi（翻译）组成，现在就说 fanyi，舍弃了东乡语词汇 kielian（说）；

kha banji（扳）：由东乡语词 kha（扳）+汉语词汇 banji（扳的）组成，现在只剩下了汉语词汇 banji，丢掉了东乡语词 kha（扳）。

leizigu yasun（肋骨）：由汉语 leizigu（肋子骨）+东乡语词汇 yasun（骨头）组成，现在大多说成汉语 leigu，舍弃了东乡语词汇 yasun（骨头）。例多不一一单列（见附表3—1：重新分析的汉语借词例释）。

第二层次，受汉语影响的东乡语词汇再次发生演变，原来是汉语加东乡语结构，现在完全变成了汉语词汇，借词由渐变到再次演变为汉语词，最终完成了词汇的转变。如在《东乡语汉语词典》中还是对汉语词汇进行改造了的词汇，在我们调查的时候完全变成了汉语词，这是一次质的飞跃。这类词占总数的15%（1836/10800）。其中名词807，占7%；动词645，占6%；形容词259，占2%（见附表3—2：逐渐演变为汉语的借词例释）。

对渐变到再次演变为汉语的词，我们在此也需要发凡举例。如：

aman shonji（漱口）：

30年前的结构是东乡语加汉语结构：东乡语 aman（嘴）+汉语 shonji（漱的）；现在变为 shonji（漱的），遗失了东乡语固有成分 aman（嘴）。

amin jiuyi（救命）：

30年前的结构是东乡语加汉语结构：东乡语：amin（命）+ jiuyi

（救的）；现在变为 jiuyi（救的），遗失了东乡语固有成分 amin（命）。

amun taoyi（淘米）：

组成结构为东乡语 amun 米加汉语词 taoyi 淘的混合而成，且为东乡语 OV 语序；现在变为汉语借词 taoyi（淘的），语序也变为了汉语的 VO。

baila（摆）：

30 年前的结构是汉语词汇加上东乡语构词词缀：bai（摆）+ la 东乡语动词词尾；现在变为 bai（摆），丢失了东乡语构词词缀 la。

baonan gie（报案）：

30 年前的结构是汉语词汇加上东乡语构词词缀：baonan 报案 + gie 东乡语动词词尾；现在变为 baonan 报案（方言），丢失了东乡语构词词缀 gie。

fanbien dagva（方便）：

结构是汉语词汇加上东乡语词汇：fanbien 方便 + dagva 东乡语词汇；现在变为汉语借词 fanbien 方便，丢失了东乡语词汇 dagva。

wan sayi（撒网）：

构词成分虽然都是汉语的，汉语的网 wan + 汉语撒的 sayi；但是东乡语 OV 语序。

hao guayi（挂号）：

结构为汉语 haogua 号挂 + yi 东乡语构词词尾，并且是东乡语 OV 语序；现在变为汉语借词 guahao 挂号，汉语的 VO 语序，丢失了东乡语构词词尾 yi。

giinzi zhayi（扎根）：

结构为汉语 giinzi 根子 + 汉语的 zhayi 扎的，是东乡语 OV 语序；现在变为汉语借词 zhagiin 扎根，汉语的 VO 语序，丢失了东乡语构词词尾 yi。

jianshui budan（浆水面）：

汉语 jianshui 浆水加东乡语 budan 面混合而成。现在直接用汉语借词 jianshuimian。

wanzida（喝盖碗茶，用三炮台喝茶）：

结构为汉语 wanzi 碗子 + da 东乡语构词词缀；现在变为汉语借词 wanzi 碗子，丢失了东乡语词缀 da。

kielian fanyi（口头翻译）:

结构为东乡语加上汉语。东乡语 kielian 说 + 汉语词汇 fanyi 翻译；现在直接用汉语借词翻译 fanyi，不用东乡语词汇 kielian 说意译。

khudogvo beizi（刀背）:

东乡语词 khudogvo 刀子和汉语词汇 beizi 背子混合而成；现在直接用汉语借词 daobei 刀背，不用东乡语词汇 khudogvo 刀子。

kon hougiin（脚后跟）:

东乡语词 kon 脚加汉语词汇 zhanzi 掌子混合而成，现在直接用汉语借词 hougiin 后跟，不用东乡语词汇 kon 脚意译。kon zhanzi 脚底脚掌相仿。

laye sanshini xieji（除夕）:

结构是汉语加上东乡语。汉语词汇 laye sanshi 腊月三十，加东乡语领格标记 ni，加东乡语词汇晚上 xieji。现在直接用汉语借词 laye sanshi，不用东乡语词缀和词汇。

leizigu yasun（肋骨）:

汉语 leizigu 肋子骨加东乡语词汇 yasun 骨头组成；现在直接用汉语借词 leitiao 肋条，不用东乡语词汇。

liyi zhagvasun（鲤鱼）:

汉语 liyi 鲤鱼加东乡语词汇 zhagvasun 鱼混合而成。现在直接用汉语借词鲤鱼，不再用东乡语词汇 zhagvasun 鱼。

maiza gudui（坟堆，坟头）:

波斯语 maiza 坟墓加汉语词汇 gudui 骨堆混合组成。现在直接用汉语借词 feng tou 坟头，不再用波斯语词汇 maiza。

remezani yefiin（赖买丹月，斋月）:

结构是阿语加东乡语词缀加汉语词汇。阿语 remeza 加东乡语领格标记 ni 加汉语词汇月份 yefiin。现在直接用汉语借词 zhan yue 斋月，不用东乡语词缀和词汇。

zhonjia kun（庄稼汉）:

该词的结构是汉语词汇 zhonjia 庄稼加上东乡语词汇 kun 人，是汉语加东乡语；现在直接用汉语借词 nunmin，丢弃东乡语词汇 kun 人。

beilin fugie（辈分大、行辈高）:

该词的结构是汉语加东乡语。汉语 beilin 辈龄 + 东乡语词 fugie 大构成。现在直接用汉语借词 beilin 辈龄，丢弃东乡语词汇 fugie 大。

sunzi kewon（孙子）：

汉语加东乡语结构，汉语 sunzi 孙子加东乡语词汇 kewon 孩子；现在直接用汉语借词 sunzi 孙子，丢弃东乡语词汇 kewon 孩子。

gun yenshe（深色）：

东乡语形容词深 gun 加汉语词汇 yenshe 颜色组成；现在直接用汉语借词 yenshe 颜色；丢弃了东乡语词 gun。

hohotu（有缺口）：

结构是汉语加东乡语词缀。汉语 hoho 豁豁 + 东乡语形容词词缀 tu 有；现在直接用汉语借词 hoho 豁豁，丢弃了东乡语构词词缀有 tu。

izitu（有香皂的）：

有肥皂的是汉语胰子 izi 加东乡语形容词词缀有 tu，现在直接用汉语借词 izi 胰子，丢弃东乡语构词词缀有 tu。

第三层次，即直接借用，由汉语词汇完全替代了东乡语故有词，即东乡语一次性吸收了汉语的词汇，新瓶装了新酒。按照当地方言的读音全盘吸收了借词，并未进行加工改造。这类词占总数的12%（1296/10800），其中名词511，占5%；动词453，占4%；形容词256，占2%；副词33，代词43。例如：

yaiou（洋芋）、besai（白菜）、pingo（苹果）、zhuanjia（庄稼）、heitang（红糖）、jiənshi（电视）、chuichui（锤子）、chukui（橱柜）、cidao（刺刀）、zhiyen（纸烟）、yagao（牙膏）、izi（胰子/香皂）、masho（马勺）、tunxie（同学）、gonbo（广播）、taizhao（待招/理发师）、iwan（一万）、zhanguiji（掌柜的/丈夫）、jinshu（金属）、hontun（黄铜）、dunzhi（冬至）、jiuyejiu（九月节/重阳节）、dachan（大衣）、qinzi（裙子）、jiajia（坎肩）、iyi（雨衣）、chonzho（穿着）等，见"东乡语汉语借词类别"。

东乡语汉语借词的三个历时演变层次中，完全复制汉语借词的占12%，对汉语进行改造的占31%，渐变到再次演变为汉语的词占总数的15%，东乡语汉语借词占58%。

二 东乡语汉语借词特点

东乡语从 1999 年开始用汉语拼音作为记音符号给《东乡语词典》注音，东乡语的记音符号就是汉语的拼音，只是东乡语汉语借词的语音形式与汉语不完全相同，因为汉语有声调，东乡语没有声调，另则东乡语里的汉语借词主要借自当地的汉语方言，且方言色彩特别浓重。例如：

chua ji（倏地/立即）	zaoer（枣儿）
linko（林廓/森林）	ba wi（把外/格外）
daigo（待过/立刻）	hudu（胡度/特别）
nan pai（安排/安排）	pofan（颇烦/烦恼）
maukou（毛口/脾气）	pa fei（怕肺/肺）
tai zhao（待招/理发师）	lolien（罗怜/可怜）
yeshi（钥匙）	yan ho（洋火/火柴）
yaiou（洋芋/土豆）	han chin（寒碜/悲惨）
zhenzhenxin（崭崭新/崭新）	nanxin（难心/困难）
yanyanji（样样的/各式各样）	qiaoqigva（奇巧/惊奇）

东乡语汉语借词的语音特点同相邻的临夏话比较接近。如在汉语普通话齐齿韵（i、ie、iao、iu、ian、ing 等）前面出现的舌尖辅音声母 d、t，在东乡语的汉语借词中一律变为舌面前辅音 j、q。如：

	汉语	东乡语汉语借词
地球	dìqiú	jiqiu
调查	diàocha	jiaucha
电影	diànyǐng	jiənjiŋ
顶针	dǐngzhen	jiŋzhen
跳舞	tiàowǔ	qiauwu
天气	tiānqì	qiənqi
亭子	tíngzi	qiŋzi

有些汉语词汇如"电话"，东乡人在讲普通话时用一种读音"dianhua"，进入东乡语时又是一种读音"jienhua"，他们还是能意识到母语和目标语言在借词上的对应关系。

有些汉语借词的发音又带有东乡语自己的特点。如汉语的送气塞擦音 c [tsʻ] 在东乡语中多发音为擦音 s。例如：soda - （弄错）来源于汉语"错"，bosai 来源于"菠菜"，如：

	汉语	东乡语
翅膀	chiban	siban
催	cui	sui
脆骨	cuigu	suigu
醋	cu	su
错误	cuo wu	soda
辞别	cibie	sibie gie
发财	fa cai	fa saila
芹菜	qin cai	qinsai

东乡语受母语的干扰而产生了音变。汉语塞擦音 c [tsʻ] 声母借入东乡语后读为擦音 s [s]。因为东乡语固有的辅音系统中没有辅音 c，借进汉语 c 声母字后，只能用母语发音部位或发音方法相近的音去代替，因此东乡语用 s 代替了汉语的 c 声母，这是语言接触中的一种常见现象。《东乡语词典》注中有一条明确注明："c 可以读作 s"。东乡人清楚地意识到了辅音 c 和 s 的区别，他们在交际中能有效地区别这两个辅音。因此，现在汉语 c 声母字在东乡语中两读的现象比较普遍，老人以及没有受过教育的人读 s 的多，大多数学生已经能分清两者的区别。这种音变现象只发生在东乡语汉语借词和临夏回腔汉语中，临夏汉腔汉语没有这种音变现象。东乡语由于长期与临夏回族接触，受到了回腔汉语影响，导致了这种音变现象。

东乡语汉语借词与汉语比较，韵母方面也有两点明显的变化。

第一，汉语前鼻音韵母和后鼻音韵母在东乡语借词中的音值不稳定，经常相混。

多数情况下后鼻音韵母读作前鼻音韵母。例如：

	汉语	东乡语汉语
诚实	cheng shi	chinshi
空气	kong qi	kunqi

森林	sen lin	linko
政府	zheng fu	zhinfu
庄稼	zhuang jia	zhonjia
中央	zhong yang	zhunyan
帮忙	bangmang	banman gie
补充	bu chong	buchun gie
市长	shizhang	shizhan
院长	yuanzhang	yenzhan
红园	hongyuan	hun ian
工作	gongzuo	gunzo
用处	yongchu	yonchu

　　东乡语汉语借词出现前鼻音韵母和后鼻音韵母相混的情况，可能与整个西北官话有关。临夏方言没有前鼻音韵母，普通话鼻韵母 an、ian、uan、yan 在临夏话里丢失鼻尾韵［- n］，主要元音鼻音化，读作 əẽ、iəẽ、uəẽ、yəẽ；普通话鼻韵母 ən、in、un、yn 在临夏话里一律读作 əŋ、iŋ、uəŋ、yŋ。

　　第二，汉语撮口呼韵母在东乡语汉语借词中读作齐齿呼韵母，即 ü［y］、üe［ye］在东乡语中发音为［i］和［iə］。例如：

	汉语	东乡语汉语借词
雨伞	yu san	i sɑn
学校	xue xiao	xie xiao
同学	tong xue	tun xie
缺点	que dian	qiə jiən
玉石	yu shi	ishi/tɑ ʂi
鬓角	bin jiao	bin jie
洋芋	yang yu	yai ou

　　汉语撮口呼韵母在东乡语汉语借词中均读作齐齿呼韵母，也是东乡人根据自己的语言特点，对汉语借词进行了改弦更张。东乡语没有撮口呼元音 ü［y］，所以没有形成 ü［y］的发音习惯，面对汉语撮口呼韵母字，只能作相应的改造，和 ü［y］在发音方法和发音部位上最为接近的

是元音 i［i］，这两个元音都是前高元音，区别就是 ü［y］是圆唇元音，i［i］是不圆唇元音。所以用齐齿呼韵母代替撮口呼韵母，以符合自己语言的元音系统的特点。

第二节　东乡语汉语借词类别

东乡族和当地汉族、回族比邻而居或杂居而处，长期密切交往，在共同的社会生产活动中语言也互相影响。汉语对东乡语的影响与日俱增、经久不息。东乡语很早以前就吸收了相当数量的汉语借词，特别是新中国成立以后，许多反映新事物、新概念的汉语词，源源不断被吸收到东乡语，为东乡族人民所习用。东乡语可以说是海纳百川、包罗万象，借词不仅数量大，范围也广，而且东乡语构词方式也是灵活多样、丰富多彩。

东乡语借词按借入时间的先后，大致可以分为早期借词和近期借词两种。

早期汉语借词　早期汉语借词至少是在新中国成立前吸收的，这类借词使用的时间比较久，涉及的范围也很广。主要包括生产和生活用具、文化活动、社会职称、亲属称谓、单位名词和十以上的数词等。例如：

zhadao	铡刀	ʥonzi	钻子	baogu	玉米（苞谷）
miənxua	棉花	banduɯ	板凳	saozhu	扫帚
cha	茶	naidzuɯ	奶子	baisai	白菜
cu	醋	ʂənzi	衫子	xanta	衬衣（汗褡儿）

近期汉语借词　这类借词是反映新中国成立以来出现的新事物和新概念的。其中包括政治、经济、文化等方面的新词语。例如：

giəmiŋ	革命	minzhu	民主	jiənxua	电话
jiəʄaŋla	解放	piŋdəŋ	平等	uxua	文化
tuanjiə	团结	wəixiŋ	卫星	saoman	扫盲
tolaji	拖拉机	jiənshi	电视	iəxiao	夜校
mofan	模范	daibiao	代表	shifan	师范

ʂuji	书记	pipin	批评	sɯntʂan	思想
taidu	态度	minzhu	民主	xuiji	会议
tonjiə	团结	jixua	计划	funpəi	分配
gunfun	工分	kuaiji	会计	gonbo	广播

东乡语中的汉语借词是日积月累，逐渐增多的，并不是一蹴而就的。先进入东乡语的是一些用东乡语不容易表达甚至无法表达的概念，比如一些新生事物的名称；随着双语人数的增多，东乡语手到擒来，轻而易举借入一些常用词，导致固有词和汉语借词并存并用的现象，这种现象持续一段时期后，汉语借词便逐渐取代固有词。

汉语借词涉及的领域也是多方面的。如上所举一些文化词、新词术语固不用说，就是日常用语、基本词汇中也不乏汉语借词。例如：

agu	姑姑	ajiu	舅舅	baogu	玉米
banfa	办法	nienji	年级	shuxie	数学
iwun	语文	yousai	油菜	fanbien	方便
qinko	青稞	runye	闰月	rinmin	人民
tunxie	同学	taizhao	理发师	iwan	一万
shijin	十斤	erbai	二百	iqien	一千
xiaozhan	校长	xienzhan	县长	xiaoxie	小学
zhurin	主任	zhonjia	农民	ieje	爷爷
zhuazi	爪子	shu	书	qiliang	七两
sanshi	三十	jiushiwu	95	zonie	作业

语言接触领域不仅涉及的范围广泛，而且包含了多种多样的语言现象，需使用大量的专业术语，而专业术语可以使具体的问题言简意赅。最重要的讯息并不在于某些借词的特殊性本身，实际上存在着众多不同类型的结构性干扰特征，而且这些特征呈现在语言结构的组成成分语音、形态、句法等中。一种语言从另一种语言中最先借用的首先是词汇，词汇先于结构而被借用。Thomason（2008）指出，如果利用接触强度作为衡量标杆的话，在临时的接触情况中，只有非基本词汇被借用，当强度增加后，借用特征的种类会依照借用的相对容易程度而增加，到最后一种语言结构的所有方面都可以被借用。此外，语言间共同的特征可能缘

于地理位置上的相近、接触和借贷。如果两种以上的语言接触，以其中一种语言为母语的人对另外一种语言有一些了解，他们就会借入词汇和语法形式，也可以借入一些语言特征——包括语音特征、构式类型、语法范畴以及词汇和语法意义的组织形式。东乡语词汇中的大量借词是随着东乡族物质文化类型转变过程中与日俱增的。东乡语词汇中的汉语借词涉及天文地理、生理构造、文教科卫、文学艺术、宗教信仰、生产生活、动植物的各个领域，数量多、内容丰富，词汇各门类中的借词数量不等，各词类借入的情况也是有区别的。有些词在存在固有词汇的情况下也借入汉语词汇，有的则完全是新的词语。下面我们将列举几大类汉语名词借词。

一　物质文化、制度文化等方面的汉语借词

东乡语物质文化词汇中的汉语词汇主要涉及以下几方面。首先，农作物十有八九使用了汉语借词。如豆类、蔬菜、瓜果方面，诸如 ludou（绿豆）、lajiao（辣椒）、yaiou（洋芋）、besai（白菜）、pingo（苹果）、xianjiao（香蕉）等。不过在农具方面基本上是东乡语原有的词汇，比如 anzhasun（犁杖）、anzhasuntu（有犁的）、ghazha odolu（犁地）、anzhasum hua（犁铧）、sozi（锁子）都是关于农具及相关的名称，除了锁子是汉语借词，犁铧是汉语与东乡语的结合之外，其余都是东乡语。yayou（土豆）、qieer（茄子）、besai（白菜）、bosai（菠菜）、douya cai（豆芽菜）、gaizi（荠菜）、lianhua sai（莲花菜）、qinsai（芹菜）、soncai（酸菜）、jiusai（韭菜）、baogu（玉米、苞谷）、dadou（蚕豆）、doufu（豆腐）、gadou（小豆）、ludou（绿豆）等，在语言接触中，由于受到汉语行之有效的影响，东乡语中的农业词汇也是星罗棋布，遍地都是。

其次，畜牧业词汇是东乡语传统词汇的核心，东乡族进入农业社会后，大部分东乡人开始从事农业生产，畜牧业逐渐退出农业地区，从而使东乡语中的畜牧业词汇急剧减少，汉语借词逐渐增多。如牲畜方面的汉语借词有：jinji（锦鸡）、muji（母鸡）、erma（公马）、erma morei（公马）、koma morei（母马）、malo laosa（马骡）、shenma morei（骟马）、yeniu（野牛）、ciniu fugie（雌牛）、jienniu（犍牛）、nainiu fugie（奶

牛)、jiegulu（羯山羊)、mugulu（母山羊)、muyan ghoni（母绵羊）等。

以上情况表明，东乡民族由于生计方式由畜牧业转变为农业，逐渐对畜牧业和牲畜名称陌生起来，从而丢失了很多与牲畜有关的东乡语固有词汇。即便保留了一些词汇，也都是汉语和东乡语词汇结合的混合词汇，很少有完全用东乡语的词汇。

再次，动、植物词汇也属于基本词汇。东乡语动、植物词汇照样借用大量汉语借词。例如：jienniu（犍牛)、mugou nogvei（母狗)、yeniu（野牛)、yezhu（野猪)、mienhua（棉花)、bailin（百灵鸟)、baozi（豹子)、ciwi（刺猬)、gouxin（熊)、hunzuiya（红嘴鸦)、shuita（水獭)、loto（骆驼）等。值得注意的是，关于树、花的词汇大多是东乡语和汉语的结合，"muton" 在东乡语中就是"树"的意思，"chizhe"是花。例如：molihua chizhe（茉莉花)、shoye chizhe（芍药花)、shuixien chizhe（水仙花)；beshu mutun（柏树)、chunshu mutun（椿树)、huaishu（槐树)、huamu mutun（桦树)、liumu mutun（柳树)、sungo mutun（松树)、zaoer mutun（枣树)。

还有一些与家庭日常生活密切相关的机器设备和生活日用品，尤其是现代家用电器的名称几乎都是清一色的汉语借词。现代化的东西一般都由汉人先接收过来，赋予汉语名称，这些名称也是一种解释性的词语。它符合汉语的构词法，而且东乡语也有了接收汉语词汇的经验，就这样新的词汇源源不断地涌入东乡民族的语言里。如 tolaji（拖拉机)、qiche（汽车）等繁多的现代机器设备名称进入日常用语；除了电器设备和电气化工具外，还有 bandiin（板凳)、sonpan（算盘)、yashua（牙刷)、yagao（牙膏)、izi（香皂)、masho（马勺)、ganbi（钢笔)、ganzhungo（铝锅)、unme（文墨）等关于起居洗漱、工作学习等家庭与生活用品都借入了大量的汉语词汇。还有 chepiao（车票)、shouji（收据)、xinfun（信封）等纸张名称。

也有物质文化的变迁导致了饮食文化结构的变化，东乡族日常饮食以五谷杂粮和瓜果蔬菜为主，基本接近农村汉族的饮食生活，许多地方早已不再经营牧业经济，因此奶制品、肉制品以及其他畜牧产品词汇逐渐减少，而借用了不少的汉语饮食文化词汇、成品食品等方面的农业词汇。例如：dadou（蚕豆）、doufu（豆腐）、gadou（小豆）、dungo（冬果）、pingo（苹果）、jizi（橘子）、cha（茶）、lucha（绿茶）、putao（葡萄）、dangao（蛋糕）、chahu（茶壶）、caihe（饭盒）、bantan（拌汤）。

东乡语还借用了大量的汉语日常用语、家居词汇。例如：jiaobu（胶布）、fanbu（帆布）、cobanzi（搓衣板）。东乡语借用的汉语家居词汇有：lasa（垃圾）、miinkan（门槛）、miinshen（门板）、chizi（尺子）、chongun taizi（窗台）、chonlien（窗帘）、chonzi（橼子）、chouha（抽屉）、chuichui（锤子）、chukui（橱柜）、cidao（刺刀）、zhiyen（香烟）、co（锉）、danzhao（鸡毛掸子）、danzi（扁担）、gaizhui（改锥）、jiaban（夹板）、gan（水缸）、ganzhungo（铝锅）、beizi（杯子）、biinzi（本子）、gatun（水桶）、biyen hulu（鼻烟壶）、zhintou（枕头）、cha ganzi（茶缸子）等，这些词汇多与日常生活家居有关；服饰方面的汉语借词有dachan（大衣）、maoyi（毛衣）、chaku（裤衩）、qinzi（裙子）、jiajia（坎肩）、iyi（雨衣）、chonzho（穿着）等数不胜数。

制度文化词汇是一个庞大的系统，只要有语言接触，制度文化就面临新成分的挑战。东乡语和汉语接触所带来的汉语词汇主要集中在社会制度、亲属制度、姓氏人名等几个重要方面。在这几个方面汉语借词比比皆是。

亲属称谓词中也有部分称呼词被汉语借词所代替。例如：wiyey（外公）、xienrin（祖先）、tanxin gongun（光棍）、zhanguiji（掌柜、丈夫或妻子）等。人文社会词汇包括亲属家庭、行政职务、民族等，这类汉语借词也是不计其数。例如：taiye（太爷）、laoji（老人）、zunzun（祖父）、wiye（外祖父、外公）、winainai（外婆）、jiunainai（舅奶奶）、baba（爸爸）、baba（堂叔）、ifu（姨夫）、jiumu（舅母）、jimye（舅爷）、jianjin（将军）、fashi（法师）、laoshi（老师）、shifu（师傅）、ayina（姨娘）、jiefu（姐夫）、qingu（亲故/亲戚）、chunsun（重孙/曾孙）、sunzi（孙子）、sunzi oqin（孙女）、mumin（牧民）、jincha（警察）、hushi（护士）、ganbu（干部）、baonanzu（保安族）、huizu（回族）、dunxianzu（东乡族）、hanzu（汉族）等。还有科技文化、宗教心理等方面的词语。例如：daoziho（雕刻货/雕刻品）、qienbi（铅笔）、qin（琴）、xieshin（学

生)、danyen（党员）、feiji（飞机）、fojiao（佛教）、shenxien（神仙）、ganbi（钢笔）、gemin（革命）等。

政治、军事词汇方面的汉语借词也不少。例如：zhinzhi（政治）、zhinfu（政府）、zhincha gie（侦查）、zhiwu（职务）、yenzai（原则）、unqi（问题）、canjingie（参军）、duiwu（队伍/军队）、jianjin（将军）、jincha（警察）、gunfun（工分）、gunzo（工作）、mofan（模范）、zhinche（政策）、yaoqiu（要求）、wanxian（希望）、fazhen（发展）等。

东乡语在交通、通信、工商等词汇中也存在部分汉语借词。例如：gunlu（公路）、gunrin（工人）、chaoyi（超的/超车）、chepiao（车票）、chezhen（车站）、qielu（铁路）、dache（大车）、gulu（轱辘）、hoche（火车）、kaiyi（开的/开车）、mache（马车）、qiche（汽车）、qichehu（汽车司机）、zixinche（自行车）、maimai gie（做买卖）、hozoshe（合作社）、maimaikai（商人）、qiejianpu（铁匠铺）、xinfun（信封）、xin pizhi（写信）等不胜枚举。东乡语在党政机关、行政职务、企事业单位等各部门名称也基本用汉语借词，如 gunchandan（共产党）、zhuxi（主席）、zhinfu（政府）、yenshuai（元帅）、honji（皇帝）、zuntun（总统）、zunli（总理）、chanzhan（厂长）、xiaozhan（校长）、lienzhan（连长）、jizhu（地主）、zhurin（主任）等。此外，还有 daxiesheng（大学生）、gunrin（工人）、siji（司机）、dashifu（厨夫）等；gunshe（公社）、chanzi（场子）、gonzi（馆子/饭馆）、iyen（医院）、xiaoxie（小学）、wishinyen（卫生院）等不可胜数。

节假日、节气名称也是一类制度文化词汇。东乡语节假日、节气名称等很多词汇也已大量使用汉语借词。例如：chunjie（春节）、chushu（处暑）、dahan（大寒）、daxie（大雪）、dunzhi（冬至）、jiuyejiu（九月节/重阳节）、manzhun（芒种）、qiufiin（秋分）、uye danyan（五月端午/端午节）、xiazhi（夏至）、yenden（元旦）、qinmin（清明）等。

二 生理结构中的汉语借词

东乡语从汉语中借入的生理结构包括身体部位、五脏六腑，此类词汇主要有：gantui（干腿/小腿）、chui（捶/拳头）、mazi（麻子/麻脸）、

cuigu（脆骨）、guguai（髁骨）、gupun（骨盆）、gusui（骨髓）、leiba（肋巴/肋骨）、zhuazhua（爪爪/爪子）、bei（背）。

东乡语矿产资源词汇也用了许多汉语借词。例如：jinshu（金属）、hontun（黄铜）、shuiyin（水银）、xiqieshi（吸铁石）、mei（煤炭）等，还有许多其他的汉语借词我们兹不一一详述。大量的汉语借词，既是东乡地区由畜牧业社会向农业社会转化的结果，也是汉语与东乡语相互接触影响所致。

三 东乡语中的汉语数词

数词根据词义和形态特征可分为基数词、序数词、分数词等。数词通常被认为是出现频率极高的词，因而常常被看成是最基本的词。基数词，表示人或事物的基本数量的词。斯瓦迪士（1952）曾经把"一、二、三、四、五"几个数词列为人类语言最稳定的 200 词中。东乡语的基数词有两套：一套是固有基数词，即用蒙古语族同源词表示；一套是借用基数词，用汉语借词表示，包括单纯数词和复合数词。借词更适合使用的需要，在长期的竞争中战胜了固有词，甚至取而代之，鸠占鹊巢。

东乡语的单纯数词：

i	一	ɚ	二	san	三
si	四	u	五	liu	六
tɕI	七	ba	八	dʑiu	九
ʂi	十	bəi	百	tɕiən	千
wɑn	万	i	亿		

复合数词的构成方式与汉语相同。如：

ʂi ji	十一	ʂiba	十八	ɚ ʂi	二十
ɚ ʂi wu	二十五	san ʂi	三十	san ʂi ji	三十一
u ʂi	五十	u ʂidʑiu	五十九	liu ʂi	六十

东乡语借用基数词有如下特点。

借用的单纯数词均可以按汉语的规则互相搭配构成复合数词，但不能和固有基数词一起组成复合数词。如 san ʂiliu 三十六、bawan 八万，这类复合数词不能说成 san ʂidʑiʁoŋ、nəimaŋ wan 等。

固有基数词和借用基数词之间有一定的分工。即十以内的数词和量词 fa "次"、tɕiɑu "条"、dʐɑŋ "张"、ʂuɑŋ "双"、dʑiɑŋ "间"、udu "天"等结合构成数量词组时，一般用固有基数词；如果不带量词，直接限定名词，一般也用固有基数词。如 niə otɕiau kuŋ "一位老人"、tawuŋ Goni "五只绵羊"、haroŋ mudʐi "五只母鸡"。如果十以内的数词与表示度量衡单位或货币单位的量词结合成数量词组，在习惯上由借用基数词和量词搭配。如 ətʂi "二尺"、sansuŋ "三寸"、liudʑiŋ "六斤"、bali "八里"、bakuai "八块"（八元）等。

表示年月日及星期，主要用汉语借词。如 əjə "二月"、ba jə ixau "八月一号"、ɕiŋ tɕiliu "星期六"、tʂuji "初一"、tʂuwu "初五"。

借用基数词无论是单纯词或者是复合词用来修饰名词时，必须带一个词素 - giə（源于汉语的量词 "个"），或者与各种量词组成数量词组。例如：

shi ji "十一" → shi ji - giə Goni "十一只羊"
sanshi "三十" →sanshi - giə dʐʁasuŋ "三十条鱼"
bashi "八十" →bashi - giə kuŋ "八十人"
jiu "九" →jiumu Gadʐa "九亩地"

nie "一"、gua "二" 两个词带某些格附加成分时，或者和量词结合为数量词组时，词干有变化。当 nie "一" 带向位格附加成分时，其词干用 nien，即变为 nien - de "对一个，一下子"，这里恢复了词干末尾的辅音 n。但接加其他格附加成分时，仍保持词干 nie 的形式。如领宾格：niə—ni；凭借格：niə—ʁala；从比格，niə—sə。niə 与量词 udu 结合时，同化为 niu，变为 niu du "一天"。当 gua "二" 带向位格附加成分时，有 gua 和 guan 两种词干形式通用：gua—də 或 guan—də。当接加其他格附加成分时，仍保持词干 gua 的形式。但是，gua 与量词 udu "天"、fa "次"、zhang "张"、qiao "条"、shuang "双"、jian "间" 等结合成为数量词组时，其词干用 guaru 或 guari 这个形式。在这里恢复了原来曾经位于词干末尾的辅音 r。

四 东乡语中的汉语量词

东乡语量词中包括专用量词和由名词转化而来的量词。专用量词绝大多数借自汉语。表示度量衡单位：dʐɑŋ 丈，tʂi 尺，suŋ 寸，fəŋ 分，dʑiŋ 斤，liaŋ 两，dəu 斗，ʂəŋ 升，mu 亩，dan 石，li 里（华里）。

表示货币单位：kuai 元，dʑiau 角，fəŋ 分。

表示计件单位：dʐɑŋ 张，tɕiɑu 条，ʂuaŋ 双，fu 副，baŋ 帮，dʐuŋ 种，jaŋ 样，dʑiaŋ 间（房间）。

表示动作次数：fa 次，taŋ 趟，bian 遍。

专用量词与基数词结合构成的数量词组，可以作定语，也可以代替该数量的人或事物，作其他句子成分。例如：

(1) həla namasə udʑiŋ daŋsuŋ asuʁu wo.
　　他们　我　五斤　盐　　借　了
　　他们跟我借了五斤盐。

(2) undudə idʐ ɑŋ　ət ʂi　wo.
　　高度　一丈　二尺
　　高度有一丈二尺。

(3) antaŋ minanə niə mina dʐujisə ʂili balidə ət ʂiwo.
　　金鞭子 指　一 我　　就　十里 八里　走
　　拿金鞭子指一下就走出了十里八里。

序数词，表示人或事物的次第。东乡语序数词通常用汉语借词表示，只是将舌尖辅音读为舌面前辅音。例如：

dʑijigiə – təujigiə　　第一个　　　　dʑiəgiə　　第二个
dʑisangiə　　　　　　第三个　　　　dʑiwugiə　　第五个
dʑitɕgiə　　　　　　第七个　　　　dʑi ʂsangiə　第十三个

分数词，表示事物几分之几的词，一般用汉语借词表示分数。例如：

sanfəndʐi ji　　　三分之一　　　　bəifəndʐi ba ʂi　百分之八十

五 东乡语中的汉语虚词

东乡语虚词包括副词、摹拟词、后置词、连接词、语气词、叹词六类。这些虚词没有任何形态变化，所以有时也叫不变词。东乡语虚词按照它的来源可以分为固有虚词和借用虚词两种。从数量上看，东乡语借用虚词要比固有虚词多。同样，东乡语汉借虚词带有西北方言的特点。

以下是东乡语常见汉借虚词：

kongpa（恐怕）　　jiu（就）　　　je（也）　　　jiang（刚）
izhi（一直）　　　zhin（正在）　　tai（太）　　　zu（最）
dao（倒）　　　　zhi（只）　　　iao（要）　　　jou（又）
danshi（但是）　　zhijau（只要）　xo（和）　　　ji（和/及）
xeg（很）　　　　jing（尽/总是）……

一些汉借虚词带有临夏话语音特点：

dagumu（大估摸/大概）　igua（一挂/都）　　liangzhe（了者/即使）
xibu（希不/及其）　　　budei（不得/非常）　bawai（把外/格外）
chuaji（唰地/立即）　　daigo（待过/立刻）　hudu（胡度/特别）
iaoli（要哩/的确）　　　miinzhe（猛者/猛的）　xixihu（西西乎/差点儿）
suchang（素常/常常）

这些借自汉语的虚词，有时会与固有的形态成分混合搭配，共同承担表义功能。例如：

(4) jaushi terela kereu–se bijien ogine.
　　要是　他们　要　的话　我们　给
　　如果他们想要，我们就给。

(5) jaushi tsowu bi–se ijiŋ jau gaizhen giene.
　　要是　错误有　的话　一定　要　改正
　　如果有了错误，一定要改正。

(6) ene uilieni je baiji se　je minda wo.
　　这　事情　越办的　的话　越　清楚
　　这件事情越搁越清楚了。

例句（4）、（5）都使用了来自汉语的"jaushi 要是"来表假设，而且句中也都出现了东乡语表示假设义的假定副动词附加成分 se，汉语的连词"jaushi"与固有的形态成分混合搭配使用共同表示假设义。

下面这些汉借虚词在句中独立承担表义功能，例如：

（7）he uilie giese je ghuduŋ ji je gɑu wo.
　　他 活　做　也 快　也 好（je 也）
　　他干起活来又快又好。

（8）zhiyao gonggongche rese xiaoma　ire－wo!
　　只要　公共汽车　通 小马　来（zhiyao 只要）
　　只要公共汽车一通，小马就来。

（9）tere nasuŋ fugiedazhi wo, danshi jiŋshen gɑu xeŋ wo.
　　他 年龄　大　着　　　但是　精神　好 很（danshi 但是）
　　他虽然年迈，但是精神很好。

（10）kuŋ sugieku xozhe kuŋ egvɯku igua ese oluzhi wo.
　　人 骂　　或者　人　打　一挂 不对（xozhe 或者，igua 都）
　　骂人或打人都是不对的。

（11）he nie jibau uzhese seigvɑŋno wo ma, danshi　jiajien fugieno wo.
　　那一　提包　看着　漂 亮　　　但是　价钱　贵（danshi
　　但是）

（12）rugo made shijie bizhi pese bi tshini otshirale irene giezhi wo.
　　如果 我　时间　　有 我　是要来看你的（rugo 如果）
　　如果我有时间，我来看你。

（13）ene kuŋ　jou kieliene jou qiniene.
　　这 人　又 说　　又 笑（jou 又）
　　这个人又说又笑。

（14）matu quaitsheŋ tshedzi liaozhe nie bise fɑŋbiangvɑŋ wo.

　　旧车子也罢，自己有一辆的话比较方便（liaozhe 了者）

（15）zhiyao shenti gaoya yangweilie liaozhe bi gieshi da－ne!
　　只要　身体　好　活　　　了者 我 做（zhiyao 只要，
　　liaozhe 了者）
　　只要身体好点，这些活我就自己干。

（16）chini biao dagumu　shifen qutula shi　wo.
　　你的　表　大估摸　十分钟　　（dagumu 大估摸）

你的表大概快十分钟。

（17） he gojiane renwuni wantsheŋ giekuxa busuanzhe kuŋlade baŋjiji giezhi wo.

他 个家 任务 完成 做 不算者 其他人 帮的 做

（busuanzhe 不算者/不仅）

他不仅完成了自己的任务，还帮助其他人完成了任务。

以上例句中的汉语虚词在东乡语句中，已经能够独立承担表义功能，尽管它们在东乡语语句中的位置不稳定，有的是按东乡语的词序出现的，如最后几例中的"liaozhe"（了者）"dagumu"（大估摸），有的是按汉语的词序出现的，如其他各例中的"busuanzhe"（不算者/不仅）、"zhiyao"（只要）、"danshi"（但是）、"xozhe"（或者）、"igua"（都）、"rugo"（如果）等。这种不稳定说明汉借虚词已融进了东乡语句法结构中，表义范围既有东乡语固有的语法意义，也有借自汉语的语法意义。因此，这种独立承担功能的汉借虚词，已逐渐取代了东乡语固有的表语法意义的形态成分。我们也只能从它的语音形式上判断它是汉语虚词，但在表义方面与汉语有着诸多不同，是汉语和东乡语的一种有机的融合。

六 东乡语中的汉语副词

东乡语的副词可分为程度副词、时间副词、范围副词、行为状态副词、情态副词词种。

程度副词 程度副词表示性质或行为状态发展、变化的程度。东乡语较常用的程度副词有以下几种。

tshu "最"、hen "很"、xudu "非常" 等，表形容的程度强；修饰动词时，加强行为状态的程度。例如：

（18） neni jian fugie hen.

这 衣服 大 很

这件衣服大得很。

（19） bi ene udu tshu hezhewo.

我 今天 感到 最 疲劳

我今天感到最疲劳。

(20) chini mori xoluzhi xudu ghuduŋ wo.
　　 你的 马　跑　胡度　快
　　 你的马跑得很快。

te "太"、zhauliaŋ "格外"等，表示超过一定的程度。te 来源于汉语副词"太"，例如：

(21) ene teija te fudu wo.
　　 这　拐杖 太 长
　　 这个拐杖太长。

(22) ene jien zhauliaŋ fugiedawo.
　　 这　衣服　照量　　大
　　 这件衣服过于肥大。

gouji nie（goudzi nie）"稍微"，表示在程度上略有差距或数量少些。例如：

(23) tere duŋxiaŋ kielienni gouji nie mejiene.
　　 他　东乡　话　　　稍微一　　知道
　　 他略懂一点东乡语。

(24) zhizhunbulasene gouji nie amusagva！
　　 大蒸馍　　　　稍　　尝一尝
　　 请你把大蒸馍给我稍尝一尝！

时间副词　东乡语较常用的时间副词有：zhaŋbaŋ "照帮/经常"、daigo "带过"、dai "带""立刻/马上"、ijiŋ "已经"、zheŋ "正"、jiaŋ "将/刚才"、ibeidzi "一辈子/永远"，例如：

(25) he zhaŋbaŋ ejie magva bosizhi haŋgha jiauzhi wo.
　　 他　经常　早　天气　拾　粪　　　交
　　 他经常起早就拾粪。

(26) ta budaŋ ijiese ji ba oludene daigo irendu！
　　 你们　饭　吃　　　　　　带过　来
　　 你们吃完饭马上就来吧！

(27) dai kijiese jiu huntura wo.
　　 带　躺下　就　睡　　了

刚躺下就入睡了。

(28) uilie ijiŋ imutu ghuiluwo, ede matu giene?
　　 事情 已经变成 这样　　现在 怎么 做
　　 事情已经变成这样，现在怎么办？

(29) chi mini eriwude bi zhen udukuŋ ijiezhi wo.
　　 你 我　时候，我正 午饭　　吃
　　 你找我的时候，我正在吃午饭。

范围副词　yi gua（全部，都），例如：

(30) gie dong kong yi gua ayi wo。
　　 几　 人　　一挂 慌 了
　　 几个人都慌了。

(31) yi guala guang boba rei zhuo。
　　 一挂　 广播　带
　　 大家都带录音机。

(32) asimang yi gua karashi wo。
　　 阿斯玛（天）一挂　黑 了
　　 天全都黑了。

行为状态副词　东乡语较常用的行为状态副词有：qiemekexaŋ "悄悄地"、qienqien "渐渐地"、menzhe "猛着"、zhau "照，按照" 等，例如：

(33) qiemekexaŋ bosidene jawulawo.
　　 悄 悄　 起来　走 掉了
　　 悄悄地起来走掉了。

(34) he laujigani gien-ni qienqien gaudazhi irewo.
　　 那 老人 病　　 渐渐 好着　来了
　　 那位老人的病渐渐地好起来了。

(35) menzhe uilale qiji wo.
　　 猛着　 哭 起来了
　　 突然哭起来了。

(36) laŋzhuse feijini saudene daiguode beijiŋ kuru wo.
　　 兰州　 飞机坐　　　带过　 北京　到

从兰州坐上飞机一下子到了北京。

情态副词　情态副词表示说话人对行为状态或言语内容的主观意志和态度。东乡语较常用的情态副词有：kauzhu "靠住，肯定"、ijiŋ "一定"、dauji "到底"、dagaili "大概"、dakumu "大约/（大估摸）"、zhuanmen "专门，特地" 等。以上情态副词都来源于汉语。例如：

(37) chi heni qiŋlase he <u>kauzhu</u> irene.
　　 你　他　请他靠住　来
　　 如果你请他，他肯定要来的。

(38) mani sixua jienshe <u>ijiŋ</u> sheŋli giene.
　　 咱们　四化 建设　一定胜利　做
　　 咱们的四化建设一定胜利。

(39) ene <u>dauji</u> matu giezhi wo?
　　 这　到底　怎么做　呢
　　 这个到底怎么样呢?

(40) ojin–mini <u>dagaili</u> zhinaɚ qarizhi irene.
　　 女儿我　　大概　　后天　　回　　来
　　 我女儿大概在后天回来。

(41) ene shi <u>zhuanmen</u> chede ageisang.
　　 这　是　专门　　　你　买的
　　 是特地给你买的。

七　东乡语中的汉语连接词

在东乡语的连接词中蒙古语族同源词比较少，而大部分是汉语借词。连接词按所表达的不同连接关系，可分为以下几种。

表示并列连接的：ji "和"、xo "和"、jou "又"。例如：

(42) nie ojin <u>ji</u> nie kewoŋ wo.
　　 一　女孩及　一　男孩
　　 有一个女孩和一个男孩。

(43) luŋnie <u>xo</u> guŋnie hantu fazhan giene.
　　 农业　和　工业　一同　发展

农业和工业将共同发展。

(44) ene kuŋ jou jien kaijizhi wo, jou zhuanjia giezhi wo.
　　 这　人　又　店　开着　　又　庄稼　做着
　　 这个人既开旅店,又种庄稼。

表示选择连接的 xozhe "或者"、mu "或者"。例如:

(45) kuŋ sugieku xozhe kuŋ egvɯku igua ese oluzhi wo.
　　 人　骂　或者　人　打　一挂　不　对
　　 骂人或打人都是不对的。

(46) ene nie biandzi samusa ushigie mu liushigie pese.
　　 这一　辫子　蒜　五十　吗　六十
　　 这一辫子蒜可能有五十头或者六十头。

(47) he kuŋ nie mori mu lausa pese lajizhi gieruwo.
　　 那　人　一　马　吗　骡子　走拉着　过去了
　　 那个人牵着一匹马或者骡子走过去了。

表示进层连接的: busuanzhe "不但"(不算者) 或 busuanzhe dau "不但(不算者,都)", 例如:

(48) mataŋ gojia ijiekuni busuanzhe dau mani agvalilade
　　 qiŋlazhi ijiegvane.
　　 咱们　个家　吃　不算者 但 咱们　亲属们　请着 吃
　　 不但咱们自己吃,还要请咱们的亲属们来吃呢。

(49) he gojiane renwuni wanzheŋ giekuxa busuanzhe kuŋlade baŋjiji
　　 giezhi wo.
　　 他个家　任务　　完成　　不算者　人　帮的　做　了
　　 他不仅完成了自己的任务,还帮助其他人做了。

ye……ye "越……越"。在前一个 ye 后面的动词常常用假定副动词形式,以相互呼应。例如:

(50) taidzi shande qɯrise ye ojiedase ye zhijiashine.
　　 太子　山　登　越　往上越　　艰难。
　　 登太子山时,越往上走越艰难。

(51) ene uilieni ye baiji (se) ye mindawo.

这 事情 越摆 越 清楚 了

这件事情越搁越清楚了。

表示转折的：danshi"但是"、ke"可是"。例如：

（52） tere nasuŋ fugiedazhi wo, danshi jiŋshen gau xeŋ wo.
他 年龄 大 但是 精神 好 很

他虽然年迈，但是精神很好。

（53） ene uilieni jau kikaji giezhi quxane, ke mamaxuxuji giese ulie olune.
这 工作 要 快快 做 可 马马虎虎 做 不 行

这项工作需要赶快做完，但马马虎虎地干完是不行的。

表示假定和条件连接的有 jaushi "要是，假如"、zhanzho "照着，如果"、daŋ "当，如果"等。这些连接词都用在假定副动词充当的从句谓语或相应的词组前面起连接作用。例如：

（54） jaushi tsowu bise ijiŋ jau gaizhen giene.
要是 错误 有 一定要 改正

要是有了错误，一定要改正。

（55） zhanzho nie bi beijiŋ ezhiku oluse zhimade nie seigvaŋ jien agizhi ireye.
照着 一 我 北京 去， 一 漂亮 衣服 买 来

假如我能去北京的话，我给你买来一件漂亮的衣服。

（56） daŋ ghura ese bause bi zhaɣvasuŋ barile ezhine.
当 不下雨的话 我 就 钓鱼 去

假如不下雨的话，我就钓鱼去。

东乡语中从汉语借入的连接词还有很多，例如：inwei "因为"、rugo "如果"等，不一一列举。但在具体言语中，如果有假定副动词或某些语气词表示连接关系，连接词往往可以被省略。下面的例句中括号内的连接词 danshi "但是"、rugo "如果"均可以被省略。

（57） he nie jibau uzhese seigvaŋno wo ma（danshi） jiajien fugieno wo.
那一 提包 看 漂亮 但是 价钱 大

那个提包看起来很漂亮，但是价钱太贵。

(58)（rugo）made shijie bizhi pese bi zhini ozhirale irene giezhi wo.
　　　如果　我　时间 有　　 我本来　要来　看你的
　　　如果我有时间的话，我本来要来看你的。

八　东乡语中的汉语语气词

东乡语语气词可以分为疑问语气词、祈使语气词、让步语气词等，这些语气词也大多借自汉语。

疑问语气词

东乡语疑问语气词 la、ba、sha 在来源上同汉语虚词"啦""吧""啥"有关。疑问语气词 la、ba、sha 在表示疑问的同时带有猜测或委婉的意味。例如：

(59) ene qianʥi gundu wo la?
　　　 这　箱子　 重吧
　　　 这个箱子重哩，是吧？

(60) dagai jimutuni wo ba?
　　　 大概　那样
　　　 大概是那样的吧？

(61) olien quɯzhi irewo, ghura baune ba?
　　　 云　起着　来　将要下雨吧？
　　　 布云了，将要下雨吧？

(62) zhini niere shi hashimu wo sha?
　　　 你的 名字　是 哈什木是吧？
　　　 你的名字叫哈什木吧？

(63) he giedulie dau kieliezhanduzhi wo sha?
　　　 他　几位　　谈 话着　是吧？
　　　 他们几位还在谈话，是吧？

祈使语气词　祈使语气词表示恳求和进一步催促的意义。东乡语祈使语气词有 a、ba、sha、ma 等。例如：

(64) zhi mini kide torile ire a!
　　　 你　我门　走　来啊

请你到我家来串门啊!

(65) ma shifu kide waine ba.
马师傅　　家　　吧
马师傅可能在家吧。

(66) he jienjiŋ ulie uzhese mataŋ uzheye sha!
他电影不　看　　咱们　看吧
他不看电影,咱们看吧!

(67) he kielieku duraŋ ui pese bu kieliegie sha!
他　说　就　　　　不 说嘛
如果他不愿说,就不要说嘛!

(68) chi namade shixua nie kieliegie ma!
你 我　　实话　一　说　嘛
你给我讲实话嘛!

让步语气词　东乡语让步语气词有 da、ye、liauzhe 等。这些让步语气词均依附在句子中间的静词或某些动词之后,不出现在句子末尾。

(69) chi guŋfu ui pese xin ulie iregvase da olune.
你　工夫　没　信不　来　　可以
如果你没有闲工夫,不来信也可以。

(70) zhaujiŋde da ulie orone.
做 梦　　不 可能
连做梦也不可能。

东乡语让步语气词 da 同土族语、保安语、东部裕固语的让步语气词 da 有着共同的来源。突厥语族语言中也有同东乡语 da 相近的语气词,其在来源上大概有一定的联系。苏联语言学家埃·捷尼舍夫在他的《土耳其语语法》一书的语气词一节里提到:"da, de, ta, te——赋予词以各种充满感情色彩的语气词……这种语气词与条件式连用,赋予动词以让步意义。"

ye 来源于汉语虚词"也",它所表示的意义同前面所说的让步语气词基本相同,主要用在假定副动词、让步副动词及一些静词之后。例如:

(71) xin ulie iregvase ye olune.
　　　信　不　来　　　也　可以
　　　不来信也可以。

(72) zhujiegvezheŋ kuŋ ye oloŋ wo.
　　　观　看　　　人　也　多
　　　观看的人也很多。

liauzhe 来源于汉语方言词"了者"，同前面的 da 和 ye 一样表示让步语气。但是 liauzhe 除了用在假定副动词和静词后面，还可以用在动词词干形式后面。这就是说，liauzhe 的使用面更广一些。例如：

(73) he mini qiŋlase liauzhe bi ulie ezhine.
　　　他我　　请　了者　我　不　去
　　　即使他请我，我也不去。

(74) chi qala ezhi liauzhe namade qin nie iregva!
　　　你 哪里　去　了者　我　　信　一　来
　　　你无论到哪里去，给我来一封信！

(75) enu du matu qara olu liauzhe bi kidene qarizhi ezhine.
　　　今天夜 多么 黑　　　了者　我　返回　家里　去
　　　今天夜里多么黑，我也要返回家里。

(76) jiu shexuide mataŋ jiaxuai kuŋ giedun yeuli liauzhe qalama
　　　　kielieku oroŋ u wo.
　　　旧　社会　　咱们　穷人　　有理　了者　地方　讲理
　　　没有
　　　在旧社会咱们穷人即使很有理，也没有地方去讲理。

人们运用语言时往往一般要选用最经济、最省力的语言成分。汉语虚词比起蒙古语书面语的黏着语有两点较为明显的特征。一是音节短。汉语虚词一般是 1—2 个音节，比起蒙古语书面语固有的长音节形态经济实惠。二是汉语虚词没有复杂的形态变化。蒙古语是典型的黏着语，词干的元音、结尾辅音的特点会有各种变体，口语的黏着语素变体更为复杂。所以，单用汉语虚词比用不同的变体也要简洁省力，句子更加精练。东乡语逐渐淘汰固有的黏着语素而借用汉语虚词是符合语言运用规律的。

东乡语在汉语的影响下，还出现了依靠词序表语法意义的词干复合法。这种词干复合法无形态变化，靠词序和虚词表达各种语法意义。因为东乡语中的汉语虚词蜂拥而至，使东乡语句法结构中出现了异源语言成分，因此也触动了东乡语的语法系统。这种外来语言成分频繁出现在语句中，就给人一种不伦不类的感觉，语句的构成既有汉语实词，也有汉借虚词，固有的后置词、后置形态越来越少，东乡语后置词系统中开始出现了前置词系统的用法；再加上东乡语固有词的结构不稳定，趋于松化，这种松化了的语句结构更容易受到外来语的冲击。

第三节　东乡语借词的结构特点

我们从"东乡语的汉语借词类别"研究结果可以看到，东乡语的字里行间都是汉语借词，层出不穷，不可胜数，似乎"任何形式都可以被借贷"。也由此证明，东乡语语法以及其他方面的结构特征是开放的，语言自身的形式和构式可能被重新分析。借用形式从一种语言的词或短语的语素，逐项翻译成另一种语言的语素，相同的形式或范畴在不同结构的语言、不同的条件下相互借用，只是借用的机制和结果都是不同的。我们以2009—2013年调查的东乡语为基础语料，以《东乡语词典》和《东乡语汉语词典》为参考资料，揭示东乡语借词的结构特点、分布状态以及形成机制，探讨东乡语汉语借词的词汇性质及其演变规律。

东乡语借词主要以复合法和黏着法构成。复合法如 əma morəi（公马）、amaŋkotsi（嘴角）；黏着法是指东乡语根据自己黏着语的特征对借词进行的改造。如：

taŋla（当），是汉语语素 taŋ 缀加了东乡语动词构形附加成分 -la，构成了借词 taŋla；

khərakiə（憎恶/厌恶），阿拉伯语 khəra 缀加东乡语动词构形附加成分 kiə，构成了借词 khərkiə 憎恶/厌恶（动词）；

阿语 imaŋ（表率）加东乡语汇 quruŋ（手指），构成了东乡语借词

imaŋquruŋ 食指（名词）等。

概括以上东乡语借词的三大特点。一是数量居多。东乡语中借词俯拾即是，让人眼花缭乱，尤其与汉语难分难解，水乳交融。二是种类纷繁复杂。来源语种类较多，除了汉语外，还有阿拉伯语、波斯语、蒙古语和突厥语等，几种语言分别混合搭配。三是结构灵活多样。东乡语结构由固有语素和外来语素组合的，也有外来语词和东乡语语素构成的，还有意译词和仿造词等。东乡语借词的结构特点具体如下。

一 由汉语和东乡语派生的借词

（一）由汉语词汇和东乡语词汇/词缀构成

1. 汉语词汇 + 东乡语词汇

ɚma 儿马 + morəi 马→ɚma morəi 公马（名词）

tɑˑtɕi 大体 + tɕiərə 上面→tɑˑtɕi tɕierə 大体上（副词）

muliaŋ 谋量 + kiə 干、做→muliaŋ kiə 谋量，预想（动词）

puɕiaŋ 不像 + ʂi 动词后缀→puɕiaŋ ʂi 变得不像（动词）

lapa 喇叭 + fəiliə 吹→lapa fəiliə 吹喇叭（动词）

2. 汉语词汇 + 东乡语词缀

pɑi 摆、置 + lɑ 动词后缀→pɑilɑ 摆，放置，布置（动词）

paŋpaŋ 棒棒（棍棒）+ ta 动词后缀→paŋpaŋta 用棍棒打（动词）

tshɑifn 裁缝 + thu 形容词后缀→tshɑifnthu 有裁缝的（形容词）

faŋɕiaŋ 方向 + ʂi 动词后缀→faŋɕiaŋ ʂi 变得有方向（动词）

ʂə 赊 + liə 动词后缀→ʂeliə 赊（动词）

lɑtɕiɑu 辣椒 + tʂhi 从事或爱好某事的人→lɑtɕiɑutʂhi 爱吃辣椒的人（名词）

thɑur（桃儿）桃子 + ta 动词后缀→thɑurta 吃桃子（动词）

hauɚ 逃 + pəi 背 + liə 动词后缀→thauɚ pəiliə 逃跑（动词）

（二）由东乡语词汇和汉语词汇/词缀构成

1. 东乡语词汇 + 汉语词汇

mutuŋ 树 + tɕiətsi 节子→mutuŋ tɕiətsi 树节（名词）

amaŋ 嘴 + ˙kotsi（口子）角→amaŋ ˙kotsi 嘴角（名词）
sukiə 斧子 + ˙patsi（把子）把→sukiə ˙patsi 斧把（名词）
phutɕi 霉味 + ˙witsi（味子）气味→phutɕi ˙witsi 霉味（名词）

2. 东乡语词汇 + 汉语词汇 + 汉语词缀

tʂuʁə 心 + pin 冰 + tɕi 动词后缀→tʂuʁə pintɕi 心凉（动词）
ɕiənni 把尾巴 + tɕia 夹 + ji 动词后缀→ɕiənni tɕiaji 夹着尾巴、害怕（动词）
khiəliən 话 + ta 搭 + ji 动词后缀→khiəliən taji 搭话，搭讪（动词）
khiəliən 话 + faŋ 翻 + tɕi 动词后缀→khiəliən faŋtɕi 口头翻译（动词）
khiəliən 话 + lo 落 + ji 动词后缀→khiəliən loji 话被说定，说话（动词）
amintə 生命 + jən 验证 + tɕi 动词后缀→amintə jəntɕi 验命，凭运气（动词）
amintə 生命 + ta 搭 + ji 动词后缀→amintə taji 危及生命（动词）

（三）由汉语词汇和汉语词汇/词缀构成

1. 汉语词汇 + 汉语词汇

pautɕhi 宝器 + otɕiən 物件、东西→pautɕhi otɕiən 宝物（名词）
tʂa 茶 + kaŋtsi 缸→tʂakaŋtsi 茶杯子（名词）
˙tʂatʂa 茬茬 + putui 不对→˙tʂatʂaputui 情况不妙（形容词）
paupəi 宝贝 + kiəta 疙瘩→paupəikiəta 宝贝蛋，宝贝儿（名词）

2. 汉语词汇 + 汉语词汇 + 汉语词缀

tthaur 头 + ta 打 + ji 动词后缀→thaur taji 打头（动词）
saxai 鞋子 + ta 趿 + ji 动词后缀→saxai taji 趿、穿拖鞋（动词）
tɕhiən 拳头 + xua 划 + ji 动词后缀→tɕhiən xuaji 划拳（动词）
tɕhi 棋 + ɕia 下 + ji 动词后缀→tɕhi ɕiaji 下棋（动词）
niatsi 芽子 + fa 发 + ji 动词后缀→niatsi faji 发芽（动词）
pu ʂi 是 + rin 认 + tɕi 动词后缀→pu ʂirintɕi 赔不是（动词）

二 由阿拉伯语、汉语、东乡语派生的借词

（一）阿拉伯语词汇 + 东乡语词汇

阿语 tʂinatsə 者那则/葬礼 + qoni 羊→tʂinatsə qoni 为殡礼宰的羊（名

词）

阿语 khəra 憎 + kiə 动词后缀→khərakiə 憎恶/厌恶（动词）

阿语 imaŋ 表率 + quruŋ 手指→imaŋquruŋ 食指（名词）

阿语 iˑmɑni 伊玛尼/信仰 + tu 形容词后缀→iˑmɑnitu 有信仰的（形容词）

阿语 xutupə 呼图白/宣讲/演说 + thəija 手杖→xutupə thəija ①宣读"呼图白"者用的手杖；②引申为权力（名词）

阿语 hɑli 能力/本领 + tu 形容词后缀→ˑhɑlitu 有能力的，有本领的（形容词）

阿语 hatɕija 海迪耶/施舍的钱 + parəi 带→hatɕija parəi 带舍散的钱（动词）

阿语 moŋlo 满拉/有知识者 + tu 形容词后缀→moŋlotu 有满拉的地方、家

阿语 fəiqhirəi 菲提勒/伊斯兰规定在开斋节的课税 + khhikvɑ 完成，完工→fəiqhirəi khhikvɑ 交纳菲提勒，缴纳课税（动词）

（二）东乡语、汉语和阿拉伯语构成

1. 东乡语词汇 + 阿拉伯语词汇

东乡语 amithu 活着的 + 阿语 ʂaithaŋ 鬼→amithu ʂaithaŋ 活鬼，指挑拨离间者（名词）

东乡语 khaini 风的 + 阿语 qətsəpu 灾→khaini qətsəpu 风灾（名词）

东乡语 qhaŋni 火 + 阿语 qəˑtsəpu 灾→qhaŋniqəˑtsəpu 火灾（名词）

东乡语 maŋtəuni 冰雹的 + 阿语 qəˑtsəpu 灾→maŋtəuni qəˑtsəpu 雹灾（名词）

东乡语 qhosuŋ 空 + 阿语 orotso 斋戒→qhosuŋ orotso 空斋（名词）

2. 阿拉伯语词汇 + 汉语词汇 + 汉语词缀

阿语 təʂiˑpihɑ 泰斯比哈/赞珠 + tɕhia 掐 + ji 汉语动词后缀→təʂiˑpihɑ tɕhiaji 用赞珠计数赞念（动词）

阿语 suŋnə 诵奈/圣行 + tʂuŋ 遵守 + tɕihan 汉语动词后缀→suŋnə tʂuŋ tɕihan 遵圣行（动词）

阿语 səwapu 塞瓦布/报酬/奖赏 + liŋ 领 + la 汉语动词后缀→

səwapuliŋla①；领受塞瓦布；②无意间承担了别人的责任（动词）

阿语 tɕhita 伊斯兰教经书 + tɕiaŋ 讲 + tɕi 汉语动词后缀→ˈtɕhita tɕiaŋtɕi 讲经（动词）

阿语 niətɕhi 乜贴/举意 + tɕi 举 + ji 汉语动词后缀→ˈniətɕhi tɕiji 举意（动词）

阿语 khiərɑmə 哈儿扎目/法术 + ɕiən 显 + tɕi 汉语动词后缀→khiərɑmə ɕiəntɕi 显法术（动词）

3. 汉语词汇 + 阿拉伯语词汇

tsuŋ 总 + 阿语 tuwa 杜瓦/祈祷词→tsuŋtuwa 总祈祷词（名词）

ʂuitʂhoŋ 水冲 + 阿语 tʂinatsə 者那则/殡礼/葬礼→ʂuit ʂhoŋ tʂinatsə 洗完亡尸在房内举行的站礼（名词）

lau 老 + 阿语 qətɕimu 格底目（教派）→ˈlauqətɕimu 老格底目，中国伊斯兰教派别之一（名词）

xuitsui 悔罪 + 阿语 towo 悔过、忏悔→xuitsui towo 忏悔词（名词）

fɯnjən 坟墓 + 阿语 tuwa 阿语（杜瓦）祈祷词→fɯnjən tuwa 上坟时念的祈祷词（名词）

4. 阿拉伯语词汇 + 汉语词汇

阿语 moŋlo 满拉，意为"有知识者" + 汉语 rin 人→moŋlorin 有知识的人、念经者（名词）

阿语 mufutɕhi 穆夫提 + muŋxoŋ 门宦→mufutɕhi muŋxoŋ 穆夫提门宦（名词）

阿语 rəməˑtsɑ 赖买单 + jəfuɯn 月份→rəməˑtsɑnijəfuɯn 赖买丹月（名词）

阿语 sɑurəi 洒勒/地名 + tuŋ 洞→ˈsɑurəi tuŋ 穆罕默德圣人避难洞（名词）

三　由东乡语、突厥语、汉语派生的借词

（一）东乡语词汇 + 突厥语词汇

东乡语词汇 əntəʁəi 禽蛋 + 突厥语 tha ʂi 石头→əntəʁəi tha ʂi 鹅卵石（名词）

东乡语词汇 ʂitʂi 秤 + 突厥语 tha ʂi 石头→ʂitʂi tha ʂi 秤砣（名词）

东乡语词汇 thanisaŋ 认 + 突厥语 ana 母亲→thanisaŋ ana 干妈（名词）

东乡语词汇 thanisaŋ 认 + 突厥语 awi 父亲→thanisaŋ awi 干爸（名词）

东乡语词汇 thanisaŋ 认 + 突厥语 tosi 朋友→thanisaŋ ·tosi 结识的朋友（名词）

东乡语词汇 thuqua 柱子 + 突厥语 tha ʂi 石头→thuqua tha ʂi 顶柱石（名词）

（二）突厥语词汇 + 东乡语词缀

突厥语 ana 母亲 + 东乡语词 awi 父亲→ana awi 父母亲，双亲（名词）

突厥语 ana 母亲 + 东乡语词汇 tu 形容词后缀→anatu 有母亲的（形容词）

突厥语 tha ʂi 石头 + 东乡语词汇 ula 山、山脉→tha ʂi ula 石山（名词）

突厥语 orəu 杏 + 东乡语词 muthuŋ 树→orəu muthuŋ 杏树（名词）

突厥语 khiəntʂhi 麻 + 东乡语词 tamu 捻、搓→khiəntʂhi tamu 搓麻绳（动词）

tha ʂi 石头 + la 东乡语动词后缀→tha ʂila ①变得像石头一样坚硬；②比喻变得稳固、牢靠、稳妥（动词）

突厥语 tha ʂi 石头 + tu 东乡语形容词后缀→tha ʂitu 有石头的，石头多的（形容词）

突厥语 khurəi 斗 + tu 东乡语形容词后缀→khurəitu 有斗的（形容词）

突厥语 tʂuku 筷子 + ta 东乡语动词后缀→tʂukuta 用筷子搛（动词）

（三）汉语词汇 + 突厥语词汇

汉语词 pau ʂi 宝石 + tha ʂi 石头→pau ʂi tha ʂi 宝石（名词）

汉语词 xo ʂi 火石 + tha ʂi 石头→xo ʂi tha ʂi 火石（名词）

汉语词 ·i ʂi 玉石 + tha ʂi 石头→·i ʂi tha ʂi 玉石（名词）

汉语词 mo ʂi 磨石 + tha ʂi 石头→ʼmo ʂi tha ʂi 磨刀石，磨石（名词）

汉语词 ʂa ʂi 沙石 + tha ʂi 石头→ʂa ʂi tha ʂi 沙石（名词）

汉语词 ɕitɕhi 吸铁 + tha ʂi 石头→ɕitɕhi tha ʂi 吸铁石，磁铁（名词）

汉语词 jəntsi 园子、院子 + taŋ 墙→jəntsitaŋ 园子围墙，院子围墙（名词）

汉语词 tʂatʂa（渣渣）碎渣儿 + tha ʂi 石头→tʂatʂa tha ʂi 石子（名词）

（四）突厥语词汇 + 汉语词汇

puwa 阿訇 + nainai 奶奶→puwa nainai 阿訇奶奶（名词）

puwa 阿訇 + jəjə 爷爷→puwa jəjə 阿訇爷爷（名词）

tha ʂi 石头 + thaika（太格）台阶→tha ʂi thaika 石阶（名词）

tha ʂi 石头 + tɕiaŋ 匠→tha ʂitɕiaŋ 石匠（名词）

四 由东乡语、波斯语、汉语派生的借词

（一）东乡语词汇 + 波斯语词汇

东乡语 niə 满/整个 + 波斯语 asimaŋ 天空→niə asimaŋ 满天（名词）

东乡语 tʂiqaŋ 白色的 + 波斯语 kiənaŋ 馕→tʂiqaŋkiənaŋ 白馍馍（名词）

东乡语 fukiə 大 + aˑtɕiəsi 净礼→波斯语 fukiə aˑtɕiəsi 大净，伊斯兰教净礼之一（名词）

东乡语 mila 小 + aˑtɕiəsi 净礼→波斯语 mila aˑtɕiəsi 小净，伊斯兰教净礼之一（名词）

由波斯语和突厥语构成的东乡语借词如下。

（二）波斯语词汇 + 东乡语词汇

asimaŋ 天 + aru 晴→asimaŋ aru 天晴（动词）

paŋta 邦达/晨礼 + futɕiə 做礼拜→paŋtafutɕiə 做晨礼礼拜（动词）

paŋta 邦达/晨礼 + tʂi 爱好或从事某种活动的人→paŋta tʂi 做晨礼的人

piəmar 疾病/差错 + ot ʂira 见→piəmar ot ʂira ①生病，得病；②遇到

麻烦，出差错（动词）

'tosi 朋友 + kɑji 哥哥→'tosi kɑji 结拜兄弟（名词）

xofutaŋ 宵礼 + futɕiə 做礼拜→xofutaŋ futɕiə 做宵礼（动词）

orotso 斋 + pɑrəi 拿/抓→orotso pɑrəi 封斋，把斋（动词）

tɕiker 底盖儿/即晡礼，申时拜，伊斯兰教宗教功课五番礼拜之一 + tʂhi 爱好或从事某种活动的人→tɕikərtʂhi 参加晡礼的人（名词）

（三）波斯语词汇 + 突厥语词汇

波斯语 tosi 朋友 + 突厥语 ɑtɑ 爸/爹→'tosi ɑtɑ 干爹（名词）

波斯语 tosi 朋友 + 突厥语 ɑnɑ 妈→'tosi ɑnɑ 干妈（名词）

波斯语 tosi 朋友 + 突厥语 kɑjitɕiɑu 兄弟→'tosi kɑjitɕiɑu 结拜兄弟（名词）

波斯语 tosi 朋友 + 突厥语 thɑni 结交→'tosi thɑni 交朋友（动词）

（四）波斯语词汇 + 汉语词汇

波斯语 paŋta 邦达/晨礼 + 汉语词 ʂitɕiə 时间→paŋta ʂitɕiə 晨礼时间（天亮前）（名词）

波斯语 mɑitsɑ 坟墓 + 汉语词 kutui 鼓堆→mɑitsɑ kutui 坟堆，坟墓（名词）

东乡语借词不仅比比皆是，不胜枚举，而且来源语种繁多，汉语、阿拉伯语、波斯语，还有蒙古语和突厥语，几种语言混合搭配，结构变通灵活，有东乡语固有词和外来语素组合的，也有外来语词和固有语素构成的，还有外来词和外来语素构成的借词等。如：

和汉语有关的借词构成方式：汉语词汇 + 东乡语词汇，汉语词汇 + 汉语词缀，东乡语词汇 + 汉语词汇等；

和阿拉伯语有关的借词构成方式：阿拉伯语词汇 + 汉语词汇 + 东乡语词汇，东乡语词汇 + 阿拉伯语词汇，阿拉伯语词汇 + 东乡语词汇 + 汉语词汇，汉语词汇 + 阿拉伯语词汇，阿拉伯语词汇 + 东乡语词缀；

和突厥语有关的借词构成方式：东乡语词汇 + 突厥语词汇，突厥语词汇 + 东乡语词汇，汉语词汇 + 突厥语词汇，突厥语词汇 + 汉语词汇，汉语词汇 + 突厥语词汇 + 东乡语词缀，突厥语词汇 + 汉语词汇 + 东乡语词缀；

和波斯语有关的借词构成方式：波斯语词汇+东乡语词汇，东乡语词汇+波斯语词汇，波斯语词汇+突厥语词汇，波斯语词汇+汉语词汇，波斯语词汇+东乡语词汇+突厥语词汇，波斯语词汇+汉语词汇+东乡语词缀，阿拉伯语词汇+东乡语词汇+波斯语词汇，汉语词汇+波斯语词汇等。

东乡语借词中，动词的数目最多，名词次之。东乡语动词构词附加成分 lɑ、tɑ、rə、ʂi、tɕi、ji 等，缀加在名词性借词、形容词性借词后派生新词，构成了与该事物有关的混合动词。如：

汉语 tɑŋ（担）+东乡语词缀 lɑ→tɑŋlɑ（担，挑）

东乡语 fukiə（大）+东乡语词缀 ʂi→fukiə ʂi（变大）

汉语 pəitsi（杯子）+东乡语词缀 tɑ→pəitsitɑ（用杯子喝）

突厥语 tʂuku 筷子+东乡语动词后缀 tɑ→tʂukutɑ（用筷子搛）

阿拉伯语 niətɕhi 乜贴/举意+ tɕi 举+汉语动词后缀 ji→ˈniətɕhi tɕiji（举意）

东乡语 khiəliən 话+faŋ 翻+动词后缀 tɕi→khiəliən faŋtɕi（口头翻译）

东乡语 ɑmintə 生命+jən 验证+动词后缀 tɕi→ɑmintə jəntɕi（验命/凭运气）

汉语 pɑŋpɑŋ 棒棒（棍棒）+东乡语动词后缀 tɑ→pɑŋpɑŋtɑ（用棍棒打）

汉语 fɑŋɕiɑŋ 方向+东乡语动词后缀 ʂi→fɑŋɕiɑŋ ʂi（变得有方向）

东乡语 ɑmintə 生命+汉语 tɑ 搭+东乡语动词后缀 ji→ɑmintə tɑji（危及生命）

外来词的动词不能单独使用，必须与东乡语的动词构词附加成分 tɕi、liə 和语法附加成分 ji 或东乡语动词 giə（做）、qolu（成变）、tɑwɑ（过）结合后才能使用。如：

阿拉伯语 ɑlən 世界/宇宙+qolu→（心里变得宽阔、轻松）

东乡语 tʂuʁɐ（心）+汉语 ʂɑŋ（伤）+ tɕi→tʂuʁɐ ʂɑŋtɕi（伤心）

东乡语 utu 日子+东乡语 tɑwɑ→ututɑwɑ（过日子）

一些借词与源语言一脉相承。但当几个语素都是名词的时候，其中有一个语素是能产语素，这个语素的派生位置可以在前也可以在后，位置也较灵活。比如：tha ʂi 是突厥语借词"石头"，缀加在汉语的 pau ʂi（宝石）后就变成 pau ʂi tha ʂi（宝石）；缀加在汉语的 xo ʂi（火石）后就变成 xo ʂi tha ʂi（火石）；tha ʂi 亦可以接在其他语素上专指某种石头"asimaŋ tɕiərətutha ʂi"（天上的石头，专指陨石）。又如，ˈto ʂi 是波斯语朋友的意思，它与突厥语词 ata（爸爸）、ɑna（妈妈）、kɑji（哥哥）组合成 ˈtosi ɑta（干爹）、ˈtosi ɑna（干妈）、ˈtosi kɑji（结拜兄弟）等借词，这时 ˈtosi 是能产语素，分布在其他语素之前，形容词和名词复合成一个借词时形容词总是分布在前面，如 ɑˈtɕiəsi 是波斯语，伊斯兰教净礼之一，如果在它的前面加 fukiə、mila 等形容词，就会产生 fukiə ɑˈtɕiəsi（大净）、mila ɑˈtɕiəsi（小净）两个词。从以上借词的组合方式还可看出：汉语的宝石/火石等词借入东乡语的时间比突厥语借词 tha ʂi（石头）的借入时间要晚；而突厥语的 ɑta（爸爸）、ɑna（妈妈）、kɑji（哥哥）等词，比 to ʂi 波斯语（朋友）的借入时间晚；同理，在 tə ʂiˈpiha tɕhiaji 用赞珠计数赞念、səwapu liŋla 领受塞瓦布、fɯnjən tuwa 上坟时念的祈祷词中，汉语借词 tɕhiaji（掐的）、liŋla（领受）、fɯnjən（坟院）分别比阿拉伯语借词 tə ʂiˈpiha（念珠）、səwapu（报酬）、tuwa（杜瓦）要晚。

以上林林总总的汉语借词，其中大多是合璧词，即"半音半译"的词。借词的结构特点既要服从并适应东乡语的语音系统，包括音节构造，又要服从并适应汉语的语法结构，包括构词法，还要根据东乡语词汇的一些规律把它们有机地组合起来。没有任何亲属关系的构词成分互相组合构成一个词，是语言长期接触对词汇系统的影响所致。在一般语言接触的借用现象中，首先借用的往往是词，也可以借用语素，只有双语流利者才会创造合璧词。东乡语借词既有语言接触的结果，也有语言底层现象的遗存，借词既是语言渗透的起点，又是语言混合的关键。

词根加词缀一起派生的构词方式就是派生。其派生特点为以下几个方面。(1) 词缀是由独立的词演变而来的，失去其原来的实在的词汇意义而用于构词。(2) 词缀的位置一般是固定的，可以黏附在词根之前或之后。(3) 词缀具有类化功能，包括语义的类化和词类属性的类化。词缀构词能力强，能产性强。此外，汉语中还存在"类词缀"，吕叔湘（1979）提出"类前缀"和"类后缀"的概念，他说："汉语里地道的语缀并不很多，有不少词素差不多可以算是前缀或后缀，然而还是差一点儿，只可以称为类前缀和类后缀。……说它们作为前缀和后缀还差点儿，还得加个'类'字，是因为它们在语义上还没有完全虚化，有时候还以词根的面貌出现。……存在这种类前缀和类后缀可以说是汉语语缀的一个特点。"派生构词具有能产性和类推性是因为每一组派生词都有相同的词缀，这个共同的词缀是类推造词聚合类的形式标记，同时由于派生构词采取词缀不变，替换另一个语素进而组合成词的模式，实现了语言的组合关系和聚合关系的统一，因而具有能产性和类推性。

外来词音译过来的音节语素化后，就成为组词的构件或直接成词了。如果其所音译的音节语素化后所形成的语素满足词缀位置固定、意义虚泛等条件，且具有类化功能，则就成为音译音节语素化所形成的词缀了。如"客""包"等。是汉语的"客"，临夏方言等西北方言读作"–kei"。"–kei"借入东乡语后发展为构词能力较强的词缀，所构成的词也都指人。有的词是中性色彩的，有的则是贬义的。如 shinjinkei（神经病）、yezikei（野子客，胆量大的人）、lotokei（骆驼客/买卖骆驼的人）、cukei（卖醋的人）、haomaokei（卖帽子的人）、fazikai（筏子客）、maimaikai（商人，做买卖的人）maoxienkai（冒险的人）、zalankai（卖杂货的人）、tolajikai（拖拉机手）、biaoyen kai（演员）、dayikai（穿大衣的人）等；– bao 即汉语的"包"，借入东乡语后发展为构词能力较强的词缀，在东乡语中 – bao 作为构词附加成分，当其加在名词性词素或形容词性词素上时，所构成的词常表示与该物相联系的人的名称或具有该形容词性质的人的名称，如 nonienbao（囊囊包/贪食的人）、lolienbao（罗怜包/可怜虫）、ishibao（意实包/诚实的人）、jiagebao（会讲价的人）、chinshibao（诚实的人）、koshuibao（嗜睡的人）、hainabao（海纳包、用凤仙花染指甲的人）等。东乡语外来词缀的产生跟东乡语固有词缀的区别在于有些并非像汉语固有词缀一样由于语法化演变而来，而是直接由所音译的音节类化而来，如汉语的"的"东乡语读为［tɕi］，给［gei］等东乡语外来词音译的音节语素化后，会给东乡语带来新的语素。

外来词进入东乡语后所产生的重新分析现象，反映了异质成分融入东乡语后的一种自我调整。Zuckermann（2000）指出，词汇借用可分为三个阶段：（1）输入阶段（input analysis），即对源语的各个要素进行检验；（2）识别阶段（recognise analysis），是对借语中与之对应的要素进行一一识别；（3）输出阶段（output analysis），产生新词，往往依照借词的语素音位特征（morphophonemic characteristics）来输出。在输出阶段，借词通常更向来源语靠拢。即人们遇到发音困难或难理解的借词时，往往用某个自己熟悉的、发音或形态相似、意义相关的词去取代，经过长期使用，这种取代词便逐渐成了一个新词，一个更像本族语言的词。汉语是孤立语，属于词根语言。汉语在吸收外来成分的时候不喜欢借音，喜欢用自己的语素来构词。很多借词后来都被意译词所代替。蒋绍愚（2010）认为外来词进入汉语，最方便的当然是音译，但由于外语和汉语语音结构不同，音译词在汉语中往往有点"格格不入"，所以后来就改变形式，变得和汉语差不多，使汉族人容易接受。而东乡语是黏着语，有丰富的词形变化，黏着语的词根和变词语素之间的结合并不紧密，两者都有一定的独立性。所以译音词在东乡语中则"扞格难入，水火不容"，最简洁的自然是意译，但必须根据黏着语的特点进行改造，既要符合东乡语的构词法方式，又要适应东乡语的语法结构，包括OV语序。所以合璧词就成为最好的构词模式。东乡语中的合璧词的构成方式有以下几种。

音译加类名词来创造新词

这类词主要指阿拉伯语借词和汉语借词的组合上。如：

aghilitu 聪明的、有智谋的，阿语音译借词 aghili（尔格力）+形容词构词词缀 tu

Ibilisi 伊比利斯，阿语词汇 ibilisi 的音译（挑拨离间者）

hanzhi chaoyi，阿语词汇 hanzhi 音译（哈智）+汉语词汇 chao yi（朝的）

huizui towo 忏悔词，汉语词汇 huizui 悔罪+阿语词-towo 音译（都哇）

sunne zunji，阿语 sunne 音译（遵圣行）+汉语动词 zunji（遵）

tesibihha qiayi 用赞珠计数赞念，阿语音译词 tesibihha + 汉词 qiayi（掐的）

fiinyen duwa 上坟时念的祈祷词，阿语名词 duwa（都哇）音译 + 汉语词 fiinyen（坟院）

音译兼意译加词缀而创造新词

根据东乡语黏着语的性质，往往选择音译的阿拉伯语和代表其意义的汉语借词，加上东乡语构词词缀，重新创造黏着语词汇。如：

ayibu guyi 遮羞、遮丑，阿语音译借词 ayibu + 汉语意译借词 gu（顾）+ 东乡语动词构词词缀 – yi

ameli ganji 做伊斯兰教功课，阿语借词 ameli + 汉语借词 gan（干）+ 东乡语动词构词词缀 – yi

moshi tashi 磨刀石、磨石，汉语词汇 moshi 磨石 + 突厥语词 – tashi

buwa banji 聘请阿訇，阿语音译借词 buwa（阿訇）+ 汉语借词 ban + 东乡语词缀 – yi

remezani yefiin 赖买丹月、斋月，阿语音译借词 remeza + 汉语借词 yefiin（月份）

fiinyen duwa 上坟时念的祈祷词，汉语词汇 fiinyen（坟院）+ 阿语音译名词 duwa（都哇）

东汉同义合并互补，创造新词

这一类所用的汉语成分意思与东乡语音节所表达的意思基本相同，从意义上看是并列、补充关系。例如：

jienni zhezi 衣褶，东乡语词汇 jienni 衣服 + 汉语借词 zhezi 褶子

mila jiuzi 小舅子，东乡语词汇 mila + 汉语借词 jiuzi 舅子

qiaoyi ghura 淫雨，汉语词汇 qiaoyi 敲雨 + 东乡语词汇 ghura 雨

qienqi fugie 天热，汉语词汇 qienqi 天气 + 东乡语词汇 fugie 热

alima bazi 果蒂，东乡语词汇 alima 果子 + 汉语词汇 bazi 把子

aman minji 闭口、抿嘴，东乡语词汇 aman 嘴巴 + 汉语词汇 minji 抿的

chizhe gudu 花蕾，东乡语词汇 chizhe 花 + 汉语词汇 gudu 骨朵

danlin sao 分家坐，分居，汉语词汇 danlin 单另 + 东乡语词汇 sao 坐

qiche sao 乘汽车，汉语词汇 qiche 汽车 + 东乡语词汇 sao 坐

直接音译的外来词是语言接触初期的表现形式，随着接触程度的加强，音译形式逐渐固定为意译形式，或者直接转化为汉语的构词语素参与构词。随着接触程度的进一步加强，某些音译或者意译而来的构词语素位置固定，且具有类化功能，就逐步发展为词缀或者类词缀了。外来音译音节或者意译语素的词缀化是语言接触程度逐步强化并具生命力的体现。在大部分语言接触的借用现象中，借用的往往是词，也可以借用语素，只有双语流利者才会创造大量的合璧词。Thomason（2011）指出长期的双语社会或语言间长期的密切接触，可致借用扩展到结构特征的借用。

附表 3—1　　　　　　　　重新分析的汉语借词例释

东乡语	词义	构词结构
alima bazi	果蒂	东乡语 alima 果子 + 汉语 bazi 把子
alima huhu	果核	东乡语 alima 果子 + 汉语 huhu 核核
aman dayi	搭口（指开始吃或喝）	东乡语 aman 嘴巴 + 汉语 dayi 搭的
aman hunla	哄嘴（指吃零吃）	东乡语 aman 嘴巴 + 汉语 hunla 哄拉
aman minji	闭口，抿嘴	东乡语 aman 嘴巴 + 汉语 min 抿 + 词缀 ji 的
amin hoyi	卖命，拼命，豁出去	东乡语 amin 生命 + 汉语 hoyi 豁的
bafanzi sao	蹲监狱，坐牢	汉语 bafanzi 班房子 + 东乡语词汇 sao 坐
baizhenchi	卖拜毡的人	汉语 baizhen 拜毡 + 东乡语词缀 – chi 人
banman gie	帮忙	汉语 banman 帮忙 + 东乡语动词词缀 – gie
baobeida	认为是宝贝，看作宝贝	汉语 baobei 宝贝 + 东乡语词缀 – da
baoguchi	种玉米的人	汉语 baogu 包谷 + 东乡语名词词缀 chi 人
beshu mutun	柏树	汉语 beshu 柏树 + 东乡语 mutun 树
bienhua gie	变化	汉语 bienhua 变化 + 东乡语词缀 – gie
bienshichi	卖饺子的人，爱吃饺子的人	汉语 bienshi 扁食 + 东乡语名词词缀 – chi 人
cha ochizhi uzhe	品茶	汉语 cha 茶 + 东乡语词汇 ochizhi uzhe 喝
chizhe banban	花瓣	东乡语词汇 chizhe 花 + 汉语 banban 瓣瓣
chizhe bazi	花蒂	东乡语词汇 chizhe 花 + 汉语 bazi 把子
chizhe gangan	花梗	东乡语词汇 chizhe 花 + 汉语 gangan 杆杆
chizhe gudu	花蕾	东乡语词汇 chizhe 花 + 汉语 gudu 骨朵

续表

东乡语	词义	构词结构
chuchura	①起皱；②后缩，不敢表现	汉语 chuchu 皱皱 + 东乡语词缀 – ra
chufa gie	出发	汉语 chufa 出发 + 东乡语名词词缀 – gie
chuida	拳打，用拳击打	汉语 chui 锤 + 东乡语动词词缀 – da
cidaochi	爱刺刀的人，卖刺刀的人	汉语 cidao 刺刀 + 东乡语名词词缀 chi 人
cimin gie	赐悯，恩赐，赐予	汉语 cimin 赐悯 + 东乡语动词词缀 – gie
ciniu fugie	雌牛	汉语 ciniu 雌牛 + 东乡语名词 – fugie 牛
dachun gie	立春	汉语 dachun 打春 + 东乡语动词 – gie
daili gie	影响，拖累	汉语 daili 带里 + 东乡语动词词缀 – gie
dajia dunji	打架，动起干戈	汉语 dajia 打架 + 汉语 – dunji 动的
danlin sao	分家坐，分居	汉语 danlin 单另 + 东乡语词汇 sao 坐
danwu gie	耽误	汉语 danwu 耽误 + 东乡语动词词缀 – gie
diaodiin kun	难缠的人，刁民	汉语 diaodiin 刁难 + 东乡语名词 kun 人
daozao gie	倒霉，倒糟，倒闭	汉语 daozao 倒糟 + 东乡语动词词缀 – gie
dasoula	凑，拼凑，搭凑	汉语 dasou 搭凑 + 东乡语动词词缀 – la
fasaila	①发财；②感染，肿胀发炎	汉语 fasai 发财 + 东乡语动词词缀 – la
fiinqiaozichi	卖粉条的人/爱吃粉条的人	汉语 fiinqiaozi 粉条子 + 东乡语名词词缀 – chi 人
fiinyen duwa	上坟时念的祈祷词	汉语 fiinyen 坟院 + 阿语名词 duwa 都哇
ganhuachi	爱说闲话的人	汉语 ganhua 干话 + 东乡语名词词缀 – chi 人
golode	角落里	汉语 golo 角落 + 东乡语动词词缀 – de
gonien gie	过年，过春节	汉语 gonien 过年 + 东乡语动词词缀 – gie
haina baoyi	用凤仙花染指甲	汉语 haina 海纳 + 汉语 baoyi 包的
haozi feilie	吹喇叭，吹号子	汉语 haozi 号子 + 东乡语动词 feilie 吹
heifanchi	吃晚饭的人	汉语 heifan 黑饭 + 东乡语名词词缀 – chi 人
hanzhi chaoyi	朝觐	阿语词汇 hanzhi 哈智 + 汉语 chao yi 朝的
huizui towo	忏悔词	汉语 huizui 悔罪 + 阿语词汇 – towo 都哇
ibeizijia	用一辈子时间去	汉语 ibeizi 一辈子 + 汉语名词词缀 – jia
ibilisi	挑拨离间者	阿语词汇 ibilisi 音译伊比利斯
idaozi kuru	患流行性感冒	汉语 idaozi 一套子 + 东乡语动词 – kuru 患病

续表

东乡语	词义	构词结构
iguade	全部算起来，都加起来	汉语 igua 一挂 + 汉语词缀 de
inxian gie	影响	汉语 inxian 影响 + 东乡语动词词缀 – gie
inxinchi	多疑的人	汉语 inxin 疑心 + 东乡语词缀 – chi 人
izichi	爱香皂的人/经营香皂的人	汉语 izi 胰子 + 东乡语名词词缀 – chi 人
jianshui budan	浆水面	汉语 jianshui 浆水 + 东乡语名词 budan 面
jiaonaogva	骄傲	汉语 jiaonao 骄傲 + 东乡语词缀 – gva
jiefan gie	解放	汉语 jiefan 解放 + 东乡语动词词缀 – gie
jiehula	作脚户，跑脚户	汉语 jiehu 脚户 + 东乡语动词词缀 – la
jienjienzi shelie	分割成一块儿一块儿	汉语 jienjienzi 节节子 + 东乡语动词 shelie 分
jienni zhezi	衣褶	东乡语 jienni 衣服的 + 汉语名词 zhezi 褶子
jinli gie	敬礼	汉语 jinli 敬礼 + 东乡语动词词缀 – gie
kaichun gie	开春	汉语 kaichun 开春 + 东乡语动词词缀 – gie
kielien fanji	口头翻译	东乡语词汇 kielien 说 + 汉语 fanji 翻的
kouhon kere	要口唤	汉语 jinli 敬礼 + 东乡语动词 kere 要
kuiqien kielie	说冤枉，诉冤枉	汉语 kuiqien 亏欠 + 东乡语动词 kielie 说
lanqiuchi	爱打篮球的人	汉语 lanqiu 篮球 + 东乡语名词词缀 – chi 人
leiba yasun	肋骨	汉语 leiba 肋巴 + 东乡语名词 – yasun 骨
lianhua chizhe	莲花	汉语 lianhua 莲花 + 东乡语名词 – chizhe 花
linkotu	有森林的	汉语 linko 林颗 + 东乡语形容词词缀 – tu
liumu mutun	柳树	汉语 liumu 柳木 + 东乡语名词 – mutun 树
lolienra	变可怜	汉语 lolien 落怜 + 东乡语动词词缀 – ra
luchachi	爱喝绿茶的人	汉语 lucha 绿茶 + 东乡语名词词缀 – chi 人
maimai gie	做买卖	汉语 maimai 买卖 + 东乡语动词词缀 – gie
mansan gie	奉承，巴结	汉语 mansan 瞒散 + 东乡语动词词缀 – gie
maodan chizhe	牡丹花	汉语 maodan 牡丹 + 东乡语名词 chizhe 花
maodanchi	爱玩球的人	汉语 maodan 毛蛋 + 东乡语名词词缀 – chi 人
maoyitu	有毛衣的	汉语 maoyi 毛衣 + 东乡语形容词词缀 – tu
mayi	脱（帽），揭（扑克）	汉语 ma 抹 + 汉语构词词缀 – yi 的
mazichi	经营麻子的人	汉语 mazi 麻子 + 东乡语名词词缀 – chi 人
mazira	变成麻脸	汉语 mazi 麻子 + 东乡语动词词缀 – ra

续表

东乡语	词义	构词结构
mazitu	有糖子的	汉语 mazi + 东乡语形容词词缀 – tu
meigui chizhe	玫瑰花	汉语 meigui 玫瑰 + 东乡语词汇 chizhe 花
meihua chizhe	梅花	汉语 meihua 梅花 + 东乡语词汇 chizhe 花
mienzhanchi	卖毡人，制毡匠	汉语 mienzhan 棉毡 + 东乡语名词词缀 – chi 人
mienzhantu	有毡的	汉语 mienzhan 棉毡 + 东乡语形容词词缀 – tu
mienzitu	有面子的/面子大的	汉语 mienzi 面子 + 东乡语形容词词缀 – tu
mieyi	灭掉，消灭	汉语 mie 灭 + 汉语构词词缀 – yi 的
mihunzi miyi	使人着魔，被鬼魂弄迷糊	汉语 mihunzi 迷魂子 + 汉语词和词缀 – miyi 迷的
miindiin dayi	一时糊涂	汉语 miindiin 闷蛋 + 汉语词和词缀 – dayi 呆的
miinkan undu	门槛高（比喻门难进）	汉语 miinkan 门槛 + 东乡语形容词 – undu 高
miinkantu	有门槛的	汉语 miinkan 门槛 + 东乡语形容词词缀 – tu
miinlienzitu	有门帘的	汉语 miinlienzi 门帘子 + 东乡语形容词词缀 – tu
mila jiuzi	小舅子	东乡语词汇 mila 小 + 汉语 jiuzi 舅子
minlin gie	下命令	汉语 minlin 命令 + 东乡语动词词缀 – gie
minshin barei	抓名声，获得荣誉	汉语 minshin 名声 + 东乡语动词 – barei 获得
minshintu kun	有声望的人	汉语 minshin 名声 + 形容词词缀 – tu + 名词词缀 kun
moshi tashi	磨刀石，磨石	汉语 moshi 磨石 + 突厥语 – tashi 塔石
mulian gie	谋量，猜测，猜想，估量	汉语 mulian 谋量 + 东乡语动词词缀 – gie
muyan ghoni	母绵羊	汉语 muyan 母羊 + 东乡语词 – ghoni 羊
pazila	耧地，耙地	汉语 pazi 耙子 + 东乡语动词词缀 – la
pienda	闲谝/寒暄/吹牛/说大话	汉语 pien 闲谝 + 东乡语动词词缀 – da
pifa gie	批发	汉语 pifa 批发 + 东乡语动词词缀 – gie
pinggo alima	苹果	汉语 pinggo 苹果 + 东乡语名词 alima 果子
pinho ijie	吃平伙	汉语 pinho 平伙 + 东乡语动词 ijie 吃
putaochi	卖葡萄的人，爱吃葡萄的人	汉语 putao 葡萄 + 东乡语名词词缀 – chi 人
qianfan gie	挖弄，倒腾	汉语 qianfan 牵反 + 东乡语动词词缀 – gie
qiaohochi	卖调料的人，调料商	汉语 qiaoho 调和 + 东乡语名词词缀 – chi 人
qiaowu gie	跳舞	汉语 qiaowu 跳舞 + 东乡语动词词缀 – gie
qiaoyi ghura	淫雨	汉语 qiaoyi 敲雨 + 东乡语词汇 ghura 雨

续表

东乡语	词义	构词结构
qiayi	掐	汉语 qia 掐 + 汉语词缀 –yi 的
qiche sao	乘汽车	汉语 qiche 汽车 + 东乡语词汇 sao 坐
qienqi bienji	天变化	汉语 qienqi 天气 + 汉语 bien 变 + 动词词缀 –ji
qienqi fugie	天热	汉语 qienqi 天气 + 东乡语词汇 fugie 热
qienxi gie	谦虚	汉语 qienxi 谦虚 + 东乡语动词词缀 –gie
qierun jienji	点头	东乡语 qierun 头 + 汉语 jienji 点的
qishi gie	歧视	汉语 qishi 歧视 + 东乡语动词词缀 –gie
qiu egvi	打球	汉语 qiu 球 + 东乡语动词 –egvi 打
qiuji gie	祈求	汉语 qiuji 求济 + 东乡语动词词缀 –gie
randa	发黏	汉语 ran 黏 + 东乡语动词词缀 –da
ranta gie	攘踏（在别人家里吃饭或住宿而给人带来麻烦）	汉语 ranta 攘踏 + 东乡语动词词缀 –gie
rinnai gie	忍耐	汉语 rinnai 忍耐 + 东乡语动词词缀 –gie
rinzhinshi	变得认真	汉语 rinzhin 认真 + 东乡语动词词缀 –shi
sanshu mutun	桑树	汉语 sanshu 桑树 + 东乡语 mutun 树
saochuchi	卖扫帚的人	汉语 saochu 笤帚 + 东乡语名词词缀 –chi 人
saohu iman	公山羊	汉语 saohu 骚胡 + 东乡语名词 –iman 公羊
shanshui baozhe	发洪水，洪水冲下来	汉语 shanshui 山水 + 东乡语动词 baozhe 下来
shansun gie	损伤，受损	汉语 shansun 伤损 + 东乡语动词词缀 –gie
shebiin gie	蚀本，亏本	汉语 shebiin 折本 + 东乡语动词词缀 –gie
shanjien gie	闪电	汉语 shanjien 闪电 + 东乡语动词词缀 –gie
shenma morei	骟马	汉语 shenma 骟马 + 东乡语动词 morei 马
shinjinshi	变得神经兮兮的	汉语 shinjin 神经 + 东乡语形容词词缀 shi
shinqi khirei	出声（开始说话）	汉语 shinqi 声气 + 东乡语动词 khirei 说话
shinqi yawugva	用声音，话语暗示	汉语 shinqi 声气 + 东乡语动词 yawugva 话语
shisi youyi	旅游	汉语 shisi 世四 + 汉语动词 youyi 游的
shouji egvi	开收据	汉语 shouji 收据 + 东乡语动词词缀 –egvi
shoye chizhe	芍药花	汉语 shoye 芍药 + 东乡语名词 chizhe 花
shozida	用勺子吃	汉语 shozi 勺子 + 东乡语动词词缀 –da
shuixien chizhe	水仙花	汉语 shuixien 水仙 + 东乡语名词 chizhe 花
shuijiu gie	数九	汉语 shuijiu 数九 + 东乡语动词词缀 –gie

续表

东乡语	词义	构词结构
shunienni	念书	汉语 shunien 书念 + 东乡语动词词缀 – ni
shuilienshi	变得熟练	汉语 shuilien 熟练 + 东乡语动词词缀 – shi
shundagva	①顺起来；②使变顺	汉语 shun 顺 + 东乡语词缀 – da + 动词词缀 – gva
shurao gie	饶恕	汉语 shurao 恕饶 + 东乡语动词词缀 – gie
soncaichi	爱吃酸菜的人	汉语 soncai 酸菜 + 东乡语名词词缀 – chi 人
songua gie	算卦	汉语 songua 算卦 + 东乡语动词词缀 – gie
sonpantu	有算盘的	汉语 sonpan 算盘 + 东乡语形容词词缀 – tu
souji gie	搜集	汉语 souji 搜集 + 东乡语动词词缀 – gie
souxin gie	搜寻，寻找	汉语 souxin 搜寻 + 东乡语动词词缀 – gie
sunne zunji	遵圣行	阿语词汇 sunne 圣行 + 汉语动词词缀遵的
sunzi oqin	孙女	汉语 sunzi 孙子 + 东乡语名词 oqin 姑娘
sunzichi	有孙子的	汉语 sunzi 孙子 + 东乡语名词词缀 – chi 人
susanchi	爱吃酥馓的人	汉语 susan 酥馓 + 东乡语名词词缀 – chi 人
susanda	吃酥馓	汉语 souxin 搜寻 + 东乡语动词词缀 – gie
suzitu	患有甲状腺的	汉语 suzi 素子 + 东乡语形容词词缀 – tu
tanguachi	爱吃糖瓜的人/卖饴糖的人	汉语 tangua 糖瓜 + 东乡语名词词缀 – chi 人
tanxin abei	堂伯父	汉语 tanxin 堂兄 + 汉语名词 abei 阿辈
tanxin gayi	堂兄，堂哥	汉语 tanxin 堂兄 + 东乡语名词 gayi 哥哥
tanxin jiao	堂弟	汉语 tanxin 堂兄 + 东乡语名词 jiao 弟弟
tanzi layi	拉趟子（来回的趟数多）	东乡语 tanzi 趟子 + 汉语 layi 拉的
tenxienzichi	善弹口弦琴的人	汉语 tenxienzi 弹弦子 + 东乡语名词词缀 – chi 人
tesibihha qiayi	用赞珠计数赞念	阿语词 tesibihha 赞珠 + 汉语 qiayi 掐的
todanshi	变妥当	汉语 todan 妥当 + 东乡语动词词缀 – shi
tolajitu	有拖拉机的	汉语 tolaji 拖拉机 + 东乡语形容词词缀 – tu
tonjie gie	团结	汉语 tonjie 团结 + 东乡语动词词缀 – gie
touxitu	有头绪的	汉语 touxi 头绪 + 东乡语形容词词缀 – tu
tuhua kielie	讲东乡语	汉语 tuhua 土话 + 东乡语 kielie 说
tuhuachi	讲东乡语的人	汉语 tuhua 土话 + 东乡语名词词缀 – chi 人
tuibaoda	用刨子刨	汉语词 tuibao 推刨 + 东乡语动词词缀 – da
tunzhigie	通知	汉语 tunzhi 通知 + 东乡语动词词缀 – gie
uyida	耍武艺，练功夫	汉语词 uyi 武义 + 东乡语动词词缀 – da

续表

东乡语	词义	构词结构
wandoula	用网兜装，用网兜提	汉语 wandou 网兜 + 东乡语动词词缀 – la
wandoutu	有网兜的	汉语 wandou 网兜 + 东乡语形容词词缀 – tu
wanhunchi	健忘的人	汉语 wanhun 忘混 + 东乡语名词词缀 – chi 人
wanzichi	爱喝盖碗茶的人	汉语 wanzi 碗子 + 东乡语名词词缀 – chi 人
wazhua gie	①用手或爪子刨；②挖取	汉语 wazhua 挖抓 + 东乡语动词词缀 – gie
wazichi	经营袜子的人	汉语 wazi 袜子 + 东乡语名词词缀 – chi 人
wiyetu	有外祖父的	汉语 wiye 外爷 + 东乡语形容词词缀 – tu
wizi oro	发霉，发出霉味	汉语 wizi 味子 + 东乡语名词 – oro
xi daolachi	唱戏的人	汉语 xidao 戏道 + 东乡语动词词缀 – chi
xi yenji	演戏	汉语 xi yen 戏演 + 东乡语动词词缀 – ji
xiabien kun	南方人	汉语 xiabien 下边 + 东乡语名词 – kun
xiacha gie	努力，出力，拼力，使劲	汉语 xiacha 下荐 + 东乡语动词词缀 – gie
xian jienji	点香	汉语 xian jien 香点 + 东乡语动词词缀 – ji
xianzhu gie	襄助，帮助	汉语 xianzhu 襄助 + 东乡语动词词缀 – gie
xiao feilie	吹箫，吹笛	汉语 xiao 箫 + 东乡语动词 feilie 吹
xiaomie gie	消灭	汉语 xiaomie 消灭 + 东乡语动词词缀 – gie
xiaoqin olu	消停时，待有空时	汉语 xiaoqin 消停 + 东乡语 – olu
xiaoqinshi	变得有空，得闲	汉语 xiaoqin 消停 + 东乡语动词词缀 – shi
xin pizhi	写信	汉语 xin 信 + 东乡语词汇 pizhi 写
xindun beliaji	凶猛地，气势汹汹地	汉语 xindun 凶动 + 波斯语 belia 败俩/凶猛 + 东乡语动词词缀 – ji
xindungva	逞凶，显得凶	汉语 xindun 凶动 + 东乡语词缀 – gva
xinhun tayi	摁手印	汉语 yinhun 印花 + 汉语 ta 拓 + 词缀 – ji
xinqi amusa	品尝有腥味的食物	汉语 xinqi 腥气 + 东乡语词汇 – amusa 味道
xiuyi	生锈	汉语 xiu 锈 + 东乡语动词词缀 – yi
xixie gie	学习	汉语 xixie 学习 + 东乡语动词词缀 – gie
xiyao gie	需要	汉语 xiyao 需要 + 东乡语动词词缀 – gie
yeshichi	掌握钥匙的人，配钥匙的人	汉语 yeshi 钥匙 + 东乡语名词词缀 – chi 人
yeshitu	有钥匙的	汉语 yeshi 钥匙 + 东乡语形容词词缀 – tu
yetu	有药的	汉语 ye 药 + 东乡语形容词词缀 – tu

续表

东乡语	词义	构词结构
yewochi	猎手，猎人	汉语 yewo 野物 + 东乡语名词词缀 – chi 人
yezi lan	胆大	汉语 yezi 野子 + 东乡语名词词缀 – lan
yezitu	有胆量大，胆子大的	汉语 yezi 野子 + 东乡语形容词词缀 – tu
youchou gie	忧愁	汉语 youchou 忧愁 + 东乡语动词词缀 – gie
youji egvi	打游击	汉语 youji 游击 + 东乡语动词 – egvi 打
youjienra	长雀斑	汉语 youjien 油点 + 东乡语动词词缀 – ra
zaihaitu	发生灾害的，受了灾的	汉语 zaihai 灾害 + 东乡语形容词词缀 – tu
zaila	栽上	汉语 zai 栽 + 东乡语动词词缀 – la
zailadan	栽法	汉语 zai 栽 + 动词词缀 – la + 东乡语动词词缀 – dan
zanchin gie	赞成	汉语 zanchin 赞成 + 东乡语动词词缀 – gie
zanda	变脏，弄脏	汉语 zan 脏 + 东乡语动词词缀 – da
zanfutu	胆子大的/有胆略的/有野心	汉语 zanfu 脏腑 + 东乡语形容词词缀 – tu
zannansa	①嫌脏；②显得脏	汉语 zannan 脏囊 + 东乡语形容词词缀 – sa
zannanshi	变脏，弄脏	汉语 zannan 脏囊 + 东乡语形容词词缀 – shi
zannantu	①肮脏的；②变脏	汉语 zannan 脏囊 + 东乡语形容词词缀 – tu
zaoer mutun	枣树	汉语 zaoer 枣儿 + 东乡语 mutun 树
zaoer usu	枣水（煮枣水）	汉语 zaoer 枣儿 + 东乡语 usu 水
zaoerda	吃枣，用枣抛打	汉语 zaoer + 东乡语动词词缀 – la
zhindun gie	整顿	汉语 zhindun 整顿 + 东乡语动词词缀 – gie
zhini	直的	汉语 zhi 直 + 东乡语形容词词缀 – ni
zhinmin gie	证明	汉语 zhinmin 证明 + 东乡语动词词缀 – gie
zhinxienla	做针线活儿	汉语 zhinxien 针线 + 东乡语动词词缀 – la
zhugve jienjien	心尖，心头	汉语 jienjien 尖尖 + 东乡语名词 – zhugve 心
zhugve jizi	心底	东乡语名词 – zhugve 心 + 汉语 jizi 底子
zhugveni shanji	伤心，心受到伤害	东乡语名词 – zhugve 心 + 汉语 shanji 伤的
zhula jienji	点灯	汉语 zhu 烛 + 东乡语动词词缀 – la + 汉语 jienji 点的
zhula nienzi	灯芯	汉语 zhu 烛 + 动词词缀 – la + 汉语 nienzi 捻子
zhuma fujie	做聚礼	波斯语 zhuma 主麻 + 东乡语动词 fujie 做

续表

东乡语	词义	构词结构
zhumade echi	去做聚礼	波斯语 zhuma 主麻 + 东乡语动词 – echi 去
zhunla	中，准，允准	汉语 zhun 准 + 东乡语动词词缀 – la
zhunlagva	硬性让承担，责成，强令	汉语 zhun 准 + 动词词缀 la + 东乡语动词词缀 – gva
zhunyaoni	重要的	汉语 zhunyao 主要 + 东乡语形容词词缀 – ni
zhuyi khireigva	出主意	汉语 zhuyi 主意 + 东乡语 khirei 出 + 词缀 – gva
zidantu	有子弹的	汉语 zidan 子弹 + 东乡语形容词词缀 – tu
zihunshi	变地紫红，变成紫红色	汉语 zihun 紫红 + 东乡语动词词缀 – shi
zisishi	变得自私	汉语 zixi 仔细 + 东乡语动词词缀 – shi
zixigva	表现出仔细，显得仔细，仔细对待	汉语 zixi 仔细 + 东乡语动词词缀 – gva
zixinchetu	有自行车的	汉语 zixinch 自行车 + 东乡语形容词词缀 – tu
zixishi	变得仔细，变细心	汉语 zixi 仔细 + 东乡语动词词缀 – shi
ziyougva	表现出自由，自由自在	汉语 ziyou 自由 + 东乡语动词词缀 – gva
zui fanji	犯罪	汉语 zuifan 罪犯 + 东乡语动词词缀 – ji
zuixien gie	罪责，罪有应得	汉语 zuixien 罪行 + 东乡语动词词缀 – gie
zunjiaotu	有宗教的	汉语 zunjiao 宗教 + 东乡语形容词词缀 – tu
zunshera	变成棕色	汉语 zunshe 棕色 + 东乡语动词词缀 – ra
zunshoutu	有遵守的，遵行教义好的	汉语 zunshou 遵守 + 东乡语形容词词缀 – tu
zuntu	有鬃的	汉语 zun 鬃 + 东乡语形容词词缀 – tu

附表 3—2　　逐渐演变为汉语的借词例释

三十年前东乡语词汇	词义	构词结构
aman shonji	漱口	东乡语 aman 嘴 + 汉语 shon 漱 + 词缀 ji
amin jiuyi	救命	东乡语 amin 命 + 汉语 jiu 救 + 词缀 ji
amun taoyi	淘米	东乡语 amun 米 + 汉语词汇 tao 淘 + 词缀 yi
baila	摆/放置/陈设	汉语 bai 摆 + 东乡语动词词缀 la
baonan gie	报案	汉语 baonan 报案 + 东乡语动词词缀 gie
baoyen gie	抱怨/埋怨	汉语 baoyen 抱怨 + 东乡语动词词缀 gie

续表

三十年前东乡语词汇	词义	构词结构
biaoyen gie	表演	汉语 biaoyen 表演 + 东乡语动词词缀 gie
bienji	变/变化	汉语 bien 变 + 东乡语动词词缀 gie
bienlun gie	辩论	汉语 bienlun 辩论 + 东乡语动词词缀 gie
chinrin gie	承认	汉语 chinrin 承认 + 东乡语动词词缀 gie
chunda	重复	汉语 chun 重 + 东乡语动词词缀 da
donzhinshi	变得端正	汉语 donzhin 端直 + 东乡语缀 shi
fanbien dagva	图方便	汉语 fanbien 方便 + 东乡语缀 gva
fandui gie	反对	汉语 fandui 反对 + 东乡语动词词缀 gie
fanshin gie	翻身	汉语 fanshin 翻身 + 东乡语动词词缀 gie
fasai gie	发财	汉语 fasai 发财 + 东乡语动词词缀 gie
ganzida	用杠子打	汉语 ganzi 杠子 + 东乡语动词词缀 da
gaosu gie	告诉	汉语 gaosu 告诉 + 东乡语动词词缀 gie
giinzi zhayi	扎根	汉语 giinzi 根子 + zhayi 扎的；OV 语序
gunzo gie	干工作	汉语 gunzo 工作 + 东乡语动词词缀 gie
hanxi gie	稀罕/喜欢	汉语 yapai 压迫 + 东乡语动词词缀 gie
hao guayi	挂号/请假	汉语 haogua 号挂 + 东乡语词缀 yi
ho xiyi	吸气	汉语 hoxi 呼吸 + 东乡语词缀 yi
hochu gie	豁出去	汉语 hochu 豁出 + 东乡语动词词缀 gie
houhui gie	后悔	汉语 houhu 后悔 + 东乡语动词词缀 gie
huayen gie	化验	汉语 huayen 化验 + 东乡语动词词缀 gie
hunla	哄骗	汉语 hun 哄 + 东乡语动词词缀 gie
ikao gie	依靠	汉语 ikao 依靠 + 东乡语动词词缀 gie
inxin gie	疑心/猜疑	汉语 inxin 疑心 + 东乡语动词词缀 gie
jiaonaogva	骄傲	汉语 yapai 压迫 + 东乡语动词词缀 gie
jiaoxin gie	教训	汉语 jiaoxin 教训 + 东乡语动词词缀 gie
jiefan gie	解放	汉语 jiefan 解放 + 东乡语动词词缀 gie
jiuli gie	救济	汉语 jiuli 救哩 + 东乡语动词词缀 gie
jiurin gie	丢人，丢脸	汉语 jiurin 丢人 + 东乡语动词词缀 gie
lianji	受凉/感冒	汉语借词 lian 凉 + 东乡语词缀 ji
liulan gie	流浪	汉语 liulan 流浪 + 东乡语动词词缀 gie

续表

三十年前东乡语词汇	词义	构词结构
liyin gie	利用	汉语 liyin 利用 + 东乡语动词词缀 gie
ugao gie	诬告	汉语 ugao 诬告 + 东乡语动词词缀 gie
waku gie	挖苦/讽刺	汉语 waku 挖苦 + 东乡语动词词缀 gie
wan sayi	撒网	汉语 wan 网 + 汉语撒的 sayi + 东乡语语序
wanzida	喝盖碗茶	汉语 wanzi 碗子 + 东乡语词缀 da
yapai gie	压迫	汉语 yapai 压迫 + 东乡语动词词缀 gie
doufuchi	爱吃豆腐的人	汉语 doufu 豆腐 + 东乡语 chi 人
duduson	不分瓣的囫囵蒜	汉语借词 dudu 独独 + 汉语借词 son 蒜
jianjidan	讲法	汉语 jianji 讲的 + 东乡语 dan 方法
jianshui budan	浆水面	汉语 jianshui 浆水 + 东乡语 budan 面
jiehula	跑脚户	汉语 jiehu 脚户 + 东乡语 la
jienjiengvei	尖的头儿	汉语 jienjien 尖尖 + 东乡语 gvei 头
jinjien ogi	经验	汉语 jinjien 经验 + 东乡语 ogi 具有
kaini ghezebu	风灾	东乡语 kaini 风的 + 阿语 ghezebu 灾难
keyichi	雕刻者	汉语 keyi 刻的 + 东乡语词汇 chi 人
kha banji	扳手	东乡语 kha 手 + 汉语词汇 banji 扳的
khishun naizi	酸奶	东乡语 khishun 酸 + 汉语 naizi 奶子
khudogvo beizi	刀背	东乡语 khudogvo 刀子 + 汉语 beizi 背子
kielian fanyi	口头翻译	东乡语 kielian 说 + 汉语 fanyi 翻译
kon hougiin	脚后跟	东乡语 kon 脚 + 汉语词汇 hougiin 后跟
kon zhanzi	脚底，脚掌	东乡语 kon 脚 + 汉语词汇 zhanzi 掌子
ladawan	大碗，特大碗	东乡语 la 用 + 汉语借词 dawan 大碗
laye sanshini xieji	除夕	汉语 layesanshi 三十腊月 + 名词格标记 ni
leizigu yasun	肋骨	汉语 leizigu 肋子骨 + 东乡语 yasun 骨头
lian kai	凉风	汉语借词 lian 凉 + 东乡语 kai 风
liumu maomao	柳絮	汉语借词 liumu 柳木 + 汉语 maomao 毛毛
liyi zhagvasun	鲤鱼	汉语 liyi 鲤鱼 + 东乡语 zhagvasunyua 鱼
magieda	麻子，麻脸人	汉语借词 magieda 麻疙瘩
maiza gudui	坟堆，坟头	波斯语 maiza 坟墓 + 汉语词汇 gudui 骨堆
ranjia	卖染料的人	汉语词汇 ran 染 + 汉语词缀 jia

续表

三十年前东乡语词汇	词义	构词结构
raoyidan	招手貌	汉语 raoyi 招的 + 东乡语词汇 dan 样子
remezani yefiin	赖买丹月/斋月	阿语 remeza + 东乡语 ni + 汉语 yefiin 月份
sunzi kewon	孙子	汉语 sunzi 孙子 + 东乡语词汇 kewon 孩子
yenzi dan	园子围墙	汉语 yenzi 院子 + 东乡语 dan 围墙
zhonjia kun	农民	汉语 zhonjia 庄稼 + 东乡语 kun 人
doleishon	七双	东乡语七 dolei + 汉语 shon 双
beilin fugie	辈分大	汉语 beilin 辈龄 + 东乡语词 fugie 大
binzitu	有饼子的	汉语 binzi 饼子 + 东乡语词缀 tu 有
doufutu	有豆腐的	汉语 izi 胰子 + 东乡语词缀 tu 有
ganbitu	有钢笔的	汉语 ganbi 钢笔 + 东乡语词缀 tu 有
gun yenshe	深色	东乡语 gun 深 + 汉语 yenshe 颜色
hohotu	有缺口的	汉语 hoho 豁豁 + 东乡语词缀 tu 有
izitu	有香皂的	汉语 izi 胰子 + 东乡语词缀 tu 有

第 四 章

语言接触与语言演变

第一节 东乡语词汇系统变化

美国语言学家莫里斯·斯瓦迪士（Morris Swadesh）制定了两份基本词汇表，用于探求语言之间的亲疏关系。其中一份包括200个词，另一份是从前一份表中挑选出来的100个词，称为核心词。斯瓦迪士制定基本词汇表的目的是把那些不太可能会被另一语言借用的词汇，收录在他的词汇表中，这些词汇是在每个语言中都已存在的，所以不会有任何一种语言会需要新词来表达这些相关概念。在大多数情况下，跟那些更具有特定文化内涵的词汇相比，斯瓦迪士词汇表中的这些基本词汇，都属于最不可能被借用的词。如果大量的基本词汇项都被借用，就可以证明非基本词汇项也已被借用。为了分析东乡语词汇系统的构成，我们分层次考察东乡语借词的来龙去脉。

三十年前（1980年以前）东乡语词汇系统的构成

我们将三十年前东乡语词汇系统构成分为三个层次：第一层次是斯瓦迪士的100—200个核心词；第二层次是《东乡语词汇》中的约4000个词；第三层次是《东乡语汉语词典》中的10000多个词，分别考察东乡语的词汇成分在不同的词汇范围中的具体分布。列表如下（见表4—1）。

表4—1

词汇分级	所用词表	汉语借词 数目	汉语借词 比例
200 词	斯瓦迪士词表	60	30%
4000 词 三十年前的词汇系统 （1980—2011）	布和《东乡语词汇》中的4080词	1668	42%
实地调查的词汇： 近三十年词汇的变化	《东乡语汉语词典》中的10840余条词汇	6256	58%

第一层次：我们以斯瓦迪士的200个核心词加以考察，东乡语中的汉语借词是59个，占30%。（见表4—2，表4—3前、后200个核心词）

表4—2　　　　　　　　前100词集中的关系词分布

序号	词项	普通话	临夏话	东乡语	蒙古语
1	我	wo	e	bi	bi
2	你	ni	ni	chi	čı
3	我们	wo men	e mu	bijian	bide
4	这	zhe	zhige	ne	ene
5	那	na	wuge	hhe	tere
6	谁	shui	a yi ge	kan	ken
7	什么	shen me	sha	yan	yamar/ya ɣu
8	不	bu	bu	ulie	bi
9	全部	quan bu	i gua	i gua（汉）	Bügüde/bütn
10	多	duo	duo	wolang	olon
11	一	yi	yi	nie /（yi）（汉）	nige
12	二	er	er	gua/（er）（汉）	ikere
13	大	da	da	fugie	büdügün
14	长	chang	chang	fudu	urtu（n）
15	小	xiao	ga	gaji（尕的）（汉）	jijig/bıčıqan
16	女人	nv ren	nv ren	bierei	okin

续表

序号	词项	普通话	临夏话	东乡语	蒙古语
17	男人	nan ren	nan di	erekong	ere
18	人	ren	ren	kun	kümün
19	鱼	yu	yu	zhagasong	amisqvqv
20	鸟	niao	niao	benzhi	uwu
21	狗	gou	gou	nuogei	noqai
22	虱子	shi zi	she zi	she zi（汉）	bogesü
23	树	shu	shu	muton	modun
24	种子	zhong zi	zhongzi	fure	üre
25	叶子	ye zi	ye zi	ie zi（汉）	nabći
26	根	gen	gen	gen zi（汉）	
27	树皮	shu pi	shu pi	mutongarasong	qalisu
28	皮肤	pi fu	pi fu	arasong	arasu（n）
29	肉	rou	rou	miga	mixa（n）
30	血	xue	xue	chusong	chusun
31	骨头	gu tou	gu tou	yasong	c̄imoge
32	脂肪	zhi fang	zhifang	miga	miqa
33	鸡蛋	ji dan	ji dan	andegei	endege
34	角	jiao	jue	jie（汉）	eber
35	尾毛	wei mao	weimao	huodong	odun
36	羽毛	yu mao	yu mao	huodon	odu
37	头发	tou fa	tou fa	qiaorong wu	Osun
38	头	tou	tou	qiaorong	tologai
39	耳朵	er duo	er duo	chigen	qulu ɤu
40	眼睛	yan jing	yanjing	nvdong	nudu（n）
41	鼻子	bi zi	bi zi	kawar	qamar
42	嘴	zui	zui	Aman	Ama/ang ɤa
43	牙齿	ya chi	ya chi	shiden	šidü
44	舌头	she tou	she you	kele	kele
45	瓜子	gua zi	gua zi	gua zi（汉）	sabar
46	脚	jiao	jiao	kuang	köl
47	膝	xi	xi	xigere	xigere

续表

序号	词项	普通话	临夏话	东乡语	蒙古语
48	手	shou	shou	ka	ɣar/ala ya
49	肚子	du zi	du zi	keli	heli
50	脖子	bo zi	bo zi	gezhigei	xüzügü
51	乳房	ru fang	ru fang	guoguo	koko
52	心脏	xin zang	xin zang	zhuguo	jirüke
53	肝	gan	gan	gan zi（汉）	eleg
54	喝	he	he	wochi	o ɣo či
55	吃	chi	chi	ijie	ɪde
56	咬	yao	yao	zhao	za'u（zagu）
57	看	kan	kan	uzhe	qa ɪa
58	听	ting	ting	chenlie	ćɪngn a
59	知道	zhi dao	zhidao	mejie	mede
60	睡	shui	shui	kei xie/unta	unt a
61	死	si	si	fugu	uge
62	杀	sha	sha	ala	ala
63	游水	you shui	youshui	angba	umba
64	飞	fei	fei	musi	musi
65	走	zou	zou	iao	jorći
66	来	lai	lai	ire	ire
67	躺	tang	tang	unta	kebt e
68	坐	zuo	zuo	sao	*sagu*
69	站	zhan	zhan	bei	jvgsvhv
70	给	gei	gei	bari	bar i
71	说	shuo	shuo	kelie	kele
72	太阳	tai yang	rtou	narang nudong	nara（n）
73	月亮	yue liang	yue liang	sara	sar（a）
74	星星	xing xing	xingxing	huodong	odu（ž）
75	水	shui	shui	usu	usu
76	雨	yu	yu	gura	gur－a
77	石头	shi tou	shitou	tashi（突厥语）	tʃila ɣu
78	沙子	sha zi	shazi	shazi（汉）	quma ɣ
79	地	di	di	zemei	ɣajar

续表

序号	词项	普通话	临夏话	东乡语	蒙古语
80	云	yun	yun	yun（汉）	egüle
81	烟	yan	yan	huoni	tamixu
82	火	huo	huo	huo（汉）	o ći
83	灰	hui	hui	zhazi（汉）	ünesü
84	烧	shao	shao	tulie	tüle
85	路	lu	lu	mo	mor
86	山	shan	shan	ula	ula
87	红	hong	hong	hulang-ni	ulaga
88	绿	lv	lv	Nogang	no ɣo ɣan
89	黄	huang	huang	sha	šira
90	白	bai	bai	chagang	tsagan
91	黑	hei	hei	kara	qara
92	晚上	wan shang	wanxi	Xieni	söni
93	热	re	re	kalong	halun
94	冷	leng	leng	kujian（汉）	xuiten
95	满	man	man	Duwo	dügüregen
96	新	xin	xin	Shini	shini
97	好	hao	hao	gao（汉）	saiina
98	圆	yuan	yuan	yuan（汉）	togörig
99	干燥	gan zao	gan zao	gusong	q əɣurai
100	名字	ming zi	min zi	niere	ner-e

东乡语在前 100 个核心词中，汉语借词有 17 个。除了数词一、二，还有 gaji（尕的/小）、she zi（虱子）、ie zi（叶子）、gua zi（瓜子）、gan zi（根子）、zha zi（渣子）、yuan（圆）等。

表 4—3　　　　后 100 词集中的关系词分布

序号	词项	汉语	临夏话	东乡语	蒙古语
1	和（连词）	he	he	ho（汉）	bolon
2	动物	dong wu	dongwu	asong	adugusun

续表

序号	词项	汉语	临夏话	东乡语	蒙古语
3	背	bei	bei	bei – zi（汉）	čixi xatagu
4	坏	huai	huai	xa – song（汉）	magu
5	因为	yin wei	yinwei	inwei（汉）	tül
6	吹	chui	chui	pianda（汉）	üliy e
7	呼吸	hu xi	hu xi	chuai（汉）	amisgasv
8	孩子	hai zi	hai zi	kesu	kübe'ün
9	数/计算	shu/ji suan	shu/ji sun	suan la（汉）	san a
10	砍	kan	kan	nudu	ćab ći
11	天	tian	tian	asmang（波斯）	tngri
12	挖	wa	wa	ua – ji（汉）	uxag – a
13	肮脏	ang zang	ang zang	zang nang（汉）	kir
14	呆、笨	dai、ben	dai/ben	ban（汉）	bidagu
15	尘土	chen tu	chen tu	tura	to γosu（n）
16	掉	diao	diao	adawo	una
17	远	yuan	yuan	guoluo（汉）	qol
18	父亲	fu qin	a da	ada	e ćige
19	怕	pa	pa	ayi	ayu
20	少	shao	shao	chuo ghuang	čö'en（čögen）
21	打架	da jia	da jia	hendu	hereduku
22	五	wu	wu	tawen/wu（汉）	tawun
23	漂浮	piao fu	piao fu	piao（汉）	xöbö
24	流	liu	liu	huoru	oriya
25	花朵	hua duo	hua	chizhe	c̄ e ćeg
26	雾	wu	wu	taman	manan
27	四	si	si	Jierang/si（汉）	dorbe
28	结冰	jie bing	jie bing	mansong guo	mösü（n）
29	水果	shui guo	shui guo	alima	ji ıms
30	草	cao	cao	oson	osun
31	肠子	chang zi	chang zi	sidasong	gü ǰege
32	他	ta	wu ge	he	tere
33	这里	zhe li	zhi ta	nande	ende

第四章 语言接触与语言演变 / 181

续表

序号	词项	汉语	临夏话	东乡语	蒙古语
34	击打	ji da	da	ehe	ċoqi
35	拿	na	na	bari	ab̠ali
36	怎么	zen me	A mu le	yan gie	yuu / yÜü
37	打猎	da lie	da lie	dalie（汉）	abal a̠/angn a̠
38	丈夫	zhang fu	zhang kui ji	zhang kui ji（汉）	ere（n）
39	冰	bing	bing	mang-song	moso
40	如果	ru guo	ru guo	rugo（汉）	-bol
41	在（格）	zai	zai	wei ne	d u̠/tu
42	湖	hu	hu	hu（汉）	ɣool
43	笑	xiao	xiao	xien（汉）	kada ɣan a̠
44	左边	zuo bian	zuo bian	suo gei man	solo ɣai/ǰegün
45	腿	tui	tui	shigala	siram
46	活的	huo de	huo di	amitu	amitu
47	母亲	mu qin	ana	ana	eme
48	窄	zhai	zhai	zhebian（汉）	bačigu
49	近	jin	jin	shida	ǰaqa（n）
50	老的	lao de	Lao le	oqiaolu	othoku
51	玩	wan	wan	nadu	na'adadum
52	拉	la	la	la（汉）	tat a̠
53	推	tui	tui	Tonggu	tülk i̠
54	右边	you bian	youbian	Boruo man	bara ɣun
55	对/正确	dui/zheng que	dui	woluzhu	ta ɣar a̠
56	江河	jiang he	jianghe	wusu	mören
57	绳子	sheng zi	sheng zi	jiesong	de'esu（degesu）
58	腐烂	fu lan	fu lian	fuwo（汉）	ilžire
59	摩擦	mo ca	mo ca	haqi	šorgüg e̠/ür ü̠
60	盐	yan	yan	dangsong	dabusu
61	抓	zhua	zhua	barei	bari
62	海	hai	hai	hai（汉）	tangg ɪs/dalai
63	缝	feng	fen	fen（汉）	öyö
64	尖	jian	jian	jian（汉）	ir

续表

序号	词项	汉语	临夏话	东乡语	蒙古语
65	短	duan	duan	Wokuai	bogoni
66	唱	chang	chang	daola	dagula
67	天空	tian kong	tiankong	asimang	tengri
68	闻	wen	wen	fenqie	sono
69	平	ping	ping	pin（汉）	teg ši
70	蛇	she	she	mogvei	mogai
71	雪	xue	xue	zhasong	času
72	吐	tu	tu	banzhe	bö'eljùi（bögelji）
73	撕裂	si lie	si lie	silie（汉）	uxa anggai
74	挤	ji	ji	jigeida（汉）	šiq a
75	刺戳	ci chuo	ci chuo	chuo（汉）	ćɪc̄ɪ
76	棍子	gun zi	bangbang	banban（汉）	taya ɣ
77	直	zhi	zhi	zhi（汉）	asgan
78	吸吮	xi shun	xi yun	suo（汉）	sor o
79	肿	zhong	zhong	keiyatu	buglaga
80	那儿	na er	na er	kala	qala
81	他们	ta men	ta men	hela	terela
82	厚	hou	hou	zhuzhuang	zuza'an（zuzagan）
83	薄	bao	bao	boji（汉）	nimgen
84	想	xiang	simula	simula（汉）	san a
85	三	san	San	gurang/san（汉）	gurban
86	扔	reng	reng	benda	benda
87	捆	kun	kun/bang	bangla（汉）	ba ɣl a
88	转	zhuan	zhuan	wocha	erge
89	呕吐	ou tu	ou tu	banzhe	ogši
90	洗	xi	xi	waga	uqiya
91	潮湿	chao shi	chaoshi	chao-wo（汉）	c̄igig
92	哪里	na li	a li	kala	qami ɣa
93	宽	kuan	kuan	kuanchang（汉）	örgen
94	妻子	qi zi	qi zi	bierei	qatun
95	风（气）	feng（qi）	feng	kie	salq ɪ/kei

续表

序号	词项	汉语	临夏话	东乡语	蒙古语
96	翅膀	chi bang	chi bang	si bang（汉）	žirgie
97	重	zhong	zhong	gongdu	kündü
98	森林	sen lin	sen lin	mutong lin zi（汉）	Kündü
99	虫	chong	chong	chongchong（汉）	qoroqai
100	年	nian	nian	nian（汉）	ji

东乡语在这后 100 个核心词中，汉语借词有 42 个，比前 100 个核心词中的汉语借词多 25 个。如 bei－zi（背）、xa－song（哈怂/坏）、pianda（谝达/吹）、jigeida（挤/挤疙瘩）、suo（唆/吸吮）、boji（薄的）、simula（思慕/想）、bangla（绑啦/捆）、chuo（戳）、inwei（因为）、chuai（喘/呼吸）等。

陈保亚（1995、1996）以斯瓦迪士提出的 200 个核心词为基础，以关系词（有音义对应）的"阶曲线"原则来区分同源关系和接触关系，通过核心词中关系词在不同词阶分布比例的差异，分析了语言核心关系词的有阶分布。他认为高阶关系词（100）高于低阶关系词（100）时是同源关系，高阶关系词低于低阶关系词时是接触关系。从东乡语中的借词在两阶核心词的分布来看，东乡语前 100 词集中的关系词中汉语借词是 17 个，后 100 词集中的关系词中汉语借词是 42 个，高阶关系词（前 100）低于低阶关系词（后 100），东乡语和汉语是接触关系。这点毋庸置疑。

下面是东乡语 200 核心词中，词类和词阶以及汉语借词的词数分布。

```
   词类        一阶词  二阶词  合计  东乡语汉语借词
1. 人称代词      4      2      6     0
2. 指示代词      4      4      8     0
3. 指人名词      4      5      9     1（丈夫）
4. 时间名词      1      2      3     1（年）
5. 方位名词      0      2      2     0
6. 自然名词     14      9     23     8（云、火、湖、海、灰、
```

				棍子、沙子、绳子)
7. 身体名词	21	3	24	2（肝子、背）
8. 动物名词	9	4	13	4（翅膀、虫、角、虱子）
9. 植物名词	5	4	9	3（叶子、根、森林）
10. 饮食器具	0	3	3	1（瓜子）
11. 数　词	2	3	5	5
12. 颜色词	5	0	5	0
13. 虚　词	1	4	5	4（全部、因为、如果、和）
14. 性状词	11	19	30	16（小、好、坏、圆、薄、窄、笨、腐烂、宽、尖、冷、远、平、直、潮湿、肮脏）
15. 动作词	19	36	55	13（算、吹、挖、漂、想、捆、打猎、笑、拉、缝、撕裂、戳挤、吸吮）

从东乡语中的借词在两阶核心词的分布来看，一阶词17个，二阶词44个，核心词中的借词占到了1/4，这种情况在接触语言中很少见，汉语对东乡语的影响可见一斑。东乡语中的汉语借词在两种阶词分布上的数量差异反映出两种现象。

第一，一阶词数多的词类表示的概念多与自然事物和身体名词相关。如表示自然现象的词比二阶词多5个，身体名词比二阶词多18个；表示颜色的5个词，都在一阶词中；二阶词数多的词类表示的概念多与社会化的事物或属性相联系，如性状词有30个，比一阶词多8个，借词16个；二阶词中动作词比一阶词多17个，其中有13个借词是二阶词。由此可知，词项意义功能或社会化程度的高低是词阶之间的一个重要差异。

第二，核心词的词阶划分从语言的外部关系看，与词项概念的社会化程度有关；从语言结构内部看，与词项的标记性程度有关。这些相关因素导致不同词阶的稳定性不同。词阶越高的词项即一阶词，如人称代词和指示代词，其概念的社会化程度和词汇的标记性程度低，因此在语言中的稳定性强，不容易在语言接触中受到干扰和影响；词阶越低的词项即二阶词，社会化程度和标记性程度越高，如性状词中的"好、坏、窄、宽、平、直"等，稳定性不强，因此在语言接触中容易互相借用。

第二层次：我们以布和《东乡语词汇》（1983）中的词汇表为参照。《东乡语词汇》共收 4080 个实词，汉语借词 1668 个，占 42%。其中对汉语词汇进行改造的 457 个；其他借词（阿语、波斯语、突厥语）57 个，占 1%；东乡语 2350 个，占 57%。这说明汉语借词在 80 年代已达到了42%；同时固有词的使用状况仍然较频繁，占 57%。如现在东乡语中的畜牧业名称、畜牧业生产工具、少数农业词汇等方面的固有词仍一脉相通，继续使用。例如：

achi 锄草	adula 放牧	adulachen 放牧员
alima arasun 果皮/果核	amen 米	bula usu 泉水
amen arasun 米糠	asun 牲畜	bugvun 麦垛
asun lasa 畜粪（晒干的）	asun qiezhechen 饲养员	bula 泉
basi zhunzhugva 虎崽子	unugvun 山羊羔	unu 骑

尤其是农具方面，基本是固有词。如 anzhasun（犁杖）、anzhasuntu（有犁的）、ghazha odolu（犁地）、anzhasum hua（犁铧）等，是关于农具及其相关的名称，除了"犁铧"是汉语与东乡语的结合，其余都是东乡语固有词。畜牧业是东乡族最早的生存方式，所以畜牧业词汇是东乡语传统词汇的核心，随着东乡民族的生存方式由畜牧业逐渐转变为农业，大部分东乡人开始从事农业生产，畜牧业逐渐退出东乡地区，相应的畜牧业词汇也在递减，很多与牲畜有关的固有词汇渐渐消失。如果用到，就会采用汉语借词或汉语和东乡语词汇相结合的混合方式。如牲畜方面的汉语借词有：

er ma（公马）→汉语借词 er 儿 + 汉语借词 ma 马

koma morei（母马）→汉语借词 koma 骒马 + 东乡语 morei 马

ciniu fugie（雌牛）→ 汉语借词 ciniu 雌牛 + 东乡语 fugie 牛

mugulu（母羊）→汉语借词 mu 母 + 汉语 gulu 羖羳

nainiu fugie（奶牛）→汉语借词 nainiu 奶牛 + 东乡语 fugie 牛

jiegulu（羯羊）→汉语借词 mu 母 + 汉语 gulu 羖羳

muyan ghoni（母绵羊）→ 汉语借词 muyan 母羊 + 东乡语 ghoni 羊

shenma morei（骟马）→汉语借词 shenma + 东乡语 morei 马

第三层次：近三十年东乡语词汇系统的构成。

我们从 2009 年到 2013 年的五年时间里，对《东乡语汉语词典》（1983 年开始收集，2001 年出版。下同）的词汇又进行实地调查并一一核实。调查结果显示：汉语借词在东乡语中占到了 58%，由 1983 年的 42% 到 2013 年的 58%，十年之间汉语借词增长了 16%。

汉语借词不断代替本语词已成为东乡语词汇发展的一个重要趋势。汉语借词在东乡语中比比皆是，随处可见，甚至达到了登峰造极的境地。不少借词已进入其核心领域，例如文化娱乐类占 61%，工具用品类占 56.6%，人物亲属类占 49%。汉语借词已渗透到各个词类，包括实词和虚词。实词中，除了大量吸收汉语名词，数量词受汉语影响也很大，东乡语十以下的数词虽有两套，但是事实上全部用汉语借词表示，而固有词中的数量词现在基本不用。

借词进入东乡语后，改变了东乡语词汇系统的一致性和统一性。如在东乡语表达概念、大小、类别等方面，固有词和借词在词汇系统中纵横交错、参差不齐。有的大类用固有词，小类用汉语借词，也有相反的情况。例如：

大类（固有词）	小类（汉语借词）
门 uijien	mens 门闩；menkan 门槛；menlian 门帘
水 usu	shanshui 洪水，山水；ishu 雨水（节气）
衣服 jien	jiani 夹衣；dayi 大衣；dachan 大衣
豆 puzha	ludou 绿豆；dadou 大豆；gadou 小豆
刀 khudogvo	sidao 剔刀；liendao 镰刀；qiedao 菜刀；zhadao 铡刀

大类（汉语借词）	小类（固有词）
胃 ui	orode otu 胃疼

工具 gunji	suji 凿子；sugei 斧子；ghadu 镰刀
粮食 lian	chighan ghrun 细粮；lashigva 面条
菜 sai	puzha kazi 豆角；samu 白菜；kiereshi 芹菜
匠人 jianrin	uiliechi 劳动者；kha tai 劳作者；
	tughonchi 卖锅人；
	mugvechi 织褐匠，卖褐人
人 rin	nasande kurusan kun 成年人；nokie 爱人，伙伴；
	nasunde echisan kun 少年；eme kun 女人
	nasuzhagvankun 年轻人；ere kun 男人

尽管借词和本语词大量并存、交错使用，更多的时候东乡语从汉语直接吸收借词，人们也已习惯采用这种简便的产生新词的手段。如"晚饭"一词，不用"晚"（ujieshi）加"饭"（budan）构成，而用汉语借词"heifan"；东乡语既有"nogvon"（绿）也有"puzha"（豆），绿豆"ludou"一词借用的是汉语；同样东乡语既有大"fugied"也有门"uijien"，但是"大门"一词不用"fugied + uijien"的构词方式，而是直接借用汉语的大门"damen"；大红"dahun"等也是直接借用汉语词汇。

东乡语借词举隅

我们任意选取 g 这个字母的一部分词汇。这部分词汇本来也可以用本语词构造，但是现在都直接借用汉语词。

表4—4　　　　东乡语 g 字母中的汉语借词

东乡语词汇（直接借用汉语）	词　义
ganchan 擀杖	擀面杖
ganhan	干旱
ganzhun	钢钟
gaofa	告发
gaoshi（告示）	布告
gaoyan	高原
genzi	根子
giebi（隔壁）	邻居

续表

东乡语词汇（直接借用汉语）	词　义
gogochu（各个处）	到处，各地
gojia 个家	自己
gonian（过年）	明年
gotou（锅头）	灶台
gouzhen（钩针）	钩针
gozijian	果子酱
gua ranzi 瓜瓤子	瓜瓤
guafu	寡妇
guaguacha 锅锅铲	锅铲
guangun	光棍
gulu 轱辘	车轮
gulun	雇农
gundao 公道	公平
gunloto	公骆驼
gunlu	公路
gunqien	工钱
gusui	骨髓
guyi	谷雨
haxin 哈熊	狗熊

表4—4是我们信手拈来的，由此可见汉语借词俯拾皆是，不可胜数。

我们再看看东乡语双语教学课本二年级数学（上）《配套练习与检测》中的目录。

东乡族自治县双语教学实验班使用数学教材

二年级上《配套练习与检测》

目　录　mu　lu

1. 长度单位 chandu denwi

长度单位　　　chandu denwi

成长展示　　　chinzhan　zhenshi

2. 100以内的加法和减法 100sudoroni jiafa dei jien fa

不进位加　　　jinwi ulie gieku jiafa

进位加　　　jinwi　jiafa

不退位减　　　ulie tuiwi gieku jienfa

退位减　　　tuiwi　jienfa

连加/连减　　　lienjia/lienjien

加减混合　　　jiajien hunhe

加减估算　　　jiajien mulian giezhi　sanaku

成长展示　　　chinzhan　zhenshi

3. 角的初步认识 jiaoni cai taniku

角的初步认识　　　jiaoni cai taniku

直角的初步认识　　　zhijiaoni cai taniku

4. 表内乘法（一）biao sudoroku chinfa（1）

乘法的初步认识（一）　　　chinfani cai taniku（1）

乘法的初步认识（二）　　　chinfani cai taniku（2）

5的乘法口诀　　　5ni chinfa koujie

2、3、4的乘法口诀　　　2、3、4ni chinfa koujie

乘加和乘减　　　chinjia dei chinjien

6的乘法口诀　　　6ni chinfa koujie

成长展示　　　chinzhan　zhenshi

5. 观察物体 ojienni uzhe

观察物体（一）ojienni uzhe（1）

观察物体（二）ojienni uzhe（2）

成长展示　　　chinzhan　zhenshi

6. 表内乘法（二）biao sudoroku chinfa（2）

7的乘法口诀　　　7ni chinfa koujie

8的乘法口诀　　　8ni chinfa koujie

9的乘法口诀　　　9ni chinfa koujie

成长展示　　　chinzhan　zhenshi

7. 统计 tun ji
统计　　tun ji
8. 数学广角 shuxie gonjiao
数学广角　　shuxie gonjiao
期末测试与评价　　qimo ceshi dei pinjia
(见图4—1：东乡县双语教学使用教材)

目　录

1 长度单位　Chandu denwi

长度单位 Chandu denwi ……………………………………… 1

成长展示 Chinzhan zhenshi …………………………………… 3

2 100以内的加法和减法　100sudoroni jiafa dei jienfa

不进位加 Jinwi ulie gieku jiafa ………………………………… 5

进位加 Jinwi jiafa ……………………………………………… 7

不退位减 Ulie tuiwi gieku jienfa ……………………………… 8

退位减 Tuiwi jienfa …………………………………………… 9

连加、连减 Lienjia、lienjien ………………………………… 11

加减混合 Jiajien hunhe ……………………………………… 13

加减估算 Jia jien mulian giezhi sanaku …………………… 15

成长展示 Chinzhan zhenshi ………………………………… 17

3 角的初步认识　Jiaoni cai taniku

角的初步认识 Jiaoni cai taniku ……………………………… 19

直角的初步认识 Zhijiaoni cai taniku ……………………… 21

4 表内乘法（一）　Biao sudoroku chinfa (1)

乘法的初步认识（一）Chinfani cai taniku (1) …………… 23

乘法的初步认识（二）Chinfani cai taniku (2) …………… 25

5 的乘法口诀 5ni chinfa koujie ……………………… 27

2、3、4 的乘法口诀 2、3、4ni chinfa koujie …………… 29

乘加和乘减 Chinjia dei chinjien ……………………… 30

6 的乘法口诀 6ni chinfa koujie ……………………… 31

成长展示 Chinzhan zhenshi ……………………… 33

5 观察物体　Ojienni uzhe

观察物体（一）Ojienni uzhe(1) ……………………… 35

观察物体（二）Ojienni uzhe(2) ……………………… 37

成长展示 Chinzhan zhenshi ……………………… 38

6 表内乘法　Biao sudoroku chinfa (2)

7 的乘法口诀 7ni chinfa koujie ……………………… 40

8 的乘法口诀 8ni chinfa koujie ……………………… 42

9 的乘法口诀 9ni chinfa koujie ……………………… 44

成长展示 Chinzhan zhenshi ……………………… 45

7 统计　Tun ji

统计 Tun ji ……………………… 48

8 数学广角　Shuxie gonjiao

数学广角 Shuxie gonjiao ……………………… 50

期末测试与评价 Qimo ceshi dei pinjia ……………………… 52

图 4—1　东乡县双语教学使用教材《配套练习与检测》二年级数学（上）

这个目录共 80 个词（不包括数字，数字全是汉语），只有 sudoroni（内）、taniku（认识）、sanaku（计算）、uzhe（观察）四个词是东乡语固有词，其余全是汉语借词，且借词具有西北汉语方言的特征，如前后鼻音不分、没有撮口呼（读为齐齿呼）等。表格也反映了潜在的层次叠套：

语言的某些部分有的是与其亲属语言所共有的特征，更多的是因为语言接触和扩散。需要说明的是下面两句：

jinwi ulie geiku jiafa 不进位加　　　ulie tuiwi gieku jienfa 不退位减
进位　不　　加法　　　　　　　　不　退位　　减法

例中的"不进位"既可以说成东乡语 OV 语序"jinwi ulie"（进位不），也可以按照汉语语序 VO 说成"不退位"（ulie tuiwi）。连续不断的汉语借词使东乡语的有些固有形式出现了被汉语形式逐渐替代的趋势，固有的系统异化或被逐渐取代。构词法的变化是东乡语作为黏着语受汉语孤立语影响而发生变化的重要证据。如果一种语言的语法手段渐渐丢失，语序发生混乱和异化，就会逐步形成一种"异源异质"的混合结构。

第二节　东乡语构词法的变化

构词法是语言研究的重要领域。东乡语作为黏着语，其构词法主要是派生法和复合法。派生法的构词特点为：词的派生和词形变化主要靠词干后边接缀附加成分实现；不同的附加成分通常只具有单一的语法意义和功能；具有不同语法意义和功能的附加成分按规定的次序可以递加在同一个词干上。随着东乡语中的汉语借词连绵不断，蜂拥而至，东乡语已不再是简单地借用汉语的词汇，而且还借用汉语的构词方式，最明显的是对汉语词素的灵活变通和组合搭配方式。如图4—1中的"5、6、7的乘法口诀"，在数字5、6、7的后面加上东乡语表示属格的"ni（的）"，构成"5ni chinfa koujie"（5的乘法口诀）类似的混合搭配。罗杰瑞（Jerry Norman，1988）指出，现代汉语十分排斥外来词，却不排斥用外来的语素构造新词。而今的东乡语既不排斥外来词，更不排斥用外来的语素构造新词，而是自觉地按照自己语言的结构方式来重组借入语言的构词要素，且将这种"重组"机制大量灵活地运用。在东乡语中，派生意义产生的途径就是一般所说隐喻和转喻两种方式。隐喻建立在两个意义所反映的现实现象的某种相似的基础上。《语言学概论》（2001）举的例子，如学习的"习"。"习"的本义是"数飞也"。（《说文》）"鹰乃学习"(《礼记·月令》),意思就是小鹰学习反复地飞。从这个意义派生出"反复练习、复习、温习"的意义。"学而时习之"(《论语·学而》),意思就是"学了还要按时反复温习"。这是因为"练习"和反复地飞有相类似的地方。由小鹰反复地飞类推到人反复多次地温习,这就是隐喻。转喻是人们认识不同现象之间的联系。转喻的基础不是现实现象的相似,而是两类现实现象之间存在着某种联系,这种联系在人们的心目中经常出现而固定化,因而可以用指称甲类现象的词去指称乙类现象。隐喻是两个不相干的认知领域之间基于相似性的映象,转喻是同一认知域内部相邻、相关的不同范畴间的凸显。故前者与类推有联系,后者与重新分析有联系。也即类推是隐喻性的,重新分析是转喻性的。

一般情况与语言接触领域的外部演变机制中,词汇借用多为外部演变机制的隐喻,是通过不同语言之间的映象直接制造,较少涉及内部过程;句法影响多为转喻性的。尽管终极目标也是在不同语言之间制造相似性,但演变的过程基本上是在内部发生、完成的。新格式在社会中的扩散是渐变的,"外因驱动的转喻性迁移"是在系统内部的两个语言间通过使用频率及标记性程度的增减而实现的,并不是一蹴而就的,在逐渐达至一个显著水平之前,人们甚至感知不到演变的发生。而且"内因驱动的改变"和"外因驱动的改变"并不是泾渭分明的,在促成一个改变时一些因素经常在一起作用。东乡语在汉语包围影响下构词法的扩大化也是以转喻的方式实现的。

我们据《东乡语简志》(初稿写于1964年,修订于1977年,下同)和《东乡语和蒙古语》(1986年,下同)两部文献的记载,概括东乡语构词附加成分的前后变化。

一 东乡语名词附加成分的变化

(一) 由名词派生名词的附加成分

1. 名词后加 – chi。如:

asun 牲畜───→asuchi 饲养牲畜的人
ghudan 谎话───→ghudanchi 爱说谎的人
mori 马───→morichi 贩卖马匹的人

－chi 作为构成名词的附加成分，与蒙古语口语相应的构词附加成分－tʃ 或 tʃin 同源。其加在名词性词素后面所构成的词常指"……的人"。除了上面的例子，再比如：

　　qiemenchi　　　　磨面的人
　　uiliechi　　　　　劳动者
　　muzhachi　　　　砍柴人
　　magvalachi　　　爱戴帽子的人，卖帽子的人

2. 名词后加－gvun

－gvun 在东乡语中主要用于领宾格形式的名词和人称代词的后面。处在－gvun 前面的领宾格附加成分－ni 一般发音为［－nu］。－gvun 与蒙古语书面语相应的构词附加成分－kin 或－ki 同源。

　　gagani 哥哥的───→gaganugvun 属于哥哥的
　　kewonni 儿子的───→kewonnugvun 属于儿子的
　　mini 我的───→minugvun 属于我的
　　chini 你的───→chinugvun 属于你的

3. 名词后加－lan/－lien

　　udu 中午───→udulan 临近中午的时候
　　tiigha 鸡───→tiighalan 凌晨鸡叫的时候
　　ujieshi 晚间───→ujieshilien 傍晚

东乡语中还有概数词"hharilan"（十个左右）、"khorilan"（二十岁左右，二十日左右），这两个词所用的附加成分"－lan"与上面列举的构词附加成分"－lan"可能同出一源。这类派生词表示大约的时间和数目。

4. 名词后加－ra

　　khawa 鼻子───→khawara 爱流鼻涕的孩子
　　shesun 尿───→shesunra 爱撒尿的孩子

5. 名词后加－s

它本来是复数附加成分，与蒙古语书面语复数附加成分－s 同源，但在某些名词后面能起构词作用。一般来讲，东乡语中在接加－s 时，词干末尾的 n 常脱落。

kielien 语言、舌———→kielies 消息

kewon 儿子、男孩———→kewos 孩子

（二）由动词派生名词的附加成分

1. 动词后加 – dan

其与蒙古语书面语相应的构词附加成分 – dal/ – del 同源。

gie 作———→giedan 作法

iawu 走———→iawudan 走法

kielie 说———→kieliedan 说法

2. 动词后加 – sun

其与蒙古语书面语相应的构词附加成分 – su（n）/ – sü（n）同源。

ghada 钉———→ghadasun 钉子

she 尿———→shesun 小便

banzhe 呕吐———→banzhesun 呕吐物

3. 动词后加 – n

其与蒙古语书面语相应的构词附加成分 – l/ – m 同源。

fugu 死去———→fugun 死亡

nadu 玩———→nadun 文娱

4. 动词后加 – dun

其与蒙古语书面语相应的构词附加成分 – du（n）/ – dü（n）同源。

khana 咳嗽———→khanadun 咳嗽病

xinie 笑———→xiniedun 笑话

5. 动词后加 – wu/ – ku

其本来是现在将来时形动词附加成分，与蒙古语书面语形动词附加成分 – qu/ – kü 同源，在某些词里也起构词附加成分的作用。

tulie 烧———→tuliewu 烧的，燃料

ochi 喝———→ochiwu 饮料

nadu 玩———→naduku 玩具

（三）由形容词派生名词的附加成分

在东乡语中，由形容词派生名词的附加成分很少，所以此类派生词

也比较少。如：

形容词后加 –s

fugie 大──→fugies 长辈，双亲

在特定的时期，每一种语言都会受到其相邻语言的影响，也会从相邻的语言中借用词汇形式和其他的语言资源。上述东乡语构成名词的构词附加成分现在已经丢失了不少，一些构词附加成分在东乡语中受到严重的损失。据我们2013年的统计结果：原来三类11组派生名词的附加成分，其中5组已经不出现于东乡语中。如 –gvun、–lan/ –lien（用于名词性词素后）、–dan、–wu/ –ku、–s（用于形容词性词素后）等，丢失率高达45%，也就是说，如今的东乡语中，派生名词的固有附加成分其保存率只有50%左右，其构成成分丢失的情况是非常严重的。目前东乡语中使用频率较高的名词附加成分有 –kun、–chi、–ra、–s 等（见本章后附表名词构词比较）。有的消失得无影无踪，不知去向。在固有的构成名词的构词附加成分消亡的同时，东乡语又增加了一些新的派生名词的构词附加成分。如 –kei、–jia、–bao、–kur、–zi 等，除了 –kun，其余都是汉语名词的附加成分。例如：

（四）名词后加汉语词缀 –kei

chakei（茶客）喜欢喝茶的人

shinjinkei（神经客）神经病

yezikei（野子客）胆量大的人

sukei（醋客）卖醋的人

lotokei（骆驼客）买卖骆驼的人

maizikei（麦子客）收割麦子的人

–kei 是汉语的"客"，临夏方言读作"–kei"。–kei 出现在名词性和动词性词素后，所构成的词也都指人。有的词是中性色彩的，有的则是贬义的。一般不用于面称。

（五）名词后加汉语词缀 –jia

gonzijia 饭馆老板

tujia 屠夫

lanjia 老人家，特指教主、传教者

－jia 是汉语的"家"，用于某些名词后，它的作用和意义与普通话相同，表示属于哪一类人。

（六）名词后加汉语词缀 － bao

nonienbao（囔囔包）贪食的人

lolienbao（罗怜包）可怜虫

ishibao（意实包）诚实的人

chijiabao（吃家包）好吃的人

－bao 即汉语的"包"。在东乡语中，－bao 作为构词附加成分，当其加在名词性词素或形容词性词素上时，所构成的词常表示与该物相联系的人的名称或具有该形容词性质的人的名称。

（七）名词后加汉语词缀 － zi

dakanzi（大腔子）肚量大的人

danbanzi（单帮子）指没有弟兄的人

jienliuzi（捡溜子）小偷/扒手

Toushizi（第一个）多用于第一个孩子

xiwazi（戏娃子）演员

－zi 相当于汉语中的后缀"－子"。今天的东乡语中 － zi 作为名词构词附加成分，出现的频率很高。

这几个新的附加成分都是借自汉语的构词词缀，它和原来蒙古语的附加成分不是一类，也从另一侧面说明东乡语名词固有的构词成分几乎消失殆尽的同时，又新增加了 － kun。如：

（八）名词后加东乡语故有词缀 － kun

zhonjia kun（庄稼 + kun）庄稼人，农民

minshintu kun（名声 + kun）有声望的人

xiabien kun（下边 + kun）南方人

－kun 是东乡语固有词，表示"……人"，汉语借词 + － kun 构成的派生名词常常表示"……人"，属于借词加注的构词方式，是东乡语对汉语借词进行的改造。词缀具有能产性和类推性，是形态语言重要的构词

手段。

二 东乡语形容词构词附加成分的变化

同样是根据《东乡语简志》及《东乡语和蒙古语》两部书面文献的记载，在二十世纪七八十年代，东乡语中构成形容词的构词附加成分主要包括如下几点。

（一）由名词派生形容词的附加成分

1. 名词后加 – tu

其与蒙古语书面语相应的构词附加成分 – tu/ – tü 同源。

　　mori 马──→moritu 有马的

　　xiewun 学问──→xiewuntu 有常识的

　　gien 病──→gientu 有病的

2. 名词后加 – ra

其与蒙古语书面语相应的构词附加成分 – rang/ – reng 同源。– ra 接加于名词词干时，词干末尾的 n 常失落。

　　basun 屎──→basura 老拉屎的

　　shesun 尿──→shesura 老尿炕的

　　khawa 鼻子──→khawara 老流鼻涕的

3. 名词后加 – ku

其与蒙古语书面语相应的构词附加成分 – ki 同源。在东乡语中，它常常可以接加于时间名词及某些向位格名词后面。

　　magvashi 明天──→magvashiku 明天的

　　fuzhugvudu 昨天──→fuzhugvuduku 昨天的

　　arang – de 河（向位格）──→arangdeku 在河里的

4. 名词后加 – du

其与蒙古语书面语相应的构词附加成分 – du/ – dü（蒙古语口语 – d）同源。在东乡语中，– du 后面还可以递接 – ku。– du 与 – duku 没有明显的意义差别。

　　melie 前面──→meliedu/melieduku 前面的

　　khuina 后面──→khuinadu/khuinaduku 后面的

jiere 上面──→jieredu/jiereduku 上面的

ghadane 外面──→ghadanedu/ghadaneduku 外面的

5. 名词后加 – gvun

sogvei 左──→sogveigvun 左边的

borun 右──→borungvun 右边的

6. 名词后加 – cha

kielien 话──→kieliencha 多话的

aman 嘴──→amancha 嘴馋的

另外，还有一类特殊的形容词构词附加成分 – gvan/ – gvon。它们与蒙古语书面语 qan/ken 同源。在东乡语中，– gvan/ – gvon 和上述的几类形容词构词附加成分不一样，它们常常接加在某些非独立词根上，起构词附加成分的作用。例如：

seigvan 美丽，漂亮（其词根 sei 不能独立运用）

tugvan 瘦的（其词根 tu 不能独立运用）

dogvon 坏的，不好的；脏的，难看的（其词根 do 或 dou 不能独立运用）

（二）由动词派生形容词的附加成分

1. 动词后加 – lan/ – lien

– lan/ – lien 与蒙古语书面语相应的构词附加成分 – lang/ – leng 同源。

chudu 饱──→chudulan 吃饱的

oliesi 饿──→oliesilien 瘪的（指谷物）

bayasu 高兴──→bayasulan 欢喜的

2. 动词后加 – gvu

uila 哭──→uilagvu 爱哭的

shizhe 羞──→shizhegvu 怕羞的

3. 动词后加 – nggi

hheche 疲乏──→hhechenggi 衰弱的

gonjie 冻──→gonjienggi 冻结的

根据我们的最新调查，由于受到汉语深远的影响，与构成名词的构词附加成分一样，东乡语上述的构成形容词的构词附加成分丢失情况也是较严重，统计表明，在上述两类11组派生形容词的附加成分中，现今的东乡语只保留了其中的5—6组，最常见的有 -tu（详见本章后附表形容词构词比较），保存率只有45%左右，同样大多构词附加方式黯然失色。这些消失的形容词构词附加成分分别是 -gvun/ -gvan/ -gvon、-lan/ -lien、-gvu、-nggi 等。

三 东乡语动词构词附加成分的变化

同样也是根据《东乡语简志》及《东乡语和蒙古语》两部书面文献的记载，东乡语构成动词的构词附加成分主要包括下面几种。

（一）由名词派生动词的附加成分

1. 名词后加 -la

-la 与蒙古语书面语相应的构词附加成分 -la（蒙古语口语 -l）同源，当 -la 接加于名词性词素后构成派生动词时，所形成的词常表示与该名词有关涉的某种行为动作。如：

dagvang 马驹————dagvala 马下驹

wa 瓦————wala（给房子）上瓦

ghimusung 指甲————ghimusula 掐

2. 名词后加 -lie

-lie 与蒙古语书面语相应的构词附加成分 -le（蒙古语口语 -l）同源。

fure 种子————furelie 结籽

endegvei 蛋————endegveilie 生蛋

pixie 带子————pixielie 系带

3. 名词后加 -da

-da 与蒙古语书面语相应的构词附加成分 -da（蒙古语口语 -d）同源，当 -da 接加于名词后构成派生动词时，它常表示以该名词所表示的事物为工具的某种行为动作。如：

mina 鞭子————minada 鞭打

qiang 枪————qiangda 开枪

4. 名词后加 – shi

– shi 与蒙古语书面语相应的构词附加成分 – si 同源，当 – shi 接加于名词后构成派生动词时，它常表示与该事物的变动有关的活动和状态。如：

ghura 雨 ⟶ ghurashi 雨水多起来

tura 土 ⟶ turashi 尘土飞扬

（二）由形容词派生动词的附加成分

1. 形容词后加 – la

– la 与蒙古语书面语相应的构词附加成分 – la（蒙古语口语 – l）同源，当 – la 接加于形容词性词素后构成派生动词时，它常表示与该形容词所表示性质、特征有关的发展和变化。如：

shira 黄 ⟶ shirala 变黄

khara 黑 ⟶ kharala 变黑

2. 形容词后加 – da

– da 与蒙古语书面语相应的构词附加成分 – da（蒙古语口语 – d）同源，当 – da 接加于形容词性词素后构成派生动词时，它常表示与该形容词所表示性质、特征有关的发展和变化。如：

gau 好 ⟶ gauda 变好

fugie 大 ⟶ fugieda 变大

3. 形容词后加 – do

– do 与蒙古语书面语相应的构词附加成分 – d（蒙古语口语 – d）同源。

gholo 远 ⟶ gholodo 离远

olong 多 ⟶ olodo 增多

4. 形容词后加 – shi

– shi 与蒙古语书面语相应的构词附加成分 – si 同源，当 – shi 接加于形容词性词素后构成派生动词时，它常表示与该形容词所表示性质、特征有联系的变化趋向。如：

mila 小 ⟶ milashi 变小

uitang 狭窄 ⟶ uitashi 变窄

5. 形容词后加 – tu

– tu 与蒙古语书面语相应的构词附加成分 – tu/ – tü 或 – d（蒙古语口语 – t 或 – d）同源。

fugie 大————►fugietu 长大

chada 近————►chadatu 靠近/接近

6. 形容词后加 – ra/ – re/ – ro

其与蒙古语书面语相应的构词附加成分 – ra/ – re（蒙古语口语 – r）同源。

sula 松弛————►sulara 变松弛

ninkien 薄————►ninkiere 变薄

nogvon 绿————►nogvoro 变绿

7. 形容词后加 – sa

其与蒙古语书面语相应的构词附加成分 – s（蒙古语口语 – s）同源。

undu 高————►undusa 显得太高

fudu 长————►fudusa 显得太长

8. 形容词后加 – zhe

khidung 硬————►khiduzhe 变硬

bayang 富裕————►bayazhe 变富

（三）由模仿声音的拟声词派生动词的附加成分

此类主要有 – ghana/ – ghono/ – kulie，它们与蒙古语书面语相应的构词附加成分 – gvina/ – gine（蒙古语口语 – gan）同源。

（ang + – ghana）————►angghana 驴叫

（ong + – ghono）————►ongghono 嘶喊/叫

（tung + – kulie）————►tungkulie 响/出声

我们据《东乡语汉语词典》的记载及我们最近的调查，东乡语上述的构成动词的构词附加成分丢失率非常高。原来的三类13组派生动词的附加成分，6组已经不出现于或偶见于东乡语中，其丢失率达60%。这些附加成分分别是 – lie、– jie、– tu、– re/ – ro、– sa、– ghana/ – ghono/ – kulie。而如今东乡语中仍在使用的派生动词的附加成分主要有 – la、– ra、– da、– shi 等（见本章后附表动词构词比较）。

换句话说，现今的东乡语中，固有的派生动词的构词附加成分只保留了其中的40%。同时，在上述的派生动词的构词附加成分丢失的同时，近几十年来东乡语又增加了一些新的派生动词的构词附加成分，这些附加成分都是借自汉语。它们是 – ji、– yi、– gie 等，这些附加成分也有具体的分工，如单音节借词动词后加 – ji [dʑi]和 – yi [ji]；双音节汉语借词动词后加 – gie。

（四）单音节汉语借词动词后加 – yi [ji]和 – ji [dʑi]

amin haiyi 害命/杀生──→东乡语 amin 命 + 汉语 hai 害 + yi 的

amin hoyi 卖命的/拼命/豁出去──→东乡语 amin 命 + 汉语 ho 豁 + yi 的

baoyi 保证/保护──→汉语 bao 保 + yi 的

panji 判决/审判──→汉语 pan 判 + yi 的

panbienji 变/变化──→汉语 panbien 变化 + ji 的

binji ①冷却/变凉；②（形容词）凉的──→汉语 bin 冰 + ji 的

bushi rinji 认错/赔不是──→汉语 bushi rin 不是认 + ji 的

（五）双音节汉语借词动词时后加 – gie

banligie 办理──→汉语 banli 办理 + gie（双音节构词词缀）

banmangei 帮忙──→汉语 banman 帮忙 + gie（双音节构词词缀）

baonan + gie 报案──→汉语 baonan 报案 + gie（双音节构词词缀）

taolun + gie 讨论──→汉语 taolun 讨论 + gie（双音节构词词缀）

lindao + gie 领导──→汉语 lindao 领导 + gie（双音节构词词缀）

以上我们综合分析了东乡语中构词附加成分在语言接触中的保存和流失情况。需要指出的是，无论是固有名词的附加成分，还是构成形容词或者动词的附加成分，这些特征有些在东乡语中有所丢失，同时也增加了一些新的特征，即增加了一些特殊的构词附加成分，如上所举名词的 kei、– jia、– bao、– zi、动词的 – ji、– yi、– gie 等，尤其是汉语借词后加上特定的附加成分，一个借贷的词汇项可以被重新分析，从而取代一个语法的词素。在东乡汉语中，汉语的借词"家""包""客"起到了东乡语构词词缀的作用，这是东乡语根据自身黏着语的特点对汉语借词进行的重构和改造。另外，有些是仿造词/仿译词（calque），其特点是用本族语言的材料逐一翻译原词的语素，不但将意义逐项翻译，而且把它的内部构成形式也移植过来。仿造词虽不是具体语言成分的借用，而是某种语言特征或结构方式上的模仿和趋同。仿造对东乡语固有词汇及构词法产生了重要影响，给东乡语词汇带来新的内部形式，同时还导致了借词意义的改变。如 gie 是带后缀的汉语词"给"的仿译，gie－加在东乡语汉语借词双音节动词后，只起到扩充音节的作用，其自身的词汇意义"给予"义虚化了，成为东乡语的构词语素。新词语就会按照这个模式衍生出来。东乡语在借用新词时，倾向于利用固有语素，模拟来源语中的结构，并把这种构词方式类推到新词中去，从而衍生出新词。

四　东乡语复合法构词成分的变化

如前所述，在东乡语的构词法中，还有一种由两个或两个以上的词结合构成复合词的方式，称作复合法或合成法。东乡语中组成复合词的两个或几个词是固定的，通常不能随意调换顺序，也不能用别的近义词来取代其中的任何一个组成部分。复合词的每一个组成部分一般有自己的独立意义，但组成复合词之后，合成统一的、新的意义。

（一）东乡语故有复合词构成类型
1. 联合式/并列式，其构词成分之间的关系是平等的、并列的。如：
kewong oqin 子女————→儿子 女儿

儿子　女儿

gayi jiau 兄弟、哥们————→哥哥 弟弟

哥哥　弟弟

2. 定体式/定中式，其构词成分之间是修饰和被修饰的关系。修饰成分总是出现在被修饰成分的前面。如：

fugie ghuru 大拇指————→fugie 大 + ghuru 手指

　大　　手指

khuitu awei 继父————→khuitu 后面 + awei 父亲

　后面　父亲

3. 宾述式，其构词成分之间是被支配和支配的关系。如：

udu dawagva 生活─────→udu 日子 + dawagva 越过
日子 越过
zhugvene tai 放心─────→zhugvene 心 + tai 放
心　　放下
4. 状述式，其构词成分之间是限定和被限定的关系。如：
oyinde bao 满意 ─────→oyinde 心意 + bao 下去
心意　下去
khase anda 摆脱─────→khase 手中 + anda 放脱
手中 放脱
5. 主谓式，其构词成分之间是主谓关系，即被陈述与陈述的关系。如：
nayan sao 当官 ─────→nayan 官 + sao 坐
官　　坐
ho kuru 生气，发怒 ─────→ho 气 + kuru 到
气　　到

根据我们的实际调查，东乡语复合法构词基本上沿用上述几种类型的复合词构成方式。但由于东乡语中的汉语借词丰富多彩，合成构词法虽然在基本结构类型上变化不大，但其构词成分有一定程度的变化。如从复合词的词源上看，既有东乡语固有的词组成的复合词，也出现了为数不少的借词与借词之间或者借词与东乡语固有词之间按上述结构关系组成的复合词。

（二）东乡语借词复合词构成方式
1. 借词 + 借词
tʂɑ 茶 + kaŋtsi 缸→tʂɑkaŋtsi　茶杯子（名词）
ʻtʂatʂɑ 苍苍 + putui 不对→ʻtʂatʂɑputui　情况不妙（形容词）
pɑupəi 宝贝 + kiəta 疙瘩→pɑupəi kiəta　宝贝蛋，宝贝儿（名词）
sɑxɑi 鞋子 + tɑ 跶 + ji 动词后缀→sɑxɑi taji　跶、穿拖鞋（动词）
tɕhi 棋 + ɕia 下 + ji 动词后缀→tɕhi ɕiaji　下棋（动词）
balangu 拨浪 + shuai – qi 甩的─────→balangushuai – qi　甩拨浪鼓
yen 烟 + xi 吸 + yi 的 ─────→yenxi – yi　吸烟

phutɕi 普气 + ˙witsi 味子→ phutɕi˙witsi 霉味（名词）

2. 固有词 + 借词

zhugve jienjien 心尖 →固有词 zhugve 心 + 汉语借词 jienjien 尖尖
心　　尖尖

alima bazi 果核────→固有词 alima 果子 + 汉语借词 bazi 把子
果　　把子

ɚmɑ + morəi 儿马────→ 固有词 morəi 马 + 汉语借词 ɚmɑ 儿马
儿马　马

tʂʁə + pin + tɕi 心凉→固有词 tʂʁə 心 + 汉语借词 pintɕi 冰的
心　　冰

ɕiənni + tɕiɑji→汉语借词 ɕiənni 心 + 汉语借词 tɕiɑji 夹的
心　　　夹的

3. 借词 + 固有词

fazi　tai 放筏────→汉语借词 fazi 筏子 + 固有词 tai 放
筏子 抬

naizi　arasun 奶皮────→汉语借词 naizi 奶子 + 固有词 arasun 皮
奶子　皮

˙tɑ˙tɕi tɕierə 大体上────→汉语借词 tɑ˙tɕi 大体 + 固有词 tɕiərə 上面
大体　上

muliaŋ giə 谋量/预想────→汉语借词 muliaŋ 谋量 + 固有词 giə 干/做
谋量　做

faŋɕiaŋ ʂi 变得有方向────→汉语借词 faŋɕiaŋ 方向 + 东乡语动词后缀 ʂi
方向

4. 以借词为基础，用东乡语固有词作注释

maoniu fugie 牦牛────→汉语 maoniu 牦牛 + 东乡语 fugie 牛

muji tiigha 母鸡────→汉语 muji 母鸡 + tiigha 鸡

baoshi tashi 宝石────→汉语 baoshi 宝石 + 突厥语 tashi 石

koma morei 母马────→汉语 koma 骒马 + 东乡语 morei 马

ciniu fugie 雌牛────→汉语 ciniu 雌牛 + 东乡语 fugie 牛

nainiu fugie 奶牛 ——→汉语 nainiu 牛奶 + 东乡语 fugie 牛

muyan ghoni 母绵羊 ——→汉语 muyan 母羊 + 东乡语 ghoni 羊

shenma morei 骟马 ——→汉语 shenma 骟马 + 东乡语 morei 马

这类中前者属小类，均为汉语借词；后者为大类，东乡语固有词做的注释。

语言接触的一般规律是词汇先于结构，即"词汇优先"，即先是非基本词汇被借用，接触当强度增加后，借用特征的种类会依照借用的相对容易程度而增加，到最后语言结构方面可以被借用。而决定借用等级的主要因素是语言自身的结构，较为松散的结构特征要比结合紧密的结构的特征更容易借用，所以在大多数语言里，一个新名词或者一个动词，都能够很轻易地插入一个既存较为疏散的结构中。最难借用的是屈折形态，但也有例外，如东乡语，由于大量词语的借入，东乡语多数固有词不用或被汉语借词取代，固有的造词能力日渐减少，东乡语在借用汉语借词的同时，也移植了汉语的构词附加成分，使得自身的结构规律被破坏，重要的语法手段逐渐丢失，语序发生混乱和异化，东乡语内部的结构系统受到外来语的严重侵蚀，从而造成整个语言系统紊乱，形成一种"异源异质"的混合结构。构词法的变化正是东乡语作为黏着语，受汉语孤立语影响而发生变化的重要证据。

众所周知，一种语言的活力会明显地反映在造词能力上。从语言接触的一般共性的角度看，词缀借用发生在语言接触较强的阶段。根据 Thomson（2001）的语言借用，借用层级有四级：第一级为偶然接触（casual contact），借用者对源语言（source language）不需要流利使用并且在借用语言者之间很少双语者，只有非基本词汇借用，仅借用实词，而且经常是名词，没有结构上的借用。第二级为强度不高的接触（slight more intense contact），需要流利的双语者，但他们可能在借用语言者之间占少数，可以借入功能词，如连词和副词性小品词，可以借入非基本词汇，仅有少数结构借用。第三级为强度较高的接触（more intense contact），需要更多双语者，可以借用更多功能词，包括代词和较低的数，借用更多显著的结构特征，派生词缀也可以借用了，如东乡语借用汉语单音节动词后加 -ji [dʑi] 和 -yi [ji]（的），构成派生动词；借用汉语 gei

(给)，构成双音节动词。第四级为高强度的接触（intense contact），语言说话者有广泛的双语现象，倾向于借用各种词类和结构。那么，按照Thomson的语言借用层级，派生词缀的借用是在第三级"强度较高的接触"中出现的。由此也可以推出，东乡语和汉语的语言接触属于第三到第四阶段的比较密切接触阶段，属于"强度较高的接触"。

　　语言接触对东乡语派生构词法起到推波助澜的作用。这主要表现在以下几个方面。首先，由于语言接触带来大量新的事物概念，大量运用派生构词，外来音译或意译语素发展而来的词缀和汉语固有词缀得到大量使用。如上文提到的由汉语"的"和"给"构成的词有：amin ho + yi（卖命的）、bao + yi（保证/保护）、pan + ji 判（判的/审判）、bien + ji（变的/变化）、bin + ji（冰凉的）、bushi rin + ji（认错的/赔不是）；banli gie（办理）、banman gie（帮忙）、baochou gie（报仇）、baolu gie（暴露）、baonan gie（报案）、taolun gie（讨论）、lindao gie（领导）等。其次，派生构词法在东乡语构词法中更高频地使用，进而获得了进一步的发展。东乡语词汇方面既有非基本词汇的借用，包括名词、动词和形容词，也包括代词和小的数目词这些属于封闭类的词，派生词缀也会借用，如东乡语派生名词的构词附加成分 - kei（客）、- jia（家）、- bao（包）、- zi（子）等，都是汉语名词的附加成分；在语序、关系从句、并列关系等特征方面，也有一些改变；形态上出现了用孤立语取代黏着语形态的一些现象，丢失或增加了在来源语和借用语中不相匹配的形态范畴等。

第三节　东乡语的语言功能变化

　　语言演变除了语言结构的演变还有语言功能的演变。语言结构的变化和语言功能的变化是语言接触导致语言变化的两种类型，也是语言接触的两种结果。语言结构和语言功能之间相辅相成、相互影响，前者是"量"的变化，后者是一种"质"的飞跃。语言结构常常是用来判断后者的重要依据，语言功能则常常体现了语言结构变化的深度和广度。东乡语主要功能的变化体现在三个方面：普遍的双语现象、东乡语局部的语言转用和东乡语的混合特征。

一　普遍的双语现象

语言接触对语言使用的影响首先是普遍的双语现象。双语现象包括两种情况：一种是语言群体中有一部分是双语人，这些人同时掌握并使用本族语和外来语，双语人的交际活动使得两种语言在一个语言群体中形成并存和共处关系，相互的接触更加密切；另一种是语言群体中的一部分人使用本族语，另一部分人使用外来语，从使用者个体来看都是单语人，但是从整个群体来看则是双语群体。两种双语人的情况虽然不尽相同，但引起接触的结果是相同的，都是从语言适用范围和通行区域两方面对本族语的社会功能发生影响。

20世纪80年代学者们对东乡语进行调查的时候，东乡语仍是东乡族的主要家庭语言，在家庭内，各个成员都使用东乡语交谈，孩子一般也是先接触东乡语而后才接触汉语的，入学前的小孩子基本听不懂汉语。家庭内部坚持使用母语，这是东乡语得以保留继承的重要条件。语言传承有两条途径：一是家庭传承，即由父母向下一代传授母语；二是社交传承，即儿童从社会交际中学会母语。一种语言的兴衰必然会波及家庭内部的语言使用上，家庭不同成员的语言状况，能够反映一种语言活力的走向。由于种种原因，语言传承也会出现断层，使语言的使用不能延续。东乡语在语言传承过程中，有的地区保持了其一贯的、必要的连续性；有的地区则出现了断层。家庭用语上，有的父母已不将自己的母语传给下一代，而让子女学习汉语，其原因主要是父母认为东乡语用处不大，很"土"，将来会影响孩子升学和工作，即使在东乡语存留情况比较好的乡镇，每个家庭使用的情况也不相同，有的父母不主张向子女传授东乡语而学习使用汉语。在调查中我们发现，在同一个家庭内，不同辈分的家庭成员有着不同的语言选择和语言能力，家庭内部成员在不同年龄段上语言使用差异较大，20岁左右的青年人的汉语能力高于东乡语能力，母语能力与年龄大小成正比，东乡语的传承逐渐出现了断层。另外，东乡族现在使用的是双语教学，教材全部用双语编写，要求教师课堂上一律用汉语授课，只在小学一、二年级用双语辅助教学，到小学三、四年级以后就完全用汉语教学。我们走访过的学校，不管是民族学校还是普通学校，学生（中小学生）都能听到流利的双语教学，并能流利地表达他们的思想感情；在党政机关和企业单位，东乡族干部、职工之间都用汉语交谈，开会宣读文件或传达重要政策时一般用汉语，有时候混合东乡语。用汉语更自然、更方便，也便于大家听得明白。如锁南镇是东乡县政府所在地，我们从2009年底至2013年底前后接触了100多位东乡族，其中有学生（小学生、中学生和大学生）、老师、生意人、国家职工、家庭妇女等，其中年龄段在15—60岁的占大多数，70岁以上的有少部分人；15岁以下的一部分。100人中基本不通汉语的都是70岁以上敬老院中的老人；略通汉语的均为家庭妇女；其他人基本懂汉语，只是熟练程度不同而已，有的可以用汉语流利进行交际。在调查中我们发现，20岁以下的青年人的汉语能力普遍高于东乡语能力，母语的使用功能与年龄大小成正比，在同一个家庭内，不同辈分的家庭成员有着不同的语言选择和语言能力。东乡语家庭内部的语言使用在不同年龄段上表现出以下差异。

　　60岁以上：这一年龄段的人是保存东乡语最好、语言能力最强的一代。他们的第一语言是东乡语，老人们能使用东乡语讲述本民族的历史和传说故事（故经），有些70岁以上的老人只会说东乡语，根本不会说汉语。如在锁南坝敬老院的孤寡老人马永祥［80岁，农民（孤儿）］、马尕个（78岁）、马哈三（75岁）等人，他们的生活范围仅限于本乡、本村，一辈子只去过几次县城。他们使用的均是东乡语，与不说东乡语的人无法交流。

　　40—60岁：属于"东加汉"双语型，实际上是东乡语水平略高于汉语水平，他们对东乡语有很深的感情，情感上认同，只要有机会就使用东乡语，也能听说一些简单的汉语，如达板的马海龙（男，52岁），生活圈主要在本村，有时也去临夏县城和邻近乡镇，他在不同的场合、与不同的对象交际时，能自如地使用东乡语。

　　20—40岁：也属于"东加汉"双语型。处于这一年龄段的人汉语能力强于东乡语。对于东乡语，听的能力强于说。这一年龄阶段的人能用汉语自由交谈，不拘形迹，与母语相比，他们的汉语能力较强，能更明确地表达意愿。即便使用东乡语，也会夹杂大量的汉语借词，他们有开放的生活圈，不固守乡土，许多人长期在外打工、上学、工作。如河滩乡马先生一家的四个孩子都属于这种类型，但四个孩子的"东加汉"语言能力不等：长子（41岁）、二子（36岁），熟练运用双语，东乡语比较熟练；三女儿（30岁），能熟练运用汉语，可以听懂东乡语，并能够说少量生活词汇；四子（26岁，我的学生），仅能听懂个别东乡语词汇，但已经不会说东乡语了，日常生活完全使用汉语。20—40岁这一辈人也是双语人，但语言能力失衡，第二语言能力强于母语能力。

10岁以下：这是东乡语能力比较弱的一代人，他们从小接受的就是双语教学，双语课本中汉语借词俯拾即是。如前所举东乡语双语教学课本二年级上《配套练习与检测》中的目录，我们再选取一段。

东乡族双语使用教材数学二年级上《配套练习与检测》

目　录　mu lu

1. 长度单位 chandu denwi

　　长度单位　　chandu denwi

　　成长展示　　chinzhan zhenshi

2. 100 以内的加法和减法 100 sudoroni jiafa dei jien fa

　　不进位加　　jinwi ulie geiku jiafa

　　进位加　　jinwi　jiafa

　　退位减法　　tuiwi　jienfa

　　连加/连减　　lienjia/lienjien

　　加减混合　　jiajien hunhe

　　加减估算　　jiajien mu lian gie zhi　sanaku

　　成长展示　　chinzhan　zhenshi

3. 角的初步认识　jiaoni cai tanku

　　角的初步认识　　jiaoni cai tanku

　　直角的初步认识　　zhijiaoni cai tanku

在以上节选的教材中，除了 sudoroni（内）、taniku（认识）、sanaku

（计算）三个词是东乡语固有的词汇，其余全是汉语借词。所以10岁以下的有些孩子东乡语听、说能力都较差就不足为怪了。相反，他们能够熟练地使用汉语表达自己的思想，听、说、读、写能力都不错。如锁南坝民族小学六年级共44名东乡族学生，其中7名学生从小说汉语不会说东乡语，只能听懂几句"土话"。语言传承的断代等于语言转用的开始，也就是说，一种语言的使用功能如果减弱，那么人们势必会选择另一种语言来取代它行使交际功能。语言转用就是一种非常正常的现象了。

二 东乡语局部的语言转用

一个民族或一个民族的一部分人放弃使用母语而转用另一民族语言的现象称语言转用（language shift）。也有人使用"语言替换"（changement of language）指称这种现象。语言转用是语言使用功能的一种变化，它是由语言接触引起的，并与语言影响、语言兼用存在密切关系。语言转用必定要经过一个双语阶段，并发生深层次的语言影响。世界上许多民族在长期的历史发展过程中，都或多或少地出现过语言转用现象，尤其是分布地域广、开放程度高的族群，特别是多民族长期杂居的地区，语言分布交错纵横，语言使用情况错综复杂，语言转用的现象也非常突出。只不过语言转用的过程有长有短，有的族群转用语言需要经历相当长的时间。

从语言转用的程度或范围来看，语言转用又可分为"整体转用型"、"主体转用型"和"局部转用型"三种类型。"整体转用型"，指一个民族全部转用另一民族语言。如甘肃临夏回族（包括我国回族）是七世纪中期后，由陆续迁移到中国的中亚各族人、波斯人以及阿拉伯人等组成的民族共同体，这些民族不仅来源复杂，而且所使用的语言也是多种多样，他们曾分别使用过阿拉伯语、波斯语等。由于历史迁徙以及各种社会因素的影响，我国的回族大多分散在全国各地，同别的民族特别是汉族长期杂居相处，形成"大杂居、小聚居"的分部特点。语言环境的变换决定了语言使用的变化，经过较长的时间共同生活，生活在西北地区的回族逐渐放弃原来使用的阿拉伯语、波斯语等语言，集体转用了汉语，汉语是回族的交际工具。"主体转用型"，即一个民族的主体（或大部分）

转用另一语言。语言转用在一个民族内部往往不是同时进行的，而是各地有先有后。有的民族一部分人已经出现了语言转用，而其余的人仍然使用双语。语言转用的完成，一般也要经历较长的时间。有的民族经过长期发展，主体已转用另一语言，但还有一部分人仍然使用本民族语言，这种局面可能还会延续相当长的时间。例如，满族现有400多万人口，使用满语的只有极少一部分人，其主体都已转用汉语，这个过程经历了300年左右；土家族有200多万人口，使用土家语的只有几千人，主体都已转用汉语。"局部转用型"，指一个民族某个地区的全部或一部分人转用其他语言，而其他地区则主要使用本族语或双语。这种情况在甘肃地区表现尤为明显。甘肃民族地区主要有藏族、回族、东乡族、保安族、撒拉族、土族、蒙古族等少数民族，不同的民族以及居住在不同地区的同一民族，其语言转用的情况各不相同且各有特点，具体如下：

回族：不论居住环境如何，都使用汉语。

藏族：聚居区的藏族主要以藏语为主；杂居区的藏族不少使用"藏语和汉语"双语；散居区的藏族已基本转用汉语。

蒙古族：聚居区主要以蒙古语为主；与藏族杂居的蒙古族大部分已转用藏语，少部分使用"蒙古语和藏语"双语；散居的蒙古族或使用"蒙古语和汉语""藏语和汉语"双语，或使用"蒙古语、汉语和藏语"三语；还有不少蒙古族已完全转用汉语。

蒙古语族的东乡族、保安族、撒拉族、土族聚居区大部分人都使用本族语，也有一部分人使用"东乡语加汉语""保安语加汉语""撒拉语加汉语""土族语加汉语"双语；散居区的东乡族、保安族、撒拉族、土族已基本转用汉语。

东乡语有语言没有自己的文字，相对容易转用。东乡县共有1个镇24个乡，据我们调查，河滩、百合、东塬、关卜、董岭等乡已基本上转用汉语；柳树、果园、赵家、春台、北岭、车家湾等几个乡使用"东—汉"双语；而锁南、达板、那勒寺、坪庄、沿岭、汪集、凤山、高山、大树、龙泉、考勒等乡仍基本使用东乡语。东乡族1/4的人口已经转用了汉语，属于"局部转用型"（见图4—2东乡民族的语言转用图）。另外，在东乡县边界地带及东乡县以外的诸如临夏、和政、康乐、积石山等地的东乡族普遍使用的是汉语。从发生语言转用地区的地域分布来看，河滩、东塬、百合、关卜四乡西接临夏市的临夏县、和政县，董岭北接永靖县，临夏县、和政县和永靖县都使用的是汉语。东乡县发生语言转用的乡镇，都在东乡族和回族的杂居区。杂居区比聚居区容易出现语言转用；城镇交通发达的地区比山区农村、交通不便的地区容易出现语言转用。从中我们可以看出：在族群内部的不同地区，同其他语言接触的疏密关系也常常是不均衡的，本族语的使用程度也必然存在相应的差别。

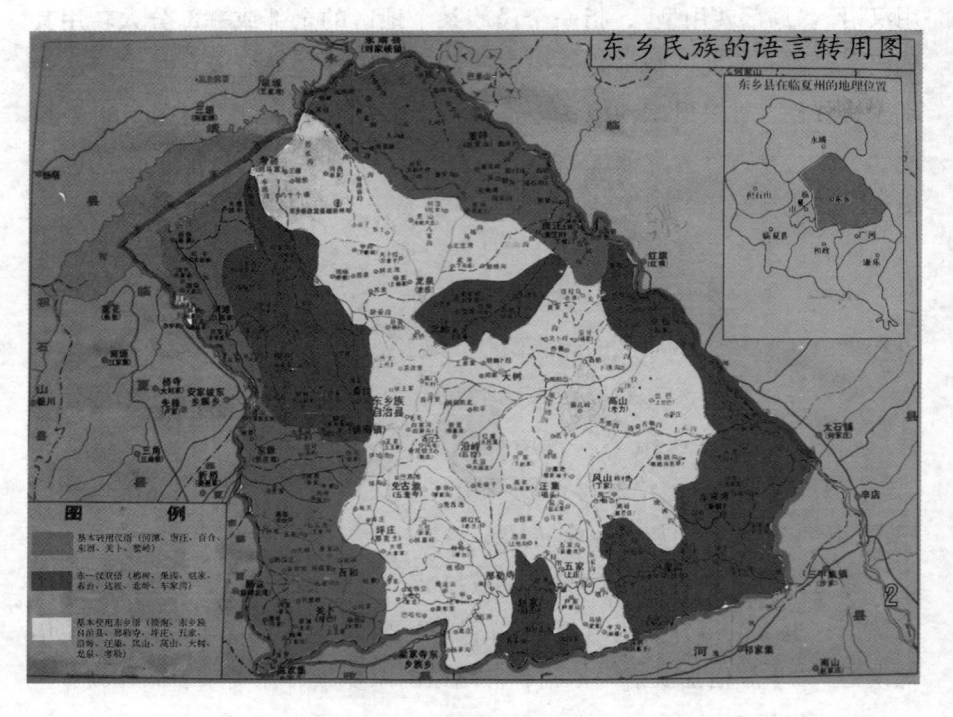

图 4—2 东乡民族的语言转用图

汉语对东乡话的影响是全方位的，既有词汇方面，又有语音、语法方面，有些已经进入语言结构的核心领域。如东乡语中有些最基本的核心词已被汉语借词完全替代，有的基本语序（如支配结构）也受到汉语的影响而发生变化，致使变化后的东乡语语音结构与蒙古语书面语有了明显的区别。语音方面，东乡语构词音节减缩，从而失去了产生长元音的条件。汉语复元音词汇的大量涌入，使东乡语复元音数量增多，元音系统繁化，结构异常丰富，元辅音系统的繁化、音节类型的重组，最终导致东乡语元音和谐趋于解体。在结构方面，东乡语名词后附加成分比较丰富复杂，既有固有的附加成分，也有汉语的附加成分，施、受语序比较灵活，东乡语具备了混合语言的特征。

三　东乡语具有混合特征

混合语是语言长期接触中深入影响而产生的一种特殊变异形式。当某种语言的组成成分来自几种不同的语言且这些成分都是基本的占相当大比重的，这样的语言就已经成为混合语了。换句话说，语言混合（language mixing）需要两种或两种以上语言的结构要素混合在一起，从而形成一种新的、共有的语言系统。至于两种语言混合到什么程度才有资格称得上"混合语"，学术界的意见尚有分歧，学者们也是见仁见智。有人提出，只有当接触后产生语言 C 既可以直接和 A 语言沟通，又可直接和 B 语言沟通，A 语言和 B 语言合二为一，C 语言才是 A 语言和 B 语言的混合语。语言混合还不同于"语码转换"（code switching）。语码转换是指在同一次对话或交谈中使用两种甚至更多的语言变体，它与语言混合有两个方面的主要区别。其一，语码转换中出现的两种或几种语码分属不同的语言或方言系统，只是在特定使用场合被临时组合在一起，组合出来的语言结构不具有稳定性，即没有形成固定的语言系统；语言混合则是两种语言的语码融合成一种固定的新语言系统。其二，语码转换中的各种语码在组合时仍保持其原系统中的形式，在混合语中被混合使用的两种语言中的语码则被改造和重组，即使把两种语码剥离出来，也已不再是它们各自系统的原样，所有混合语都具有其所构成的那些语法子系统的特性，而这些语法子系统基本上不能追溯到某一个单一的源语言（source language）。

Thomason（2011）将接触型语言分为两类：一类是皮钦语（pidgins）与克里奥尔语（creoles），另一类是其他混合语。皮钦语和克里奥尔语是有两种或更多种语言在一种新的接触情形下产生的：没有充分的双语或多语现象，它们的词汇通常来源于一种源语言，而绝大多数结构特征并不是由原先存在的任何单一语言派生出来的，是创造者们将彼此使用的多语言折中熔为一炉、浑然一体；而其他混合语是在只有两种语言接触的状态下产生的，存在广泛的双语现象，语法和词汇大量直接从每一种源语言中获取并加工和调整，所以这两类接触型语言的混合情形的本质是不同的：皮钦语和克里奥尔语的产生是源于没有共同语的族群之间对一种交际中介语的需求，所以不完全习得（imperfect learning）起主要的干扰作用；而其他混合语的产生是因为在一个单一的社会或种族内部，出于对一种族群内部语言的需求或是需要而产生的，族群内的成员都已经会说一种用于跟其他族群交往接触的语言，而且该语言也同样可以在该族群内部发挥所有的交际功能，所以不完全习得不起干扰作用。

  语言的混合是语言接触最深、相互影响最大而产生的一种特殊变异形式。东乡语处于我国西北汉语方言的包围之中（见图4—3：东乡县的地理位置），北面连接兰州市的永靖县，东面和南面处于临夏州的临夏县、积石山县、和政县、广河县的包围之中，其周围全是临夏话的使用者。东乡语存在广泛的双语现象，加之东乡语和汉语的接触越来越深，语言之间的影响属于深层影响，而深层影响的结果不是单一的而是兼有几种语言混合的特征。这就使得东乡语语言使用功能的变化，不仅体现在广泛的双语现象上，还体现在明显的混合特征方面。

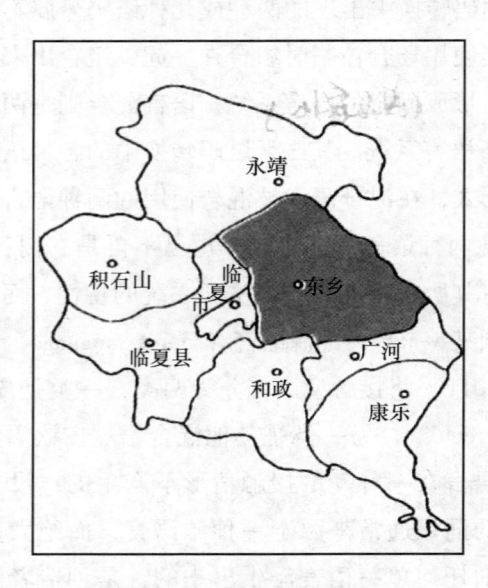

图4—3 东乡县的地理位置

(一) 东乡语的词汇系统是混合的

东乡族是元代从中亚地区迁徙而来的回回色目人、蒙古人和当地的汉族、回族、藏族等民族逐渐融合而成的一个混合民族。中亚地区在蒙古人西征以前已经是一个民族文化交融活跃的地区。到了元代，蒙古人的西征使大量的中亚回回色目人来到中国，并且落地生根，而元代通用的蒙古语使信仰伊斯兰教的回回色目人、蒙古人和当地一些土著逐渐成为一个语言实体，现在的东乡语仍然属于蒙古语族。语言的混合语往往产生在民族杂居区域和语言走廊地带，民族语言学家往往是混合语的最先发现、研究者。我们从蒙古语言得以保留的东乡、保安、土族、东部裕固等民族分布格局来说，他们都分布在藏文化圈和汉文化圈的边缘地带，这几个看似孤立的民族实际上组成了汉、藏两大文化圈的一个缓冲地带，这是一个不规则的语言走廊地带，中心就在河湟地区。东乡族就是生活在这一缓冲地带比较偏僻的山区。东乡语属于蒙古语族，但其中有很多蒙古语所没有的突厥语词汇，这说明东乡族的先民和突厥人有过比较密切的联系。东乡语中还有一部分词是来自不同于蒙古语和突厥语的波斯语和阿拉伯语，这是东乡语保留下来的回回色目人固有的词汇，即东乡语在形成过程中受到了阿拉伯语、波斯语、突厥语等底层语言的影响。更多的是东乡语中有一半以上汉语借词，而且随着时间的推移，汉语借词的范围越来越大，数量越来越多：汉语借词从 1980 年的 42% 到现在的 58%，汉语借词可以说已经渗透到了东乡语词汇的每一个角落，尤其是近十年，汉语借词铺天盖地、大量涌入，并且常常是直接复制，不再需要对汉语词汇进行改造加工和重新分析。也就是说，东乡语首先从强势族群的语言借入的是词汇和结构，而以词汇重组方式进行的语言转移实际上是紧随其后的，这说明来自汉语的异源语言成分可以与东乡语的结构相搭配。

东乡语的汉语借词中被借入的有基本词汇、派生词词缀、音位特征、句法特征和词汇语义特征，此外还有更多普通的非基本词汇。在普通借入中，干扰性特征的数量是逐渐增加并扩展的，而在东乡语中则达到了质的飞跃。所有这些种类的特征都可以借入，而且也没有什么限制。而在皮钦语和克里奥尔语中，词汇主要来源于一种源语言，而那些结构性的次系统大部分可以看作创造者们所使用语言彼此之间的一种多语言的折中。所以这两类接触型语言皮钦语（pidgins）、克里奥尔语（creoles）和其他混合语的混合情形本质上是不一样的。

汉借虚词的大量出现使得东乡语句法结构出现了异源语言成分。外来语和固有成分浑然天成、天衣无缝、融为一体。如东乡语语句的构成成分既有汉语实词，也有汉语虚词，再加上东乡语固有成分，你中有我，我中有你，真是"不识庐山真面目，只缘身在此山中"。如东乡语在表达某些概念时，除了汉语词和东乡语固有词通用的情况外，还有以汉语语素和东乡语语素组合成的汉、东合璧词。如：

1. 汉语加东乡语合璧词

jinshinni ghura 打起精神：汉语借词 jinshin（精神）＋东乡语动词 ghura（打起）

haozi feilie 吹喇叭：汉语借词 haozi（号子）＋东乡语动词 feilie（吹）

qiemuzhugvetu 铁心肠的：汉语词汇 qiemu（铁木）＋东乡语词汇 zhugve（心）＋东乡语形容词词缀 – tu

chizhe huayi 画画：东乡语词汇 chizhe（花）＋汉语词汇 hua（画）＋构词词缀 – yi 的

aman hunla 哄嘴：东乡语词汇 aman（嘴）＋汉语词汇 hun（混）＋东乡语动词词缀 – la

chizhe zaila 中华：东乡语词汇 chizhe（花）＋汉语词汇 zai（载）＋东乡语词缀 – la

或者在固有词根上缀加汉语的词缀，如：

alima bazi 果蒂：东乡语固有词 alima（水果）＋汉语 ba（把）＋汉语词缀 – zi

chizhe bazi 花蒂：东乡语固有词 chizhe（花）＋汉语 ba＋汉语词缀 – zi

2. 汉语词根加东乡语词缀

maimai kun 商人，做买卖的人：汉语借词 maimai（买卖）＋东乡语名词构词词缀 – kun

zhonjia kun 庄稼人，农民：汉语借词 zhonjia（庄稼）＋东乡语名词

构词词缀 – kun

baer zhonji 赚钱：东乡语词汇 baer（钱）+汉语借词 zhon 赚 + 东乡语动词构词词缀 – yi

东乡语词汇和构词方法如此标新立异的构词方式，使得东乡语在蒙古语中自成一家、独树一帜。其鲜明地表现了源于汉语、东乡语"你中有我，我中有你"的混合特征。在我国的混合语中，不同混合语的词汇特征情况也不一样：

五屯话（汉语和藏语的混合）的词汇特点：具有一些通用词和合璧词

卡卓语（白语和彝语的混合）的词汇特点：来源语的词语大面积替代源语言的词语

回辉话（占语和汉语的混合）的词汇特点：由基础来源语的单词双音节结构，变为来源语的单词单音节结构。

3. 东乡语的词汇特点

东乡语在与汉语接触的漫长时间里，逐渐被包围着它的强势的语言——汉语所同化。强势语言的干扰可以说是无处不在、无孔不入地渗透到了东乡语中，在词汇和结构的各个方面都能发现大量的干扰特征。东乡语的词汇既有和五屯话一样的通用词和合璧词，也有像卡卓语一样大面积的完全替代词。其中通用词和合璧词，是 20 年以前东乡语借入汉语词汇的主要方式；而像卡卓语一样完全替代词是近十年东乡语借入汉语词汇的主要方式之一；回辉话中的词汇是由基础来源语的双音节结构，变化为来源语的单音节结构，而东乡语恰恰相反，是由汉语来源语中的单音节结构变成了双音节词。因为东乡语是黏着语，在词根上黏着构词成分是其主要的构词方法，所以在借用汉语词汇时，要黏着汉语或者东乡语附加成分，使借词完全符合东乡语黏着语的语言特点；东乡语由单音节结构变为双音节词还有一个原因，就是受到了汉语词汇双音节化的影响，所以在单音节动词后附加构词成分，将其变成了双音节词。如东乡语中的名词构词词缀"客""家""子"等，动词构词词缀"地""达""给"等，主要作用就是使单音节动词双音节化。

（二）东乡语的语音系统是混合的

语言系统中的语音、词汇和语法是密切关联的。因此，任何一个子系统的变化都可能不同程度地引发另外两个子系统的变化。一般来说，个别的借词也许不会影响词汇系统和语义系统，但是源源不断的借词会使一种语言的词汇系统和语义系统发生改变，并且可以使借入语言的语音要素发生变化，由此引起音位组合规则、音节结构类型的改变，最终导致语音系统的本质变化。

东乡语受汉语的影响越来越深，汉语借词也是铺天盖地、纷至沓来。汉语借词促使东乡语的语音系统逐渐地、持续地发生变化，由量变到质变。如东乡语元音音位的数量的增加，有的固有词里的元音发生的明显的分化；单元音少、复元音多，没有长元音；音节末尾辅音只限于 n、ŋ，没有元音和谐。另外，东乡语有小舌音 q、qh 和喉音 h，可能与阿拉伯语、波斯语小舌音多、喉音多有直接关系。东乡语词重音通常落在末尾音节，是受突厥语底层的影响。而借自汉语的词则按汉语的音系、形态和句法，一些汉语的音位规则（morphophonemic rules）自然就被运用到东乡语的词汇中，东乡语固有词里音素进行的重新组合，使得东乡语的元音和谐现象日渐消亡。

（三）东乡语的语法系统是混合的

通过以上对东乡语的研究我们发现，东乡语的语音系统、语法结构以及语言类型的变化，都是缘于汉语词的连绵不断、滔滔不竭的借入。在一定的条件下，借词所带来的被借语言的构词方法，如词法结构 VO 或 OV、AN 或 NA 以及语法范畴等，可以引起借入语言的构词法和句法结构的改变，最终导致语法系统以致语言类型的改变。因此，借词既是语言渗透的起点，又是语言混合的关键。

东乡语词汇的混合致使语法有一定的混合。东乡语中固有的词按蒙古语的音系、形态和句法表达，而借自汉语的词则按汉语的音系、形态和句法来表达。比如，一些汉语名词构词词缀"客""家""子"、动词构词词缀"的""达""给"等加进了东乡语的词汇中；独立承担表义功能的汉语借词又与东乡语词缀搭配使用的形式以及功能扩展的汉借虚词等，实际上是东乡语在语言接触中语法发生改变的不同阶段的反映。我们知道，语言发展是通过旧成分的消亡和新成分的产生来实现的，新旧的交替是一个缓慢过程，这个过程可以归纳为：A→A/B→B。A/B 可以是两个成分在一个时期同时使用，也可以是两个成分或交叉或重叠使用，当新成分 B 完成替代 A 之后，B 也就进入了一个新的发展过程。东乡语有自身具备的语法形式 A（东乡语是黏着语，形态发达，语序也比较自由，行为与主体之间的关系依靠形态标记来体现），在和汉语接触的条件下，会引入新的汉语形式 B，那么在使用新形式初期，人们的接受程度、使用者人群、使用频率和范围不一，A 式和 B 式就会处于混用的状态。如附表东乡语对汉语借词进行改造的词。A 式和 B 式两种形式并存，语言使用者既接受新的，又不改变旧的和固有的语言习惯，两者并存使用。于是，出现了汉语借词与东乡语词缀搭配使用的形式，下列是《东乡语词典》中东乡语对汉语词汇进行改造的 a 字母词中的部分词汇，其中 A 为东乡语标记，B 为汉语、阿拉伯语、波斯语。

表 4—5

A	B	结构：A + B/A + B + A
alima bazi	果蒂	东乡语 alima（果子）+ 汉语 bazi（把子）
alima huhu	果核	东乡语 alima（果子）+ 汉语 huhu（核核）
aman dajii	搭口	东乡语 aman（嘴）+ 汉语 da（搭）+ 汉语词缀 yi（的）
aman hunla	哄嘴	东乡语 aman（嘴）+ 汉语 hun（哄）+ 东乡语词缀 la
aman jila	忌口	东乡语 aman（嘴）+ 汉语 ji（忌）+ 东乡语词缀 la
aman minji	闭口/抿嘴	东乡语 aman（嘴）+ 汉语 minji（抿）+ 汉语词缀 ji
ameli ganji	做伊斯兰教功课	阿语 ameli（功课）+ 汉语 gan（干）+ 汉语词缀 ji（的）
amin hoyi	卖命/拼命	东乡语 amin（命）+ 汉语 ho（豁）+ 汉语词缀 ji（的）
Aminde yenji	验命	东乡语 amin（命）+ 汉语 yen（验）+ 汉语词缀 ji（的）
anzhasum hua	犁铧	东乡语 anzhasum（犁）+ 汉语 hua（铧）
aye zunji	遵守教规	波斯语 aye（教规）+ 汉语 zun（遵）+ 汉语词缀 ji（的）
ayibu gujii	遮羞/遮丑	阿语 ayibu（丑）+ 汉语 gu（顾）汉语词缀 ji（的）

当汉语借词形式包括阿拉伯语、波斯语 B 进入东乡语之后，东乡语

要对其进行改造加工，几种构词形态手段，或者在汉语词根上接加固有的词缀；或者在固有词根上接加汉语的词缀；或者以汉语语素和东乡语语素组合成汉、东合璧词等，对借入的成分经过改头换面后方可使用。一方面他们可能会认为，B 和 A 的功能是全对应的，这样就会把东乡语 A 具有而 B 不具有的功能嫁接到 B 上，另外，在他们接受了 B 以后，融合进东乡语中的 B 在使用中可能出现作为东乡语的自身发展，这些新的发展既不是汉语、阿语所具有的，也不是东乡语相应形式具有的，是语言接触造成语法改变以后，接触成分已经融入接受语，作为接受语的一部分出现的新变化，东乡语中对汉语词汇进行改造的词汇就占借词的 15%，改良和重组是东乡语的主要构词方式。改良也好、重组也罢，和所有语言变化一样，新变化的出现并不意味着旧形式的消失，上述几种形式可能会有一个共存的时期，我们在东乡语里，既看到了这个过程，也看到了这个共存的状态。

　　从结构上来看，东乡语和蒙古语完全一样，基本语序是 SOV，包括各种复杂的蒙古语形态以及蒙古语的音系、句法，名词、代词有数和格的变化，动词有体、态、式等变化。但是东乡语中一些固有形式被汉语形式替代，如汉语虚词替代固有的黏着后缀；重要的语法手段丢失，如联系动词、格附加成分的省略；混合判断句、SVO 句式的出现，语法结构系统趋于简化等；由于大量借用汉语虚词，东乡语有从后置词语言转变为前置词语言的倾向。如：

fudzhugudu shi mini olusan udu wo.
昨　天　　是 我的　生日　天 是。
昨天是我的生日。

he shi mini　gaga　wo.
他 是 我的　哥哥　是
他是我哥哥。

zenebe shi　i nienji – ni xieshin wo.
则乃白是　一年级　的 学生　是
则乃白（女孩名）是一年级的学生。

上述三个句子固有的判断助动词"……wo"和汉语系词"是……"

并存,是 SOV 和 SVO 结构的融合形式。由于借用汉语的判断词,东乡语出现了混合型的判断句,同时也将汉语的语序特点带进了东乡语。由语言接触引起的结构变化,有正常和非正常两种不同的性质。正常的结构变化:在同其他语言较长时间的接触中,按照自身规律吸收并改造外来的新成分和新形式,使之符合东乡语自身黏着语的特点和规律,同固有成分融为一体,成为有机的组成成分。这种吸收和更新丰富了语言的表现手段,深化了语言内涵,增强了语言的表现力,使之适应不断发展的现实需要,在社会交际活动中发挥积极的作用;非正常的结构变化:由于系统内部融合改造外来成分的能力弱化,外来形式对结构系统发生严重侵蚀,固有成分和表现形式被替代,结构规律紊乱,自身特点消失,表现力弱化,结构系统趋于衰退。因此,由语言接触引起的结构变化也具有两种截然不同的性质,存在两种迥然相异的结果:正常的结构变化促进语言健康发展,非正常的结构变化导致语言的衰退消解。

尽管汉语中大量的词语铺天盖涌入到东乡语中,但是东乡语不会全盘吸收这些借词,它们会按照自身黏着语的特征对借此进行改造和加工。音义虽然都借自汉语,但语法上还得服从东乡语的结构规则。如果一种语言词语的借用数量很大,它们的语音、语法特点就会渗入借入语言的系统而出现音位、音节构造、构词规则乃至句法规则的借用。东乡语向汉语借用了大量词语,并在此基础上吸收了汉语的一些结构要素和结构规则。如把原来的"主语+宾语+谓语"的结构次序改变为和汉语相同的结构规则:"主语+谓语+宾语"。如上所说的"不进位"既可以说成东乡语 OV 语序"jinwi ulie"(进位不),也可以按照汉语语序 VO 说成"不退位"(ulie tuiwi)。这种新的结构规则开始时可能只能支配借词,但随着民族关系和语言间相互影响的进一步发展,可以逐步扩大自己的运用范围。

我国语言接触分为两大层次:亲属语言之间的接触和非亲属语言之间的接触。北部汉语方言接触的多是和汉语非亲属关系的阿尔泰语系语言,非亲属语言接触产生的结果就有引起语言突变的可能。

(四)混合语的产生

综上所述,东乡语在语音、词汇、语法等语言系统方面,都表现出来自蒙古语和汉语两种语言的异质成分，这些语言的词汇系统和语法系统却显示出明显的异源现象，也就是词汇来自一种语言——汉语，语音结构上和汉语高度对应；从结构上看，东乡语是一种"异源结构"，两种不同来源语的异质成分在结构上纵横交错、盘根错节。所以，要判定一种语言的变体，除了源语言必须各自都是独立的语言这个基本的前提外，结构上是两种不同语言结构交错搭配形成的"结构异源"，面貌焕然一新，且具有稳定性和统一性；功能上与原来双语发生了分化，具备一个独立语言的全部功能，且有一定的使用群体。

桥本万太郎认为（1996）"语言历史上的演变，大部分都不是由该语言内在的因素引起的。那么，比亲属关系更重要的是跟周围语言的互相影响，以及作为其结果的整个结构的区域性推移和历史发展。"东乡语的独特语序以及相应的附置词的产生，就是因为族群交融而产生语言互动以致影响互相结构的，这种接触和交融在语言各个层面上都有较明显的体现。接触的不同群体，其语言在结构上互相渗透或融合，在相互影响下各自丰富发展，不同语言在结构上发生混合，甚至产生质变的。语言发展史也表明，语言演变往往与语言的相互影响密切相关。根据语言之间的影响程度，语言接触可以归纳为语言渗透、语言融合和语言混合三种类型。语言渗透是以借用方式造成的；语言融合是由借用对方的语言成分到直接使用对方的语言，经过双语制直到最终放弃本族语而完全换用对方语言，实则是语言变异；语言混合是指两种或多种语言之间强烈的相互影响，经历皮钦语（pidgins）和克里奥尔语（creoles）两个阶段，形成了一种不同于来源语中任何语言的混合语（mixed languages）。

语言接触对汉语构词法的影响，主要体现在固有构词法功能扩展或减缩上；另外，语言接触对构词法产生直接"干扰"作用。首先，仿构是受语言接触直接影响产生的构词法，这种构词方式不仅可以为固有词带来新的内部形式，而且可以导致原词意义的改变。其次，外来词进入汉语未固定之前也会使大量逆序词得以存在。再次，语言接触使得由借入外来语素演变为借入词缀，使东乡语产生新的词缀或者类词缀，从而影响到东乡语的派生构词。由语言接触造成的模式复制有以下两类情形。一类可称为激活型。即复制语中本来就有某使用模式，只不过一直处于次要使用模式状态，受模式语激活，该使用模式使用频率提升，甚至由次要使用模型变为主要使用模型；还有一类属于填空型。即复制语中原本没有该使用模式，是通过复制模式语而获得的。本书所讨论的构词法都是汉语固有的构词法，如名词构词词缀"客""家""子"、动词词缀"的""达""给"等；语言接触对汉语构词法的影响并非直接借入导致的从无到有的填空作用，但语言接触对它们都有"激活"影响作用，或更高频使用，或得到功能扩展，因此，语言接触对汉语构词法更多是起到"激活"干扰作用。

甘肃临夏一带自古以来就是多民族杂居的地区，由于双语、多语现象的存在，各民族语言间的相互接触、影响，都在汉语临夏话中留下了痕迹。除藏缅语族语言有可能对临夏话产生影响，阿尔泰语系蒙古语族和突厥语族的某些语言对临夏话也产生过一定影响，使河州话产生了一些变异。可以说，临夏话是在双语和多语条件下多种不同类型语言影响、交融的产物。如果没有双语和多语条件，语言的这种变异是很难产生的。由于语言间的长期相互影响，通过双语制的途径，能产生既不同于 A 语言也不同于 B 语言的混合语。这是双语、多语条件下语言的一种深刻变异，是整个系统的质变。在两个不同群体的接触过程中，双方的语言结构都会受到对方的影响，但是语言影响程度不同，渗透力度也是不一样的。强势语言对弱势语言的影响大、渗透强；弱势语言对强势语言影响微弱，但不能说没有影响。汉语对少数民族的语言影响大而受少数民族语言的影响较小，但不论怎样影响还是会产生。从汉语的发展来看，汉语是吸收了南北方诸少数民族的语言成分而发展起来的，而和少数民族长期杂居的汉族，吸收少数民族的语言成分会更多。甘肃周边地区的少数民族多使用阿尔泰语系语言，当使用汉语的汉族人和这些不同语言使用者长期生活在一起，处于杂居状态，进行多方面、多层次的接触时，语言结构的互相渗透便产生了。这样，语言的结构特征或成分会同时双向扩散或渗透，这种扩散或渗透既使彼此的语言得到丰富、发展，还有可能由于从表层到深层的渗透而形成一种质变语言或语言融合体。而这些变化主要取决于接触双方经济、文化、人口的力量，语言使用功能的大小，语言的差别程度和语言保守情况。如果语言接触双方的经济、文化、人口力量相差不悬殊，或者弱的一方居住较为封闭，语言较为保守，或者两种语言本质特征差别较大，那么，这种情况下接触的结果只是吸收对方的一些语言成分来丰富自己，各自发展，没有哪种语言会消失或者改变特质。如果接触双方的力量相差很大，或者弱的一方比较开放，或者两种语言比较接近，那么接触渗透的时间长了，就容易形成一种混合语或语言融合体。在北方非汉语与汉语深度接触的过程中，两种类型的语言必然会有协商和妥协，东乡语里的异质要素会以如下三种方式存在：

第一种，旧瓶装新酒，东乡语在内部因素作用下，根据自身黏着语特点对外来形式重新分析；

第二种，新瓶装旧酒，东乡语中的"异质要素"，体现在原有形式在使用频率的增长和消亡上；

第三种，新瓶装新酒，即直接复制汉语借词。

表4—6　　　　　　　名词构词词缀（1983年以前）

东乡语	词义	构词结构
名词后加 – sun		
fujiensun	补丁	汉语 fujien（附件）＋东乡语名词构词词缀 – sun
fumugviosun	蒿草	东乡语 fumugvio（蒿草）＋东乡语名词构词词缀 – sun
名词后加 – dun		
anzhasunxodun	三星（龙）	东乡语 anzhasunxo（三星）＋东乡语名词构词词缀 – dun
bogvonudun	肛门	东乡语 bogvonu（肛门）＋东乡语名词构词词缀 – dun
chighannudun	眼白	东乡语 chighannu（眼白）＋东乡语名词构词词缀 – dun
chighen nudun	耳孔	东乡语 chighannu（耳孔）＋东乡语名词构词词缀 – dun
dolon hodun	北斗星	东乡语 dolonho（北斗星）＋东乡语名词构词词缀 – dun
ganadun	咳嗽病	东乡语 gana（咳嗽）＋东乡语名词构词词缀 – dun
khawanudun	鼻孔	东乡语 khawanu（鼻孔）＋东乡语名词构词词缀 – dun
menyashidun	门牙	汉语借词 menyashi（门牙）＋东乡语名词构词词缀 – dun
mila hodun	羽毛	东乡语 milaho（羽毛）＋东乡语名词构词词缀 – dun
unasanhodun	流星	东乡语 unasanho（流行）＋东乡语名词构词词缀 – dun
名词后加 – lan		
duyanialan	世界	阿拉伯语 duyani（吨呀）＋东乡语名词构词词缀 – lan

续表

东乡语	词义	构词结构
hharilan	十个左右	东乡语 hhari（十个）+ 东乡语名词构词词缀 – lan
hharudulan	十天左右	东乡语 hharudu（十天）+ 东乡语名词构词词缀 – lan
khrilan	二十岁左右	东乡语 khri（二十）+ 东乡语名词构词词缀 – lan
khwadalan	鼻梁	东乡语 khwada（鼻梁）+ 东乡语名词构词词缀 – lan
mutonkalan	树洞	东乡语 mutonka（树洞）+ 东乡语名词构词词缀 – lan
tiighalan	凌晨鸡叫的时候	东乡语 tiigha（凌晨）+ 东乡语名词构词词缀 – lan
udulan	中午	东乡语 udu（中午）+ 东乡语名词构词词缀 – lan
名词后加 – lien		
arunolien	晴天	东乡语 aruno（晴天）+ 东乡语名词构词词缀 – lien
bendasan kielien	废话	东乡语 bendasankie（废话）+ 东乡语名词构词词缀 – lien
dunxian kielien	东乡语	汉语借语 dunxiankie（东乡语）+ 东乡语名词构词词缀 – lien
fuzhugvu ujienshilien	昨晚	东乡语 fuzhugvuujiensh（昨晚）+ 东乡语名词构词词缀 – lien
ghuddankielien	谎言	东乡语 ghuddankie（谎言）+ 东乡语名词构词词缀 – lien
ujieshilien	晚上/傍晚	东乡语 ujieshi（傍晚）+ 东乡语名词构词词缀 – lien
xifan kielien	藏语	汉语借词 xifankie（西番）+ 东乡语名词构词词缀 – lien
zhokielien	实话	东乡语 zhokie（实话）+ 东乡语名词构词词缀 – lien
名词后加 – ku		
hhanku	步	东乡语 hhan（步）+ 东乡语名词构词词缀 – ku
jiausiku	褥子/垫子	东乡语 jiausi（垫子）+ 东乡语名词构词词缀 – ku
kharaoluku	傍晚	东乡语 kharaolu（傍晚）+ 东乡语名词构词词缀 – ku
khuzhiku	襁褓	东乡语 khuzhi（襁褓）+ 东乡语名词构词词缀 – ku
kieli tunku	凸肚	东乡语 kielitun（肚子）+ 东乡语名词构词词缀 – ku
naduku	玩具	东乡语 nadu（玩具）+ 东乡语名词构词词缀 – ku
shaoku	树梢/梢	汉语借词 shao（稍）+ 东乡语名词构词词缀 – ku
名词后加 – ra		
bagvara	小腿	东乡语 bagv（小腿）+ 东乡语名词构词词缀 – ra
fugiekeighura	暴风雨	东乡语 fugiekeighu（暴风雨）+ 东乡语名词构词词缀 – ra
ghura	雨	东乡语 ghu（雨）+ 东乡语名词构词词缀 – ra
goyighura	雷阵雨	东乡语 goyghu（雷阵雨）+ 东乡语名词构词词缀 – ra

续表

东乡语	词义	构词结构
maomaoghura	毛毛雨	汉语词 maomao（毛毛）＋东乡语 ghu（雨）＋词缀 – ra
nogvosun ghura	毛毛雨	东乡语 nogvosunghu（毛毛雨）＋东乡语名词构词词缀 – ra
qiauyi ghura	淫雨	东乡语 qiauyi（翘雨）＋东乡语 ghu（雨）＋词缀 – ra
名词后加 – s		
haixun kewas	幼儿	东乡语 haixun kewa（幼儿）＋东乡语名词构词词缀 – s
ibilis	①魔鬼；②搬弄是非的人	波斯语 ibili（魔鬼）＋东乡语名词构词词缀 – s
kewas	孩子	东乡语 kewa（孩子）＋东乡语名词构词词缀 – s
kielies	消息/口角	东乡语 kielie（消息）＋东乡语名词构词词缀 – s
名词后加 – n		
adulachen	放牧员	东乡语 adulache（牧人）＋东乡语名词构词词缀 – n
asun qiezhechen	饲养员	东乡语 asun qiezheche（饲养员）＋东乡语名词构词词缀 – n
awei kuan	父子	东乡语 aweikua（父子）＋东乡语名词构词词缀 – n
badurn	年轻力壮的人	东乡语 badur（青壮年）＋东乡语名词构词词缀 – n
baigvadan	建筑方法	东乡语 baigvad（建筑方法）＋东乡语名词构词词缀 – n
kielien	手腕子	东乡语 kielie（手腕）＋东乡语名词构词词缀 – n

表 4—7　　名词构词词缀（2010 年以后）

东乡语	词义	构词结构
名词后加 – kei		
lotokei	买卖骆驼的人	汉语借词 loto（骆驼）＋汉语名词构词词缀 – kei
caihezikei	爱用饭盒的人	汉语借词 caihezi（菜盒子）＋汉语名词构词词缀 – kei
dayikei	穿大衣的人	汉语借词 dayi（大衣）＋汉语名词构词词缀 – kei
ganzikei	爱抬杠的人/直脾气的人	汉语借词 ganzi（杠子）＋汉语名词构词词缀 – kei
名词后加 – jia		
lanrenjia	老人家/传教者	汉语借词 lanren（老人）＋汉语名词构词词缀 – jia
qinjia	亲家	汉语借词 qinqi（亲戚）＋汉语名词构词词缀 – jia
tujia	屠夫	汉语借词 tu（屠）＋汉语名词构词词缀 – jia
waijia	舅父家/外婆家	汉语借词 wai（外）＋汉语名词构词词缀 – jia

续表

东乡语	词义	构词结构
名词后加 – bao		
nonienbao	邋遢的人	汉语借词 nonien（囊囊）+汉语名词构词词缀 – bao
chinshi bao	极其诚实的人	汉语借词 chinshi（诚实）+汉语名词构词词缀 – bao
ishi baobao	极其诚实的人	汉语借词 ishi（意实）+汉语名词构词词缀 – bao
jiage bao	会降价的人	汉语借词 jiage（价格）+汉语名词构词词缀 – bao
ganzhin bao	做证/证人	汉语借词 ganzhin（干证）+汉语名词构词词缀 – bao
名词后加 – chi		
baizhenchi	卖拜毡的人	汉语借词 baizhen（拜毡）+东乡语构词词缀 – chi
bandiinchi	买凳子的人/爱坐凳子	汉语借词 bandiin（板凳）+东乡语构词词缀 – chi
caoguchi	炒股的人	汉语借词 caogu（炒股）+东乡语构词词缀 – chi
cidaochi	爱耍刺刀的人/卖刺刀的人	汉语借词 cidao（刺刀）+东乡语构词词缀 – chi
dangaochi	卖蛋糕的/爱吃蛋糕的人	汉语借词 dangao（蛋糕）+东乡语构词词缀 – chi
heifanchi	吃晚饭的人	汉语借词 heifan（黑饭）+东乡语构词词缀 – chi
heitanchi	喜食红糖者	汉语借词 heitan（黑糖）+东乡语构词词缀 – chi
名词后加 – kun		
daodiin kun	难缠的人/刁民	汉语借词 daodiin（刁难）+东乡语词缀 – kun
hukun	胡人	汉语借词 hu（胡）+东乡语词缀 – kun
maimai kun	商人/做买卖的人	汉语借词 maimai（买卖）+东乡语词缀 – kun
xiabien kun	南方人	汉语借词 xiabien（下边）+东乡语词缀 – kun
zhonjia kun	庄稼人/农民	汉语借词 zhonjia（庄稼）+东乡语词缀 – kun
名词后加 – zi		
alima bazi	果蒂	东乡语 alima（水果）+汉语 ba（把）+词缀 – zi
bailinzi	白蛉子	汉语借词 bailin（白蛉）+汉语构词词缀 – zi
banzi	帮子/旁边/边子	汉语借词 ban（帮子）+汉语构词词缀 – zi
baozi	包子	汉语借词 bao（包子）+汉语构词词缀 – zi
bazi	把儿/手柄	汉语借词 ba（把）+汉语构词词缀 – zi
beizi	杯子	汉语借词 bei（杯子）+汉语构词词缀 – zi
biinzi	本子	汉语借词 bin（本子）+汉语构词词缀 – zi

续表

东乡语	词义	构词结构
biinzi	锛子	汉语借词 bin（锛子）＋汉语构词词缀 – zi
bintaizi	老生病的/老病号	汉语借词 bintai（病态）＋汉语构词词缀 – zi
chizhe bazi	花蒂	东乡语 chizhe（花）＋汉语 ba ＋词缀 – zi
chizi	尺子	汉语借词 chi（尺子）＋汉语构词词缀 – zi

表 4—8　　　　　形容词构词词缀（1983 年以前）

东乡语	词义	构成结构
形容词后加 – gvon		
chu chogvon	最少/至少	东乡语词 chu cho ＋东乡语形容词构词词缀 – gvon
dogvon	坏/脏/难看的	东乡语词 do（坏）＋东乡语形容词构词词缀 – gvon
khara nogvon	黑绿的/深绿的	东乡语词 khara no ＋东乡语形容词构词词缀 – gvon
muchugvon	裸体/光秃秃的	东乡语词 muchu（光秃）＋东乡语形容词构词词缀 – gvon
uxin dogvon	脸色难看的	东乡语词 uxin do ＋东乡语形容词构词词缀 – gvon
zhugve dogvon	心眼坏/思想坏的	东乡语词 zhugve do（心眼坏）＋东乡语形容词构词词缀 – gvon
形容词后加 – ra		
basura	老拉屎的	东乡语词 basu（拉屎）＋东乡语形容词构词词缀 ra
chighra	紧/忙	东乡语词 chigh（忙）＋东乡语形容词构词词缀 ra
gheira	容易	东乡语词 ghei（容易）＋东乡语形容词构词词缀 ra
khara	黑的/黑暗	东乡语词 kha（黑）＋东乡语形容词构词词缀 ra
khwara	老流鼻涕的	东乡语词 khwa（鼻涕）＋东乡语形容词构词词缀 ra
shesura	尿炕的/尿频的	东乡语词 shesu（尿频）＋东乡语形容词构词词缀 ra
形容词后加 – ku		
eqiedeku	从前的/古时的	东乡语词 eqiede（从前）＋东乡语形容词构词词缀 ku
melieshidaku	前面的	东乡语词 melieshida（前面）＋东乡语形容词构词词缀 ku
waku	残酷的	东乡语词 wa（残酷）＋东乡语形容词构词词缀 ku
nogveide ulie kuruku	不如狗的	东乡语词 nogveide（狗）＋ ulie ku（不如）＋词缀 ku
形容词后加 – du		
aman pudu	口紧/嘴牢靠	东乡语词 aman（嘴）＋东乡语形容词构词词缀 du

续表

东乡语	词义	构成结构
douradu	下面的	东乡语词 doura（下面）+东乡语形容词构词词缀 du
dundadu	中间的	东乡语词 dunda（中间）+东乡语形容词构词词缀 du
endedu	这里的	东乡语词 ende（这里）+东乡语形容词构词词缀 du
ghadanedu	外面的	东乡语词 ghadane（外面）+东乡语形容词构词词缀 du
giededu	家里的	东乡语词 giede（家里）+东乡语形容词构词词缀 du
gundu	重	东乡语 gun（重）+东乡语形容词构词词缀 du
形容词后加 –lan/–lien		
bayasulan	欢喜	东乡语词 bayasu（欢喜）+东乡语形容词构词词缀 lan
chudulan	吃饱的	东乡语词 chudu（吃饱）+东乡语形容词构词词缀 lan
belien	无报酬的/现成的	东乡语词 be（现场）+东乡语形容词构词词缀 lan
jilien	机灵的	汉语借词 jili（机灵）+东乡语形容词构词词缀 lan
nie kielien	一样/相同的	东乡语词 neikie（一样）+东乡语形容词构词词缀 lan
zholien	软	东乡语词 zho（软）+东乡语形容词构词词缀 lan
zhugve zholien	仁慈的	东乡语词 zhugv（仁慈）+东乡语形容词构词词缀 lan
形容词后加 –n		
bayan	富裕的	东乡语词 baya+东乡语形容词构词词缀 n
chighan	白的	东乡语词 chigha+东乡语形容词构词词缀 n
dayan	慷慨的	汉语借词 daya（大样）+东乡语形容词构词词缀 n
dogvolon	瘸子	东乡语词 dogvolo（瘸子）+东乡语形容词构词词缀 n
ghujin	快	东乡语词 ghuji+东乡语形容词构词词缀 n
gonggien	轻/勤劳的	东乡语词 gonggie（勤劳）+东乡语形容词构词词缀 n
hudu nengan	多能的/特别能干的	汉语 hudu（胡度）+汉语借词 nenga（能干）+词缀 n
khuaichen	旧的	汉语借词 khuaichen（旧）+东乡语形容词构词词缀 n
ninkien	薄的	东乡语词 ninkie（薄）+东乡语形容词构词词缀 n
olon	多/丰富	东乡语词 oln（多）+东乡语形容词构词词缀 n

表4—9　　　　　　　　　形容词构词词缀（2010年以后）

东乡语	词义	构词结构
形容词后加 – tu		
banfatu	有办法的	汉语借词 banfa（办法）＋东乡语形容词构词词缀 – tu
banxiantu	有柜子的	汉语借词 banxian（半箱）＋东乡语形容词构词词缀 – tu
baozitu	有包子的	汉语借词 baozi（包子）＋东乡语形容词构词词缀 – tu
bawotu	有把握的	汉语借词 bawo（把握）＋东乡语形容词构词词缀 – tu
bienshitu	有饺子的	汉语借词 bienshi（扁食）＋东乡语形容词构词词缀 – tu
biinshitu	有本事的	汉语借词 biinshi（本事）＋东乡语形容词构词词缀 – tu
biinzitu	有镑子的	汉语借词 biinzi（镑子）＋东乡语形容词构词词缀 – tu
binzitu	有饼子的	汉语借词 binzi（饼子）＋东乡语形容词构词词缀 – tu
caifiintu	有裁缝的	汉语借词 caifiin（裁缝）＋东乡语形容词构词词缀 – tu
caoyentu	有草原的	汉语借词 caoyen（草原）＋东乡语形容词构词词缀 – tu
cidaotu	有刺刀的	汉语借词 cidao（刺刀）＋东乡语形容词构词词缀 – tu
ciniu fugietu	有雌牛的	汉语借词 ciniu（雌牛）＋东乡语 fugie（牛）＋词缀 – tu
cishutu	有次数的	汉语借词 cishu（次数）＋东乡语形容词构词词缀 – tu
cotu	有错的	汉语借词 co（错）＋东乡语形容词构词词缀 – tu
cuigutu	有软骨的	汉语借词 cuigu（脆骨）＋东乡语形容词构词词缀 – tu
cutu	有醋的	汉语借词 cu（醋）＋东乡语形容词构词词缀 – tu
dadoutu	有蚕豆的	汉语借词 dadou（大豆）＋东乡语形容词构词词缀 – tu
dangaotu	有蛋糕的	汉语借词 dangao（蛋糕）＋东乡语形容词构词词缀 – tu
danzitu	有胆量的	汉语借词 danzi（胆子）＋东乡语形容词构词词缀 – tu
danzitu	有扁担的	汉语 danzi（担子）＋东乡语形容词构词词缀 – tu
daolitu	有道理的	汉语借词 daoli（道理）＋东乡语形容词构词词缀 – tu
dayitu	有大衣的	汉语借词 dayi（大衣）＋东乡语形容词构词词缀 – tu
doufutu	有豆腐的	汉语借词 doufu（豆腐）＋东乡语形容词构词词缀 – tu
fanxiantu	有方向的	汉语借词 fanxian（方向）＋东乡语形容词构词词缀 – tu

表4—10　　　　　　　　　动词构词词缀（1983年以前）

东乡语	词义	构词结构
动词后加 – la		
adula	放牧	东乡语 adu（放牧）＋东乡语动词构词词缀 – la

续表

东乡语	词义	构词结构
amala	衔/用嘴含	东乡语 ama（衔）＋东乡语动词构词词缀 – la
anchala	叉开腿	东乡语 ancha（叉腿）＋东乡语动词构词词缀 – la
arala	瞟	东乡语 ara（瞟）＋东乡语动词构词词缀 – la
arasunni ganla	熟皮	东乡语 arasunni gan＋东乡语动词构词词缀 – la
asun sula	饮牲畜	东乡语 asun（皮）＋汉语借词 su（熟）＋东乡语词词缀 – la
bagva khaila	青蛙叫	东乡语 bagva khai（青蛙叫）＋东乡语动词构词词缀 – la
bagva khaila	受得住	东乡语 bagva khai（承受）＋东乡语动词构词词缀 – la
bula	埋	东乡语 bu（埋）＋东乡语动词构词词缀 – la
bunzhu khaila	鸟鸣	东乡语 bunzhu khai（鸟叫）＋东乡语动词构词词缀 – la
chigharala	变紧/忙起来	东乡语 chighara（忙）＋东乡语动词构词词缀 – la
chila	乏	汉语借词 chi（吃力）＋东乡语动词构词词缀 – la
chizila	用尺量	汉语借词 chizi（尺子）＋东乡语动词构词词缀 – la
choula	捆	汉语借词 chou（抽）＋东乡语动词构词词缀 – la
daqinla	探问	汉语借词 daqin（打听）＋东乡语动词构词词缀 – la
动词后加 – ra		
sdara	烧	东乡语 sda（烧）＋东乡语动词构词词缀 – ra
bara	完了/结束	汉语借词 ba（罢）＋东乡语动词构词词缀 – ra
choura	出窟窿/穿孔	汉语借词 chou（穿）＋东乡语动词构词词缀 – ra
ghura	收/收获/存放	东乡语 ghu（收货）＋东乡语动词构词词缀 – ra
hhamara	休息	东乡语 hhama（休息）＋东乡语动词构词词缀 – ra
hhuntura	睡觉	东乡语 hhuntu（睡觉）＋东乡语动词构词词缀 – ra
hosira	断气（死）	东乡语 hosi（断气）＋东乡语动词构词词缀 – ra
hudura	昏迷	汉语借词 hudu（糊涂）＋东乡语动词构词词缀 – ra
hulara	变红	汉语借词 hula（红）＋东乡语动词构词词缀 – ra
jiahuaira	变穷	东乡语 jiahuai（穷）＋东乡语动词构词词缀 – ra
mataku zheura	平静/停息	东乡语 mataku zheu（停息）＋东乡语动词构词词缀 – ra
namera	按/适体	东乡语 name（合适）＋东乡语动词构词词缀 – ra
neira	爱	汉语借词 nei（爱）＋东乡语动词构词词缀 – ra
ochira	①旋转；②散步	东乡语 ochi（旋转）＋东乡语动词构词词缀 – ra
olien sira	云散	东乡语 olien（云）＋东乡语动词构词词缀 – ra
olien sjira	再见	东乡语 olien sji（再见）＋东乡语动词构词词缀 – ra

续表

东乡语	词义	构词结构
pese ochira	颤抖	东乡语 pese ochi（颤抖）+ 东乡语动词构词词缀 – ra
pughara	散开	东乡语 pugha（散）+ 东乡语动词构词词缀 – ra
putara	着火	东乡语 puta（着）+ 东乡语动词构词词缀 – ra
动词后加 – da		
agvuida	变宽	东乡语 agvui（宽）+ 东乡语动词构词词缀 – da
aman anda	泄密	东乡语 aman（说话）+ 东乡语动词构词词缀 – da
anda	放脱	东乡语 an（防脱）+ 东乡语动词构词词缀 – da
bagvada	爬	东乡语 bagva（爬）+ 东乡语动词构词词缀 – da
basun anda	水泻	东乡语 basun（水泄）+ 东乡动词构词词缀 – da
bazila da	不能忍受	东乡语 bazila（不忍受）+ 东乡语动词构词词缀 – da
benda	仍/抛	东乡语 ben（仍）+ 东乡语动词构词词缀 – da
bogvonida	变矮	东乡语 bogvoni（矮）+ 东乡语动词构词词缀 – da
buxinda	变弱/枯萎	东乡语 buxin（枯萎）+ 东乡语动词构词词缀 – da
chauda	受潮	汉语借词 chau（潮）+ 东乡语动词构词词缀 – da
chighen beida	耳背	东乡语 chighen（耳）+ 汉语借词 bei（背）+ 词缀 – da
chujiegve da	看不见	东乡语 chujiegve（看不见）+ 东乡语动词构词词缀 – da
ferouda	用投石器打	阿语借词 ferou（打）+ 东乡语动词构词词缀 – da
fugieda	长大	东乡语 fugie（大）+ 东乡语动词构词词缀 – da
动词后加 – shi		
agvuishi	显得宽	东乡语 agvui（宽）+ 东乡语动词构词词缀 – shi
chigharashi	变紧/变忙	东乡语 chighara（忙）+ 东乡语动词构词词缀 – shi
chijiashi	显得吃力	汉语借词 chijia（吃家）+ 东乡语动词构词词缀 – shi
fugieshi	变大	东乡语 fugie（大）+ 东乡语动词构词词缀 – shi
ghiiwashi	变容易	东乡语 ghiiwa（容易）+ 东乡语动词构词词缀 – shi
ghurashi	雨水多起来	东乡语 ghura（雨水）+ 东乡语动词构词词缀 – shi
gundushi	加重	东乡语 gundu（重）+ 东乡语动词构词词缀 – shi
kaishi	发疯	东乡语 kai（风）+ 东乡语动词构词词缀 – shi
khiidushi	变硬	东乡语 khiidu（硬）+ 东乡语动词构词词缀 – shi
动词后加 – yi		
akhii layi	打呼噜/打鼾	东乡语 akhii（呼噜）+ 汉语词缀 – la + 构词词缀 – yi

续表

东乡语	词义	构词结构
aminni jiuyi	救命	东乡语 aminni（命）＋汉语词 jiu（救）＋构词词缀 – yi
arasun choyi	剥皮	东乡语 arasun（剥）＋汉语词 cho（抽）＋构词词缀 – yi
chauyi	喧闹	汉语借词 chau（吵）＋东乡语动词构词词缀 – yi
chauyi	抄写	汉语借词 chau（抄）＋东乡语动词构词词缀 – yi
chayi	插	汉语借词 cha（插）＋东乡语动词构词词缀 – yi
chayi	查对（查账）	汉语借词 cha（查）＋东乡语动词构词词缀 – yi
chizhe baiyi	花谢/花败	东乡语 chizhe（花）＋汉语词 bai（败）＋构词词缀 – yi
chizhe huayi	画画儿	东乡语 chizhe（花）＋汉语词 hua（画）＋构词词缀 – yi
chugughala jiayi	用筷子夹	东乡语 chugugha（筷子）＋汉语词 jia（夹）＋构词词缀 – yi
chusun shuyi	输血	东乡语 chusun（血）＋汉语词 shu（输）＋构词词缀 – yi
chuyi	除（运算除法）	汉语借词 chu（除）＋东乡语动词构词词缀 – yi
dawala qiyi	翻水泡	东乡语 dawala（水泡）＋汉语词 qi（起）＋构词词缀 – yi
dayi	搭（搭棚/搭桥等）	汉语借词 qi（起）＋东乡语动词构词词缀 – yi
duyi	堵	汉语借词 du（堵）＋东乡语动词构词词缀 – yi
gaiyi	改	汉语借词 gai（改）＋东乡语动词构词词缀 – yi
gandan layi	聊天	汉语借词 gandan（干单）＋汉语词 la＋词缀 – yi
genzi zhayi	生根	汉语借词 genzi（根子）＋汉语词 zha＋词缀 – yi
ghunghunni yaoyi	摇铃	东乡语 ghunghunni（玲）＋汉语词 yao（摇）＋构词词缀 – yi
guayi	吊/挂起	汉语借词 gua（挂）＋东乡语动词构词词缀 – yi
动词后加 – ji		
aman shuanji	漱口	东乡语 aman（口）＋汉语词 shuan＋词缀 – ji
amanne minji	闭口/抿着嘴	东乡语 aman（嘴）＋汉语词 min＋词缀 – ji
baer zhanji	赚钱	东乡语 baer（钱）＋汉语词 zhan（赚）＋词缀 – ji
chanji	铲（铲草/铲地）	汉语借词 chan（铲）＋东乡语动词构词词缀 – ji
chenji	乘（运算乘法）	汉语借词 chen（乘）＋东乡语动词构词词缀 – yi
chuanji	传	东乡语 chuan（传）＋东乡语动词构词词缀 – yi
chuanni banji	划船	汉语借词 chuan（船）＋汉语词 ban＋词缀 – ji

续表

东乡语	词义	构词结构
chunji	冲开/冲洗	汉语借词 chun（冲）+ 东乡语动词构词词缀 –yi
danji	撺	汉语借词 dan（撺）+ 东乡语动词构词词缀 –yi
denji	拽	汉语借词 dan（拽）+ 东乡语动词构词词缀 –yi
dhidon shuaji	刷牙	东乡语 dhidon（牙）+ 汉语词 shua（刷）+ 词缀 –ji
gien zhuanji	装病/假装生病	东乡语 gien（病）+ 汉语词 zhuan（装）+ 词缀 –ji
gunji	滚	东乡语 gun（滚）+ 东乡语动词构词词缀 –yi
动词后加 –gie		
budan gie	做饭	东乡语 budan（饭）+ 双音节动词构词词缀 –gie
canjin gie	参军	汉语借词 canjin（参军）+ 双音节动词构词词缀 –gie
chenren gie	承认	汉语借词 chenren（承认）+ 双音节动词构词词缀 –gie
chenzan gie	称赞	汉语借词 chenzan（称赞）+ 双音节动词构词词缀 –gie
chizhe gie	绣花/作花	东乡语 chizhe（花）+ 双音节动词构词词缀 –gie
daiqi gie	代替	汉语词汇 daiqi（代替）+ 双音节动词构词词缀 –gie
dajia gie	打架/斗殴	汉语借词 dajia（打架）+ 双音节动词构词词缀 –gie
danwu gie	耽误	汉语借词 danwu（耽误）+ 双音节动词构词词缀 –gie
dauluan gie	捣乱	汉语借词 dauluan（捣乱）+ 双音节动词构词词缀 –gie
geli gie –	隔离	汉语借词 geli（隔离）+ 双音节动词构词词缀 –gie
gha gie –	打破/弄坏	东乡语 gha（打破）+ 双音节动词构词词缀 –gie
动词后加 –gva	gva 使动态	
andagva	舒展	东乡语 anda（舒展）+ 东乡语动词构词词缀 –gva
angheigva	打开口/弄开	东乡语 anghei（打开）+ 东乡语动词构词词缀 –gva
arulugva	弄干净	东乡语 arulu（干净）+ 东乡语动词构词词缀 –gva
ayigva –	恐吓/吓唬	东乡语 ayi（恐吓）+ 东乡语动词构词词缀 –gva
baigva	立起来/修建	汉语借词 bai（摆）+ 东乡语动词构词词缀 –gva
denjigva	瞪眼（及物）	汉语借词 denji（瞪）+ 东乡语动词构词词缀 –gva
beyewagva	洗澡	东乡语 beyewa（洗澡）+ 东乡语动词构词词缀 –gva
bolugva	弄熟	东乡语 bolu（弄熟）+ 东乡语动词构词词缀 –gva
chigharagva	弄紧/绑紧	东乡语 chighara（绑紧）+ 东乡语动词构词词缀 –gva
chouragva	钻透/让穿孔	东乡语 choura（钻透）+ 东乡语动词构词词缀 –gva
chudugva	让吃饱	东乡语 chudu（吃饱）+ 东乡语动词构词词缀 –gva

续表

东乡语	词义	构词结构
chujiegvegva	让看见	东乡语 chujiegve（看见）＋东乡语动词构词词缀 -gva
durugva	挤满/弄满	东乡语 duru（挤满）＋东乡语动词构词词缀 -gva
feiliegva	留下	东乡语 feilie（留下）＋东乡语动词构词词缀 -gva
gaudagva	修好/弄好	东乡语 gauda（修好）＋东乡语动词构词词缀 -gva
ghaolugva	打碎/弄破	东乡语 ghaolu（打破）＋东乡语动词构词词缀 -gva
动词后加 -lie		
chanlie	听/听取	东乡语 chan（听）＋东乡语动词构词词缀 -lie
chizhelie	花开	东乡语 chizhe（花）＋东乡语动词构词词缀 -lie
dazhilie	收拾	汉语借词 dazhi（打着）＋东乡语动词构词词缀 -lie
engielie	用衣襟兜着	东乡语 engie（兜着）＋东乡语动词构词词缀 -lie
fagietulun feilie	吹牛	东乡语 fagietulun（牛）＋东乡语动词 feilie
feilie	剩余	东乡语 feil（剩余）＋东乡语动词构词词缀 -lie
ghuddan kielie	撒谎	东乡语 ghuddan（撒谎）＋东乡语动词构词词缀 -lie
gudulie	长出花蕾	汉语借词 gudu（骨都）＋东乡语动词构词词缀 -lie
hanhanjilie	驯服	东乡语 hanhan（驯服）＋东乡语动词构词词缀 -lie
haozi feilie	吹喇叭	汉语借词 haozi（号子）＋东乡语动词 feilie
动词后加 -jie		
fudujie	变长	东乡语 fudu（长）＋东乡语动词构词词缀 -jie
donjie	冻/挨冻	东乡语 don（冻）＋东乡语动词构词词缀 -jie
gundujie	加重	东乡语 gundu（重）＋东乡语动词构词词缀 -jie
gunjie	加深	东乡语 gun（深）＋东乡语动词构词词缀 -jie
usunqigijie	头发结成团	东乡语 usunqigi（高）＋东乡语动词构词词缀 -jie
undujie	变高	东乡语 undu（高）＋东乡语动词构词词缀 -jie
kielie mejie	能说/会讲	东乡语 kielie（说）＋东乡语动词构词词缀 -jie
kijiejie	躺	东乡语 kijie（躺）＋东乡语动词构词词缀 -jie
mansun gonjie	结冰	东乡语 mansun gon（结冰）＋东乡语动词构词词缀 -jie
papala kijie	用耙耙拉	汉语 papala（用耙耙）＋东乡语动词构词词缀 -jie
qigijie	纠结成团	汉语 qigi（起疙瘩）＋东乡语动词构词词缀 -jie
qiroujie	锯	东乡语 qirou（锯子）＋东乡语动词构词词缀 -jie
shujie	梳头	东乡语 shu（梳）＋东乡语动词构词词缀 -jie

续表

东乡语	词义	构词结构
动词后加 – tu		
agvuitu	变宽	东乡语 agvui（宽）+ 东乡语动词构词词缀 – tu
bogvonitu	变矮	东乡语 bogvoni（矮）+ 东乡语动词构词词缀 – tu
chigharatu	变紧/变忙	东乡语 chighar（忙）+ 东乡语动词构词词缀 – tu
chightu	变白	东乡语 chigh（白）+ 东乡语动词构词词缀 – tu
dogvotu	变坏/变难看	东乡语 dogvo（坏）+ 东乡语动词构词词缀 – tu
fugietu	变大	东乡语 fugie（大）+ 东乡语动词构词词缀 – tu
fumugvitu	变臭	东乡语 fumugvi（臭）+ 东乡语动词构词词缀 – tu
hulatu	变红	汉语借词 hula（红）+ 东乡语动词构词词缀 – tu
khiishuluzhiotu	酸疼	东乡语 khiishuluzhio（疼）+ 东乡语动词构词词缀 – tu
khwitu	肿/肿胀	东乡语 khwi（肿）+ 东乡语动词构词词缀 – tu
kugietu	变蓝	东乡语 kugie（蓝）+ 东乡语动词构词词缀 – tu
kuiqientu	吃亏	汉语借词 kuiqien（亏欠）+ 东乡语动词构词词缀 – tu
milatu	变小	东乡语 mila（小）+ 东乡语动词构词词缀 – tu
mugvutu	变钝	东乡语 mugvu（钝）+ 东乡语动词构词词缀 – tu
naiqietu	变湿	东乡语 naiqie（湿）+ 东乡语动词构词词缀 – tu
narutu	变细	东乡语 aru（细）+ 东乡语动词构词词缀 – tu
ninkietu	变薄	东乡语 ninkie（薄）+ 东乡语动词构词词缀 – tu
nogvotu	变绿	东乡语 nogvo（绿）+ 东乡语动词构词词缀 – tu
okhotu	变短/缩短	东乡语 okho（短）+ 东乡语动词构词词缀 – tu
oqitu	变浓/变稠	东乡语 oqi（浓）+ 东乡语动词构词词缀 – tu
seigvatu	变美	东乡语 seigva（美）+ 东乡语动词构词词缀 – tu
shengietu	变稀/变疏	东乡语 shengie（稀疏）+ 东乡语动词构词词缀 – tu
shinitu	变新	东乡语 shini（新的）+ 东乡语动词构词词缀 – tu
shiratu	变黄	东乡语 shira（黄）+ 东乡语动词构词词缀 – tu
xinkietu	变浅	东乡语 xinkie（浅）+ 东乡语动词构词词缀 – tu
zhuzhatu	变厚	东乡语 zhuzha（厚）+ 东乡语动词构词词缀 – tu
zanantu	变脏	汉语借词 zanan（脏囊）+ 东乡语动词构词词缀 – tu
zholietu	变软	东乡语 zholie（软）+ 东乡语动词构词词缀 – tu

续表

东乡语	词义	构词结构
动词后加 – re		
muture	凋零/凋落	东乡语 mutu（凋零）＋东乡语动词构词词缀 – re
chusun ire	来月经	东乡语 chusun（月经）＋东乡语动词构词词缀 – re
dunjire	弄懂/领会	汉语借词 dunji（懂的）＋东乡语动词构词词缀 – re
giegvere	天亮/黎明	东乡语 giegve（天亮）＋东乡语动词构词词缀 – re
gieniere	生病	东乡语 gienie（生病）＋东乡语动词构词词缀 – re
tugure	变生	东乡语 tugu（生）＋东乡语动词构词词缀 – re
ninkiere	变薄	东乡语 ninkie（变薄）＋东乡语动词构词词缀 – re
khiirizhi ire	出来	东乡语 khiirizhi（出来）＋东乡语动词构词词缀 – re
khrizhi ire	回来	东乡语 khrizhi（回来）＋东乡语动词构词词缀 – re
kugiere	变蓝	东乡语 kugie（蓝）＋东乡语动词构词词缀 – re
kuiqienre	伤心/寒心	汉语 kuiqien（亏欠）＋东乡语动词构词词缀 – re
mayire	发麻/麻木	东乡语 mayi（麻的）＋东乡语动词构词词缀 – re
minbere	弄明白/省悟	汉语 minbe（明白）＋东乡语动词构词词缀 – re
pixiere	相信	东乡语 pixie（相信）＋东乡语动词构词词缀 – re
qiaurun yinjire	头晕	东乡语 qiaurun（头）＋汉语 yinji（晕的）＋东乡语词缀 – re
shengiere	变生/变疏	汉语借词 shengie（生）＋东乡语动词构词词缀 – re
tayire	塌下	汉语借词 tayi（塌的）＋东乡语动词构词词缀 – re
动词后加 – ro		
fu oro	入伏	汉语借词 fu（伏）＋东乡语动词构词词缀 – ro
horo	缠绕/卷	东乡语 ho（混）＋东乡语动词构词词缀 – ro
lomoro	混乱	东乡语 lomo（乱）＋东乡语动词构词词缀 – ro
nogvoro	变绿	东乡语 nogvo（绿）＋东乡语动词构词词缀 – ro
qiu oro	入秋	汉语借词 qiu（秋）＋东乡语动词构词词缀 – ro
uwen oro	入冬	东乡语 uwen（冬）＋东乡语动词构词词缀 – ro
动词后加 – sa		
amusa	尝味/品味	东乡语 amu（品尝）＋东乡语动词构词词缀 – sa
biedusa	显得太粗	东乡语 biedu（粗）＋东乡语动词构词词缀 – sa
bogvonisa	显得太矮	东乡语 bogvoni（矮）＋东乡语动词构词词缀 – sa

续表

东乡语	词义	构词结构
fudusa	显得太长	东乡语 fudu（长）+东乡语动词构词词缀 – sa
fugiesa	显得太大	东乡语 fugie（大）+东乡语动词构词词缀 – sa
naizi sa	挤奶	汉语借词 naizi（奶子）+东乡语动词构词词缀 – sa
narusa	显得太细	东乡语 naru（细）+东乡语动词构词词缀 – sa
nogvosa	显得太绿	东乡语 nogvo（绿）+东乡语动词构词词缀 – sa
undusa	显得太高	东乡语 undu（高）+东乡语动词构词词缀 – sa

表 4—11　　动词构词词缀（2010 年以后）

东乡语	词义	构词结构
动词后加 – la		
aman hunla	哄嘴	东乡语 aman（嘴）+汉语 hun（混）+东乡语词缀 – la
aman jila	忌口	东乡语 aman（嘴）+汉语 ji（忌）+东乡语词缀 – la
baila	摆/放置/布置	汉语借词 bai（摆）+东乡语动词构词词缀 – la
banla	绑/捆/绳子固定	汉语借词 ban（绑）+东乡语动词构词词缀 – la
bila	比较	汉语借词 bi（比）+东乡语动词构词词缀 – la
bin danla	当兵	汉语借词 bin（兵）+汉语借词 dan（当）+东乡语词缀 – la
bopaila	安排/调配	汉语借词 bopai（拨派）+东乡语动词构词词缀 – la
chachala	开叉	汉语借词 chacha（叉叉）+东乡语动词构词词缀 – la
chazila	分叉/发生分歧	汉语借词 chazi（叉子）+东乡语动词构词词缀 – la
chizhe zaila	栽花	东乡语 chizhe（花）+汉语 zai（栽）+东乡语词缀 – la
chizila	用尺量	汉语借词 chizi（尺子）+东乡语动词构词词缀 – la
choula	抽	汉语借词 chou（抽）+东乡语动词构词词缀 – la
dabala	打扮	汉语借词 daban（打扮）+东乡语动词构词词缀 – la
dafala	送（客）/嫁女	汉语借词 dafa（打发）+东乡语动词构词词缀 – la
danla	挡/阻拦/阻止	汉语借词 dan（挡）+东乡语动词构词词缀 – la
ganganla	把人或物扛在双肩上	汉语借词 ganggang（肩扛）+东乡语动词构词词缀 – la
gandanla	聊天	汉语借词 gandan（干蛋）+东乡语动词构词词缀 – la

第四章　语言接触与语言演变　/　241

续表

东乡语	词义	构词结构
fushila	服侍	汉语借词 fushi（服侍）＋东乡语动词构词词缀 –la
daqinla	打听/探问	汉语借词 daqin（打听）＋东乡语动词构词词缀 –la
dasoula	凑/拼凑/搭凑	汉语借词 dasou（打凑）＋东乡语动词构词词缀 –la
dayinla	答应	汉语借词 dayin（答应）＋东乡语动词构词词缀 –la
diinkala	顶	汉语借词 diinka（顶）＋东乡语动词构词词缀 –la
fangula	预防/防备	汉语借词 fangu（防顾）＋东乡语动词构词词缀 –la
fasaila	发财/感染	汉语借词 fasai（发财）＋东乡语动词构词词缀 –la
funfula	吩咐	汉语借词 funfu（吩咐）＋东乡语动词构词词缀 –la
动词后加 –ra		
bintaizira	变得多病	汉语借词 bintaizi（病态）＋东乡语动词构词词缀 –ra
canfeira	变残/致残/变成残废	汉语借词 canfei（残废）＋东乡语动词构词词缀 –ra
chuchura	起皱/后缩/不敢表现	汉语借词 chuchu（皱皱）＋东乡语动词构词词缀 –ra
danbanzira	变成单帮子	汉语借词 danbanzi（但帮子）＋东乡语动词构词词缀 –ra
danlinra	分家/分开	汉语借词 danlin（单另）＋东乡语动词构词词缀 –ra
daomeira	倒霉	汉语借词 daomei（倒霉）＋东乡语动词构词词缀 –ra
daozaora	倒灶	汉语借词 daozao（倒灶）＋东乡语动词构词词缀 –ra
fanbienra	方便	汉语借词 fanbien（方便）＋东乡语动词构词词缀 –ra
gansanra	变好/变得能干	汉语借词 gansan（干散）＋东乡语动词构词词缀 –ra
ganzhaozira	变得干瘦	汉语借词 ganzhaozi（甘爪子）＋东乡语动词构词词缀 –ra
guazira	变傻	汉语借词 guazi（瓜子）＋东乡语动词构词词缀 –ra
hanhura	含糊/疑惑	汉语借词 hanhu（含糊）＋东乡语动词构词词缀 –ra
hepao shira	烧灰泡	汉语借词 hepao（黑泡）a ＋东乡语动词构词词缀 –ra
hoqira	升旗	汉语借词 hoqi（红旗）＋东乡语动词构词词缀 –ra
hudura	昏迷/糊涂	汉语借词 hudu（胡度）＋东乡语动词构词词缀 –ra
jienzhara	变得奸猾	汉语借词 jienzha（奸诈）＋东乡语动词构词词缀 –ra
jinshinni ghura	打起精神	汉语借词 jinshin（精神）＋东乡语动词构词词缀 –ra
langanra	变懒	汉语借词 langan（懒干）＋东乡语动词构词词缀 –ra
laoshira	变老实	汉语借词 laoshi（老实）＋东乡语动词构词词缀 –ra
losora	变啰唆/麻烦	汉语借词 loso（啰唆）＋东乡语动词构词词缀 –ra

续表

东乡语	词义	构词结构
mahura	变得马虎	汉语借词 mahu（马虎）+东乡语动词构词词缀 –ra
maomaora	发毛/发霉	汉语借词 maomao（毛毛）+东乡语动词构词词缀 –ra
mazira	变成麻脸	汉语借词 mazi（麻子）+东乡语动词构词词缀 –ra
动词后加 –da		
bengda	蹦蹦跳跳	汉语借词 beng（蹦）+东乡语动词构词词缀 –da
bienshida	吃饺子	汉语借词 bienshi（扁食）+东乡语动词构词词缀 –da
binzida	吃饼子	汉语借词 binzi（饼子）+东乡语动词构词词缀 –da
biyenda	吸鼻烟	汉语借词 biyen（鼻烟）+东乡语动词构词词缀 –da
boda	变薄/冲淡/变淡	汉语借词 bo（薄）+东乡语动词构词词缀 –da
caida	吃菜	汉语借词 cai（菜）+东乡语动词构词词缀 –da
caihezida	用饭盒吃	汉语借词 caihezi（菜盒子）+东乡语动词构词词缀 –da
cailiaoda	搞文字材料	汉语借词 cailiao（材料）+东乡语动词构词词缀 –da
chachada	用叉翻/用叉子	汉语借词 chacha（叉叉）+东乡语动词构词词缀 –da
chada	喝茶	汉语借词 cha（茶）+东乡语动词构词词缀 –da
chaoda	变傻	汉语借词 chao（潮）+东乡语动词构词词缀 –da
chuida	拳打	汉语借词 chui（锤）+东乡语动词构词词缀 –da
chunda	重复	汉语借词 chun（重）+东乡语动词构词词缀 –da
cidaoda	用刺刀戳/刺	汉语借词 cidao（刺刀）+东乡语动词构词词缀 –da
couda	瞅	汉语借词 chou（瞅）+东乡语动词构词词缀 –da
cuda	吃醋/喝醋	汉语借词 cu（吃醋）+东乡语动词构词词缀 –da
cuda	变粗/变粗心	汉语借词 cu（变粗）+东乡语动词构词词缀 –da
cuida	变脆	汉语借词 cui（脆）+东乡语动词构词词缀 –da
dadouda	吃蚕豆	汉语借词 dadou（大豆）+东乡语动词构词词缀 –da
dangaoda	吃蛋糕	汉语借词 dangao（蛋糕）+东乡语动词构词词缀 –da
danzida	用鸡毛掸子掸尘	汉语借词 danzi（掸子）+东乡语动词构词词缀 –da
动词后加 –shi		
cunminshi	变得聪明	汉语借词 cunmin（聪明）+东乡语动词构词词缀 –shi
dafanshi	变得大方/变得慷慨	汉语借词 dafan（大方）+东乡语动词构词词缀 –shi
donzhinshi	变得端正	汉语借词 donzhin（端正）+东乡语动词构词词缀 –shi
doyishi	多疑/显得多	汉语借词 doyi（多疑）+东乡语动词构词词缀 –shi

续表

东乡语	词义	构词结构
famashi	变得厉害/变得显赫	汉语借词 fama（砝码）+ 东乡语动词构词词缀 – shi
fanbienshi	变得方便	汉语借词 fanbien（方便）+ 东乡语动词构词词缀 – shi
fanxianshi	变得有方向	汉语借词 fanxian（方向）+ 东乡语动词构词词缀 – shi
futanshi	变舒服/变舒坦/变舒适/变惬意	汉语借词 futan（服坦）+ 东乡语动词构词词缀 – shi
fuzashi	变得复杂	汉语借词 fuza（复杂）+ 东乡语动词构词词缀 – shi
gaoxinshi	变得高兴	汉语借词 gaoxin（高兴）东乡语动词构词词缀 – shi
guguaishi	变得古怪	汉语借词 guguai（古怪）+ 东乡语动词构词词缀 – shi
gundaoshi	变得公道	汉语借词 gundao（公道）+ 东乡语动词构词词缀 – shi
gunpinshi	变得公平	汉语借词 gunpin（公平）+ 东乡语动词构词词缀 – shi
hoqishi	变得和气	汉语借词 hoqi（和气）+ 东乡语动词构词词缀 – shi
hulunshi	变囫囵/变得完整	汉语借词 hulun（囫囵）+ 东乡语动词构词词缀 – shi

动词后加 – yi　　yi [ji] 用于元音结尾的词干

东乡语	词义	构词结构
aman dayi	搭口（指开始吃或喝）	东乡语 aman（命）+ 汉语借词 da（搭）+ 东乡语词缀 – yi
amin hoyi	卖命/拼命/豁出去	东乡语 aman（命）+ 汉语借词 ho（豁）+ 东乡语词缀 – yi
amun taoyi	淘米	东乡语 amun（米）+ 汉语借词 tao（淘）+ 东乡语词缀 – yi
ayibu guyi	遮羞/遮丑	阿语词 ayibu（羞）+ 汉语 gu（顾）+ 东乡语动词构词词缀 – y
baiyi	败/败灭/失败	汉语借词 bai（败）+ 东乡语动词构词词缀 – yi
baizi fayi	发摆子（疟疾）	汉语借词 baizi fa（发摆子）+ 东乡语动词构词词缀 – yi
balangu yaoyi	摇拨浪鼓	汉语借词 balangu（拨浪鼓）+ 东乡语动词构词词缀 – yi
baoyi	包扎/担保	汉语借词 bao（包扎）+ 东乡语动词构词词缀 – yi
chouyi	抽	汉语借词 chou（抽）+ 东乡语动词构词词缀 – yi
chizhe baiyi	花谢/花败	东乡语 chizhe（花）+ 汉语借词 bai（败）+ 东乡语词缀 – yi
bayi	①敷/贴；②焙	汉语借词 ba（扒）+ 东乡语动词构词词缀 – yi
beiyi	赔偿	汉语借词 bei（赔偿）+ 东乡语动词构词词缀 – yi
biyi	逼	汉语借词 bi（逼迫）+ 东乡语动词构词词缀 – yi

续表

东乡语	词义	构词结构
boyi	①拨/拨动；②调动/调派	汉语借词 bo（拨）＋东乡语动词构词词缀 – yi
caiyi	裁/裁剪	汉语借词 cai（裁）＋东乡语动词构词词缀 – yi
caoyi	吵/抄	汉语借词 cao（抄/吵）＋东乡语动词构词词缀 – yi
chaoyi	超/超过/超车	汉语借词 chao（超）＋东乡语动词构词词缀 – yi
balanguyi	拨浪鼓	汉语借词 balangu（拨浪鼓）＋东乡语动词构词词缀 – yi
动词后加 – ji	ji［dʑi］用于鼻音 n 或 ŋ 结尾的词干	
aman minji	闭口/抿嘴	东乡语 aman（嘴）＋汉语借词 min（抿）＋东乡语词缀 – yi
ameli ganji	做伊斯兰教功课	阿语 ameli ＋汉语 gan（干）＋东乡语动词构词词缀 – yi
baer zhonji	赚钱	东乡语 baer（钱）＋汉语借词 zhon ＋东乡语动词构词词缀 – yi
banji	帮助	汉语借词 ban（帮）＋东乡语动词构词词缀 – yi
banji	①搬东西；②聘请/聘任	汉语借词 ban（搬）＋东乡语动词构词词缀 – yi
banji	跌倒/摔倒/绊倒	汉语借词 ban（绊）＋东乡语动词构词词缀 – yi
banji	板住/板结/伴随	汉语借词 ban（伴）＋东乡语动词构词词缀 – yi
bienji	变/变化	汉语借词 bien（变）＋东乡语动词构词词缀 – yi
bienji	①编；②挽起；③编造	汉语借词 bien（编）＋东乡语动词构词词缀 – yi
biinji	①蹦；②请人	汉语借词 biin（蹦）＋东乡语动词构词词缀 – yi
binji	①变冷；②凉的	汉语借词 bin（冰）＋东乡语动词构词词缀 – yi
bushi rinji	认错/赔不是	东乡语 bushi rin（赔不是）＋东乡语动词构词词缀 – yi
buwa banji	聘请阿訇/聘用阿訇	阿语 buwa（阿訇）＋汉语借词 ban 搬 ＋东乡语动词构词词缀 – yi
chanji2	缠	汉语借词 chan（缠绕）＋东乡语动词构词词缀 – yi
chinji1	衬/垫	汉语借词 chin（衬）＋东乡语动词构词词缀 – yi
chinji3	称	汉语借词 chin（称）＋东乡语动词构词词缀 – yi
chinji4	乘	汉语借词 chin（乘）＋东乡语动词构词词缀 – yi

续表

东乡语	词义	构词结构
chinji5	沉	汉语借词 chin（沉）+ 东乡语动词构词词缀 – yi
chinji6	盛	汉语借词 chin（盛）+ 东乡语动词构词词缀 – yi
chonji	冲	汉语借词 chon（冲）+ 东乡语动词构词词缀 – yi
chonni banji	划船	东乡语 chonni ban（船搬）+ 东乡语动词构词词缀 – yi
动词后加 – gie		
banli gie	办理	汉语借词 banli（办理）+ 东乡语动词构词词缀 – gei
banman gie	帮忙	汉语借词 banman（帮忙）+ 东乡语动词构词词缀 – gei
baochou gie	报仇	汉语借词 baochou（报仇）+ 东乡语动词构词词缀 – gei
baoko gie	包括	汉语借词 baoko（包括）+ 东乡语动词构词词缀 – gei
baonan gie	报案	汉语借词 baonan（报案）+ 东乡语动词构词词缀 – gei
baonen gie	保安	汉语报案 baonen（保安）+ 东乡语动词构词词缀 – gei
baoniin gie	报恩	汉语借词 baoniin（报恩）+ 东乡语动词构词词缀 – gei
baoyen gie	抱怨/埋怨	汉语借词 baoyen（抱怨）+ 东乡语动词构词词缀 – gei
baozha gie	爆炸	汉语借词 baozha（包扎）+ 东乡语动词构词词缀 – gei
bienhua gie	变化	汉语借词 bienhua（变化）+ 东乡语动词构词词缀 – gei
bienlun gie	辩论	汉语借词 bienlun（辩论）+ 东乡语动词构词词缀 – gei
bienlun gie	编造/捏造	汉语借词 bienlu（胡编）+ 东乡语动词构词词缀 – gei
bopai gie	拨派	汉语借词 bopai（拨派）+ 东乡语动词构词词缀 – gei
buchun gie	补充	汉语借词 buchun（补充）+ 东乡语动词构词词缀 – gei
canjin gie	参军	汉语借词 canjin（参军）+ 东乡语动词构词词缀 – gei
chijia gie	为难/显得为难	汉语借词 chijia（吃家）+ 东乡语动词构词词缀 – gei
chindan gie	①答应；②承担	汉语借词 chindan（应答）+ 东乡语动词构词词缀 – gei
chinji gie	沉下去/沉底	汉语借词 chinji（沉底）+ 东乡语动词构词词缀 – gei
chinrin gie	承认	汉语借词 chinrin（承认）+ 东乡语动词构词词缀 – gei
chinxin gie	诚信	汉语借词 chinxin（诚信）+ 东乡语动词构词词缀 – gei
chonmahu gie	冒充	汉语借词 chonmahu（充马虎）+ 东乡语动词构词词缀 – gei
chonsho gie	自言自语	汉语借词 chonsho（重说）+ 东乡语动词构词词缀 – gei
chufa gie	出发	汉语借词 chufa（出发）+ 东乡语动词构词词缀 – gei
chunfiin gie	打冲锋	汉语借词 chunfiin（冲锋）+ 东乡语动词构词词缀 – gei
chuwo gie	出窝	汉语借词 chuwo（出窝）+ 东乡语动词构词词缀 – gei
cimin gie	赐悯/恩赐/赐予	汉语借词 cimin（赐悯）+ 东乡语动词构词词缀 – gei

续表

东乡语	词义	构词结构
cipie gie	辞别/告别	汉语借词 cipie（辞别）＋东乡语动词构词词缀 – gei
congan gie	拔节	汉语借词 congan（冲干）＋东乡语动词构词词缀 – gei
dachun gie	立春	汉语借词 dachun（打春）＋东乡语动词构词词缀 – gei
daibiao gie	代表	汉语借词 daibiao（代表）＋东乡语动词构词词缀 – gei
动词后加 – gva	gva 使动态	
bientareigva	噘嘴/翘嘴/舔嘴	汉语借词 bientarei（扁嘴）＋东乡语动词构词词缀 – gva
binjigva	感到冰凉/冷却	汉语借词 biji（冰的）＋东乡语动词构词词缀 – gva
bugaokhireigva	颁布布告	汉语 bugao（布告）＋东乡语 khirei（颁布）＋词缀 – gva
chonji mejiegva	传知	汉语借词 chonji（传的）＋东乡语动词构词词缀 – gva
dayangva	慷慨/表现大方	汉语借词 dayan（大样）＋东乡语动词构词词缀 – gva
dayigva	搭配/搭售	汉语借词 dayi（搭的）＋东乡语动词构词词缀 – gva
duiyingva	核对/对准	汉语借词 duiyin（对应）＋东乡语动词构词词缀 – gva
dundeigva	懂得	汉语借词 dundei（懂得）＋东乡语动词构词词缀 – gva
famagva	①显威风/显示；②变得威风	汉语借词 fama（砝码）＋东乡语动词构词词缀 – gva
fanbien dagva	图方便/趁方便	汉语借词 fanbien（方便）＋东乡语动词构词词缀 – gva
futangva	享受/舒服地过	汉语借词 futan（服坦）＋东乡语动词构词词缀 – gva
fuyizhi baigva	扶立	汉语借词 fuyizhi（扶一直）＋东乡语动词构词词缀 – gva
fuyizhidondagva	扶正	汉语借词 fuyizhidon（扶正）＋东乡语动词构词词缀 – gva
gaoxingva	高兴/表现得高兴	汉语借词 gaoxin（高兴）＋东乡语动词构词词缀 – gva
giinzilagva	①根部；②扎根	汉语借词 giinzila（根子）＋东乡语动词构词词缀 – gva
gonjingva	关紧/显得重要	汉语借词 gonjin（关紧）＋东乡语动词构词词缀 – gva
guai loyigva	怪罪	汉语借词 guai loyi（怪的）＋东乡语动词构词词缀 – gva
gudugva	孤独/感到孤独	汉语借词 gudu（孤独）＋东乡语动词构词词缀 – gva
guhua tagva	让人猜谜语	汉语借词 guhua（古话）＋东乡语动词构词词缀 – gva
gunzi khireigva	磕子/放石磕子	汉语借词 gunzi（磕子）＋东乡语动词构词词缀 – gva
hachan giegva	结果	汉语借词 hachan（下场）＋东乡语动词构词词缀 – gva
hachan olugva	下场/平息	汉语借词 hachan（下场）＋东乡语动词构词词缀 – gva
han egva	打夯	汉语借词 han（夯）＋东乡语动词构词词缀 – gva
hoyigva	掺和/和到一块	汉语借词 hoyi（和的）＋东乡语动词构词词缀 – gva
hunho dagva	凑热闹	汉语借词 hunho（红火）＋东乡语动词构词词缀 – gva

续表

东乡语	词义	构词结构
inxingva	产生疑心	汉语借词 inxin（疑性）＋东乡语动词构词词缀 – gva
jianjiugva	讲究/讲求/崇尚	汉语借词 jianjiu（讲究）＋东乡语动词构词词缀 – gva
jiaonaogva	骄傲	汉语借词 jiaonao（骄傲）＋东乡语动词构词词缀 – gva
动词后加 egvi	egvi 动词/打/敲	
caoni egvi	打草泥/用粗泥抹	汉语借词 caoni（草泥）＋东乡语动词构词词缀 – egvi
fanxian egvi	掌方向盘/打方向	汉语借词 fanxian（方向）＋东乡语动词构词词缀 – egvi
fazi egvi	放筏	汉语借词 fazi（筏子）＋东乡语动词构词词缀 – egvi
fuzi egvi	分配任务的数量	汉语借词 fuzi（分子）＋东乡语动词构词词缀 – egvi
ganzhin egvi	扎干针/针灸	汉语借词 ganzhin（干针）＋东乡语动词构词词缀 – egvi
guzi egvi	分股/打成份儿	汉语借词 guzi（股子）＋东乡语动词构词词缀 – egvi
jien egvi	触电/被电击	汉语借词 jien（电）＋东乡语动词构词词缀 – egvi
lo egvi	打锣	汉语借词 lo（锣）＋东乡语动词构词词缀 – egvi
qiu egvi	打球	汉语借词 qiu（球）＋东乡语动词构词词缀 – egvi
shouji egvi	开收据	汉语借词 shouji（收据）＋东乡语动词构词词缀 – egvi
xin egvi	发信	汉语借词 xin（信）＋东乡语动词构词词缀 – egvi
youji egvi	打游击	汉语借词 youji（游击）＋东乡语动词构词词缀 – egvi
zhan egvi	打仗	汉语借词 zhan（仗）＋东乡语动词构词词缀 – egvi
zhintou egvi	打枕头	汉语借词 zhintou（枕头）＋东乡语动词构词词缀 – egvi

下 编
东乡汉语等西北方言复杂句式研究

语言接触有两类干扰特征，也可以说，语言接触的影响可以分为借用和干扰两类。借用是指接受语从其他语言中直接引进词汇，干扰则是接受语的语法发展受到了来源语等其他语言的影响。

从以上研究结果我们可以看出：语言接触最明显的特征之一，是弱势语言从强势语言借入大量的词汇，包括地名、人名、专有名称，也包括数词、量词、虚词等。相反，强势语言向弱势语言借入词汇的情况很少。

汉语和东乡语从言语社团的社会政治关系上来说，汉语是强势语言，东乡语是弱势语言。我们上编的研究主要集中在强势语言——汉语对弱势语言——东乡语的词汇影响方面，给我们留下深刻影响的也是汉语影响了东乡语，是汉语方言影响了民族语，导致了东乡语的异源结构和混合特征。事实上也是如此，在东乡语我们看到一个新名词，甚至一个动词，都能够轻易地插入一个既存的结构格式中。但我们也要清楚一点，语言的影响是互相的，民族语言在一定程度上定会影响汉语，"底层干扰"（substratum interference）或"母语干扰"始终存在。西北接触方言复杂句式的产生即是如此。只是在西北接触方言受接触影响的语法表现中，有的是直接采用了非汉语的语法成分，有的则是受到民族语言类型的影响，而使用汉语自身材料显性标记的语法范畴。如复数"们"、方位名词作为格标记、表示判断的助动词、引语标记等；还有的受到接触语言语法系统和结构分布的影响，在句法结构上表现出和非汉语言的平行对应。如"V+给"表示祈使和表示引语结构同形；"着"表示连接并列复句的用法；"是"作为状语性从属标记的用法；等等。西北方言受阿尔泰语系语言或藏语影响更多地表现在深层次的语言类型和结构分布上。只不过是由于通常发生语言转移的人群，在人口分布、政治地位、经济文化上处于从属地位，属于弱势民族和弱势语言，给人们造成的错觉，以为弱势语言对上层语言的影响只是一时一地的个别现象。

　　对于汉语方言的形成，近年来逐渐形成的一个重要认识是：可能是汉语分化的结果，也可能是少数民族放弃母语改说汉语的结果。陈保亚在《语言接触导致汉语方言分化的两种方式》（2005）中提出："民族语言在和汉语的接触中通过两种方式影响汉语：首先是汉语民族方言通过母语干扰有规则、有系统地影响汉语，导致方言的形成；其次是汉语民族方言通过母语转换变成汉语方言。"而对话状态是认识这两种方式的关键。如东乡人说汉语时，以匹配的方式形成东乡汉语，东乡汉语是和汉语对话的，它是汉语方言的变体；加之东乡民族中使用汉语者较多，因此在汉语和东乡语的接触中，东乡族和汉族的对话通常是在东乡语和汉语之间进行的。接触语言学家认为，在特定的语言个体或语言社团中，倘若出现使用两种或两种以上语言的情况，就势必会引发语言变化。如东乡语者往往会把自己母语东乡语中的某些结构特征，通过匹配方式带到东乡汉语中，而东乡汉语在和汉语对话中又会进一步干扰汉语，这就是东乡语对汉语的影响。因语言接触而引发的影响变化，表现在语法特征的迁移（transfer）上，即某些语法特征从源头语（source language）迁移至接受语（recipient language）（Thomason & Kaufman，1988；Thomason，2001，2003）。东乡语因语言接触而引发的语法变化也主要体现在一些语法特征从源头语东乡语，迁移至接受语东乡汉语中，导致东乡汉语等西北方言中出现了种种不同于汉语的特殊语言现象。

　　下编我们集中讨论东乡汉语等西北方言的几种复杂句式。

第五章

东乡汉语及西北汉语方言名词格范畴研究

第一节 东乡汉语格范畴研究

语法范畴的"格"是语法意义和语法形式的统一体。所以，我们在对格进行判定的时候就要综合两方面来考虑，语法意义方面，"格"表达的是句子中的名词与其他成分在深层语义中的关系；语法形式方面，"格"的深层语义关系总是通过一定的表层形式体现的，不论这种形式是隐性的还是显性的。显性的格标记有词形变化、黏着后缀、附置词（前置词、后置词）等；隐性的格标记有语序、名词的语义类别、动词的配价等。根据孙宏开（1995）的观点，显性格标记中词形变化之外的格助词主要有两个来源：格黏附后缀和实词，即方位词、指示词、处所词等的虚化。马树钧（1985）在分析循化话时，认为其名词后的后附语素类似于某些具有格位范畴的民族语言中作为格位标记的语言成分，他定义为"准格位范畴"，并指出，它们"均读轻声，黏着不自由，语法功能都在于标志出它们所附缀的名词或名词短语跟句中其他词语的关系"。李炜（1993）在探讨临夏一带方言的格标记"哈""啦"时提出三个判定标准：使用的普遍性；分布位置的固定性；明确动词与名词间的语法、语义关系。这也是兼顾到语义、形式两方面。

我们在前面的研究中探讨了东乡语的格范畴。东乡语有六个基本格：主格、领宾格、向位格、从比格、凭借格、联合格。另外，还有两个非基本格：方向格、处位格。而东乡汉语的格范畴指的是东乡汉语中与汉语普通话不同的类似于形态发达语言中用来标记格关系的虚化的黏附成分。我们通过调查发现，东乡汉语共有五种格，分别为主格、领宾格、向位格、从比格和造联格。

主格没有专门的附加成分，就用零形式的主干，在句子中表示动作的发出者、实施者和句子中被陈述说明的对象，与很多语言一样，东乡汉语的主格是零形式，即没有任何的标记形式。我们不再一一赘述。

1. 领宾格

东乡语领属格和宾格两个格采用一种形式来表达。主要表示事物之间的领属关系、部分和整体的关系，也表示行为所涉及的客体。附加成分是-ni。如：

（1）东乡语　mi-ni jiaojiao　qioron otu-zhi hen.
　　　　　　我 领格　弟弟　　头　痛 副动词　厉害。
　　　　　　我的弟弟头痛得厉害。

东乡汉语领宾格与东乡语一脉相通，领属格和宾格两个格也采用一种形式来表达，其中领格主要表示人或事物之间的领属和限定等关系，只不过东乡汉语在表达领格时，使用普通话中的结构助词"的"，其语音形式为［tɕi］。例如：

（2）阿娜的［tɕi］尕妮哈 妈妈的女儿。

（3）鸡娃下［ɕia］下［xa］的［tɕi］蛋，马的［tɕi］鞍子 鸡下的蛋，马的鞍。

（4）我的［tɕi］尕娃兰州有哩 我的儿子在兰州。

（5）则乃拜说的［tɕi］话对着哩 则乃拜（人名）的话很正确。

（6）地里的［tɕi］苞谷一瓜风刮倒（给）了 田里的玉米全都被大风刮倒了。

有些领格无标记的，其修饰语主要在于区别，而不是说明归属，如：

（7）树叶子一瓜落了 树上的叶子都掉了。

（8）我们乡上头口多 我们乡里的牲畜很多。

宾格主要表达的是句子中名词或代词是谓语行为所关涉的客体，是动作行为的受事、动作行为的结果等。汉语主语和宾语完全依靠语序区分，东乡汉语由于受东乡语的影响，语序以 SOV 为主，主格、宾格的区分寄托于宾格后的显性格标记"阿"[A]、"哈"[xa]，形成的一般句式为"S＋O＋阿＋V"或"S＋O＋哈＋V"，以下句式也成立："O＋阿＋S＋V"或"O＋哈＋S＋V"。将谓语动词支配的对象前置于动词之前，同时附加格标记来表达宾格的语义。格标记还可以加在"的"字短语之后，如"你喜欢的哈买"。东乡汉语在表示被动和处置的意义时，一般不使用汉语普通话中的介词"被"和"把"，而是将被动和处置的人或事物提到主语后、谓语前，再加"阿"或"哈"。"阿"[A]与"哈"[xa] 类似于自由变体：在语速较快的情况下，语流中是"阿"[A]，[xa]弱化。马树钧（1982）将临夏话中的"哈""阿"也分析为通过语音的变化而产生的变体。徐丹（2011）也是把唐汪话中格标记"哈""阿"认定为变体，并且认为当宾语最后一个音节有鼻音时，宾语标记"哈/阿"还会被同化为[ã]。我们通过调查发现，东乡汉语宾格标记并不是强制性的，而是相对自由的。发音人在无意的情况下说的有些句子的宾格标记已经脱落，当我们要求调查对象再重复时，才会有意识地加上这些宾格标记。孙宏开（1995）也曾指出"一些语言的格形式使用很严格，一些语言的格形式使用较严格，一些语言的格形式使用不严格"。像"雨下着哩""饭吃着哩""电视看着哩"等一些搭配比较固定，由于逻辑语义的制约，施受关系比较明确，有无格标记都不会产生歧义的情况下，宾格标记通常是脱落的；有些句子虽然宾格标记脱落，但是逻辑语义关系消除了句子的歧义，例如，"人狗打着哩"意思是"人打狗"，"狗"后没有宾格的标记，但是从句子自身的逻辑语义关系我们知道，这个句子不可能有除此之外的第二个理解；还有一些情况是，容易产生歧义的情况下宾格标记仍然有脱落现象，这时语序就发挥了一定的作用，东乡汉语的优势语序是 OV，所以其常态语序为"S＋O＋阿/哈＋V"，而有时"O＋阿/哈＋S＋V"的形式也是允许的，所以当格标记"阿/哈"省略时，主语、宾语的区分就要依靠严格的 SOV 优势语序。例如："你傢书阿卡给"意思是"你把这本书交给他"。这是普通话中的双宾句,在间接宾语"傢(他)"之后没有宾格标记,这时语序是相对严格的。而在语意表达不清的情况下总会有一定的形式来区分辨别,没有严格的语序辨义则依赖宾格标记,反之亦然。例如:

(9) 手**阿** 拍着哩_{鼓掌}。

(10) 头口**阿** 挡着哩_{放牧}。

(11) 古经(**哈**)说着哩_{讲故事}。

(12) 阿早我房子**阿**扫了一瓜_{今天我打扫房屋了}。

(13) 人家馍馍(**阿**)抽抽「口袋」里装上着走了_{他把馍馍装进衣袋就走开了}。

(14) 兀个人**阿**我不知道/我兀个人**阿**不知道_{我不了解那个人的性格}。

(15) 阿伊莎啥一个不嫁你**阿**等着哩_{阿伊莎不嫁别人等着你}。

东乡汉语中宾格标记"阿［A］/哈［xa］"在青少年的话语中使用不严格,有时甚至会缺失和脱落,这时候优势语序 SOV 就发挥了一定的作用。当"阿/哈"脱落后,主格和宾格的区分,特别是在逻辑语义关系无法判定的情况下,就要依据严格的 SOV 语序了。如:

(16) 普通话　马书记去开会了。
　　　 东乡汉语　马书记会**阿**开去了/马书记会开去了。

(17) 普通话　我告诉他了。
　　　 东乡汉语　我傢**阿**说了/我傢说给了。

(18) 普通话　你叫醒他。
　　　 东乡汉语　你傢**阿**叫醒给/你傢叫醒给。

2. 向位格

向位格表明行为涉及的对象、表示行为或事情发生的时间和地点。东乡语向位格附加成分是 -de,东乡汉语向位格也用显性格标记"阿"［A］或"哈"［xa］。试比较将东乡语和东乡汉语的例子:

(19) 东乡语　budan – ye shihou – de jianshi buwo – zhi.
　　　　　　 吃饭　时 候_{向位格}　电视 不看
　　　　　　 吃饭的时候不要看电视。

东乡汉语　饭吃**哈**电视不要看。

(20) 东乡语　hhan yiyuan－de zhangmin uzhe－ echi－zhi?
　　　　　　谁　医院 向位格 张　明　看　去
　　　　　　谁去医院看张明了?

　　　东乡汉语　啊一个医院**哈**张明看着去了。

　　东乡汉语是 SOV 语序，它通常将动作行为所涉及的对象前置于动词之前，并在对象之后添加向位格标记"阿"［A］或"哈"［xa］区分动作行为的施事和所涉及对象的区别，相当于汉语中前置介词"向""从""把"等意义，回答"对/向/跟/从谁（那里）/什么"的问题。这里的标记"阿"［A］与"哈"［xa］和宾格标记中两者的关系一样，仍然是一种自由变体，在句中一般出现的是"阿"［A］。在向位格这类格范畴表示的语义关系中，有一类句子相当于汉语普通话中的双宾语句，主语和间接宾语一般指人，直接宾语一般指物。对当地方言来说，间接宾语和直接宾语都是动作行为所涉及的对象，格标记一般只加在指人的间接宾语之后，因为间接宾语容易与施事主语相混淆，而指物的直接宾语肯定是受支配的对象一般不会产生歧义；这种情况在汉语普通话中是靠语序区分的。如果间接宾语后的格范畴标记也省略了，那么这时语序相对而言就是固定的，不能自由变动，一般情况下，放在句首的是施事主语，紧挨着谓语的是行为所涉及的对象。举例如下：

（21）我我的尕兄弟［tɕ·i］**阿**说给了我告诉弟弟了。

（22）人家**哈**耍说不要对人家说。

（23）羊**阿**草**阿**喂给 给羊喂草。

（24）我尕妮**哈哈**衣裳一件买给了我给他姑娘买了一件衣服。

（25）社员儿们**哈**队里自留地多给些我们队里要给社员们多一些自留地。

　　向位格格标记"阿［A］/哈［xa］"有时也会出现脱落现象。这时，形式上的补偿手段与宾格的情况一样仍然是语序，它消除了句子的歧义。例如：

（26）普通话　我给弟弟一本书。
　　　东乡汉语　我尕兄弟（阿）一本书（阿）给了。
　　　　　　　我我的尕兄弟一本书给了。

（27）普通话　父亲给（他）孩子一支钢笔。

东乡汉语　兀个的先人尕娃（哈）一个钢笔（哈）给了。
　　　　　阿达兀个的尕娃一个钢笔卡了。

(28) 普通话　我对这件事情十分满意。
　　　东乡汉语　这格事情（阿）我胡度满意着哩。
　　　　　　　这个事情我看好着哩。

3. 从比格

从比格也叫出发格、界限格、离格等。表明行为或状态发生的起始时间、处所起点、原因来由以及事物状态的比较等。东乡语从比格附加成分是 -se。东乡汉语从比格则用显性格标记"搭"[ta]"塔"[tʻa]，主要表示行为开始的起始时间，表示比较对象和限度等。试比较东乡语和东乡汉语的例子：

(29) 东乡语　bi sumula -se liangjian -se jifen dawa wo.
　　　　　　我 思慕向位格　两 点　　几 分　过
　　　　　　我估计两点过了几分。

　　　东乡汉语　我思慕搭是两点搭[ta]过了几分。

(30) 东乡语　bi nei kug -se u kuai baer laji wo.
　　　　　　我 一 人 向位格 五块 钱 借
　　　　　　我从一个人那里借了五元钱。

　　　东乡汉语　我兀个人塔[tʻa]五元钱借了。

(31) 东乡语　zhangsan lisi -se undu ya.
　　　　　　张 三李四向位格　高
　　　　　　张三比李四高呀。

　　　东乡汉语　张三李四搭[ta]高。

东乡汉语中的从比格表示动词所表达的行为或状态发生的起始时间，其表达形式是搭[ta]、塔[tʻa]，两者似乎没有明确的使用区分条件，因而不是对立的。偶尔出现"拉"[la]、"塔"[tʻa]的用法。这个阶段格标记的使用不是严格对立的，它们之间分工不明确，使用较自由。如：

(32) 普通话　我六点钟从家里出来。
　　　东乡汉语　我六点钟搭家里拉出来了。

(33) 普通话　你从今天起到学校去。

东乡汉语　你今儿个子**搭/拉**学校里去。

（34）普通话　他家从祖辈起一向是工人。

东乡汉语　兀个先人辈里**塔/拉**一瓜工人是。

从比格表明行为或状态发生的处所起点。东乡语中从比格的格标记表示动作行为或状态发生的起点，在地点方位名词后接缀格标记"塔"［tˑa］，有时也可使用"搭"［ta］，偶尔有出现"拉"［la］的情况，而三者的使用仍然没有明确的对立条件。如：

（35）我东乡**塔**来了 我从东乡来。

（36）奴海阿爷巴扎**搭**来了 奴海（人名）爷爷从集上回来了。

（37）你阿个的跟里**拉**手艺学哈地［tɕi］你从谁那里学的手艺？

最后一个句子意义是"从谁那里取得、获得"的意思，其格标记是"拉"。这类句子格标记必须标记在指人的名词或人称代词之后，并且语义关系具有"取得"之意，如学、听来、买、借、要等。在临夏话、青海循化话等汉语方言中也有此类格关系。

东乡汉语中的从比格表明行为或状态发生的原因，一般情况使用"拉［la］"来标记。有时名词后不再使用标记形式。这是格标记不断弱化、脱落的表现之一。

（38）这场雨**拉**是麦子长下了 由于这场大雨麦子长了。

（39）这个病酒上**拉**来了 这病从酒上得的。

（40）有个事情**拉**我莫来 我因有事没来了。

从比格表示与某种性质或状态比较。东乡汉语中人或事物被用来和另外的某种性质、状态或人、事物进行比较，这种格范畴关系是从比格中的一种。东乡汉语中这类格关系的表达主要有两种方式："A＋B（阿/哈）＋看的［kʻantɕi］＋形容词""A＋B（阿/哈）＋看是［kʻan ʂɿ］＋形容词"，即"A 比 B 怎样"之意。因为 B 是被比较的对象所以其后可以加宾格标记"阿/哈"，"看着""看是"已经虚化，可以单纯表示比较的意义。例如：

（41）汽车马（阿/哈）**看的/是**快 汽车比马快。

（42）牙齿雪（阿/哈）**看的/是**还白 牙比雪还白。

（43）他我（阿/哈）**看着/是**大两岁 他比我大两岁。

（44）我们的生活一天一天**看着**/**是**好了 咱们的生活一天比一天好起来了。

东乡汉语中比较语义的表达形式与东乡语、五屯话很相像。陈乃雄（1982）曾注意到五屯话对具体事物进行比较时一般不用界限格，而用 kʻanra（看啊）置于作为比较标准的事物的词后面。他认为这种结构方式与同仁藏语"作为比较标准的词 + ɣtena（看）+ 形容词"一致。东乡汉语表示比较的结构是由东乡语"作为比较标准的词 + utɕitɕi（看的）+ 形容词"构成。

4. 凭借格

凭借格表明所凭借的工具方式、制作的材料或役使的牲畜。凭借格中有一类语义关系是实现某一行为所凭借的工具、制作的材料或役使的牲畜，也可以称作"凭借格"或"工具格"。东乡语凭借格附加成分是 -ghala，东乡汉语用"拉"［la］对应。如：

（45）东乡语　chi　gangbi ghala pizhi！
　　　　　　　你　钢笔　凭借格　写
　　　　　　　你用钢笔写。

　　　　东乡汉语　你钢笔拉写。

（46）东乡语　chi mutun – ghala　shire　gei.
　　　　　　　你　木头　凭借格　桌子　做
　　　　　　　你用木头做桌子。

　　　　东乡汉语　你木头啦桌子做。

（47）东乡语　nanfang kun – la – de gaigva – ghala budan ye – se iji – se tala – ne.
　　　　　　　南方　人　　　　小碗　凭借格　饭　　　吃
　　　　　　　南方人喜欢用小碗吃饭。

　　　　东乡汉语　南方人小碗拉吃饭。

东乡汉语中的凭借格可以主要表示实现某行为所用的广义的工具和材料等。如：

（48）你钢笔**拉**写 用你钢笔写！

（49）耳朵**拉**听 用耳朵听！

（50）牛鼻子尖针**拉**戳哩 用尖针穿通牛鼻子。

(51) 兀个土话**拉**说着哩他用东乡语说。

(52) 花布**拉**新衣裳做下了我用花布做了新衣服。

东乡汉语中的凭借格还可以表明人或物的伴随者和偕同者。凭借格形式的名词所表达的人或物也可以作为另一个名词表达的人或物的伴随者、偕同者。东乡语附加成分是 –le，东乡汉语也用"拉"[la]对应。例如：

(53) 东乡语　　ibura　　chima　–le　hhantu echi.
　　　　　　　伊不拉你 凭借格　一起　去
　　　东乡汉语　伊不拉和你一起去。

(54) 东乡语　　tere benlai nema　–le　hantu echine giezhi wo tere　–de
　　　　　　　shijie　uwo.
　　　　　　　他 本来　我凭借格　一起　　去　　　　他 从比格 时间
　　　　　　　没有
　　　东乡汉语　他本来和我一起去，但是没有时间。

东乡汉语联合格的格标记语音形式与凭借格一样，都是"拉[la]"，表示"A 和 B 一起"的意义通常格式为"AB 拉""A 拉 B"等。"一瓜"和"拉"不同时出现在一个句子中，不然会重复，"一搭"是一块、一起的意思，可以与"拉"在一个句子内同现。

(55) 我**拉**我的阿达一搭去（让）我和我父亲一同去吧！

(56) 你尕尕们**拉**仗阿耍打你不要和孩子打架！

(57) 绵羊山羊**拉**一搭草吃着哩绵羊和山羊在一块儿吃草。

凭借格和联合格的格标记同形不是东乡汉语所特有的现象，在东乡语等少数民族语言中也是这样的情况。陈乃雄（1982）也曾注意到这种现象，他指出：如果我们把五屯话的凭借格语尾 –liɑnkə 同汉语的"两个"联系起来，就可以发现五屯话的凭借格的来源。同理，如果我们把东乡汉语的凭借格"拉"同东乡语的格标记"–le"联系起来，也就不难发现东乡汉语凭借格的来源。只是受汉语普通话强势语言的影响，东乡汉语造联格中也会混杂进汉语普通话表达相似语义所使用的介词、连词等。

(58) 普通话　你用钢笔写！

东乡汉语　你钢笔**拉**写/你**用**钢笔**拉**写！

(59) 普通话　布是用棉花织的。

东乡汉语　布哈棉花**拉**做下地/布**是**棉花**拉**做下地。

(60) 普通话　你和我叔叔一起去。

东乡汉语　你我的爸爸**拉**一搭去/你**拉**我的爸爸一搭去。

综上所述，语言接触是一个双向互动的过程，接触的双方都会留下彼此的印迹。东乡汉语作为一种汉语方言表现出了明显的格范畴和格标记现象，这是受到东乡语等阿尔泰语系语言格范畴形式标记影响，同时我们也可以看到：东乡语中的格标记有不断合并、省略的趋势，另外，东乡汉语中一个格标记往往兼职几个格范畴，例如"哈"是宾格和与位格的格标记；"塔拉"是从比格和止格的格标记；"拉"是凭借格、联合格的格标记等现象，这与近年来东乡语、保安语等西北民族地区少数民族语言的衰落和汉语普通话的强势影响密切有关。马树钧（1985）在讨论循化话时也看到了循化话受普通话影响而产生的类似混合现象，他认为其准格位范畴是"循化话向普通话靠拢过程中的过渡现象"；李炜（1999）提出了"京 X 话"过渡语的存在，即全国各地的汉语方言区中普遍存在的、纯正的方言受普通话的影响而产生的一种过渡语，如"京兰话"是纯正的兰州话受普通话影响而产生的一种过渡语，其突出特征就是多种混合表达形式。东乡汉语格范畴的混合表达就是西北汉语方言向强势语言——普通话靠拢的过渡语中的现象。这些混合表达的出现不是偶然的，而是语言接触影响过程中的一种规律表现，也是一个阶段现象。语言接触是一个过程，而接触语言是一种结果，这些混合表达就是过程走向结果的过渡阶段，或者可能是这些混合表达就是最终的接触结果。混合表达最终归向何处，还要看接触语言间的"彼此较量"。不过，这些混合表达形式的组成大多是格标记和汉语普通话相应表达方式的结合，属于叠床架屋的重复建设，它们在一定程度上违背了语言的经济原则，而且也是不定型、不稳固的。

5. 止格

此外，东乡汉语中有一类格关系表示行为或状态的终止、（时间）界限意义，类似于汉语普通话中"到……为止"的语义，称作"止格"，格标记是"塔拉"［tʻa la］，这与表示起始时间的格标记相同。

（61）这会**塔拉**还睡着哩他睡到这会了。

（62）这会**塔拉**还莫来他到现在都还没来。

（63）这会**塔拉**还工作莫有他到现在还没工作。

东乡语中的界限副动词附加成分与此处止格的格标记一样，都是"–tʻa la"（阿·伊布拉黑麦，1985）。只不过一个是加在动词之后，一个是置于名词之后。

6. 格范畴变异

语言接触中的强势语言和弱式语言有一定的相对性，并且各自的地位可以互相转化。东乡汉语中虽有以上七种格范畴，格范畴体系仍逐渐在简化。如表明起始时间格关系的标记是"搭"［ta］，有时也使用"塔拉"［tʻa la］、"拉"［la］、"塔"［tʻa］，而且这些格标记的分布不是对立的。然而，当地的年青一代全部使用齐整的"拉"［la］作为表示行为或状态发生的起始时间的格标记。这个"拉"与造联格格标记的语音形式是相同的。

（64）普通话　我们从八点钟起工作吧。

　　　　东乡汉语　我们八点钟**搭**工作去呢！

　　　　　　　　　我们八点钟**拉**工作去呢！

（65）普通话　你从今天起到学校去。

　　　　东乡汉语　你今儿个子**搭/塔拉**学校里去。

　　　　　　　　　你今儿个子**拉**学校里去。

（66）普通话　从昨天开始。

　　　　东乡汉语　昨儿个子**拉/搭**开始。

　　　　　　　　　昨儿个子**拉**开始了。

"塔"［tʻa］是地道的处所起点的格标记，有时"搭"［ta］也可以代替"塔"［tʻa］，偶尔还可以用"拉"［la］来代替，这是老一辈人所说的东乡汉语情况。到了年青一代，他们的格标记无一例外是"拉"［la］，与造联格的格标记语音形式相同。

（67）普通话　我从东乡来。

东乡汉语　我东乡**塔**来了/我东乡**拉**来了。

（68）普通话　王爷爷是从城里来的。

东乡汉语　王阿爷城里**塔**来下地/王阿爷城里**拉**来了。

（69）普通话　我要从这条路走。

东乡汉语　我这个路上**搭**走哩/我这个路上**拉**走哩。

东乡汉语从比格表比较的表达形式为："A + B（阿/哈） + 看着 [kʻantʂʅ] +形容词"或"A + B（阿/哈） + 看是 [kʻan ʂʅ] +形容词"，表达"A 比 B 怎样"之意。但青少年的口中有时没有了这种形式，其表达变得与汉语普通话一致了。

普通话　牙比雪还白。

东乡汉语　牙齿雪（阿/哈）**看着**/**是**还白。

　　　　　牙齿比雪还白。

普通话　汽车比马快。

东乡汉语　汽车马（阿/哈）**看着**/**是**快。

　　　　　车子比马快。

普通话　咱们的生活一天比一天好起来了。

东乡汉语　我们的生活一天一天**看着**/**是**好了。

　　　　　我们的生活一天比一天好下了。

从以上我们可以看到，东乡汉语格范畴的变异不是偶然现象，而是成一定体系的，即格范畴标记体系逐渐在简化。在某个特定的历史阶段和一定的地域内，汉语方言与阿尔泰语系语言广泛接触，借贷或底层残留的方式使西北汉语方言"阿尔泰化"，出现了明显的格标记，但是随着普通话的影响越来越强势，西北汉语方言又开始向汉语普通话靠拢，它由简化开始渐渐离开阿尔泰语系语言的影响。西北汉语方言格范畴的变化可见一斑。

第二节　东乡语中的 -ɕiə 和东乡汉语的"些"

数范畴是名词的内部范畴，每一种语言都有数的表达与制约，它直接影响名词的数量义的变化。阿尔泰语系各语言的数范畴均有单数和复数的区别，单数都是零形态，复数都是后缀附加成分。各个语言的复数附加成分形式不同，但都附加在名词的后面"名词+复数附加成分"为名词复数结构，如果名词后面既有复数附加成分，又有格和领属附加成分，靠左边最先出现的是复数附加成分，然后才是格附加成分和领属附加成分。其构式是"名词词根+复数+格+领属范畴"。如果表示数和格的语素一起出现，不管前置或后置于名词，表示数的成分总在名词词根和表示格的成分之间。

一 东乡语复数形式 -la 和 -sla

东乡语除了具有阿尔泰语系数的基本特点，还有自己的独立特点。刘照雄在《东乡语简志》(1981) 里指出：东乡语数的形式有单数形式和复数形式。单数形式由词根表示，复数形式后缀有 -la 和 -sla。布和在其著作《东乡语和蒙古语》(1986) 中将东乡语的数与蒙古语进行了深入细致的比较。他指出：东乡语的数范畴有不定形式、复数形式和概称形式三种。不定形式就是单数形式，由词根表示不用附加成分；复数形式常用 -la，有时使用 -sla 和 -çiə；概称形式后缀是 -taŋ，还有一种概称形式是用名词词干的重叠来表示。在词干重叠时要把后一个词干开头辅音变为 m-，且在重叠的末尾加 -dʑi。-dʑi 来源于汉语的"的"。如：

taʂɿ 石头→taʂɿ maʂɿ-dʑi 石头什么的

bosi 布 →bosi msi-dʑi 布什么的

makala 帽子→makala sakala-dʑi 帽子什么的

清格尔泰在《中国境内蒙古语族语言及蒙古方言概况》里对复数后缀 -sla 做出解释，他认为复数后缀 -sla 是由古蒙古语复数后缀 -s 失去了原来性能，只加复数后缀 -la 使用的结果形成的。

要回答 -sla 的来源问题，需要联系复数标记 -la 的来源。东乡语复数标记 -la 的类型，研究者见仁见智。有学者认为与蒙古语的复数标记 -nar/-ner 有关，也有些学者认为与突厥语的 -lar 有关系。布和 (1986) 认为，从复数附加成分的来源上看，东乡语的 -la 和突厥语中广泛使用的复数附加成分 -lar 可能有密切的关系。孙竹也持这种观点，孙先生强调：东乡语的主要数范畴 – la 虽然与蒙古语族语言不同，但是却与维吾尔语、哈萨克语、撒拉语、西部裕固语等突厥语族语言极其相似。我们亦赞同布和先生的观点，即东乡语的 – la 可能是从突厥语的 – lar 演变而来的。因为在东乡语里音节尾的 – r 音几乎全部消失，所以"– lar"变为"– la"的可能性比"– nar"变为"– la"的可能性更大。

二　复数标记 – çiə 的使用范围及其来源

东乡语复数形式除了常用的 – la 和 – sla 还有 – çiə。布和《东乡语和蒙古语》（1988）、呼和巴尔《东乡语论集》（1988）均指出：东乡语的复数附加成分有 – çiə，主要出现有关人的亲属关系名词构成的复合词之后，– çiə 的使用范围、语法意义有以下主要特征：

接加于由亲属关系名词构成的复合词后面，即复数附加成分限于加在某些表示亲属称谓等的专有名词后面。表示该词根所指的人具有两个以上的复数概念。如：

gaji dʑiau – çiə　　　（许多弟兄）哥哥和弟弟们

əgətʂʅ dʑiau – çiə　　（许多姊妹）姐姐和妹妹们

bakaŋ dʑiau – çiə　　（许多嫂妹）嫂嫂和妹妹们

ərə mə – çiə　　　　　丈夫们和妻子们

awəi kuo – çiə　　　　父亲和儿子们

东乡语 – çiə 复数词尾附加在专有名词词干上，表示的是该名词所指称的对象及其他有关的人和事物，相当于汉语"们"的连类复数。连类复数中最有代表性的一小类是名词、专有名词后面加上复数标记，专有名词通常指称的是唯一的、特定的对象。

吕叔湘（1985）根据"们"的语法意义特征，将"们"分为真性复数和连类复数。他指出："们"所表示的复数有"真性复数"和"连类复数"两种意义。"真性复数"如"我们"，"我 1 + 我 2 + 我 3……"；"连类复数"是"我 + 别人"。"你们""他们"与此相同。就名词的复数形式而言，两者的意义差别较大。如"学生们"，如果是"真性复数"，意义是"张三 + 李四 + 王五……"，涉及许多学生；如果是"连类复数"，是指"学生 + 别人"，这个"别人"可能是学生的老师，也可能是学生的家人等。

同样的，上述东乡语中的"gɑji dʑiɑu‒ɕiə"哥哥和弟弟们的"‒ɕiə"缀加在"哥哥""弟弟"专有名词后面，表示的是连类复数，意思是"哥哥（弟弟）+其他人"，这个"其他人"必须是相关的，如哥哥的朋友等，其他情况类似。

‒ɕiə 在东乡语中既可以单独使用，又可以同另一复数附加成分‒lɑ 重叠使用。其重叠形式为‒ɕiəlɑ，在语音形式上又可变为‒ɕiəliə。重叠使用复数附加成分，其意义不变。例如：

gɑji dʑiɑu‒ɕiə——ɕiəlɑ‒ɕiəliə 许多弟兄，哥哥们和弟弟们
əgəʂʅ dʑiɑu‒ɕiə——ɕiəlɑ‒ɕiəliə 许多姊妹，姐姐们和妹妹们

在带有附加成分‒ɕiə 的名词之后，可以出现格的附加成分。如：

gɑji dʑiɑu‒ɕiə（主格）
gɑji dʑiɑu‒ɕiə‒ni（领宾格）
gɑji dʑiɑu‒ɕiə‒.ə（向位格）
gɑji dʑiɑu‒ɕiə‒sə（从比格）
gɑji dʑiɑu‒ɕiə‒lə（联合格）
gɑji dʑiɑu‒ɕiə‒gɑlɑ（凭借格）

蒙古语的名词前面有表示多数意义的数词时，名词后面不出现名词复数附加成分。即如果已用限定语表达了复数概念时，在被限定语之后可不再接加‒ɕiə。例如：

oloŋ gɑji dʑiɑu irəwə.
很多哥哥 弟弟 来了
来了许多弟兄。

ede cai xiawu sidian olu‒zhuo, olon kun‒la yigua gie kharei‒wo。
现在才下午 四点 钟 很多人 一挂 家 回去
现在才下午四点，很多人都已经回家了。

例中副词 oloŋ 已表达了名词的复数概念，后面就不出现"‒ɕiə"。也就是说，同其他复数附加成分的用法一样，有必要突出名词复数概念时才接加 ɕiə 这一复数标志。

以上几种现象证明："‒ɕiə"是东乡语中复数附加成分，具有复数

附加成分的特征和功能。它用于亲属关系名词构成的复合词，表示该词根所指的人具有两个以上的复数概念；如果是"数量结构+名词"，即使表多数义，名词的后面也不出现复数附加成分，即"数量结构+名词"与"名词+复数附加成分"互补，前者表示确切的数量，后者表示不确切的数量。也就是说，阿尔泰语系名词数范畴与数量结构不同现。而且，复数附加成分并不是强制出现的成分，在很多情况下如果根据语境已知名词具有多数义，就不用加复数附加成分。

–çiə 的来源

接下来需要讨论的是 –çiə 这个附加成分的来源问题。

1. –çiə 是 –sə 的演变

呼和巴尔（1988）认为：–çiə 与蒙古语书面语复数附加成分 –s 有同源关系。他从语音对应关系上做了如下分析。首先，–s 和 –çiə 两者的起首是对应的。辅音 s 和 ç 的对应现象是很普遍的。其次，–çiə 中的元音 iə 是最关键的，解决了它，–çiə 的问题就可以迎刃而解了。呼和巴尔认为 iə 的原始形式可能是 ə，–çiə 是 s 由 –sə 演变而来的。呼和巴尔做了深入细致的分析（见《东乡语论集》，第126—131页）。他得出的结论是：东乡语中的特殊形式 –çiə 与蒙古语书面语复数附加成分 –sə 有同源关系。并由此推断，在现代蒙古语族语言中所见到的所有带有 s 或者类似 s 的复数附加成分，如 –s、–sə、–çiə 等都是同一个形式的不同演变或不同变体。

2. –çiə 是汉语"些"的音译

据我们的考察：东乡语复数形式 –çiə 与 –s 其实并没有同源关系。东乡语复数形式 –çiə 当为借词，借自汉语的"些"，是"些"的语音形式的移植。如我们上文提到的东乡语概称形式是名词词干的重叠，重叠末尾需加"–dʑi"，此"–dʑi"也是来源于汉语的"的"，西北汉语方言大多数将"的"读为 [–dʑi]。

东乡语和蒙古语一样，是形态语言，所以复数附加成分数量多、分布广；汉语则与蒙古语相反，名词没有数的形态变化，没有专门表示名词复数意义的附加成分。但汉语是量词非常丰富的语言，如用于指人名词的复数量词有"群""些""伙"等。

词缀具有能产性和类推性,是形态语言重要的构词手段。我们前面的研究证明:东乡语的语言接触属于"强度较高的接触",所以东乡语中借用词缀的现象比比皆是。早在三十年前布和(1986:247)先生就明确指出:东乡语是蒙古族诸语言中受汉语影响最深的语言之一,汉语的影响几乎渗透到东乡语的语音、语法、词汇各个系统,尤其是词汇方面更为明显。借词中绝大多数为汉语借词。我们先后对布和《东乡语词汇》和陈元龙《东乡语汉语词典》中的词汇重新调查,前者汉语借词占42%,后者占58%。东乡语中的汉语借词可见一斑,所以东乡语的复数附加成分 – ɕiə 借自汉语也就不足为怪了。

东乡语复数附加形式不仅为 – ɕiə,四川一带"倒话"的复数形式也用 – ɕiə 来表示。如:

人—人 ɕiə　　　　花—花 ɕiə　　　　山—山 ɕiə
干部—干部 ɕiə　　碗—碗 ɕiə　　　青稞—青稞 ɕiə

意西微萨·阿错(2001:121)指出,四川"倒话"后缀" – ɕiə"的功能虽然与藏语表复数的语缀"tsho"的语法功能一致,而实际的语音形式则来源于汉语的"些"。阿错强调:即使在本来就有复数意义的名词甚至汉语式复数人称代词之后一般也要加上" – ɕiə"。如"我们 – ɕiə"、"人家 – ɕiə"、"树林子 – ɕiə"等,

复数人称代词之后加上" – ɕiə"还同时兼表委婉的语气。

根据以上几点我们有理由得出:东乡语复数形式 – ɕiə 应该是汉语"些"的复制音译。这样的解释更为顺理成章、水到渠成。蒙古语和汉语两种语言在名词复数意义的表达上既有共性又有差异。从共性上看,蒙汉两种语言既可以在名词的后面加上表示复数意义的后缀成分,也可以通过句法手段表示复数的意义。从差异上看,主要表现为生命度的差别。蒙古语的名词复数附加成分有通用的也有专用的。就是说,有的复数附加成分可以用在所有的可数名词后面,有的复数附加成分只能加在指人的名词后面;有的既能加在指人的名词后面,也能加在指物的名词后面。汉语的"们"只能加在指人的名词性词语后面,不能加在指物的名词后面(方言除外)。孤立语汉语是量词非常丰富的语言,而且量词的分布有一个特点,用于指人名词的量词很少,常见的有"个""位""名"。非

指人的可数名词则不同，每个名词都有专门的量词。这些专用量词与相关名词的具体数量有非常密切的关系，当可数名词需要表示具体数量时，数词与名词之间必须要出现量词。这是与蒙古语的名词复数附加成分不同的地方。蒙古语的名词前面有表示多数意义的数词时，名词后面不出现名词复数附加成分。可见，蒙古语的名词复数附加成分与汉语的量词的分布彼此相反。汉语中没有专用于指人名词的通用量词，但有表示复数意义的"们"，这样"们"与量词一起使汉语名词的表数系统保持平衡状态。

我们前面提到汉语名词一般没有连类复数，只有真性复数用法，且限于指人名词。但"们"表示连类复数的用法在西北民族地区的汉语方言中有较大的分布，如甘肃临夏话"巴巴（指叔父）们"指叔父一辈的人；"新姐们"指嫂子一家。李克郁（1987）强调："'们'加在名词后面，不是表示同一事物的数量关系，而是表示以所指事物为代表的与它有关的一个群体。"如：

你阿大们乡上开会去了。（你父亲和一些人一同到乡里开会去了。）
你阿妈们家里有啦？（你母亲等家里人都在家里吗？）

李先生指出："可能原来使用阿尔泰语言的人在转用汉语或使用汉语进行交际的过程中，由于摆脱不掉自己原有母语的某些习惯，还是按照自己母语固有的习惯和方式使用汉语的'们'。"李先生所言正是。临夏话、甘沟话以及甘青河湟地区"们"的这类用法，是汉语方言受到阿尔泰语言影响的结果。

三　东乡汉语从比格标记"些"及其来源

（一）东乡汉语"些"表示的语法意义

从比格最广义的意思是主要表示行为开始的起点、时间，开始经过的地点，表示比较对象和限度，等等。东乡语从比格附加成分是 -se，从比格相当于汉语的介词"从""到""比"等。我们近几年的调查发现：在西北民族地区的有些汉语方言中，从比格标记形式会用汉语的"些"。如东乡族人所说的汉语中就使用"些"，唐汪话也是如此。这里的"些"[-ɕie]可以直接附在处所名词和地名以及时间名词的基本形式后面，所表示的意思与普通话介词"在、从、自从"相当。如：

1. "些"附在处所名词和地名后面，与介词"在、从"相当。如：

张明屋里些睡觉呢。（张明在房间里睡觉呢。）
我兰州些东乡里下了。（我从兰州去了东乡。）
他一个门口些站下了。（他站在门口。）
书念哩是着家些走掉了。（为念书离开了家。/说要念书，离开了家）
上个月些电费贵掉了。（从上个月起电费涨/贵了。）

以上例句中"些"的用法与汉语"介词+处所+动词"的格式一样，可以表示目标，如朝、往、向等，只是"些"的位置被放置在了处所名词的后面。例如：

兀个年时些长下着大唄。（他从去年起长了不少。）
张明李四兀些里学到料很多技术。（张明从李四那里学到很多技术。）
兀个尕妮哈绣球楼底哈地人伙伙里些扔者起料。
（那个姑娘把绣球向楼下的人群扔去了。）
一个蛇张明兀些爬者过起料了。（有条蛇向张明爬过去了。）

2. "些"还可以表示对象，包括表伴随的"跟"类介词引介对象。例如：

尕张尕王些大。（小张比小王大。）
马驴些快。（马比驴快。）
这个电话兀个电话些贵。（这个手机比那个手机贵些。）
老张羊肉吃着小李些多。（老张吃肉比小李吃的多。）

以上四例中的"些"与形容词结合，表示与某种性质或状态比较的对象。意思与普通话的"比"相当。详见"第四节　西北汉语方言与元白话格范畴比较研究·比较格"。

（二）东乡汉语的"些"与东乡语中的 -sə

我们在上述内容考察了东乡语表示亲属关系的复数附加成分"-çie"来源于汉语，是汉语借词"些"的音译。人们不禁会联想到表示从格标记的"些"是不是也和东乡语表示复数的附加成分"-çie"来源相同，也是汉语的"些"呢？要解决"些"的来源问题，我们需要联系东乡语从比格附加成分 -se 的语法功能。请看例句：

第五章　东乡汉语及西北汉语方言名词格范畴研究　/　271

（1）ndʐaŋ ɢolo mor －sə　ira o.
　　他　远　路　从格　　来
　　他从远道而来。

（2）bi　dunɕian －sə　irawo.
　　我　东乡　从格　　来
　　我从东乡来。

（3）1978 nian －se　kaishi gie －se　zhangmin jiu hhe nie xuexiao －de jiaoshu gie －zhuo.
　　1978 年 从格　开　始 从格　张　明　就那一学　校　　教　书
　　从 1978 年开始，张明就在那个学校教书。

东乡语中的 "－ɕie" 加在路、东乡、1978 年的后面，表示的是从比格附加成分 "从远道" "从东乡" "从 1978 年开始"，介引地点和时间等。

（4）zhangmin －de kixie －se　gie ghadane futan.
　　张　明　　睡 从格　　家　房　间　外面
　　张明喜欢睡在房间外面。
　　张明屋里些睡觉呢。（张明在房间里睡觉呢。）

－se 加在 "kixie 睡" 后面表示的是 "从 + 处所（+ 后置词）+ 动词 + 方位 + 处所（+ 后置词）"。

（5）chi hhe －se　zhasheng　bu benda　khizhegva.
　　你那里 从格　绳　子　　上　　　扔
　　从你那儿扔条绳子上去！

（6）zhangmin lou jiere －se yao bao－zhi.
　　张　明 楼　上 从格　　走
　　张明从楼上走下来了。

（7）nie kuzi chezi bijien shida －se dao－wo.
　　一　车子 我们 旁边 从格　　到
　　一辆车从我们旁边经过。

以上三例 －se 介引的是方向。
－se 除了表示的是对象，还有伴随对象和比较对象等。如：

(8) bi nie kuŋ －se u kuɑi bɑer laji wo.
　　 我一 人从格 五块 钱　借
　　 我从一个人那里借了五元钱。

(9) made　kielien waine tan　－se kielie－ne.
　　 我　　话　　　有你从格　 说
　　 我有话跟你说。

(10) zhangmin kielie chenlie－ne, ada－ni yang sumula －se yang gie－ne。
　　　张　明　话　　听　　　阿达 样 思慕从格标记　样子 做
　　　张明很听话，只按照他爸爸的想法做事。

(11) zhangsan lisi －se undu ya.
　　　张 三李四从格　　高
　　　张三比李四高呀。

(12) mori －sə Gudʑin.
　　　马 从格　　快
　　　比马快。

(13) manə iamə hanə n óɡudə n óɡudə －sə saŋdə r（ə）o.
　　　咱们 一切 全 一天　一天　从格 好

前三例中的－se 介引的是对象，后三例表示的是比较对象。

综上，东乡语从比格附加成分 - se 的语法功能：表示目标（朝、往、向），可以表示伴随"跟"类介词，引介对象；表示与某种性质或状态比较的对象；表示按照、依照等。而东乡语汉语中表示格标记的"些"，与东乡语里的从比格附加成分 - se 所处的位置、表示的语法功能均能对应，其功能相当于介词"在""从""跟"等。下面我们将东乡汉语表示从格标记的"些"与东乡语从比格附加成分的 - sə 进行比较。

(14) 东乡语　 bi dunɕian －sə　ira wo.
　　　　　　我东乡 从格标记 来
　　　　　　我从东乡来。
　　 东乡汉语　我东乡些来了/我东乡搭来了。

(15) 东乡语　zhangmin – de kixie – se　gie ghadane futan.
　　　　　张　明　睡 从格标记　家　房间　外面
　　　　　张明睡在房间外面。

东乡汉语　张明屋里些睡呢/张明屋里搭睡呢。

(16) 东乡语　zhangsan　lisi – se　undu ya.
　　　　　张 三　李四 从格标记　高
　　　　　张三比李四高呀。

东乡汉语　尕张尕王些大/尕张尕王啦大。（小张比小王大。）

以上三例中东乡族汉语的"些"与东乡语从比格附加成分 – se 的语法功能如出一辙。因此，完全可以证明：东乡汉语中表示格标记的"些"来源于东乡语从比格附加成分 – se。

莫超指出，东乡汉语中从比格标记" – çiɛ"来源于东乡语。他说，很有可能是东乡语表示从格的格范畴 – se 被带入汉语中之后，又受汉语语音的影响而汉语化，才读作 çiɛ 的。[①]

"些"的格标记的功能自然是受语言接触影响的结果。我们还可以用"共存"现象来说明。新的和旧的范畴相互结合并且在相同的结构中共同出现，因此会导致双重标记"共存"（coexistence）。"共存"现象可以帮助判断一种语言现象是否受到语言接触影响。

我们发现汉语本土前置介词标记和东乡语格标记的语言名词后格标记存在"共存"现象，其中甘青汉语方言其他格标记的来源也证明我们的说法。东乡汉语从格标记用"些"外，保安语汉语从比格标记是"塔/打/塔拉"。有关西北民族地区汉语方言中格标记"塔拉"的来源，学者们意见基本一致：均认为是受到了西北民族地区阿尔泰语系语言的影响，马树钧认为"塔拉"[tʻala]与保安语中的语尾" – tʻɑ lɑ (– tʻə lə)"、蒙古语的语尾同源[②]；李克郁（1987）指出"塔拉"可能是蒙古语族语言的界限——选择副动词形式，即蒙古语的 – tl、土族语的 dəla、保安语的 – təla、东乡语的 – tɑ lɑ。马伟（1997）认为"塔拉"可以在蒙古语中

---

① 莫超：《东乡族汉语中"些""有""啦哒/哒啦""阿哈"的用法及来源》，《甘肃高师学报》2010 年第 6 期。
② 马树钧：《汉语临夏话与阿尔泰语言》，《民族语文》1984 年第 2 期，第 55 页。

找到对应。总之，"塔拉"是受到了阿尔泰语系语言的影响。"拉/啦"也在阿尔泰语系语言中找到大量的对应关系，如李克郁、李美玲（1987、1996）指出：无论从其在句子中所处的位置、表示的语法意义还是语音面貌看，"拉/啦"与阿尔泰语系语言有着渊源关系。"拉/啦"这个语言成分在阿尔泰语系突厥语族语言中是一个支配名词、代词的后置词，标记凭借格和联合格。东乡语中是－Gala/－la，保安语中是－Galə，土族语中是－la。从语音形式到语法意义，"拉"与阿尔泰语系语言中相关格标记的对应清晰可见。马树钧（1984）、马伟（1997）也持同样的看法；席元麟（1989）认为土族语的造联格附加成分－la对应于汉语青海话里具有同样功能的"俩"，也就是汉语方言中的"俩"来源于土族语中的－la。

甘青有些地方的汉语方言格标记中没有"塔/搭"代之以"撒"。李克郁（1987）认为青海汉语中的介词"撒"可以表示行为的起因、动作行为的起落点和起讫时间，相当于汉语普通话的"从"。"撒"与蒙古语族语言的从比格有种种渊源，如席元麟（1989）认为青海汉话里的"撒"表达相当于汉语普通话中"从、自、比、跟"等介词的意义，恰好与土族话等阿尔泰一些语言里的从比格附加成分同音，如土族语表示方向、对象、时间和比较等意义的从比格附加成分是－sa，而且它们所表示的语法功能也完全一样。因此两者的对应关系很明显。

对于东乡汉语等西北汉语中格标记的来源问题，学者们的意见基本一致。孙宏开（1995）指出：显性格标记中词形变化之外的格助词主要有两个来源：是格黏附后缀和实词的虚化。祖生利（2001）解释直译体文献之所以选择汉语方位词对译蒙古语变格成分的两个主要原因：一是方位词的后置特征与变格成分相一致；汉语方位词的后置性特征与蒙古语静词等变格成分相一致。汉语中方位词则常在名词等之后，如"桌子上""地面上"等。蒙古语名词的与位格、离格等格附加成分也是一种后置成分，所以从位置上汉语方位名词与蒙古语静词变格成分相同，都是后置。二是宋元汉语方位词在意义和用法上与蒙古语变格成分多有相同之处。汉语方位词从中古开始普遍意义虚化，处所标记的作用日益明显。如"上/下/哈"。六朝以来，特别是唐代以来，汉语方位词的方位义普遍虚化，处所标记的特征日益明显，只是表示一种范围或方面意义；意义的虚化功能不断扩大，"上"进而可以用于指人名词后，泛指某人处、某个方面。

我们知道元代汉语常借用一些固有词语（如"呵""时""上"）来模拟蒙古语结尾词或后置词，这些词语就不能按原有的词语意义去理解。西北方言的方位词"上/下/哈""打"等词也是带了与汉语词汇用法完全不同的语法意义，是用汉语的方位词对应充当格标记。通过比较我们可以看出，东乡语 – de/ – se 与东乡汉语中的"搭/啦"位置对应、语法功能相似。

语言是一个完整的系统，语言接触产生的影响结果也不会是杂乱无章的，而是具有一定的规律性和系统性。从"塔拉""拉""撒"受阿尔泰语系语言影响而产生的结果可以推出：东乡语汉语中表示行为的起点、离开的或经过的地点等的 [– çie］"些"，就是阿尔泰语系蒙古语族语言里从格或离格的附加成分 – sə，如东乡语和保安语里是 – sə、土族语里是 – sa、东部裕固语的 – sa/ – sə 的对应和复制，两者语音形式近似、语法意义一致。表示从格的 – sə/ – sa 进入汉语后，有些地方发 – sa 音，如青海话的"撒"；另一些地方则发作 – çie，如甘肃东乡语汉语和保安语的"些"，"撒""些"异口同声，只不过是不同的地区和使用的人群选用的不同用字罢了。

这种现象是语言接触过程中的母语干扰现象。母语干扰现象是指二语习得者在母语干扰下，将自己语言的语法概念带进了目的语。即使用阿尔泰语言的人在转用汉语或习用汉语进行交际的过程中，由于摆脱不掉自己原有语言母语的某些习惯如格标记 – se 等，会按照自己母语固有的方式表情达意，像东乡民族在说汉语的时候，将自己从比格标记 – se 的语法范畴、语音模式带入他们所讲的汉语之中。西北方言的从格标记"些"即使用民族语者将自己的从比格标记 – se 带入了目标语的结果，是按自己母语的语法系统改造了汉语。

第三节　西北民族地区汉语方言名词格标记研究

一　西北汉语方言和少数民族语言名词格标记比较

按照传统语言学的观念，也就是狭义名词格标记的界定，名词格标记是拥有形态变化的语言中才存在的语法范畴，因此汉语是没有名词格标记的，我们看到黄廖本的《现代汉语》也未曾提及汉语名词格标记。汉语没有屈折形态变化，表现形式上的缺失和其内容上的不显著是交互作用的。

汉语方言之间的差异大过了某些语种之间的差异。当放眼汉语各地的方言变体，我们发现西北民族地区的汉语方言是别具特色的，其特色之一就是格标记。"哈""搭""塔""塔拉""拉"等格标记在西北民族地区汉语方言中普遍存在，但是在汉语的其他方言区却未曾出现。这些格标记应该不是汉语自身自然而然发展孕育的结果，不然汉语其他方言区没有出现这种现象又作何解释？所以，问题的答案只能从影响语言发展的西北民族地区特殊的社会历史条件中去寻找。桥本万太郎曾经提出"北方汉语阿尔泰化"的理论，也就是中国北方的汉语受到了阿尔泰语系语言的深刻影响。学术界也普遍认为西北民族地区汉语方言中存在的独特现象，典型的如 SOV 语序，是语言接触的影响所致。的确，不论是西北民族地区的发展历史，还是现代西北民族地区汉族与使用阿尔泰语系语言的少数民族撒拉族、东乡族、土族、西部裕固族等民族的杂居状况，都是中国其他地方所没有的。而且，西北民族地区汉语方言中格标记与阿尔泰语系语言中的格标记有着千丝万缕的联系。使用阿尔泰语系语言的少数民族与西北民族地区汉族、回族杂居，由于宗教信仰、商贸往来等因素，他们之间交往密切。因此，语言接触是既定的事实。那么，关于西北民族地区汉语方言中格标记是不是确实来源于这些少数民族语言的问题，我们认为，只有将两者的格标记进行对比后才能得出更令人信服的结论，只有深入、细微地对比分析才能探出事情的端倪。为此，我们选取西北民族地区的一些汉语方言和少数民族的语言，首先将汉语方言和少数民族语言各自的名词格标记体系进行对比，经过比较分析寻找西北民族地区汉语方言格标记来源的可靠证据。

（一）西北民族地区汉语方言名词格标记比较

甘青不同地方的人相互之间交流没有太大的障碍，这里的汉语方言很多都是 SOV 语序，有"哈""搭""拉"等格标记，它们的"格"数量和格标记给人以大同小异之感。这些相似性和区别性都有很重要的意义。

西北民族地区汉语方言点的选取要具有典型性，我们将其定位于汉族、回族与少数民族接触比较广泛的地区的汉语方言以及一些具有代表性的引起学者们关注的汉语方言。我们选择东乡汉语、临夏话、唐汪话、西宁话以及循化话作为比较对象。按照过去的说法，这些汉语方言被统称为"河州话"。古河州是甘肃临夏的旧城，它以现在的临夏市为中心，包括东乡族自治县、积石山保安族、东乡族、撒拉族自治县、青海循化撒拉族自治县以及甘肃甘南藏族自治州和青海黄南藏族自治州的一部分地区。"河州话"是生活在河州地区的汉族、回族所说的汉语方言，也是他们与这一地区的其他少数民族相互交际的语言，因而十分具有特色。东乡汉语是大河家镇东乡族人所转用的汉语方言，也是当地的汉、回、东乡、撒拉等民族进行交际通用的汉语方言。临夏话我们这里指的是临夏回族自治州临夏市区的汉语方言，它比较有特色，不少学者从不同的视角对临夏话进行过研究，如马树钧（1984）、王森（1993）、李炜（1993、1999）、马伟（1997）、雒鹏（2004）、张建军（2008）等。唐汪位于甘肃省临夏回族自治州东乡县，特殊的地理位置造就了唐汪话，学者们对它的语言性质问题存在不同的看法，阿·伊布拉黑麦（1985）、徐丹（2011）等学者对唐汪话做过较深入的研究。西宁话和循化话是青海省的汉语方言，西宁话是指青海省西宁市的汉语方言，循化话指青海省循化撒拉族自治县的汉语方言，马梦玲（2009）曾对西宁方言的"哈""俩"进行过讨论，马树钧（1985）分别对循化话的准格位范畴和人称代词的变名词格标记进行过探讨。

除东乡汉语外，其他四个汉语方言的名词格标记体系我们主要依据学者们的研究成果。各汉语方言的名词格标记划分可能不一致，我们依据格语义关系逐个罗列，在每种汉语方言下列出名词格标记名称、格标记以及例句。

从表5—1中，我们清晰地看到这五种汉语方言的名词格标记及其标记整齐地对应，名词格标记的类别几乎一致，格标记都是"哈""搭""塔""塔拉""拉"等。除唐汪话从比格标记的不同和其止格的缺失外，其他方言的主格、领宾格、与位格、表起始时间关系的从比格、止格的名词格标记和表达形式完全一致；表处所起点语义关系的从比格，东乡汉语格标记是"塔"，也有少量使用"搭/拉"的情况，唐汪话格标记是"些/［ʃie］"，而临夏话、西宁话、循化话无一例外都是"搭"；表示从某人处取得某物的名词格标记，唐汪话和西宁话中没有，临夏话和循化话的格标记极为相似，分别为"［xet·e］些搭""［x θt·θ］些搭"，东乡汉语为"拉"；相对而言表比较关系的格标记差异较大，临夏话、西宁话、循化话中没有，唐汪话使用格标记"些/［ʃie］"，东乡汉语使用"看着/是"；表原因、来由的"拉"是东乡汉语和循化话共有的；造联格是这五种汉语方言共有的名词格标记，并且除西宁话格标记"俩"外，其余都使用"拉"作为格标记。

这些汉语方言中的宾格和与位格格标记"哈"使用都不是很严格，很多情况下可以省略，特别是在施受关系比较明确的时候。在表达汉语普通话双宾语句一类的句子中，它们通常是间接宾语后加格标记，直接宾语后格标记省略。

西北民族地区汉语方言中不约而同地出现相似的名词格标记及格标记，其原因只能从西北民族地区影响汉语发展的特殊环境中去寻找。

（二）西北民族地区少数民族语言名词格标记比较

西北民族地区少数民族语言我们选取阿尔泰语系蒙古语族的东乡语、土族语和突厥语族的撒拉语、西部裕固语，共五种语言。选取的标准是它们与东乡汉语的密切联系。"东乡三庄"所在的积石山县就是保安族、东乡族、撒拉族自治县，那里的汉族、回族同东乡族、撒拉族交往密切，而且东乡汉语本身就是当地各民族交际通用的汉语方言。土族语分布在中国青海省东部和甘肃省西部地区，以青海省互助土族自治县和民和回族土族自治县最集中。西部裕固语是中国甘肃省张掖市肃南裕固族自治县西部，大河区和明花区的裕固族所使用的语言。这些少数民族语言的名词格标记体系情况我们主要依据 2009 年修订的《中国少数民族语言简志丛书》①中的材料，这与我们名词格标记调查的主要例句来源一致，便于比较。各语言名词格标记划分不统一，我们依据语义关系逐个列出。

我们将各少数民族语言的名词格标记按照深层语义关系进行分类归并，并注明它们在简志中原本各自的名词格标记名称。语义像水面的涟漪，以一个点为中心，向四周扩散开来，所以对语义信息的解读有时是多角度的。我们以深层语义为标准对名词格标记进行归并时抓住了语义的核心点，虽然有时边缘意义可以对名词格标记有不同的分类，但是我们以核心意义为准绳。同时，以表现形式为重要的参照标准。因为语言本身是一个自成体系的严密表达机制，它的形式是对其内容最有力的反映。在整理以上少数民族语言的名词格标记时，根据这些原则将其原本的格类别相互之间打通，划分出更小的语义类别以便比较，对其原本的划分既拆又合，力求完整、准确、清晰地看出它们之间的异同。

表 5—2 中，我们可以一目了然地看到蒙古语族的东乡语、土族语和突厥语族的撒拉语、西部裕固语各自的名词格标记体系以及它们之间的对应关系。它们在名词格标记的种类上及同种"格"的标记形式上有许多相同或相似的地方，某个格标记形式兼表多种名词格标记的情况也大量存在。同时，同一语族内语言之间的名词格标记种类及格标记相近性更大。我们看到，突厥语族撒拉语、西部裕固语比蒙古语族语言的格标记更为繁复，而蒙古语族的东乡语、东乡语与土族语之间的名词格标记及其标记形式，除部分 – ni/ – nə、– sə/ – sa、– Galə/ – lə/ – la 的区别外几乎完全一致。

---

① 《中国少数民族语言简志》编委会、《中国少数民族语言简志丛书》（修订本）编委会：《中国少数民族语言简志丛书》（修订本），民族出版社 2009 年版。

表5—1　西北汉语接触方言格标记比较

汉语接触方言格范畴	东乡汉语	临夏话	唐汪话	西宁话	青海循化话
人或事物之间的领属，限定等关系	领宾格：的 [ti] 尕娃的帽子。	领格：的 [ti] 我的阿达。	领格：的 [tʂi] 我的碗。	领格：的 [ti] 丫头的衣裳。	领格：的 [ti] 学校的学生。
谓语动词表达的行为所涉及的客体	领宾格：哈 [xa] 头口阿着着。（放牧。）	宾格：哈 [xa] 我这个人哈认不得。	宾格：哈 [xa] 你什么哈要呢？ 你要什么？	宾格：哈 [xa] 你饭哈吃。 （你吃饭。）	宾格：哈 [xa] 你果子哈吃！ （你吃水果！）
表明行为涉及的对象	与位格：哈 [xa] 兀个我阿书给了。（他给我书了。）	与受益格：哈 他给哈信给没来吗？ （他没写信给你吗？）	宾格：哈 [xa] 你阿个哈那本书给给了？ （你把那本书给给谁了？）	宾格：哈 [xa] 有啥事你我给哈说。（有什么事对我说。）	哈 [xa] 我他哈给一本书给了。 （我送了他一本书。）
表明行为或状态发生的起始时间	从比格：搭 [ta]（搭拉 [ta la]，搭 [ta]） 我们八点钟搭工作去呢！ （我们从八点开始工作吧！）	搭 [ta] 兀会搭再没来过。 那时起再没来过。	些 [ɕie] 那昨个些做脱了。他昨天开始做了。	搭 [ta] 羊肉昨天搭涨价了。（羊肉从昨天开始涨价了。）	搭 [ta] 春节以后搭再没来过。（春节以后再没来过。）
表明行为或状态发生的处所起点	从比格：搭 [ta]，拉 [la] 我东乡搭来了。（我从东乡来。）	从比格：搭 [ta] 北京搭回来了。（从北京回来了。）	从比格：些 [ɕiε] / [ɕie] 我家里些来了。（我从我家里来。）	搭 [ta] 北京搭西宁来了。（从北京到西宁。）	搭 [ta] 这是兰州搭带来下的。（这是从兰州带来的。）

续表

汉语接触方言格范畴	东乡汉语	临夏语	唐汪话	西宁话	青海循化话
表明从某人那里获得某物	从比格: 拉 [la] 你阿个的跟里拉手艺学下地？（你从谁那里学的手艺？）	从格: 些搭 [xetɛ] 他－xetɛ借下的。（从他那里借的。）			些搭 [xɵtɛ] 这个录音机是我老王 xɵtɛ 借下的。（这录音机是我跟老王借的。）
表明行为或状态发生的原因、来由	从比格: 拉 [la] 这场雨啦是麦子长下了。（由于这场大雨麦子长了。）				拉 [la] 胡达的恩典拉病一瓜好了。（托真主的恩典，病完全好了。）
与某种性质或状态比较的对象	从比格: 看着 [k'antʂ ɤ] /看是 [k'an ʂɿ] 他我（阿/哈）看着/是大两岁。（他比我大两岁。）		从比格: 些 [ɕi ɛ] / [ʃie] 尕张尕王些大。（小张比小王大。） 马驴些快。（马比驴快。）		

续表

方言格范畴＼汉语接触	东乡汉语	临夏话	唐汪话	西宁话	青海循化话
表明行为或状态终止、时间界限的同义	止联格：塔拉 [ta la] 这会塔拉还睡着哩。（他睡到这会了。）	止格：塔拉 [ta la] 他晌午塔拉睡了。（他睡到中午了。）		塔拉 [ta la] 他来塔拉，我们睡觉着俩。（他来的时候，我们还在睡觉。）	塔拉 [ta la] 我来塔拉你先要去。（我回来之前你先别走。）
表明所凭借的工具方式、制作的材料或役使的性者	造联格：拉 [la] 你土话拉说。（你用东乡语说。）	凭借格/工具格方式格：拉 [la] /两个 [liaŋ kɛ] 我笔两个写去。（我用笔两个写。）	工具格：拉 [la] 我刀子拉切肉咧。（我用刀切肉）	俩 [lia/la] 作业铅笔俩写写。（用铅笔写作业。）	拉 [la] 先铅笔拉画上个记号。（先用铅笔画个记号。）
表明人或物的伴随者、偕同者	造联格：拉 [la] 炒面拉油一搭拿上。（炒面连油一起拿走。）	伴随格：拉 [la] /两个 [liaŋ kɛ] 我他两个不去。（我不跟他去。）	伴随格：拉 [la] 尕张尕王拉个子一样者。（小张和小王一样高）	俩 [lia/la] 个子大的个子小的俩一搭站。（个子高的不要和个子矮的站在一起。）	拉 [la] 你先他拉商量一下。（你先跟他商量商量。）

第五章　东乡汉语及西北汉语方言名词格范畴研究　/　283

表5—2　西北少数民族语言格标记

语言格范畴 \ 少数民族	保安语	东乡语	土族语	撒拉语	西部裕固语
施事、被表述的对象	主格：零形态 mambə r（ə）o. 医生 来 （医生来了。） gagə mambə o. 哥哥 医生（是） （哥哥是医生。）	主格：零形态 tɕots um irəwo. 客人 来 （客人来了。） ula undu wo. 山 高	主格：零形态 bulaiisge 孩子们 naadələ ɕəva. 玩 去 （孩子们玩去了。） ndaanə aaga 我们 叔叔 moitɕə va. 木匠 是 （我们的叔叔是木匠。）	主格：零形态 asman ɑtʃ – il – dʒi. 天 晴 （天晴了。） ɑjʃa ɢɑdin kiʃ 阿依霞 女 人 dər. 是 （阿依霞是妇女。）	主格：零形态 jɑnqessɑq 杨柯萨克 ɑməhdɑn 野牲 ɑht ɢɑlɑ bɑrəp 打 去 dro. 是 （杨柯萨克打猎去了。）
人或事物之间的领属、限定等关系	领宾格：–nə gagələ – nə eləpe 哥哥们 鞋 （哥哥们的鞋。）	领宾格：–ni ana – ni otɕin 妈妈 女儿	领宾格：–ə aaba – ə 爸爸 mal ɢa – ə 帽子 ndəree gee. 这里 放 （爸爸的帽子放在这儿。）	领格：–ni ɣi ɑma – ni ɣi ɢol – ə 妈妈 的 胳膊 ɑɣər – ba. 疼 （妈妈的胳膊疼。）	领格：–nen/ –deŋ bu Gusdeŋ 这 鸟的 ta ybɑ ʂdɑ dro. 山 头 上 是 （这种鸟的窝在山顶上。） mero ɑrɑŋ 窝

续表

语言格格范畴\少数民族语言	保安语	东乡语	土族语	撒拉语	西部裕固语
谓语动词表达的行为所涉及的客体	领宾格：-nə gagələ-nə uɾdʒɪ 哥哥们 叫 来！（把哥哥们叫来！）	领宾格：-ni bi ənə mori-ni 我 这 马 umujə! 骑（我骑这匹马吧！）	领宾格：-nə 或省略 ɕinaadʒii 嫂子 da Gaa jauu. 跟 去（跟着嫂子去。）tɕaa(-nə) otɕa. 茶 喝（喝茶）	宾格：-nə 或省略 sen ənə tʃala di 你 他 叫 ge (l). 来（你把他叫来。）u oʃ sə χla-ɢa (r). 他家 看守（他要看家。）	宾格：-nə/-da -nɑɕi 或省略 maŋqəs ɑniga ɑlɑq 妖怪 老奶奶 ədɑɢən 花把狗崽 jɯlɑrvɑdəp dro. 杀死 是（老妖婆把花狗崽杀死了。）
表明行为涉及的对象	与位格：-də maŋə Gualə 咱们 二人 gagə-də as ɢ(ə)ə e! 哥哥 同（咱俩同哥哥吧！）	与位格：-də tʂɯgaga-dənə asa! 你 哥哥 同（你同你哥哥！）	与位格：-də tɕə taraanə 你 粮食 sejuensge-də 社员们 x Guaadʐə o Go. 分 给（你把粮食分给社员们。）	与位格：-ɢɑ/-ɣe/-ə/-ə/ -nə ʃye sən lo ʃi. 学生 老师 vunti sor-dʒi. 问题 问（学生向老师问问题。）	向位格：-ɢɑ/-ɣe /-ŋ ɢɑ/-ŋɡe gol ɡəzɑ ɢʌsəŋ ɡɑ 他 向他姐姐 kulov dro. 笑着 是（他正向他姐姐笑。）

第五章　东乡汉语及西北汉语方言名词格范畴研究　/　285

续表

汉语接触 语言格范畴	保安语	东乡语	土族语	撒拉语	西部裕固语
	与位格：- də 或直接用时间名词 χoruŋ Guraŋnə 二十三 udər - də tɕiarəg 日　兵 Guar rətɕ. 二　来 (二十三日来了两个土兵。)	与位格：- da 或直接用时间名词 bi o ɣəiku 我 天明 ʂɯxou - da sai 时候　才 qaridʐ, ɯirənə. 回　来 (我天明的时候才回来哪。) tʂ ɯma ya ʂɯatʂ ɯ! 你 明天去 (你明天去!)		与位格：- da/ - de/ - ndə/ - nde pohor - də jaʁmur 一会儿　雨 jaʁ - dʒi. 下 (一会儿下雨了。) 从格：- dən/ - den/ - ndən/ - nden iɡi ɡun - dən ɑrdʒi 二天 以后 u jan ba (r) - miʃ. 他回 去 (两天以后他回家了。)	与位格：- nɑ/ - de/ - ndɑ/ - nde① ol kunde menəŋ 那 在天 我的 bandə bar bolsɑ 伴弟 有 如果 muna dune ɣəʃ er. 把这个 认识是 (如果那天我的伴弟在场的话，他是会认识这个的。)

① d 开头的加在没有第三人称附加成分的词之后；n 开头的加在带第三人称附加成分的词之后。

续表

少数民族语言格范畴 \ 语言	保安语	东乡语	土族语	撒拉语	西部裕固语
表明行为或状态发生或存在的地点	与位格：-də 或直接用方位名词 nəgan dzʐŋ hoŋsə 一 百 年 mailə badə 以前 我们 rəkuŋ-də səusuŋ. 东乡 住 （一百年以前我们在东乡城住过。）	与位格：-də 或直接用方位名词 ənə Gadʐ a-nə 这 地 baodʑi tarinə. 麦子 种 （这块地将要种麦子。） bi bədʑin 我 北京 saodʑ ʊwə. 住 （我住在北京。）	与位格：-də te raal-də 那个 河 dʑa Gasə ulon a. 鱼 多 有 （那条河里鱼多。）	与位格：-də/-de/-ndə/-nde u oj-de xuj 他屋 会 atʃ-ba (r). 开 （他正在屋里开会。）	与位格：-nɑ/-de/-ndɑ/-nde məs jysəndə 我们 在他家 diensi Gurəhdə. 电视 看了 （我们在他家看电视了。）
动作所表达的行为或状态进行或发生的趋向地点	与位格：-də 或直接用方位名词 tɕʰʐuinə χuŋ səu. 你 后一些 坐 （你靠后一些坐。）	方向格：-yun hə iəniou ənə 那 洋芋 这 fudə-yun kiə! 口袋 倒 （把那洋芋在这口袋里倒!） tʂuhə ulə-yun 你 山 ət ʂudʑ ʋuəri! 去 找 （你到那山上去找!）		与格：-ʁə/-ɡə/-e/-ə/ -nə ulər herɡunə 他们 每天 dɑ ʁ-ɡə tʃobor 山 草 mə ʋur-ba (r). 去 割 （他们每天到山上去割草。）	方向格：-ɡɑ/-ŋɡɑ/-ɣɑ/-ɣe/-ŋɡe vɑŋ lo si jysəŋge 王老师 向他家 jənəp dro. 回了 是 （王老师回家向他家去了。）

第五章 东乡汉语及西北汉语方言名词格范畴研究 / 287

续表

语言格范畴 \ 少数民族	保安语	东乡语	土族语	撒拉语	西部裕固语
表明行为或状态所达到的程度		与位格：-də usu Gudʐ un-də 水 脖子 上 q uɯdʐ uɯəwo. 来 （水没到脖子上了。）			
表明行为或状态发生的目的	与位格：-də badə uesun-də 我们 草 r (ə) o. 来 （我们割草／为了草来了。）		与位格：-də ʂlaa Gun-də 柴 jauuja. 走 （弄柴去。）		
表明行为或状态发生的起始时间	从比格：-sə mangə ma χɕiə-sə 咱们 明天 leg (ə) e! 劳动 （咱们从明天起劳动吧!）	从格：-sə tʂuɯnə uɯdu-sə 你 这 天 ɕiəɕiaodə at ʂuɯ! 学校 去 （你从今天起到学校去!）			从格：-dɑn/-den /-ndɑn/-nden məndɑn soŋ 从此 后 andɑ ɣ Gɑlmɑ. 那样 不要做 （今后别那样做。）

续表

少数民族语言格范畴	保安语	东乡语	土族语	撒拉语	西部裕固语
表明行为或状态发生的处所起点	从比格：-sə ndzaŋ Golo mor-sər (ə) o. 他 远 路 来 （他从远道而来。）	从格：-sə bi dunçian-sə irawo. 我 东乡来 （我从东乡来。）	离比格：-sa vaŋdʐa aade 王家 爷爷 badzar-sa redʐə. 城 来 （王爷爷是从城里来的。）	从格：-dən/-den/ -ndan/-nden u bu otʃux-nə 他这 男孩 baʃ-inden 头 cja χ-ənə bar 脚 uʃer-miʃ. 一看 （他从头到脚看了一下这个男孩。）	从格：-dən/-den/ -ndan/-nden jorqdan bar 从南边 kəsi gelov dro. 人 来着 是 （南边有个人正在走来。）
表明行为或状态发生的原因或来由	从比格：-sə bu mo Gɔi-sə ajinə. 我 蛇 怕 （我怕蛇。）	与位格：-də ənə faku fugiə 这欢（回）大 gura-də 雨 baodəilaos ɯwo. 麦子 长 （由于这场大雨麦子长了。）	离比格：-sa noxuai-sa ajəva. 狗 怕 （怕狗了。）	从格：-dən/-den -ndan/-nden bu ɑnatʃux 这姑娘 men-den tʃele-ba. 我 认生 （这姑娘怕我。）	

第五章 东乡汉语及西北汉语方言名词格范畴研究 / 289

续表

少数民族语言格范畴 语言格范畴	保安语	东乡语	土族语	撒拉语	西部裕固语
与某种性质或状态比较的对象	从比格：-sə manə iamə hanə 咱们 一切 全 nə² gudə nə² gudə -sə 一天 一天 saŋdə r e(ə) o. 好 来 （咱们的生活一天比一天好起来了。）	从格：-ɕə mori -ɕə Gudʐin. 比马 快 dʐdsun -satʂwgan. 比雪白 雪 白	离比格：-sa ndaanə ɛnanə ndəree 我们 这里 ger -sa ndur 房子 高 ɕdʐoosə ulon 树 多 xu Guai va. 很 是 （我们这儿比房子高的树多的是。）	与格：-Gɑ/-gɛ/-e/-ə/ -ʁɑ/-gɛ/-e/-ɣɛ/ -nə bu otʃux uʃer -se 这 男孩 看 ɯ 以前 utʃirɑ ɛɯnɑ -sɑ 遇见 va χ -sɑ jɑ χ/ɑ. 看 好 （这孩子看起来比以前遇见过的好。）	从格：-dɑn/-den /-ndɑn/-nden bu tiorden gol 那 这 皮袍 tiordenden 皮袍（比） jɑx ʂiruq dro. 好些 是 （这件皮袍比那件皮袍好一些。）

续表

少数民族语言格范畴	保安语	东乡语	土族语	撒拉语	西部裕固语
表明所凭借的工具、方式、制作的材料或役使的牲畜	造联格：-Gala no Gsuŋ - Gala tɣum ti! 你 我 羊毛毡子擀 （你用羊毛擀毡！）	造联格：-Gala tʂuŋanbi - Gala pidzʅ tɪ! 你 钢笔 写 （你用钢笔写！） bi dunçian kun - Gala dunçian kialianni gaodə kialiana. 我 东乡 人 - Gala 东乡话 好 说 （我是东乡人，东乡话说得好。）	造联格：-la sgo - la tɕabdzə bosnə 斧子 欣 （用斧子欣） mepxuaa - la nəkən ü. 棉花 织 是 （布是用棉花织的。）	与格：-ʁɑ/-Gɑ/-ɣe/-Gə/-ge/-e/-ə/-nə men kimu - Ɛə ot gel - dʑi. 我 船 坐 来 （我乘船来的。）	位格：-nɑ/-de/-nda/-nde 动作的方式 bu qan ja ɣunən bar poda ahdəp 这 可汗 把 他 的 象 一 枪 dro. 射（在） 是 （这可汗把他的象一枪打倒了。）
表明人或物的伴随者、偕同者	造联格：-Gala tɕimənə dəu - Gala daməlɑ! 你 我 弟弟 拾 （你跟我弟弟一起拾！）	联合格：-lɑ bi awi - lənə hantu iawujɛ! 我 父亲 一同 去 （让我和我父亲一同去吧！）	造联格：-la - naa bi diun - la - naa naadava. 我 弟弟 玩 （我和自己的弟弟玩了。）		联合格：-nɑ/-dɑ/-n derdeɲnə tus Gan 狼（和）兔子 sigesə ʃi ɣun Ga qidəp dro. 俩 向 老鼠 问了 是 （狼和兔子俩同问老鼠。）

（三）西北汉语方言和少数民族语言名词格标记比较（见表5—3）

无论是西北民族地区汉语方言的名词格标记还是少数民族语言的名词格标记，它们各自内部都存在一些趋同的特点，这是由它们的语系关系和地域联系所决定的。西北民族地区汉语方言特殊的名词格标记现象和散布在其周围的有着明显名词格标记和格标记的少数民族语言之间也存在对应关系，这里指从语言本体角度而言。语言接触可以有内部、外部等多方面的证据，但是最重要的应该是语言本体的证据，接触造成的语言本体的一些变化是接触的结果，也是接触过程最好的证明。

我们选取的这五种汉语方言和五种少数民族语言，都是大杂居、小聚居的西北民族地区各民族所说的活生生的语言。其中，东乡汉语和东乡语，唐汪话和东乡语，循化话和撒拉语两者之间有着更为密切的关系。东乡汉语是当地东乡人和汉族、回族等民族通用的语言；同样，唐汪位于东乡族自治县；循化话是青海省循化撒拉族自治县的汉语方言。我们在表格中将这三组列在一起，仍然按照语义单个罗列，由于表格大小的限制，这里不再一一列举。

西北民族地区汉语方言中造联格的标记"拉"与少数民族语言的 -ɢalə/ -ɢala/ -la 有明显的对应关系，应该属于直接对译借用。汉语方言中用"哈""搭""塔"标记的名词格标记在少数民族语言中使用的标记是 -nə/ -də/ -sə/ -rə/ -ndan/ -nden/ -ʁə/ -ɣe/ -ŋɢɑ/ -ŋge 等，双方没有鲜明的对应关系，但是它们的句中位置、语法功能相似，少数民族语言中这些标记的语音形式在汉语中是没有或少见的，因此这些格标记形式在汉语中被本土化改造，正如席元麟所言，"至于有点语音变化是由于受汉语音系制约的结果"。

表5—3　西北汉语方言和少数民族语言名词格标记比较

格标记\语言种类 格范畴	保汉	保安语	唐汪话	东乡语	循化话	撒拉语	临夏话	西部裕固语	西宁话	土族语
人或事物之间的领属、限定等关系	的[ti]	-nə	的[tʃi]	-mi	的[ti]	-ni γi	的[ti]	-nəŋ/-den	的[ti]	-ɛn
谓语动词表达的行为所涉及的客体	哈[xa]	-nə	哈[xa]	-mi	哈[xa]	-ɛn	哈[xa]	-nə/-da/-n	哈[xa]	-nə
表明行为涉及的对象	哈[xa]	-də	哈[xa]	-də	哈[xa]	-ʁa/-ɣe/ -Gə/-ge/ -ɛn	哈[xa]	-Gɑ/-ge/ -ɣɑ/-ɣe/ -ŋGɑ	哈[xa]	-də
表明行为或状态发生的时间		-də 或 零形态		-də 或 零形态		-də/-de/ -ndə/-nde/ -dən/-den		-nɑ/-de/ -nda		
表明行为或状态发生或存在的地点		-də 或 零形态		-də 或 零形态		-də/-de/ -ndə/-nde		-nɑ/-de/ -nda		-də
动作所表达的行为或状态进行或发生的趋向地点		-də 或 零形态		-ɣun -rə		-ʁa/-ɣe/ -Gɑ/-ge		-Gɑ/-ge/ -ɣɑ/-ɣe/ -ŋGɑ		

第五章 东乡汉语及西北汉语方言名词格范畴研究

续表

格范畴\格标记\语言种类	保汉	保安语	唐汪话	东乡语	循化话	撒拉语	临夏话	西部裕固语	西宁话	土族语
表明行为或状态发生的起始时间	搭 [ta]（搭拉 [ta la]／拉 [la]／搭 [ta]）	-ɕ	[ʃie]	-ɕ	搭 [ta]		搭 [ta]	-dan／-den／-nden	搭 [ta]	
表明行为或状态发生的处所起点	搭 [ta]（搭 [ta]／搭 [ta]）	-ɕ	些 [ɕiɛ]／[ʃie]	-ɕ	搭 [ta]	-dən／-ndən	搭 [ta]	-dan／-den／-ndan	搭 [ta]	-sa
表明从某人那里获得某物	拉 [la]			-də	[xθθ]		[xet'e]			
行为状态发生的原因或来由	拉 [la]	-ɕ		-ɕ	拉 [la]	-dən／-ndən				-sa

续表

格范畴	语言种类 格标记	保汉	保安语	唐汪话	东乡语	循化话	撒拉语	临复话	西部裕固语	西宁话	土族语
与某种性质状态比较的对象		看着/看是	-sə	些 [ɕiɛ] / [ʃie]	-sə		-ʁə/ -ɣe/ -Gə/ -ge/ -dan/ -nden		-dan/ -den/ -ndan/ -nden		-sa
表明行为状态终止时间界限		塔拉 [ta la]				塔拉 [ta la]		塔拉 [ta la]		塔拉 [ta la]	
数字所指的事物以及被强调的数字									-ɢɑ/ -ge/ -ɣɑ/ -ɣe/ -ŋ ɢa		
凭借的工具方式、制作的材料		拉 [la]	-ɢalə	拉 [la]	-ɢala	拉 [la]	-ʁə/ -ɣe/ -ɢə/ -nə	拉 [la] / 两个	-dan/ -den/ -ndan	俩 [lia/la]	-la
表明人或物的伴随者、借同者		拉 [la]	-ɢalə	拉 [la]	-lə	拉 [la]	-nə/ -də	拉 [la] / 两个	-nɑ/ -de/ -nda	俩 [lia/la]	-la

二 西北民族地区汉语方言中格标记来源

名词格标记在本质上是一种深层语义关系，从广义上讲，汉语中也有格关系，不过没有明晰的表现形式。在阿尔泰语系语言中，名词格标记通过形态变化、黏附后缀等显性的格标记来表达。王力先生曾指出："必须汉语语法本身有这种发展的可能性，然后才能接受外语的语法形式来丰富自己。"① 语言接触的影响并没有给西北民族地区的汉语方言增加"格"这一个语法范畴，而是改变了汉语方言中对名词格标记的标记形式，即增加了虚化的、黏附的、功能固定的格标记。由于形式对所表达内容的反作用，格标记的出现也凸显了——原本在汉语普通话中潜在的——西北民族地区汉语方言中"格"这一语法范畴。

上面我们曾谈到，西北民族地区汉语方言中出现的格标记不大可能是汉语自身生发出来的，它们应该是语言接触造成的，是西北民族地区独特的社会历史背景导致了其独特的语言发展状况，这点在第一章中有所介绍。除了外部社会历史条件外，语言接触更多地需要从内部语言自身来寻找接触痕迹。

（一）阿尔泰语系语言的接触影响

历史上，由于政治、经济、军事、文化、宗教等因素，西北民族地区的汉族和少数民族有着广泛、深刻的接触，使用阿尔泰语系语言的民族与汉族、回族形成了大杂居的格式，出现在这种社会历史环境下的语言呈现出独特性。也就是说，这些独特性不是汉语自源的，而是在语言接触的环境下孕育的。以格标记为例，在汉语史中，我们看不到"哈""搭""塔""拉"自身由实到虚语法化的演变轨迹，这些不可能是汉语自身从天而降的，只能从影响语言发展变化的另一维度即语言接触的角度去考察。"许多方言中的'四不像'现象透过语言接触的视角找到了令人满意的答案。"对西北民族地区语言接触环境的考察有张建军（2008）的《河州汉语方言成因探析》一文，该文全面考察了河州地区的语言发展环境，得出河州汉语方言是汉人移民周边和民族语言汉语化的产物。首先是河州与中原的交往，

---

① 王力：《语法的民族特点和时代特点》，《中国语文》1956年第2期。

河州历史上的归属和频繁的征战都使得中原文化对河州汉语方言的形成产生了重大影响。其次是移民的影响，主要指的是从内地迁到河湟地区的移民将内地的语言带入；大山、大川是说高山、河流对语言的阻隔，大川、大山一般是方言地图上的同言线走向的所在。最后是多民族共存一体的格局的影响，也就是与少数民族语言的接触影响。

仁增旺姆（1991）认为汉语河州话产生的基础是藏、汉两种语言，而汉语河州话与阿尔泰语言句子结构的相似性则属于类型学的问题。他指出藏语产生影响的两个重要原因：从历史渊源看，临夏本为藏族先民居住之地；从地理位置看，临夏毗邻广大藏区。谢晓安等（1996）也认为临夏话受到安多藏语的影响程度远比受任何蒙古语系的影响要深。

我们不可否认，藏语也与西北地区的汉语有接触关系，并产生一定的影响。但是河州地区分布着更多的使用阿尔泰语系语言的民族，他们与汉族、回族广泛杂居，西北民族地区汉语方言和阿尔泰语系语言接触有着深厚的社会历史条件。更重要的是，这些使用阿尔泰语系语言的民族如东乡族、撒拉族、维吾尔族等与当地说汉语的回族共同信仰伊斯兰教，共同的宗教信仰是一个纽带，密切了他们之间各方面的联系，这是藏语与汉语接触所没有的条件。使用汉语的回族和其他同样信仰伊斯兰教的少数民族一起进行宗教活动，相互之间可以通婚，这使得他们之间在各方面都有了更多更深层次的联系。本书的调查地区积石山县本身是东乡族、撒拉族、保安族自治县，这里阿尔泰语系的语言与当地的汉语方言接触广泛，汉语方言中格标记的出现与这些阿尔泰语系语言中的名词格标记有直接关系。这种联系在语言本身中也能找到对应。更多学者认为甘青汉语方言中的格标记是受到阿尔泰语系语言的影响，例如，马伟（1997）认为河州话的产生基础是汉语和阿尔泰语系语言（主要是突厥语）；李炜（1999）指出河州话、兰州话都是混合语，而且主要是阿尔泰语和汉语的混合语；雒鹏（2004）认为西北汉语方言中的名词格标记主要是受阿尔泰语系蒙古语族的影响；徐丹（2011）认为河州一带的语言都受到了阿尔泰语系蒙古语族语言（如蒙古语、东乡语、保安语）的影响，特别是其名词格标记。

(二) 借贷与底层残留

语言接触中，借贷与底层残留是两个方向相反的过程。底层残留是指：如果若干民族在地域上比邻而居，接触极为密切但不平衡（不平衡指若干民族中的一个在经济文化上、人口上长期占有特别的优势并一直有聚居的人口，而其他民族经济文化上相对落后，并且聚居人口逐渐减少以至消失），那么经过长期的双语或多语并存阶段之后，各语言相对平衡的状态会打破，经济文化和人口上占优势的民族的语言会替换其他民族的语言，成为唯一的胜利者。被替换的语言不再使用，但在语言替换（语言转用）过程中的双语阶段，弱势语言也会对优势语言产生影响，即使是被替代的语言，也会在胜利者的语言中留下自己的痕迹，这些痕迹就是所谓的"底层"。底层残留是母语干扰的一种。借贷可以是弱势语言向优势语言借用，也可以是优势语言向弱势语言借用，它指接触中的一种语言主动向另一语言借用词汇、语音、语法等成分，陈保亚认为借贷是母语通过第二语言从目标语言借入某些语言成分。借贷与底层残留可能造成相同的接触结果，但是各自的路径却不同。

　　西北民族地区汉语方言在与少数民族语言接触的过程中增加了一些外来成分，如格标记，对这些异质成分的获得方式学者们有不同的观点。

　　有些学者认为，少数民族在转用汉语时，在汉语中留下了自己的母语底层。与西北民族地区汉语方言有接触关系的语言包括阿尔泰语系蒙古语族的东乡语、土族语、保安语、东部裕固语等，以及突厥语族的维吾尔语、撒拉语、西部裕固语等语言。马树钧（1984）认为这些少数民族语言的使用人数不多，地域范围也有限，有些民族出现在这一地区的历史也并不长，所以不大可能引起河州话那么大范围内的深层语法结构的变化，而应该是少数民族逐渐放弃自己的母语而接受汉语时保留下来的本族语的底层。马伟（1997）也认为西北汉语方言中出现的阿尔泰语的成分是少数民族改用汉语时遗留下来的母语底层。

　　有些学者则认为，西北汉语方言中的特殊成分是向阿尔泰语系语言借用的结果。李克郁、李美玲（1996）提到的一首诗是很好的证明。这首诗是司空图（晚唐）的《河湟有感》：

　　　　一自萧关起战尘，河湟隔断异乡春。
　　　　汉儿尽作胡儿语，却向城头骂汉人。

这里的"汉儿尽作胡儿语"一定程度上说明汉人也在学习"胡儿"的语言。所以,汉语方言中的外来成分也可能是向少数民族语言借用的结果,而不只是"胡儿"放弃自己的母语转用汉语时母语痕迹在汉语中的残留。这首诗中的"胡儿",根据史学界的看法,指的是东胡,多系阿尔泰语系民族,很可能是散居于河湟地区的蒙古语族。

可以肯定的是,西北地区汉语方言中的格标记是与阿尔泰语系语言接触的过程中产生的,产生的方式到底是汉人学习少数民族语言时发生的语言借贷还是少数民族放弃母语转用汉语过程中的底层残留,即少数民族习得汉语时母语干扰的结果,抑或是两者兼而有之,这需要更深入的调查研究。

语言内部的接触痕迹可以有力地证明接触的存在,也可以顺藤摸瓜找到这些痕迹的源头。同时,语言自身的严密、完备体系使它在接受外来异质成分时显示出了极强的排外性,语言自然而然地形成了甄别机制和本土化改造机制。接触中的语言从来不是被动的,它们是主动选择、主动改造、主动吸收的。进入西北民族地区汉语方言中的格标记需要适宜汉语方言自身语音、词汇、语法系统的制约,所以有的格标记是直接对译的,有的经过了本土化的改造。

不少学者更深入地从语言内部寻找证据,具体分析西北民族地区汉语方言中格标记"哈""塔拉""拉"等的来源。

1. "哈"的来源

李克郁(1987、1996)认为青海汉话中宾格标记"哈"来自阿尔泰语系突厥语族的哈萨克语(-ka/-ke,与 xa、xɔ 对应)。我们认为,虽然目标语言和源语言中某些借用成分的对应可以很好地证明语言接触的发生,但是不可过度追求百分之百的对等,不然有削足适履的危险。更何况语言接触过程中还存在本土化的改造机制。程祥徽在讨论青海方言中的"哈"时,他认识到"哈"比较虚化而且只起到提前宾语的语法作用,但他却将"哈"的实质看作一个后置的介词,并认为它是受藏语的影响而来。[1]

马梦玲(2009)在讨论西宁方言中的"哈"时列举了诸多前贤的观

---

[1] 程祥徽:《青海口语语法散论》,《中国语文》1980 年第 1 期。

点：桥本万太郎（1979）曾认为"哈"与中古的"行"有同源关系，都兴宙认为来自元代汉语"行"。关于"行"余鸿志（1992）认为它是多功能的后置词，是语言接触产生的借用现象，并且是对蒙古语宾格、与格、位格、离格后置词的对译。江蓝生（2000）认为只有"N 行 + VP"中的"行"才是受蒙古语影响的语法标记单位。

在上述的表格中，"哈"对应的阿尔泰语系语言的格标记是"–nə/–də/–ni"等，两者没有明显的对应关系。但是我们同意余鸿志、江蓝生等学者的观点，综合语言接触的外部社会历史条件和"哈"在语言内部的用法，"哈"是受阿尔泰语系语言影响产生的。

2. "塔拉"的来源

西北民族地区汉语方言中止格格标记"塔拉"的来源，学者们的意见基本一致，认为其受到了西北民族地区阿尔泰语系语言的影响。马树钧（1984）认为"塔拉"[tʻala]与东乡语中的语尾"–tʻɑ lɑ (–tʻə lə)"、蒙古语的语尾同源；莫超（2010）也是这样的观点；李克郁（1987）指出"塔拉"可能是蒙古语族语言的界限副动词形式，即蒙古语的–tl、土族语的 dəla、东乡语的–təla；马伟（1997）认为"塔拉"可以在蒙古语中找到对应。总之，"塔拉"应该是受到了阿尔泰语系语言的影响，但不一定是阿尔泰语系语言中具体某一个语言的影响，因为西北民族地区与汉语方言有接触关系的阿尔泰语系语言绝对不止一种。

3. "拉"的来源

"拉"可以在阿尔泰语系语言中找到大量的对应，比较容易判定，学者们也达成了共识。李克郁、李美玲（1987、1996）认为，无论从其在句子中所处的位置、表示的语法意义还是语音面貌看，"拉"与阿尔泰语系语言有着渊源。"拉"这个语言成分在阿尔泰语系突厥语族语言中是一个支配名词、代词的后置词：维吾尔语中是 bilen；土瓦语中是 bile；西部裕固语中是 pile；库慕克语中是 bulan；乌兹别克语中是 blan；撒拉语中是–la；土耳其语中是–ile，–la/–le。再看阿尔泰语系蒙古族语言：东乡语中是–Gala/–la；保安语中是–Galə；东部裕固语中是–aar/–eer/oor；土族语中是–la；古代蒙古语（《蒙古秘史》）中是鲁阿(–la)/鲁额(–le)。由此可知，在维吾尔语、库慕克语、乌兹别克语中这个后置词是以鼻音 n 收尾的，可是在土瓦语和西部裕固语中收尾鼻音 n 已经丢失，在乌兹别克语中前一个音节的元音 i 丢失，而撒拉语、土耳其语和蒙古语族的蒙古语、东乡语、土族语、东部裕固语中，不仅收尾的鼻辅音 n 丢失，第一音节的 bi 也整个脱落了，从而形成 – ile，– la/ – le。从语音形式到语法意义，"拉"与阿尔泰语系语言中相关格标记的对应清晰可见。马树钧（1984）、马伟（1997）也持同样的看法。席元麟（1989）认为土族语的造联格附加成分 – la 对应汉语青海话里具有同样功能的"俩"，也就是汉语方言中的"俩"来源于土族语中的 – la。

"拉"为什么能同时标记凭借格和联合格？陈乃雄（1982）认为行为的凭借和行为的共同实现者之间在人们心里存在某些联系。总之，凭借格和联合格无论是语义关系还是形式表达上都有密切的相关性。

4. "搭/塔"的来源

西北民族地区汉语方言中格标记"搭""塔"在阿尔泰语系语言中似乎找不到像"塔拉""拉"一样的严整的语音对应形式，但是这并不能排除它们是受阿尔泰语系语言接触影响而产生的可能性。值得注意的是，语言是一个系统，语言接触产生的影响也不会是杂乱无章的，而是具有一定的系统性。从"哈""塔拉""拉"受阿尔泰语系语言影响而产生的情况看，"搭""塔"首先从理论上也应该是与其他几个格标记的产生路径一样。

语言接触过程中，一种语言吸收其他语言的结构模式时，可能既吸收其结构模式也借用其语言材料，如"塔拉""拉"一般适用于可直接对译的情况。也可能正如马树钧（1984）所言，只吸收其表现手法而不取具体的材料，即外来的模式加上汉语的材料，从而创造出一些新的句法模式，丰富、发展或者仅仅改变了自己原有的语法手段。这也主要是因为第二个原因，语言在接受接触影响的时候要经过一个本土化的改造过程。我们看到，少数民族语言中与"塔""搭"相对应的格标记的语音形式在汉语中没有或不常见。

西北民族地区汉语方言中从比格格标记还有"些"，如唐汪话。在东乡族人所说的汉语中也使用"些"，莫超（2010）认为东乡族汉语中从比格格标记 – ɕiɛ 来源于东乡语，很有可能是东乡语表示"从格"的名词格标记 [sə] 被带入汉语中之后，又受汉语语音的影响而汉语化，才读作 [ɕiɛ] 的。

第五章　东乡汉语及西北汉语方言名词格范畴研究 / 301

甘青有些地方的汉语方言格标记中没有"塔""搭"而代之以"撒"。李克郁（1987）认为青海汉语中的介词"撒"（sɑ）可以表示行为的起因、动作行为的起落点和起讫时间，相当于汉语普通话的"从"。"撒"与蒙古语族语言的离格（或从格）可能有渊源关系。席元麟（1989）认为青海汉话里的"撒"（拟音）表达相当于汉语普通话中"从、自、比、跟"等介词的意义，"撒"恰好与土族话等阿尔泰一些语言里的从比格附加成分同音，如土族语表示方向、对象、时间和比较等意义的从比格附加成分是 -sa，而且更重要的是它们所表示的语法功能完全一样。因此两者的对应关系很明显。李克郁、李美玲（1996）对青海话中的"撒"尝试探源。表示行为的起点、离开的或经过的地点的 -sa 这……在阿尔泰语系蒙古语族语言里称作从格或离格：东乡语是 -sə；土族语里……。不难看出，从语音形式到语法意义，汉语青海话的 -sa 与蒙古语族河……乡语、土族语、东部裕固语的从格 -sa（-sə）相一致，"所以用不着更多的论证，说它来自蒙古语族语言是不会有错的，东乡语和东乡语的 -sə，严格地说就是 -sa，是 -sa 的变音而已"。这个 -sa 进入汉语青海话后，一些地方发 -sa 音，一些地方发 -dʐa 音，另一些地方则发作 -ɕe 音。

语言接触中有两类干扰特征：一种干扰特征是由熟练掌握接受语的人带到接受语中去的；另外一种干扰特征是由一群学习者引入第二语言，即目标语中的。语言接触的影响可以分为借用和干扰两类。借用是指接受语从其他语言中直接把其他语言的词汇引进到接受语中使用；干扰则是接受语的语法发展受到了来源语等其他语言的影响，在自己发展的过程中出现了某些变化。

从以上研究结果我们可以看出：语言接触最明显的特征之一，是弱势语言从强势语言借入大量的词汇，借入的词汇既有地名、人名、专有名称，接二连三，也有数词、量词、虚词等。反之，强势语言向弱势语言借入词汇的情况很少。汉语和东乡语从言语社团的社会政治关系上来说，汉语是强势语言，东乡语是弱势语言。我们第三章的研究集中在强势语言——汉语对弱势语言东乡语的词汇影响层面，给我们留下深刻影响的也是汉语影响了东乡语。也就是说，是汉语方言影响了民族语言。

在东乡语，我们看到一个新名词甚至一个动词，都能够轻易地插入一个既存的结构格式中。但我们也要清楚一点，语言的影响是互相的，民族语在一定程度上定会影响汉语，即"底层干扰"（substratum interference）或"母语干扰"始终存在，西北接触方言的产生即是如此。只是在西北接触方言受接触影响的语法表现中，有的是直接采用了非汉语的语法成分，如复数"们"；有的则是受到非汉语言类型的影响，而使用汉语自身材料显性标记的语法范畴。如格标记、表示判断的助动词、引语标记；或者受到接触语言语法系统和结构分布的影响，在句法结构上表现出和非汉语言的平行对应。如"V+给"表示祈使和表示引语结构同形等；"着"表示连接并列复句的用法；"是"作为状语性从属标记的用法等可见，西北方言受阿尔泰语系语言影响更多地表现在深层，包括类型和结构分布上，这与西北方言受接触影响的模式、底层干扰密不可分。只不过是由于通常发生语言转移的人群，在社会政治、经济、文化上处于从属地位，属于弱势民族和弱势语言，给人们造成的错觉，以为是弱势语言对上层语言的影响只是一时的、零散的个别现象。

第四节　西北汉语方言与元白话格范畴比较研究

　　语言接触是受到社会因素制约的语言变化，如汉语史上的两次语言接触——中古译经和元白话，一次是宗教文化的接触，一次是政治统治的变革，不同的背景，显示出他们对学习语言的态度不同。中古译经是要传播宗教，尽可能使用符合汉语的形式，尽管格标记是一种错误，但还是被使用在了宾语之前；元白话是蒙古统治者为了统治的需要而使用汉语，要按蒙古语的语法系统对汉语进行改造，所以宾语之后出现了格标记。东乡汉语等西北方言与元白话类似，也是少数民族为了交际的需要而使用的汉语，是按自己母语的语法系统对汉语进行改造，所以格标记也出现在了宾语之后。

　　刘丹青（2003）认为，"从事跨语言的类型比较，采用的一个策略是从语义范畴出发而不是从形态——句法范畴出发，因为许多语义范畴是人类语言的表达所普遍需要的，因而具有可比性，而特定的形态——句法范畴却可能只存在于部分语言，无法有效进行比较"。因此，我们从语义格的角度对西北汉语方言与元白话进行比较研究。

元白话是一种以"纯汉语""蒙式汉语""汉儿言语"为口语基础写作的白话文献（张彧彧，2013）。其中的"纯汉语"其实是一种理想说法，指的是汉语未受或者受异质语言影响较小的标准汉语，一般说的元代"纯汉语"材料《元刊杂剧三十种》《琵琶记》《小孙屠》等其实或多或少都带有语言接触的痕迹。元代的"蒙式汉语"指的是元代蒙古人所说的一种汉语民族变体，是元代强烈的语言接触的产物。它的词汇主要来自北方汉语，语法则主要来自蒙古语；"蒙式汉语"本质上应属于一种以汉语为上层语言（superstrate language），以蒙古语为底层语言（substrate language）的皮钦汉语（Mongolian Pidgin Chinese）（李崇兴、祖生利、丁勇，2009）。它的蒙古语成分是非常明显的。元白话语言接触的基本形式是外借，而这种外借也是蒙古人借给汉语，只有到这种蒙式汉语被接受以后，它才重新以干扰的方式进入汉语。我们以祖生利（2007）的《元典章·刑部》中所录的供词为例：

"晚夕吴县尹睡着的时分，你教我知<u>者</u>，我杀那个。杀了<u>呵</u>，'他自抹死也。'<u>么道</u>你官人<u>每根底</u>说<u>者</u>。"<u>两个</u>这般商量了<u>呵</u>，晚夕那吴县令睡着<u>呵</u>，那禁子"睡着<u>也</u>。"我的伴当吴县令，你的二十一件罪过要告<u>有</u>。（卷四·倚势抹死县尹）……京州行省的文卷刷去的监察<u>每</u>文书里说<u>有</u>：那行省姓郭的都事，为刷马的<u>上头</u>，徐知州小名的人<u>根底</u>取受了一个马，阿难荅的奥剌赤田亨的<u>根底</u>取受了十一定钞。出钱的、过钱的人<u>每根底</u>问<u>呵</u>，明白指证的文字与<u>了也</u>。他<u>根底</u>唤<u>呵</u>，"病"<u>么道</u>推辞着，不肯出来对证。交医人验去<u>呵</u>，"没病"道<u>有</u>。又交唤<u>呵</u>，"病"<u>么道</u>，一个月不曾出来……（卷四·取受被察推病，依例罢职）

以上"蒙式汉语"集中地反映在元代白话碑文、《元典章》、《通制条格》等元代直译体文献中，这种文字不是只存留在书面上，而是有着现实的口语基础，反映了元代蒙古人所说的"洋泾浜汉语"（祖生利，2003a）即"汉儿言语"。反映"汉儿言语"的口语材料主要有古本《老乞大》《朴通事》等。元代"纯汉语""蒙式汉语""汉儿言语"之间的关系可以用图5—1来表示（李崇兴、祖生利、丁勇，2009）。

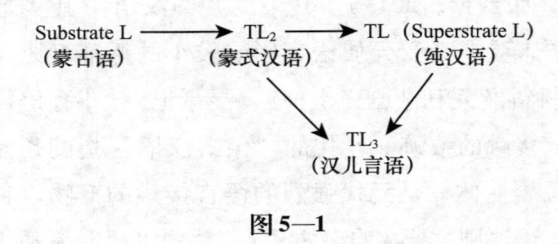

```
Substrate L  ────▶  TL₂   ────▶  TL（Superstrate L）
（蒙古语）         （蒙式汉语）         （纯汉语）
                        ↘         ↙
                           TL₃
                        （汉儿言语）
```

图 5—1

从图5—1可以看出，元白话实际上是指元白话中的"蒙式汉语"和"汉儿言语"。根据李崇兴、祖生利、丁勇（2009）的研究，"蒙式汉语"被认为是皮钦语，处于语言接触较早期的阶段，不被作为母语所习得；"汉儿言语"是一种克里奥尔化的接触语言，它是作为母语被融合后的北方汉人习得的对象。

蒙式汉语的语料主要是直译体文献，我们以元代白话碑文为首要材料，以《通制条格》、《元典章》中的直译白话旨书和《蒙古秘史》等为辅助材料。"汉儿言语"的材料选择古本《老乞大》和《朴通事》中的口语材料。根据祖生利（2001）对元代白话碑文的方位词格标记的统计，我们概括为表5—4。

表 5—4　　　　　白话碑文中方位词的格附加成分标记

方位词	形态格	格范畴意义		对应语义格
里	与位格	动作行为的依据，依靠、凭借	动作行为的依据，依靠、凭借	依据格
		动作行为的处所，在……里	抽象的处所义，文书里、圣旨里	处所格
			地名后，具体的处所义	处所格
			替头一词后，表示替代义	工具格
			方位词"其间"、"中间"后	处所格

续表

方位词	形态格	格范畴意义		对应语义格
里	领格	表示名词的领属	相当于汉语的"的",常译作"底"	属格
	工具格	根据,按照	体例里(依据体例,言语里,名字里)	依据格
	离格	表示动作行为的方向	从……处	处所格
根底	与位格	动作的对象	引进动作的对象,向、对(上级告知下级)	与事格
			"给与"义动词的间接宾语,某某底……与了也	与事格
			引进动作的对象,向、对(下级告知上级)	与事格
			引进动作的对象,尤为、替	与事格
	宾格	动作的直接对象	动作的直接对象	受事格
	离格	索取的对象	从……处索取	与事格
行/上	领格	表示领属关系	相当于汉语的"的",常译作"底"	属格
	与位格	动作的对象	引进动作的对象,向、对(下级告知上级)	与事格
			引进动作的对象,尤为、替	与事格
处/一处	离格	表示动作行为的方向	从……处,向	处所格
		表示比较	比	比较格
	与位格	表示动作行为的处所	在	处所格
	共同格	表示伴随	相当于汉语的"和""一起"	同事格

参考前人的研究成果,我们以直译体文献中出现的语义格作为参照,考察以上语义格在几种语言中的表现。

一 受事格

受事格指的是谓词表示的动作、情感或者行为意愿的承受者或者直接客体,包括自发和非自发的行为动作所涉及的直接客体。在汉语中可以用"把"或者"将"等进行标记,同时将受事提前。在中古蒙古语中,对应名词和代词的"宾格"(动作涉及的直接对象)。

（一）在直译体文献中，受事格一般用"根底"进行标记，也会使用"将"，把受事提前。"根底"产生于近代汉语，张相（1966）《诗词曲语辞汇释》解释为"尤云面前或旁边也"，是一个有实在意义的处所名词。在直译体文献中，词义已经虚化，用作"格标记"，例如：

（1）又俗人，<u>和尚每根底</u>休归断者。（一二六一年登封少林寺圣旨碑）

（2）更将先生每说谎捏合来的<u>文书每根底</u>，并将印文书底板烧了者。（一二八〇年灵仙玉泉寺圣旨碑）

（3）如今不拣那个投下，不拣是谁，<u>漏籍户，还俗和尚先生每，弟兄析居，放良，这等户根底</u>，依已前圣旨体例里休拘收者，休隐藏者。（《通制条格》卷第二，户令，户例）

例中"根底"标记动作的直接客体。"归断"的直接客体是"和尚"，整句意思是"俗人不得处置和尚"；"根底"对译蒙古语名词宾格附加成分，"文书每"是"烧"的直接客体。最后一例是"不得拘收、隐藏漏籍户、还俗和尚们、分家的弟兄等"。在"汉儿言语"中，受事格也存在标记，古本《老乞大》中，受事格标记也是"根底"。根据李泰洙（2000：60），"上""行"也有此用法。但是两者数量相对较少。例如：

（4）明日病疴时，<u>大医根底</u>重重的酬谢也_{明天病好了的话，重重地酬谢太医。}（古本《老乞大》）

（5）恁这等惯做买卖的人，俺一等不惯的人<u>根底</u>多有过瞒有。（同上）

（6）每日学长将那顽学生<u>师傅行</u>呈著。（古本《老乞大》，李泰洙，2000：56）

前例中的"根底"标记的"大医"是"酬谢"的直接对象。例（5）的意思是，"你这种做惯了买卖的人，经常欺瞒我们这种不懂做买卖的人"，"瞒"的直接受事是"俺一等不惯的人"。后一例的意思是，"每天学长把顽皮的学生禀告师傅"，"师傅"用"行"标记。

在"汉儿言语"中，受事格多采用零标记，也使用"将"把受事提前的用法，这一点和汉语更为接近。例如：

（7）那马则拣了料吃，将草都抛撒了。（古本《老乞大》）

（二）西北接触方言中，格范畴也是较为显著的一个范畴。受事格也有标记形式，在甘肃的临夏和唐汪话等方言中用"哈"进行标记，如：

（8）兀三个心疼的丫头这个朴实、善良的猎手哈喜欢上了，端茶送饭，情义很深的样子，可羞羞答答的哩。那三个漂亮的姑娘喜欢上了这个朴实善良的猎手，端茶送饭，情义很深的样子，羞答答的。（河州话故事，《猎人和牡丹》）

（9）头头哈杀过了，清军再乱着不成了，义军喊着天震响哩。杀了领头的将领，清军混乱得不像话，义军喊得震天响。（河州话故事，《黑虎掏心》）

（10）仙，有的人傢哈也叫尕财神爷呢。傢是人的财运哈管的一个尕神仙。猫鬼神只是一个小神仙，有的人也叫他财神爷呢。他是管人的财运的一个小神仙。（河州话故事，《猫鬼神传说》）

（11）我媳妇不要，我傢哈还养不活，家尼起是我的二娘我哈还打尼！我不要媳妇，我连他都养不活，回家的话我二娘会打我呢。（河州话故事，《金鼓锤儿啦三姑娘》）

受事格标记"哈"可以标记普通名词，如例中的"猎手""头头"，也可以标记抽象名词，如"财运"，还可以标记代词，如例中的代词"我"。河州话中的受事格标记"哈"并不强制使用，很多情况也是零标记的。在日常话语中的使用频率也有个体差异，在我们收集到的方言故事语料中，《猎人和牡丹》只有几例"哈"标记宾格的情况，但是《猫鬼神传说》几乎每一个受事都用"哈"标记。但是有一点是共同的，当句子较长、较复杂时，"哈"作为标记就很自然地被当地人说出来了。

二　与位格

与位格指的是事件中的间接客体或参与者，或者进行参照对比的间接客体。在汉语中，一般对应双宾语句的间接宾语。

（一）在直译体文献中对应"与位格"中的两类和离格中的一类：a."给与义动词的间接宾语"；b."引进动作的对象，尤'向''对''替'"等；c."索取的对象，从……处索取"。

a."给与义动词的间接宾语"，例如：

（12）太原府里石壁寺有的安僧录根底，执把圣旨与了也。（一二七

七年/一二八九年交城石壁山玄中寺圣旨碑）

（13）驴驴三间等奏了，俺根底与了文书来。（《通制条格》卷第三，户令，怯薛元役）

（14）若收捕贼的勾当有呵，巡军根底教把弓箭，无勾录时拘收了库里放着呵，怎生？么道。奏呵，那般者，好人根底委付者。（《通制条格》卷第二十七，杂令，兵仗应给不应给）

"根底"可以标记"给与"义动词作谓语的间接对象，例中的"与"的直接对象是圣旨，"根底"标记的是间接对象"安僧录"（僧人）（祖生利，2000：下）。

在《通制条格》中，除了奏书和圣旨等直译体文字外，还有法令条文和介绍使用的纯汉语文字。上述两类"与事格"的表达，在纯汉语部分，多用"将""给（与）""为""替"等虚词或者双宾语句表达。比如"江淮薄俗，公然受价将妻典与他人，如同夫妇"用"与"引介与事体词而不是用"根底"标记（该句中"典"的与事体词是"他人"）。在直译体文字中，没有上述词做虚词引介"与事格"的用法，都是"给与"的实义。

b. "引进动作的对象，尤'向''对''替'"，例如：

（15）管军的官人每根底，军人每根底，城子里达鲁花赤，官人每根底，来往行的使臣每根底宣谕的圣旨。（一二九八年灵寿祁林院圣旨碑）

（16）奉圣旨："商量了名儿，我行再奏者。"（一三〇四年济源十方大紫微宫圣旨碑）

（17）如今依着在先圣旨体例里，不拣甚么差发休当者，教俺行告天祝寿者么道。（一三三五年辉州颐真宫圣旨碑）

前一例中用"根底"标记与事格的用例，意思是"对官人军人等宣谕圣旨"，"根底"标记"宣谕"的与事体词。其他的类似，都是"对""向"的意思。后例的意思是，"商量了名儿再向我上奏"，"根底"标记与事体词"我"。

c. "索取的对象，从……处索取"，例如：

（18）更没俺每的明白圣旨，推称诸投下，先生每根底，不拣什么休索要者。（一二八〇年鳌屋大重阳万寿宫圣旨碑）

在"汉儿言语中"的材料《朴通事》和《老乞大》中,与事格多用虚词表达,如:

(19) 飞棒的杓儿、滚子、鹰嘴、击起球儿都借<u>与</u>你。(《朴通事》)

(20) 他每做下的见饭与俺吃了,更<u>与</u>你将来。(古本《老乞大》)

以上两例的"与"都是"给与"的意思,"借"的直接受事是"飞棒的杓儿、滚子、鹰嘴、击起球儿","你"是与事体词,语义格标记来自汉语的介词"与"。

(二) 西北接触方言中,与位格的 a、b 两类和受事格一样,也用"哈"进行标记

a. "给与义动词的间接宾语",和蒙式汉语类似,使用方位词。例如:

(21) 尕的时候,净听阿奶<u>我哈(跟前)</u>古今哈讲的呢。我还记得是阿奶我哈讲下的一个猫鬼神啦有关的古今。<small>小的时候,净听我奶给我讲故事呢。我还记得奶奶给我讲的一个和猫鬼神有关的故事。</small>(河州话故事,《猫鬼神传说》)

(22) 我哈也你天天给的也不要,明个的晚夕的呢,你<u>我哈</u>黄豆给一袋吗就成了!<small>我也不需要你天天给,明天的晚上呢,你就给我一袋黄豆就成了。</small>(同上)

b. "引进动作的对象,尤'向''对''替'",例如:

(23) 待一上课的时候,老师<u>我们哈(跟前)</u>说着呢,这一节课考试咧。<small>一上课的时候,老师就对我们说,这节课考试呢。</small>(河州话,下同)

(24) 你<u>我哈</u>快递收给呱。<small>你替我收一下快递。</small>

a 类中,例的动词"讲"的直接受事是"古今(故事)","哈"是"受事格"标记,"我"是与事体词,"哈"也做"与事格"标记。其他各例类似。可以看出,以上所有的"与事格"用"哈"标记的情况,在汉语中都是使用"给"字句,与事体词都是间接宾语。从这一点上来说,西北接触方言与汉儿言语不同,与蒙式汉语更为接近,"与事格"都具有特定格标记。

b 与 a 类类似,用的标记也基本相同。a、b 两类中,如果语义关系较为明确,不产生歧义的话,部分"哈"也可以换成"跟前"这样的方位词或者省略,"跟前"的用法似乎与元代文献中的方位词格标记类似。

c. "索取的对象,从……处索取",例如:

（25）我小明的<u>兀达儿</u>拿了一个苹果。我从小明那里拿了一个苹果。（河州话，下同）

（26）当官的老百姓<u>跟前</u>钱要。当官的不能从老百姓身上要钱。

甘肃一带的方言中，与事格的 c 类也用方位词做格标记。如果把 c 类中的方位词"跟前"都换成元代文献中的"根底"（"根底"在元代文献中也常写作"跟前"），临夏话中的与事格的 c 类和元白话基本一致。

我们看到，"与位格"和"受事格"虽然都是动作的对象，在元代蒙式汉语和"汉儿言语"中，都用方位词"根底"等标记。但是在西北接触方言中，这两种"格"有不同的标记选择：受事格只能用"哈"进行标记；与位格中，a 类"给与义动词的间接宾语"和 b 类"引进动作的对象，尤'向''对''替'"既可以用"哈"，也可以用"跟前"等方位词进行标记，c 类一般只用方位词进行标记。

三 同事格

"同事格"指的是在句子中协同参与动词所表示的动作行为的客体，除了伴随的间接客体，还包括排除的客体。在汉语中一般使用"和""与""同""除了"等。据祖生利（2001）研究，"同事格"在元代白话碑文中对应于"共同格"，一般用"处/一处"标记，当然也有汉语的"和""与"单独标记的情况。除此之外，我们也在《通制条格》中发现用"根底"标记的用例。"处/一处"标记的同事格可以分为两类，一类是使用"一处/处"单独标记，一类是"与/和 + N + 一处"这种双重标记。

a."一处/处"单独标记，例如：

（27）和尚每，俗人<u>一处</u>折证的言语有呵……。（白话碑文，祖生利，2001）

咱每<u>根底</u>近行的人每，并官人每，其余人每，若娶乐人做媳妇呵，要了罪过，听离了者。（《通制条格》卷第五，学令，乐人婚姻）

b."与/和 + N + 一处"标记，例如：

（28）分拟城子里的老奴婢每根脚……<u>和</u>他每<u>一处</u>怯薛里行的伴当，也依例支与有，倚着他每根脚分拨到底城子，么道。（《通制条格》卷第

十五，廐牧，擅支马驼草料）

（29）这的是有体例说的是也，<u>与</u>西相<u>根底</u>商量者。（《通制条格》卷第三，户令，医护析居）

在"汉儿言语"中，"一处"不再独立承担同事格标记的作用，标记"与事格"的强制标志是"和""与"等汉语的连词。"一处"表示"一起"的意思居多。它们也可以分成两类，一类是"和""与"等单独标记同事格，一类是"和/与＋N＋一处"共同标记。

a."和""与"等单独标记，例如：

（30）不多时却到店里，见店主人<u>和</u>三个客人立地看马。

（31）恁主人家一就<u>与</u>俺买去，买著一斤肉者。休要底似肥的，带肋条肉买者。

b."和/与＋N＋一处"，例如：

（32）那般呵，明日就店里寻你去。一就<u>和</u>那亲眷每，<u>一处</u>吃一两盏。我送你外头去。（古本《老乞大》）

按照祖生利的分析，此时的"一处"也可以看作格标记，它们属于双重标记。我们发现，在"汉儿言语"中，"一处"的意义相对于直译体文献更加虚化，已经表示"一起"的意思了，句中并没有出现地点，方位义已经很弱了。

蒙式汉语和"汉儿言语"中的同事格标记，它们的最大区别在于："一处"在蒙式汉语可以单独作为"同事格"标记，而在"汉儿言语"中不可以，在西北接触方言中，除了用虚词来表达同事格，还有特定的格标记"啦"［la］，有"N＋（N）＋啦"和"N＋啦＋N"两种模式。

a."N＋（N）＋啦"，例如：

（33）天上的黄龙再真正地看不下去了，莫办法着下来干涉来呢，代下来是可咋黑龙<u>啦</u>打上仗了。天上的黄龙真的看不下去了，没办法，下凡来干涉。他一来就和黑龙打上仗了。（河州话故事，《猎人和牡丹》）

（34）一天的个，媒人一个长的俊的尕娃引上着相亲来了，本来是姐姐<u>啦</u>相里，么想到妹妹<u>啦</u>相上了。有一天，媒人领上了一个长得很俊的年轻人来相亲，本来是和姐姐相亲，没想到和妹妹相上亲了。（河州话故事，《百合花与兰草花》）

b. "N + 啦 + N", 例如:

(35) 兀先个日子没来过的窑洞里进去了, 土炕啦破锅冰矶矶的, 上面落下一层灰。进了好多日子没来过的窑洞, 土炕和破锅冰凉冰凉的, 上面落了一层灰。(河州话故事,《猎人和牡丹》)

(36) 兀会地个猎手, 尕的时候打阿娘阿大地一呱死过里, 孽障滴很, 家里只有阿娘啦阿大丢下滴一个破窑洞啦一个枪。猎手小的时候爸爸妈妈都去世了, 非常可怜, 家里只有爸爸妈妈留下的一个破窑洞和一把枪。(河州话故事,《猎人和牡丹》)

(37) 清朝的咸丰以后着, 西北的少数们再歧视啦压迫受不下着反了, 各处的人们也一呱跟上反了。清朝咸丰年以后, 西北的少数民族再也受不了歧视和压迫, 造反了, 各地的人们也一起跟着反了。(河州话故事,《黑虎掏心》)

(38) 同治皇帝十一年的冬天里, 清朝的多头兵傅先宗啦徐文秀指挥上着, 拿西半个答洮河过去着, 河湟的叛乱镇压去了。在同治十一年的冬天, 清朝的多头兵由傅先宗和徐文秀指挥着过洮河去镇压河湟的叛乱。(河州话故事,《黑虎掏心》)

在汉语中, "和""与"等连词标记同事格时, 连词前可以没有体词, 比如"和这件事有关的人都受到了处分", 但是连词后不能没有体词。也就是说, "和""与"等词后应该紧接着同事格体词。在西北接触方言中, a 类不受此限制。

在上述两类中, a 类和由"一处/处"标记的 a 类在位置上是一致的, b 类和汉语的"和""与"等连词标记同事格的用法是一致的。西北接触方言没有直译体和"汉儿言语"中使用两种标记方式联合标记的用法。从这个角度来说, 西北接触方言的"啦"是更加形态化的标记, 既没有"一起"的实义, 又可以单独进行标记。

四 比较格

比较格指的是事件中进行比较的间接客体。在蒙古语中使用体词后直接加后置词的方式表达; 而在汉语中, 用来标记比较格的借词有"比""于""过"等。在《通制条格》中, 多使用"比"来标记比较格。例如:

(39) 如今的生员比唐太宗时虽是不多呵，终是破用着官司钱物有。(《通制条格》卷第五，学令，庙学)

(40) 色目比汉儿人高壹等定夺。(《通制条格》卷第六，选举，廕例)

在"汉儿言语"中，也多使用介词"比"来标记，不用"处"等方位词标记。例如：

(41) 坐桥塌了来，如今修起来那不曾？早修起了也。更比在前高二尺、阔三尺，如法好有。(古本《老乞大》)

(42) 这桥梁，桥柱比在前哏牢壮。阿的涯十年也坏不得。(同上)

(43) 他每高丽田地把口子，渡江处，官司比咱每这里更严，验了文引，仔细的盘问了，才放过来。(同上)

在西北接触方言中，差比句既有使用介词"比"的用例，也有专门的比较格标记。例如：

(44) 制三个丫头真正地心疼地很，还是嘛会做滴很，尤其是兀个最尕地，比天仙还好。这三个丫头真的非常漂亮，什么都会做，尤其是那个最小的，比天仙还要好。(同上)

(45) 不过姐姐的身材低些胖些，妹妹身材条细些。(河州话故事，《百合花与兰草花》)

(46) 这个那个哈些尕些。这个比那个小点。(唐汪话，徐丹，2011)

例中河州话的"些"类似于汉语中的"一点""一些"。在汉语普通话中，比较格也有类似的表达方式，比如"我的分数比你的高一些"。我们之所以把"些"当作格标记，首先，当陈述主体和比较标准都出现时，汉语中的"些"不能单独用在差比句中，要加上"比"这个比较标记才能成立，西北接触方言中"些"可以单独使用；而在唐汪话中，"些"的位置可以出现在形容词之前，也就是说比较句的模式为"比较对象＋比较标记＋形容词"，认为"些"已经形态化成为一个比较标记。

五 工具格

工具格指的是施事者为实现完成某行为、动作所使用的工具、手段、方式或使用的材料。在蒙古语中，通过在体词(工具)后添加附加符号的方式表达。汉语一般用"用""以"等介词表达。据祖生利（2000），白话碑文中的与位格中，用"里"标记"工具格"。例如：

（47）军官每年纪到七十岁呵，<u>替头里</u>交他每的弟侄儿男行者。(《元典章》吏部卷三)

（48）壬子年附籍打捕户应当丝料包银<u>替头里</u>送纳皮货到今，别无定夺。(《通制条格》卷第二，户令，户例)

（49）泉州那里每海船<u>里</u>，蒙古男子、妇女人每，做买卖的往回回田地里、忻都田地里将去的有，么道听得来。(《通制条格》卷第二十七，杂令，蒙古男女过海)

根据祖生利（2001）的研究，方位词"里""置于'替头'后，表示替代义，有时相当于'作为'"。如上例中的"里"是较为形态化的格标记。

在西北接触方言中，工具格也有格标记。格标记形式用"啦"或者"两个"。例如：

（50）你土话<u>啦</u>说。你用东乡话说。(河州话，敏春芳，2014)

（51）我笔<u>两个</u>写字。我用笔写。(同上)

（52）猎手眼睛闭着紧紧地哩，两个手<u>啦</u>老汉的脖子紧紧地揽住哩。猎手的眼睛紧紧地闭住，用两个手把老汉的脖子紧紧搂住。(河州话故事，《猎人和牡丹》)

（53）妹妹就是阿早的百合花，花瓣白上的黑点点是姐姐滚油<u>啦</u>烫哈的。妹妹就是现在的百合花，白花瓣上的黑点点是姐姐用滚烫的油烫成的。(河州话故事，《百合花与兰草花》)

（54）我钢笔<u>拉</u>写哈底。我是用钢笔写的。(唐汪话，徐丹，2011)

上述各例基本上是用后置词"啦/拉"标记的工具格，有一例用"两个"标记，都对应汉语中的"用"。从标记的形式来说，和同事格使用的是同一个标记，它们都有伴随义。如果伴随的是人，一般属于同事格，如果伴随的是物，所伴随的"物"一般是被用作工具。在汉语中，这两种语义格需要使用不同的介词来标记，在西北接触方言和许多形态发达的语言中都是同一个标记。与元代蒙式汉语和"汉儿言语"中相比，西北接触方言中工具格标记"啦/拉"的使用甚为广泛。在我们调查的河州话故事语料中,没有见到使用汉语的"用"标记工具格的用例,全部使用"啦"进行标记。说明在河州话等西北接触方言中,后置词"啦/拉"标记工具格是很稳定的用法。

六 处所格

处所格指的是动词所表示的行为动作所发生的处所、空间或者经过的途径。在蒙古语中,有形态格标记,分别表示事物存在的处所、表示事物位移运动经过的场所和表示事物运动的起点(其木格,2008:50)。处所格的范围比较广,在汉语中一般用介词"在""于""从""起""到""沿着""经过"等进行标记。在元代白话碑文中,对应的是离格和与位格,但是都用"里"或者"处"来标记。

"里""处"等仅标记地点,不包括方向。"里"在元代直译体和"汉儿言语"中,既可以表示"在",也可以表示"从""往"等意义,"里"都有标记处所格的作用,它们可以分为两类:a. 对应离格的表示动作行为的起点,从……处;b. 对应与位格的表示动作行为发生的处所,相当于"在"。

a. 动作行为的起点,从……处,例如:

(55)您五子每,我的独肚皮里生了。(白话碑文,祖生利,2001:69)

(56)又城子里抽分到的头疋羊口,回易作钞解纳将来的钞定,也比他每管的时分数目多余出五千余定钞来有。(《通制条格》卷第十五,厩牧,抽羊马)

(57)于姚小底处见管不兰奚内,选拣年壮可以出力气男子壹伯人,不兰奚牛二十头。(一二四五年鄠县草堂寺令旨碑)

(58)平江等路官吏于不欠粮人户处逼勒揭借闭纳逃亡事故米粮。(《通制条格》卷第十四,仓库,揭借闭纳)

例中的"里"标记处所格,表示"从……处",无论是"肚皮"还是"城子"都可以看作一个三维的空间,直译体文献中只有单独的方位词进行标记。其余两例标记的是人,使用"处"进行标记,且都是用"于……处"的结构,"于"是汉语本身的介词,这种方式也可以看作蒙汉杂糅的一种句式。

b. 表示动作行为发生的处所，相当于"在"，例如：

（59）已前的圣旨<u>里</u>，真简的和尚先生秀才，不拣谁讨房要来的，休做主者，道有圣旨既有。（《通制条格》卷第三，户令，隐户占土）

（60）他每其间<u>里</u>，不拣是谁，休人去阻坏者。（一三六三年盩厔大重阳万寿宫圣旨碑）

（61）汉军的体例军每生受的多有，告的人勘当得端的决断不得；又三四年其间<u>里</u>争差的多有。（《通制条格》卷第二，户令，户例）

（62）也速该把阿秃儿斡难河<u>处</u>放鹰行的时分。

祖生利（2001）详细解释了"里"和"处"标记处所格的情况。例中的"里"可以标记较为抽象的地点义如"圣旨"，例中的"里"位于"其间"，和汉语的"其间""中间"意义相似。例是"处"标记具体的地点的例子。

"汉儿言语"中"里"的用法和白话碑文类似，但未发现"处"标记 a 类的情况。

a. 动作行为的起点，从……处，例如：

（63）恁高丽田地<u>里</u>将甚么行货来？俺将的几个马来。（古本《老乞大》）

（64）这马和布子到大都卖了时，却买些甚么行货，回还高丽田地<u>里</u>卖去？（同上）

（65）再也不敢。小僧从今日准备箬笠、瓦钵，<u>往</u>深山<u>里</u>忏悔去。（《朴通事》）

比较例（63）和（64）中的"里"，虽然都标记"高丽田地"，但是方向是不同的，前者是"从高丽田地"，是动作行为的起点；后者是"往高丽田地"，是动作行为的终点。最后一例，既有表示方向的"往"，又有方位词"里"。这也说明了我们上文提到的，"里"只标记地点而不标记方向。"汉儿言语"中使用汉语介词"从"来标记处所格也很常见。

b. 表示动作行为发生的处所，相当于"在"，例如：

（66）就你这般定价钱，就高丽田地<u>里</u>也买不得，那里是实买马的？（古本《老乞大》，下同）

(67) 我曾打听得高丽田地里卖的行货，底似十分好的倒卖不得，则宜豹子行货，倒著主儿快。

(68) 你不嫌冷时则这车房里宿如何？

例（66）、（67）虽然标记的都是"高丽田地"，显然前例中仅表示"在高丽"而不是"从"或者"往"。

以上分析可以说明：元代蒙式汉语和"汉儿言语"在标记处所格时，无论是表示事物存在的处所还是表示事物运动的起点，用的都是方位词"里""处"。在西北接触方言中，a 类的处所格有其他格标记，如"搭/塔"，例如：

a. 动作行为的起点，从……处，例如：

(69) 你从阿塔儿<u>搭</u>买的这本儿书你从哪里买的这本书？（河州话）

(70) 阿哥炕上<u>搭</u>起来着尕毛驴哈给的些草去了哥哥从炕上起来想去给毛驴添些草料。（河州话故事，《猫鬼神传说》）

(71) 过了一会是，金鼓锤儿笑着水里<u>搭</u>钻出来了，手里还兀些个金银财宝拿上呢过了一会儿，金鼓锤儿笑着从水里钻出来了，手里还拿着些金银财宝。（河州话故事，《金鼓锤儿啦三姑娘》）

b. 表示动作行为发生的处所用"里"，相当于"在"，例如：

(72) 一天的个晚上，月亮一人高下呢，月亮院子<u>里</u>照着看是金子哈洒上的像。有一天晚上，月亮有一人高，照在院子里像是撒满了金子。（河州话故事，《猫鬼神传说》）

(73) 傢门缝里<u>搭</u>俺了下时，傢们家里的尕毛驴正磨道<u>里</u>转着清在（悠闲自在）得呱，（尕毛驴的）脊背上一个胖嘟嘟的个尕娃坐着呢。他从门缝看了一下，看到他家毛驴正悠闲自得地在磨道里转着，小毛驴的脊梁上还坐着一个胖胖的小孩子。（河州话故事，《金鼓锤儿啦三姑娘》）

(74) 兀个兄弟是个精明的人，傢房梁<u>上</u>挂下的兀个升子（哈）底子木有。那个弟弟是个很精明的人，他在房梁上挂的是一只没有底儿的斗。

在河州话中，处所格中表示事物运动的起点，一般用"搭"进行标记，意思是"从……处"，表示事物存在的处所时，直接用方位词标记。比较两者我们发现，它们的区别就在于是否有"搭"，因此"搭"在处所格中具有表示方向的功能。第一例中，既有介词"从"，又有格标记

"搭",这是一种受到汉语影响的混合产物。

西北接触方言和元代蒙式汉语、"汉儿言语"的共同点在于,它们都可以通过方位词标记处所格。不同点是,西北接触方言中有专门标记处所格表示事物运动起点的格标记"搭"。

七 依据格

依据格是指事件中所遵照或依靠的依据。蒙古语中表示依据格的格标记数量较少,但是汉语中表示依据格的介词有很多,可以分为两类:第一类是"依照"类,表示用某种事物或动作作为依据或基础,使用"按""按照""基于""遵照"等介词;第二类是"凭"类,使用"凭着""依靠""靠着"等。在直译体文献中,依据格对应的是依据格和工具格,恰好也分成以上两类,都用"里"进行标记。

a类对应工具格,表示"根据,按照";b类对应与位格,表示"动作行为的依据、凭借"。

a类:对应工具格,表示"根据,按照"

直译体文献中,在"体例""圣旨/懿旨/教法""言语""名字"等名词后,常出现方位词"里",意译时名词前还有"依着""依"等介词,形成一种蒙汉杂糅的语法(祖生利,2001),例如:

(75)如今依着在先圣旨体例里:不拣甚么差发休着者,告天祝寿者。(一二七七交城石壁山玄寺圣旨碑)

(76)太上老君教法里告天祝寿者。(一三一四年盩厔大重阳万寿宫圣旨碑)

(77)钦奉皇帝圣旨里,皇后懿旨里,提点陕西教门重阳工事。(一二四五年济源灵都观给文碑)

(78)你每这众先生每,依着这李提点言语里,依理行踏者。(一二八〇年盩厔大重阳万寿宫圣旨碑)

(79)僧、道依在前的圣旨体例里不教纳税,也里可温、荅失蛮依着省官人每奏来的教纳税呵,怎生?(《通制条格》卷第二十九,僧道,商税地税)

(80)先生每他每的教法里不行,却把着棍棒胡做呵,那里有这般体

例。(《通制条格》卷第二十九,僧道,寺观僧道数目)

b 类:对应与位格,表示"动作行为的依据、凭借"

直译体文献中,这种用法比较单一但是数量众多,因为它用在白话碑文的首句作为套语。例如:

(81) 长生天的力量里,大福荫的保护里,皇帝的福荫里。(白话碑文,祖生利,2001:64)

(82) 皇帝福荫里茶罕官人言语(一二四四年林县宝严寺钧旨)

a、b 两类在意义上非常相似,有学者认为 b 类应该定义为工具格,但是同期的文献中对这一套语的解释是"托赖着天地气力……""托赖"的意思是动作行为的依据,而不是工具。a 类和 b 类的区别在于,a 类有具体可以操作的规制、旨意、做法等,如"体例""圣旨""佛法""言语"等;b 类标记的名词只是抽象的,指动作行为所依赖的保护力量等。

在"汉儿言语"文献中,"里"的这种用法已经很少。据曹瑞炯(2014)研究,"里"作为后置词表示"凭借"义只有 4 例,其中 2 例我们前文已定义为工具格:

(83) 你这般学汉儿文书呵,是你自意里学来那你的爷娘教你学来?

(84) 体例里,买主管税,卖主管牙。

例中"里"标记"自意",意思是"你是依着自己的想法来学习的还是父母让你来的"。"自意"是抽象的,不是具体可以作为指导的准则,因此这里的"里"标记的是 b 类。例和直译体文献类似,明显标记的是 a 类。

从上述分析中可以看出,"里"标记依据格的情况并不稳固。在蒙式汉语中,它标记的对象仅有为数不多的几个名词且使用"里"标记后,前面还需要加上汉语的"依着";在"汉儿言语"文献古本《老乞大》中,用例更少;在西北接触方言没有这种用例。这说明元代蒙式汉语中"里"的标记作用是当时未完全习得虚词的直译特征,并且生命力并不强。

以上我们列举了七种语义格范畴,之所以进行这样的比较研究,是因为语义格范畴尤其是格标记是汉语和蒙古语差异巨大的语法特征:蒙古语有专门后置附加成分做格标记，汉语一般使用前置介词来表达。我们将以上七种语义格范畴的比较概括为表格形式（见表5—5）。

表5—5　　　　　　　　　语义格标记情况对比表

语言 语义格	蒙式汉语	汉儿言语	西北接触方言	汉语普通话
受事格	根底	根底（行/上将）	哈	ø形式：把/将
与位格	根底（行/上）	与	哈/跟前	ø形式：给/向/替
同事格	一处/根底/与……一处	和/与/和/与……一处	啦	和/与
比较格	比（处）	比	比（些）	比
工具格	里	里	啦/两个等	ø形式：用/拿/靠
处所格	里/处/于……处	里/从	搭/里/上等	ø形式：从/在/经过/循着等
依据格	里	里	按照/靠	根据/按照/靠等

从表5—5中我们可以得到以下结论。

第一，四种语言中蒙式汉语和"汉儿言语"在格标记用词上具有一致性，多用方位词做格标记，也可以反映出蒙式汉语对"汉儿言语"的影响；西北接触方言在多个语义格标记上既不同于元白话也不同于汉语普通话。以上七种语义格中，蒙式汉语存在七种后置格标记；西北接触方言存在六种后置格标记，除依据格之外的受事格、与位格、同事格、比较格、工具格、处所格；"汉儿言语"也有四种后置格标记：受事格、与位格、比较格、工具格；汉语普通话则全部使用前置介词，没有后置的格标记。因此可以说，蒙式汉语和西北接触方言在类型上更为一致，都是后置型格标记；"汉儿言语"介于蒙式汉语和汉语普通话之间。

第二，各种语义格中蒙式汉语、"汉儿言语"和西北接触方言的格标记的形态化程度更高，用词更集中；汉语使用介词对应各种语义格形式，介词的数量庞大。因此，在前者使用一个格标记表达的语义格，在汉语中对应着好几个介词，比如受事格、工具格等；另外，汉语普通话中零形式的语义格，在元白话的两种语言和西北方言中倾向于使用形态化的后置格标记，不能使用零形式表达。只是在元白话和西北方言中的格标记中，"比较格"和"同事格"与汉语普通话的介词相同，比较格用汉语的"比"，同事格使用汉语的"与"。

第三，从类型学的角度来看，在语言接触过程中易受影响的类型参项表现出的等级序列为：受事格/工具格/处所格＞与事格/同事格/依据格＞比较格。元代蒙式汉语和"汉儿言语"后置格标记产生的一大诱导因素，是对方在习得汉语时对汉语介词的省略。据张赪（1998）研究，宋元时期"介＋N＋VP"结构中的介词省略已经成为较为普遍的现象。随着这种情况的普遍化，加上对蒙古语后置格标记的对译，后置格标记这种形式则被固定下来，成为专属的格标记形式，尽管这种格标记或多或少还带有一些方位词的实义。相较之下，西北接触方言的格标记的意义虚得多，是更加形态化的标记。

第六章

西北汉语方言的复数词尾"们/每"

复数词尾"们"在西北接触方言中极为普遍。和普通话相比它的使用范围更广、功能更丰富。《甘肃方言概况》（1960）介绍了"们"标记动物名词和无生命名词的用法；兰州大学中文系（1996）介绍，"们"除了可以位于指人名词后，还可以位于动植物名词、无生命可数名词、抽象名词等后，位于亲戚称谓后表示一辈人等，这在汉语其他方言中是比较少见的。据莫超（2004a）对白龙江流域（2004b）和兰州及周边地区，雷汉卿（2008）对青海乐都话，徐丹（2011）对河州及其周边地区，杨永龙（2014）对甘沟话等进行的调查显示："们"的分布都和兰州大学中文系（1996）介绍的类似，这是一种内部具有一致性的区域性特征。

对于"们"的性质，莫超（2004b）认为"们"分为三类，"们$_1$"用于指人普通名词后，和普通话一致；"们$_2$"用在表物的普通名词后表复数；"们$_3$"用在无生命名词后，是受到"们$_2$"感染而产生的，表示戏谑、幽默、轻蔑等语气的新义；徐丹（2011）认为非指人的"们/木/满"等可以分为四类，真复数标记、准复数标记（"们"用在单数名词后，比如"热头们、日头们"）、话题标记和语气词。对于"们"的来源，学者们都提到了元代白话语料，并且认为"们"的特殊用法很有可能来自蒙古语。

一 无生命的事物名词加"每/们"

中古蒙古语中有数的范畴，名词和英语一样有单、复数的区别，蒙古语复数通过在名词的词干后黏着附加成分来表示。汉语名词没有数范畴。但是根据吕叔湘（1940，1985）和太田辰夫（1957）的研究，唐代开始产生了指人名词和人称代词词尾表示复数的成分，开始写作"弭""弥""伟"；宋代写作"懑""瞒""门"；元代至明初多写作"每"；明代中期后一般写作"们"。蒙古语的复数后附成分不仅可以用于全体名词和部分代词，还可应用于形容词、数词、形动词甚至动词、副词、后置词等。元代白话碑文和白话旨书等直译体文献常用"每"来对译蒙古语的复数后附成分，出现了一些元代纯汉语少见的特殊用法。根据祖生利（2000）对118篇白话碑文的统计结果，名词后复数形式"每"出现605次，绝大多数位于指人名词和代词后，用于非指人名词后的有10例。这与宋元时白话文献中"们"的用法基本一致（吕叔湘，1985；孙锡信，1992）。祖先生认为这是典型的硬译蒙古语的结果，例如：

（1）那说谎捏合来底<u>经文每</u>、<u>印版每</u>，一半不曾烧了。（一二八〇年灵仙玉泉寺圣旨碑①）

（2）这的每<u>公观每</u>、<u>他每</u>的房舍，使臣休安下者。

《元典章》《通制条格》等直译体文献中，也有无生命的事物、事理或者动物名词后加"每"的情况，但是和白话碑文情况类似，绝大多数复数词尾"每"只用在表人名词或者代词后。

（3）去了的<u>勾当每</u>他怠慢了。（《元典章》兵部卷一，逃亡）

（4）重驼驮将着行呵，<u>马每</u>倒死了有。（《元典章》兵部卷三，铺马）

（5）这般<u>星历文书每</u>，在先教拘收者道来，不好生拘收来的一般有。（《元典章》礼部卷五，阴阳学；《通制条格》卷第二十八，杂令，禁书）

但是无生命的事物、事理或者动物名词后加"每"并不具有强制性。因为尽管蒙古语中可数名词都有复数形式，但文献中并不是所有表示复数的名词直译后都带上了"每"。例中的"勾当""马"表复数加了"每"，但下例中同样表示复数的三个词却未加"每"。

---

① 本书白话碑文例句如无特别说明，皆来自祖生利先生（2000）博士学位论文《元代白话碑文研究》下编。

(6) 后头渐渐的不问，大小勾当教俺体覆有，其间多有窒碍，么道。(《通制条格》卷第十七，赋役，田禾灾伤)

(7) 去年抽分到的比宣徽院前年抽分到的数目，多抽分出壹万余口羊，贰伯余疋马，壹伯余只牛。(《通制条格》卷第十五，厩牧，抽羊马)

这种现状和名词的指称性有关。体词性成分的指称性强弱的差别式由强及弱，依次是"指示代词→人称代词→专有名词→普通名词→动词/形容词"及它们构成的短语（王红旗，2015）。从篇章分析角度，"有指"（referential）是指"实体"（entity），"无指"（nonreferential）是指"属性"（property）。典型的"有指"需要包括两个属性：说话人所指的事物是一个单个实体——单指（individual），而不是指称整个的一类——通指（generic）；说话人发话时心中已确知该实体的存在，听话人能够在具体的语境中辨识出该实体——定指（identifiable），而不是一种难以辨识的不确定客体——不定指（nonidentifiable）。定指的一般也是单指，不会是通指的（张谊生，2001：205）。"们"一般用在定指名词后，不能用在非定指名词后。

以上例中，所有的名词都是有指的。例中的"经文每"定指的是在玉泉寺中遭遇火灾的那些"经文"；"公观"也定指供使臣休息的那些公观；"勾当"（事情、生意等）也是指"他怠慢的"那些勾当，都通过领属关系定指。例"重驼驮将着行呵，马每倒死了有"通过对比，骆驼还活着马却死了，这个"马"肯定不是表示属性，而是在具体的情境中定指的"马"。例"这般星历文书每"通过指示代词短语定指，指称性是最强的。请再看几例：

(8) 如今鹅过来放海青时分，省会中都路地面城里村里人每，若是海青拿住鹅呵，恐怕人不识，将海青打伤。

(9) 若拿住海青的人，送与本处官人每，教好人送将来者。如海青拿不住鹅呵，坐落的田地里或是拿着鸡儿，休打者。

(10) 人见呵，拿住送将来者。拿不得呵，教人看着报知本处官司，转送与鹰房子每者。(《通制条格》卷第十五，厩牧，鹰食分例)

这三例中，表人的名词复数后加"每"是无限制的，如"村里人""官人"这种无指名词后可以再加"每"。动物名词"鹅"和"海青"

(一种鹰，常被用来猎鹅）在此显然是无指的，因为它通指一类而不是个体，因此也不能加"每"，而"鹰房子"指的是该地官府设置的特定的用来收管"鹰"的鹰房子，是有指的。

在"汉儿言语"会话体材料古本《老乞大》和《朴通事》中，也有无生命的事物、事理或者动物名词后加"每"的情况。例如：

（11）俺这马每不曾饮水里，等一会控到时饮去。（古本《老乞大》）

（12）若是稻穰时，这头口每多有不吃的。（同上）

（13）两个汉子把那驴骡们喂的好着，将十两银子东安州去放黑豆，收拾车辆先载将一车来。（《朴通事》）

（14）你写与我告子，各处桥上、角头们贴去。（《朴通事》）

前三例都是指示代词构成的短语，明显是表示有指的；后一例的"角头"，通过"各处"的修饰，已经不是概念义而是该城中各处的墙角，虽非定指，但是是单指表示实体。

正如祖生利（2000）所说，"白话译文并没有完全硬译蒙古语名词的复数形式"。就算出现了无生命的事物、事理或者动物名词后加"每"的情况，也是有限制的，指称性就是其限制。从上面的例子分析来看，绝大多数加"每"表复数的无生命名词既满足"单指"又满足"定指"的条件。因此可以说，"单指"是无生命的事物、事理或者动物名词后加"每"的最低条件。

李泰洙（2000）指出，《老乞大》四个版本中，无生命的事物名词加"每"表复数的用法只用于 A、B 两本（古本《老乞大》和《老乞大》谚解），后两本就消失了。应当是元朝灭亡以后明朝重新恢复纯汉语的正统地位导致的。但是在西北接触方言中，这种用法仍然存在。如临夏话：

（15）楼高得很，水池子也深得很，园子里麻雀们叫哩，花儿的味子也呛哩，蝴蝶们也飞哩，房子里进去上，一呱是金银拉下的东西们，眼睛绕哩，直接是可一个地方。（临夏话）

（16）前年个鸡场刚办下，经验没，一场鸡瘟，鸡们多的死过了。（临夏话，兰大中文系，1996，未注明皆源于此）

（17）山上种的庄稼们不多，多的是果树们。

（18）兀个的生意红火得凶，钱们麻袋装着呢。

（19）秀秀的嫁妆稀不多的，料子衣服们就装下者两箱子。
（20）山上的雨水大得凶，沟里的水们一呱下来了。
（21）年跟前到了，肉们多割下些，油们多灌下些，酒们多倒下些。
（22）年时秋里的收成们好的呱！（去年秋天的收成好得很。）
（23）娃们的事成下了，尕独院住着呢，条件们好得凶。

例（15）至（17）画线部分是动植物名词后加"们"，例（18）至（19）是无生命的可数名词加"们"，例（20）至（21）是不可数的物质名词后加"们"，最后两例是抽象名词后加"们"。前三类在临夏话中极为普遍，最后一类构成的词不多。还有少数情况下，"们"放在名词后不表量，如"狗们啊喂上""桌子上的水们喝上""门们啊锁上"中狗可以只有一只，水可以只有一杯，门可以只有一扇。（兰大中文系，1996）

西北接触方言中的其他方言，这种用法屡见不鲜、处处皆是。如：
（24）屋里的蚊子们哈打死给。（甘沟话，杨永龙，2014）
（25）羊们吃草着哩。（甘沟话）
（26）黄瓜们买上点去。（西宁话，任碧生，2004）
（27）花们开寨。（唐汪话，徐丹，2011）
（28）三国的故事们啊还记着吗？（甘沟话，杨永龙，2014）
（29）阿哥是天上的金凤凰，大风们催。（河州话，徐丹，2011）
（30）年过哩呀，面们啊多一些儿磨下。（甘沟话，杨永龙，2014）
（31）大缸里香油味道们尖。（河州话，徐丹，2011）
（32）再我的丫头儿也好好儿的学是，阿塔尔呢么儿的门路们些儿出来是。（甘沟话，杨永龙，2014）

例（24）至（27）是动植物名词加"们"，例（28）是不可数物质名词，其余是抽象名词。

我们对比西北接触方言复数词尾和白话碑文、《元典章》《通制条格》等直译体文献在无生命名词后的使用情况可以看出：西北接触方言中"们"的使用频率明显高于元白话材料"每"的使用频率。根据前文祖生利先生统计的数据，白话碑文中"每"用于非指人名词仅占所有总使用数的1.65%。

从语义限制来看，元白话口语材料中，"有指"的无生命名词才能加

"每"(最低条件是需要"单指")。一般来说,语言里的主语倾向于定指,宾语倾向于不定指。在西北接触方言中,指称限制没有那么严格。加"们"表示复数的无生命名词可以"通指",即指称整个的一类,如例中的"肉们""油们""酒们""金子们",没有任何成分进行限制,说话人发话时心中并不确知该实体的存在,且它们都是做宾语成分,既非定指也非个指。例中的"蚊子们""黄瓜们""面们"和《通制条格》中的"鹅"的性质相同,是"通指",且都是做宾语。但《通制条格》中没有复数词尾,西北接触方言中则频频出现。

从类型上看,三种语言在无生命名词加"每(们)"的类型和用法上是一致的。通过对西北接触方言和元白话对比,我们认为,西北接触方言中无生命名词复数词尾的用法相对于元白话有所减弱,无定成分做宾语加"们"也习见;且没有生命度限制,从生命度最低的抽象名词等到生命度最高的人称代词作为受事都能加"们"。它的使用频率更高,使用范围更广泛。因此,西北接触方言中的"们"相对于元白话中的"每"、汉语普通话中的"们",更具有形态化的复数标记形式。

二　指示代词"这的""那的"后加"们/每"

"这底(的)""那底(的)"最早见于宋代,一般是用来指代事和物的。根据梅祖麟(1987)、吴福祥(1997)的研究,"这(底)的""那(底)的"常用作主格和宾格,它们的出现是为了弥补"这""那"在语法功能上的缺陷。在我们所处的西北接触方言中,有指示代词加"们"表复数的情况。如临夏话中,近指单数是"这个"、远指单数是"兀个",在它们后面可以加"们",表达量多的意思;"这个们"和"兀个们"多数指人,也可以指物(调查对象说,按照他的感觉,指人可能占六七成,指物占三四成),如:

(33)(路遇石头挡路)<u>这个们</u>我的路堵哈料。(石头们把我的路堵了。)

(34)(看见山上有羊在吃草)<u>兀个们</u>在山上吃草着呢。(羊们在山上吃草着呢。)

(35)走走走,<u>这个们</u>的事情再嫑管。(走走走,这些人的事情别再管了。)

(36) 管理站的兀个们不好说话。(管理站的那些人不好说话。)

(37) 误下车的事，责任我也有些呢，不能全怪兀个们。(误车这件事，我也有责任，不能全怪他们。)

(38) 丫头们啦嫑粘，兀个们的事情多得呱。(别跟姑娘们搅和，那些人的事多。)

从以上例句中可以看出，"这个们""兀个们"既可以做主语也可以做宾语，但是相同点是无论做什么成分都必须是定指的。例(33)至(34)两例，如果去掉话语环境，则不能够成立，话语环境在此处起到定指作用（环境指别）。例(34)的"兀个们"作宾语，但是事实上也是定指的（identifiable），即说话者和听话者都知道具体所指的事物或者人是什么。这一点和汉语普通话是一致的，因为指示代词本身具有很强的指称功能。

除了直接用"这个们""兀个们"指人指物，临夏话中还可以在"这个""那个"后加上名词，再加上"们"。如"这个羊们""那个尕姑娘们""这个石头们""这个人们"等。在普通话中，"这个"定称单数，不能和表示复数的"们"同用，临夏话则可以，先通过单指个体，然后直接加上"们"表示复数。

根据祖生利（2000）研究，元代白话碑文中"这的（底）""那的（底）"在词尾加上"每"之后可以指代人，可以表示复数"他们"的意义。这是因为直译蒙古语而出现的。如：

(39) 这的每寺院里、房舍里，使臣休安下者。(一三一四年元氏开化寺圣旨碑)

(40) 这的每却倚着有圣旨么道，没体例的勾当休做者。(一三一四年鳌屋大重阳万寿宫圣旨碑)

《通制条格》等其他直译体文献中也有这种用法。

(41) 这的每不曾奏着差了有，台官每也道无体例，么道说将来。(《通制条格》卷第七，军防，擅差)

(42) 仲谦那的每行来的条画，在先也省官人每的印信文字行来。(《通制条格》卷第十六，田令，农桑)

（43）又两遍做了贼经刺的贼每，拿获呵，是第三遍有，这的每也交出军。(《元典章》刑部卷十一，旧贼再犯，出军)

元代白话碑文以及直译体文献中"这的每""那的每"指人的功能应该是由蒙古语直译而来，不是汉语自身的。蒙古语中翻译成"这的""那的"目的不是翻译汉语的"指示代词"系统，而是翻译"第三人称代词"系统，只是恰好蒙古语的第三人称代词用指示代词兼任。因此，对译蒙古语缺失的第三人称代词时，采用直译的方式，将蒙古语单数的指示代词翻译成汉语的指示代词"这/这的""那/那的"。但是"这的""那的"自宋代以来就只有指物的功能，为了符合汉语的习惯，没有用它来指人，直接借用"他"指人，两种功能互不相混，不能同日而语。据祖先生考察，由于中古蒙古语没有独立的第三人称代词系统，所以用表示近指或远指的指示代词兼任。蒙古语的指示代词也有单、复数的区别，单数的被直译成"这的（底）""那的（底）"，在白话碑文中，它不能用于指人，只用于指物，且主要用于主格和宾格；复数被译成"这的（底）每""那的（底）每"，和单数相反，复数形式只用于指人，基本不用于指物，相当于汉语中的"他们"或者"这些人""那些人"，可能是与元代纯汉语里"每"只用于指人有关（祖生利，2000）。

西北接触方言中，指示代词加"们"表复数的情况在全国汉语方言中是极为少见的。直译体文献中的"这的每""那的每"中的"这的""那的"不具有完全的指示代词功能，只是直译的产物，因为它只能指人不能指物。西北接触方言中的"这个""兀个"既能指人也能指物。从这个角度上来说，西北接触方言中的"这个""兀个"指示代词的功能更加完整。

三　VP 的"们/每"

现代汉语中"V/VP 的 + 们"一般不再使用，会在"的"后补充上指人的名词，或者直接用"V/VP 的 + N"表示复数意义。比如，"干活的小伙子们很辛苦""把守城门的人（们）晚上不能睡觉"；"形容词 + 的 + 们"也不常用，称呼老年人为"老的们"有不尊重和戏谑的色彩，不带感情色彩时也会补充上指人名词，如"可爱的孩子们"等。但在西北接触方言中，"V/VP 的 + 们"习以为常，依然存在。如临夏话：

（44）你好好儿不学习是［ʂʅ］，你就和做［tsu］庄稼的们［mu］一样。（你不好好学习的话，你就和种田的一样。）

（45）过年了，打工的（人）们一挂屋里回着来了。（过年了，打工的人都回家了。）

（46）时间不早了，我家里去的修房子的们哈饭做了吃给去呢。（时候不早了，我要去家里给修房子的人做饭吃了。）

在白话碑文中偶见"V/VP 的每"用例。祖生利（2000）认为这是蒙古语表身份名词复数的一种直译。因为蒙古语中名词或者动词词根接特定后缀可以构成身份名词，表示从事某种职业。据马伟忠（2015）考察，由动词衍化出职业称谓"VP 的"，是人类语言的普遍现象，尤其是用在新出现的职业等没有专有的职业名词的行业中。从语言习得过程来说，当未完全习得目标语表示职业的名词时，用表示该职业的工作内容的"V/VP＋的"结构代替，符合认知规律。但在《通制条格》中，"V/VP 的每"不限于表示职业。

（47）脱脱和孙每根底、管站的每根底……把城门的每根底……（一三一八年荥阳洞林大觉禅寺圣旨）

（48）羊儿年条画圣旨里，正月以前的为夫妻的每根底，依旧者，正月以后的为夫妻的每根底，依着圣旨体例里，合听离，道有。（《通制条格》卷第三，户令，隐户占土）

（49）俺商量来，做官出去了的年纪大了，在后不寻勾当，怯薛里宿的每根底，与粮；又因求仕，怯薛里宿有么道索粮的每根底，不与呵，怎生？（《通制条格》卷第十三，禄令，宿卫粮）

祖生利先生（2000）举的白话碑文中的例子限于从事某种职业，《通制条格》中不限定某种职业，但还是具有"类化"的特征，即做某种事的一类人。

"汉儿言语"文献古本《老乞大》和《朴通事》没有"V/VP 的每"，只有一例"形容词＋的＋每"表示一类人的情况。

（50）众亲眷、街坊老的每、庄院老的每，劝道"你为甚么省不得，执迷著心？"（古本《老乞大》）

汉语中一般只有名词可以加复数标记。元白话两种类型语言中的

"V/VP 的每""形容词+的+每"可以概括为"谓词+的+每",无论是何种形式,"的"是不可或缺的。通过"的"字结构将"谓词体词化"(朱德熙,1982:77)。

西北接触方言和直译体文献的情况类似,和现代汉语普通话有较大差距。但是在年轻人中,在"们"前加上指人的名词的情况越来越多,如例(45),普通话直接用"打工的人"就可以表达复数意义,不需要再加"们",西北接触方言中还是觉得加上"们"更合口语。

由此可以看出,在"V/VP 的每/们"的使用上,西北接触方言和蒙式汉语是同一类型,"汉儿言语"和纯汉语是同一类型。

四　N 们/每+N 们/每+N 们/每

在现代汉语中,当多个复数名词并列时,一般只在最后一个名词后加"们",其他的名词后不需要加"们"就可以表示复数,比如"今天老师、同学、家长们齐聚一堂……"。宋元时期的纯汉语大致也是如此,如"始初内臣、宫嫔们皆携笔在后抄录"(《二程遗书》卷十九)。(李崇兴、祖生利、丁勇,2009:138)在"汉儿言语"文献中,没有见到这种现象,但在西北接触方言中,这一现象却较为普遍,尤其是在多个亲属名词后分别加"们"[mu]。

(51)过年了嘛,大大们、姨娘们、丫头们、阿哥们一呱请哈家里吃饭来。(过年了,把叔叔阿姨、哥哥姐姐们都请到家里来吃饭。)

(52)大学考上是,老师们、同学们、朋友们一呱请哈吃饭来。(考上了大学的话,把老师们、同学们、朋友们全部请到家里来吃饭。)

(53)开斋了,尕娃们、大汉们攒着说色两目去了。[开斋了,小孩子和大人们都跑去说"色两目"(阿拉伯语问候语)去了。]

(54)山上的牛们、羊们,狗们跑着欢着嘞。(山上的牛、羊、狗跑得很欢。)

据兰州大学中文系(1996)的研究,在亲属名词后加"们"表示复数在临夏话中极为普遍,几乎凡指人的普通名词词根后都可以出现"们",更特殊的是"大大们"并不是指叔叔一家人,而是指一辈人,"们"在这些词中表示的是"一辈人"的量。并且,在多个并列的亲属名词后分别加"们"是很自然的。同时,动植物并列名词后分别加"们"也是可以接受的。

但是在直译体文献中,对译并列多个名词复数时,存在每一个复数名词后加"每"的情况。

(55) 达鲁花赤每根底、官人每根底、经过的使臣每根底、军官每根底、军人每根底、和尚每根底,民户每根底宣谕的圣旨。(一二六一年登封少林寺圣旨碑)

(56) 和尚每、也里可温每、先生每、答失蛮每,不拣甚么差发休着。(一三二六年许州天宝宫圣旨碑)

(57) 火州吕中秃儿班为头贰拾肆箇城子里官人每根底,众僧人每根底,也里可温每根底,百姓每根底,宣论的圣旨(《通制条格》卷第四,户令,女多沧死)

(58) 贼人聚集作闹去处生发的,先生和尚每、官人每根底不说有。(《通制条格》卷第十九,防盗)

祖生利先生在总结直译体文献中复数词尾"每"的特殊用法时,除了上述我们提到的现象,还包括"众多的每"和"N每前用数量词修饰"两种情况,前者现代汉语中也依然存在(如"各位女士们"),西北接触方言和汉儿言语中也不例外,就不再讨论。后者在"汉儿言语"以及西北接触方言中暂未见到。① 我们将蒙式汉语、"汉儿言语"和西北接触方言中以及现在汉语普通话复数词尾"们"的特殊用法做一个对比(存在该种语法现象用"+"表示,不存在用"-"表示)。

表6—1　　西北接触方言、"汉儿言语"、蒙式汉语、
　　　　　普通话复数词尾"们(每)"用法

语法现象	西北接触方言	汉儿言语	蒙式汉语	普通话
无生命名词+每(们)	+	+	+	-

---

① 莫超(2004)、徐丹(2011)等都提到了西北接触方言中有"一个老汉们曼……"这样的句子,但是这和直译体文献中"N每前用数量词修饰(三个和尚每)"有所不同,两位学者都认为此时的"们"不能算作复数标记而是话题标记。

续表

语法现象	西北接触方言	汉儿言语	蒙式汉语	普通话
"这的""那的"+每（们）	+	-	+	-
VP 的每（们）	+	-	+	-
N 每（们）+N 每（们）+N 每（们）	+	-	+	-
数量词+N 每（们）	-	-	+	-

从表 6—1 中我们可以看出，东乡汉语、临夏话等西北接触方言和"汉儿言语"在复数词尾"每（们）"的特殊用法上处于蒙式汉语和汉语普通话之间。尽管蒙式汉语和"汉儿言语"在时代上更为接近，但是"汉儿言语"接近于汉语普通话，在四项语法特点上与之相同。相反，西北接触方言接近于蒙式汉语，同样在四项语法特征上与之相同。因此，从复数词尾"每（们）"的类型上来说，西北接触方言和蒙式汉语属于同一种类型；汉语普通话和"汉儿言语"属于同一种类型。除了"无生命名词加'每（们）'"，其他四种成分后加"每（们）"的用法在"汉儿言语"中则罕见。根据 Practor（1967）的困难度等级模式，这四种都属于四级难度的语法，也就是"目标语中的某个规则结构，在母语中没有可以对应的"。这反映了在纯汉语的强势回归后，这种困难度很高的用法最终被汉语抛弃。

汉语中的复数标记从唐代就有了，但是一般只用于指人；蒙古语中的复数可以用在全体名词、部分代词甚至动词、形容词后。根据 Practor（1967）的困难度等级模式，这属于三级难度的语法点，即"母语里的某个规则结构在目标语中有对应，可是使用规则有差异，或语序不同"。因此，在蒙式汉语和"汉儿言语"中，无生命名词复数标记"每"的适用范围大大扩张了；但是它并不是在所有的名词复数后都加上了"每"，还是有着指称的限制，只有在"有指"的情况下才加"每"。在西北接触方言中，"们"的使用和普通话相比，也是极为特殊，甚至比蒙式汉语及"汉儿言语"指称性限制更低，也就是说，相对于元代蒙式汉语和"汉儿言语"，西北接触方言中的"们"是更加形态化了的复数标记。

第七章

西北汉语方言"是"字句研究

西北汉语方言中的"是"字句用法极其复杂，其中，临夏话中的"是"字句最具代表性。本章就以临夏话中的"是"字句为例，来说明西北汉语方言中"是"字句的复杂用法及其原因。

一　临夏话句末"是"字句用法及其来源

甘肃临夏俗称"小麦加"，是西北回族的聚居地。该地区除回族外，还有东乡族、保安族、撒拉族等阿尔泰语民族，这些民族虽有自己的民族语，但都兼通临夏话。临夏话是甘肃临夏地区使用的一种汉语方言，也是生活在这一地区的少数民族的日常交际语。我们对"是"的调查虽然集中在临夏市，但也代表了东乡汉语等西北方言的特征。因为特殊的地理位置、历史文化背景，临夏话形成了与汉语方言不同的特点：词汇大多是汉语，而语法结构接近阿尔泰语。"是"字复杂的用法，就是一个例证。"是"字句在临夏话中触目皆是、不可胜数，尤其是在判断句、陈述句的句末。如在判断句"S 是 + N 是/不是是"中，可以使用两个（肯定句）或者三个（否定句）"是"字。"是"是一个多功能的词，可以用作后置的状语性从属小句标句词（final adverbial subordinator）或后置连词。如：

(1) 兀个事，人们知道是不得了那件事（要是别人知道了就不得了了）。

也可以用在句末表示判断。否定式可以说：

(2) 阿哥是怕人的人不是（阿哥不是怕人的人）。

也可以说：

（3）你是兰州大学老师不是是（你不是兰州大学的老师）。

例（1）中的"是"，兰州大学中文系《临夏方言》（1996）指出其表示假设、条件、转折关系等，但并没有说明"是"表示复杂关系的来源；例（2）王森（1993）指出：第一个"是"字读音轻而短，宜看作随在主语后的语气词，相当于北京话的"啊、呀"，第二个"是"字读音重而长，是判断动词；谢晓安、张淑敏（1996）认为，"是"用在谓词后，属于"甘肃临夏汉语方言中的安多藏语现象"；郭延兵（2006）认为临夏方言中的"是"相当于语气词，并从句法、语义、语用三个方面分析了临夏方言中的"是"字作为语气词的用法。

对例（1）"是"表各种复杂关系的连接式和引语标记的用法，我们将在下文中进行探讨。例（2）中"是"的用法和功能，学者见仁见智，说法不一。郭延兵的观点暂不足取，因为实际的使用情况并非如此简单；王先生的说法有待商榷；例（2）和我们下文将要讨论的（D）句式相似，很明显第一个"是"显然也是汉语固有的，是表示判断的系词，并非主语后的语气词；而该句式是汉语和非汉语（尤其是蒙古语）两种句式相互融合、复合叠加而成的。该用法不同于汉语的标记类型，从跨语言的角度看，这种现象既是汉语自身发展的结果，也与SOV型语言的接触有关。谢晓安、张淑敏两位先生虽然指出是外借的OV型少数民族语言的句式，采用了不同于汉语的语序，但两位先生的结论还可以进一步修订和完善。我们认为这些特殊语法形式的源头是蒙古语，但已经过汉语的改造与重塑。

总之，前人对临夏话"是"表判断的语法现象有所揭示，但总的来说举例多，系统分析少，句法描写多，语义分析少。尤其是例（3），一个句子出现三个"是"，其中句末"是"字的语法功能、标记方式、语序类型与汉语的系词"是"有很大差异。对此，我们还没见到有人做过探讨。

我们将从语言接触研究的视角出发，通过"是"与蒙古语助动词的对勘、与中古译经和元白话的历史比较等，讨论：（1）判断句句末"是"的语法功能；（2）"S是+N是"和"S是+N不是是"句式的来源。

临夏话判断句表达方式

肯定形式有三种类型。

（A）OV 型：傢［tɕi ɣ］我的［tɕi］阿娜是①（她是我的妈妈）。

（B）VO 型：傢［tɕi ɣ］是我的［tɕi］阿娜（她是我的妈妈）。

（C）混合型 1：傢［tɕi ɣ］是我的［tɕi］阿娜是（她是我的妈妈）。

否定形式有四种类型：

（A1）OV 型：兀个笔我的［tɕi］不是（这笔不是我的）。

（B1）VO 型：兀个笔不是我的［tɕi］（这笔不是我的）。

（C1）混合型 2：兀个笔是我的［tɕi］不是是（这笔不是我的）。

（D）混合型 3：兀个笔是我的［tɕi］不是（这笔不是我的）。

根据 Dryer（1992，2008）研究：VO 语言判断句是"系词+判定语"，OV 语言是"判定语+系词"。汉语是 VO 型语言，"系词+判定语"一直是汉语判断句的基本句型。临夏话判断句肯定、否定的七种句型中，各有一种"系词+判定语"的句型。如 B 组，这两例不是我们的讨论对象；其他五种句式或是直接采用了 OV 型语言"判定语+是"的句型，如 A 组；或混有 OV 语言的影响，如 C 组，第一个"是"和 VO 型中的"是"句法位置相同，是汉语的"系词+判定语"语法形式；而句尾的"是/不是是"则可能是受到了 OV 型语言的影响。

（一）肯定判断句"S 是+N 是"句式的形成

由于历史因素，西北地区汉族、回族与使用阿尔泰语系语言的东乡族、保安族、撒拉族、西部裕固族等民族广泛杂居，西北地区的汉语方言与阿尔泰语系蒙古语族等语言长期接触，因而其方言中出现了许多不同于汉语类型的特点，如 SOV 语序、格标记等。西北其他地区汉语方言的判断句表达如下：

临夏话：

（4）阿哥是大夫是哩_{哥哥是医生}。

（5）阿伊莎我的亲戚是哩_{阿伊莎（人名）是我的亲戚}。

东乡汉语：

---

① 本章有关临夏话的材料是作者于 2012 年以来多次实地调查核实所得。

（6）他<u>是</u>我们的老师<u>是</u>哩_{他是我们的老师。}

（7）尕妹子的鞋<u>是</u>新的<u>是</u>哩_{妹妹的鞋是新的。}

青海西宁方言：

（8）我阿达工人<u>是</u>哩_{我父亲是工人。}

（9）我的巴巴木匠<u>是</u>哩_{我的叔叔是木匠。}

青海民和县甘沟方言：

（10）早现在是手一挂啊打过着<u>是</u>_{现在手是被打断了。}

（11）明天尕爷的日子<u>是</u>哩_{明天是小爷爷的忌日。}

关于肯定判断句"S（是）+N 是"句式的来源，学者们有不少讨论，主要集中于以下四种观点。

第一种观点认为"S，N 是"句式是汉语自身发展的结果。日本学者香坂顺一（1997）认为与先秦汉语"是"字居于句末的判断句有关；张华文（2000）认为与原始汉藏语 SOV 型语序有关，是原始汉藏语 SOV 结构的遗留。凡是以"SOV"为基本语序的藏缅语族诸语支，其判断句均采用"SOVc"的语序（"Vc"表示判断动词），即前置宾语判断句的结构形式，这与东汉以降汉语"SO 是"判断句的结构形式相对应。它们是同一母语在语序特点上的反映，两者在语法结构上具有同源关系。"S（A）是 O 是"判断句其实就是"S（A）是 O"与"S（A）O 是"两种判断句的套叠生成式，两个"是"字共处于同一个判断句中，判断关系受到了强化和肯定；向德珍、杨琳（2008）探讨了元代汉语出现的一种介绍人物姓名、身份、职业、籍贯等的特殊判断句"S（是）+N（的）+便是"。作者认为这种特殊判断句是一种形式上高度格式化的主要用于自报家门的舞台语言。"便是"为副词加系词，与其他特殊判断句一样，其来源也可上溯到前代汉语的判断句式。这种特殊判断句不是汉语与蒙古语等阿尔泰语的判断句相融合而产生的叠加式，它的出现主要是历史继承和汉语自身随戏剧文化等因素影响而发展的产物。

第二种观点认为"S，N 是"句式是语言接触影响的产物。袁宾（1992）在《近代汉语概论》中指出此类判断句式是受译经影响的结果；江蓝生（2003）、朱冠明（2007）等认为与佛经翻译有关，江蓝生指出是受梵文语序影响产生，同时还出现了梵汉混合的重叠句式"是 N 是"，这是强调句式，是特殊判断句，句尾"是"为系词；龙国富（2007）赞同江蓝生的观点，他通过对魏晋南北朝汉译佛经中特殊判断句使用情况的全面调查，认为特殊判断句是 SVO 和 SOV 两种类型句子的重叠，是译经者用古汉语判断句去翻译梵文强调句式判断句而形成的。这种特殊判断句最终是由语言接触造成的相互渗透和相互融合的结果。元明时期出现的特殊判断句"S 是 NP 是"，江蓝生也认为这类判断句式是在语言接触的过程中汉语和蒙古语等阿尔泰语的判断句式互相影响叠加而成的，产生的模式为 SVO + SOV > SVOV。

第三种观点认为此类句式的出现主要源于汉语自身情况，但是语言接触起到了推动作用。张美兰（2003）认为它与佛经语言判断句的表达方式有关，汉语自身具有的类似表达方式也为它的出现提供了基础；陈丹丹（2009）通过对"SNP 是"类判断句的历史考察，认为该类格式从先秦的表示"话题——举例说明"发展为判断句，这是汉语自身发展演变而来的，语言接触起的作用是使此类格式使用频率增加，即起到推动作用。魏晋六朝时期"SNP 是"中的"是"完成了由指示代词向系词的转化，成为真正的判断句式，而且主要出现在译经中。元明时期该格式再度盛行于戏曲和白话小说中，主要用于曲艺中人物自我介绍的一类特殊句式，并非当时口语中的常用句式。陈丹丹认为这一时期句末的"便是"已经虚化，不再表示判断，而是表达强调或者肯定的语气，分析为语气词更合适。这与黄斌（2001）的观点一致，他认为"便是"已经虚化为语气助词，加强判断语气。而且由于"便是"与前面的判断词重复，在正式的语言中不被采用，所以该句型逐渐消失。

第四种观点是姜南在 2010 年的研究成果。她以中古时期最具代表性的《法华经》为例，通过系统的梵汉对勘和异译比较，初步证明"S，N 是"句是原文一类烦琐句型的惯用汉译模式，虽然也表判断，但句中的"是"并非系词，仍为指示代词。"是"回指主语，表达"如此、这样"的意思，延续先秦汉语固有的"是"字后置用法。

以上几种观点学者们见仁见智，都能自圆其说。如果我们结合现在西北地区的汉语方言来看，一切问题就都迎刃而解了。桥本万太郎（2008）指出，语言历史上的演变，大部分都不是由该语言内在的因素引起的。那么，比亲属关系更重要的是跟周围语言的互相影响和作为其结果的整个结构的区域性推移与历史发展。众所周知，临夏所在的周边地区自古就被阿尔泰语，像东乡语、保安语、撒拉语等所包围，正是这几种没有亲属关系的不同语言长期共处于一个地区，密切接触，从而在语言结构上产生了共同特征，形成了一种"语言区域"。根据祖生利（2011）研究，今天青海、甘肃地区的接触方言和元代大都一带的"汉儿言语"大抵是已"克里奥尔化"（creolization）了的汉语变体。有关甘肃临夏话语法的特点及其蒙古语族对它们的接触影响，学者马树钧（1982，1984）、李炜（1993）、王森（1993）、谢晓安（1996）以及兰州大学中文系（1996）等做过介绍和初步探讨。下面我们从跨语言研究的角度出发，比较分析临夏话判断句句末"是"的语义功能及其与蒙古语助动词的关系。

蒙古语是典型的 OV 型黏着语，判断句主、谓之间不用系词，而是在谓语之后加助动词表示判断。如：

(12) bi   tʂɯ/hə tunçian kʻun wo.
     我   你/他 东乡   人   助动词
     （东乡语）我/你/他是东乡人。

(13) pǔ moŋqol kʻuŋ   i/ɑ.
     我   土族   人   助动词
     （土族语）我是土族人。

(14) tçʻĭnə sɹɤi hana qatçiarə kʻũ pai?
     你   妻子   哪   地方   人   助动词
     （东部裕固语）你妻子是哪儿的人？

     tʻere lant ʂou kʻũ   pai.
     他   兰州   人   助动词
     （东部裕固语）他是兰州人。

这三例少数民族语言的判断句式，句尾均有表示判断的助动词。如果用汉语的"是"对译助动词，则会直译为"我（你/他）东乡人是"，"我土族人是"，"你媳妇［fei］啊里人是"，"傢［tçi ɣ］兰州人是"。句末的"是"是东乡语助动词"wo"、土族语"i/ɑ"、东部裕固语"pai"

的对译。虽然表示判断，但并非系词。清格尔泰（1991）指出：辅助静词和形动词的助动词，相当于其他语言中的系词。故用汉语的"是"对译蒙古语等语言的判断助动词是最恰当的选择，这样既表示判断，也保持了 OV 型语言动词在句末结尾的特征。临夏话例（A）"傢［tɕi ɣ］我的［tɕi］阿娜是"正是蒙古语判断句式的语法复制，句末"是"出现的位置、表示的语法意义和功能，均与后置助动词相对应。

例（C）"傢［tɕi ɣ］是我的［tɕi］阿娜是"句末的"是"也与例（A）句末"是"的用法相同，是句末助动词的对译；第一个"是"显然也是系词。只不过该句式是由例（A）"傢［tɕi ɣ］我的［tɕi］阿娜是"和例（B）"傢［tɕi ɣ］是我的［tɕi］阿娜"两种句式复合叠加而成，是汉语和蒙古语相互接触融合的结果。

我们看看汉语史上最重要的语言接触中古译经和元白话中的情况。中古译经是西域和尚翻译佛经而成，是汉语和印欧语系语言的接触，由于两种语言的性质不同，也产生过一批特色句式以及特殊的"是"字句。即"S，N 是"句式。例如：

（15）弟子华者，即是舍利弗比丘<u>是</u>。所以然者，此人则能庄严佛树；道树者，即如来<u>是</u>也。（《增壹阿含经》）

（16）尔时王者，则我身<u>是</u>；时仙人者，今提婆达多<u>是</u>。（《妙法莲华经》）

（17）欲知尔时净复净王发道意者……则是今现莲华首菩萨<u>是</u>。（《正法华经》）

以上三例句末"是"字句的语法属性和它的来历一直受到学界关注。如江蓝生（2003）、陈秀兰（2003）、朱冠明（2007）等认为是受梵文影响产生的句式，也是语言接触的产物。龙国富（2007）指出：强调标记"是"是梵文助动词的对译；姜南（2010）通过系统的梵汉对勘和异译比较证明："S，N 是"是原文烦琐句型的汉译，句末的"是"虽然表判断，但并非系词。

同理，在蒙古语干扰下出现的元白话，也产生了若干带有蒙古语特征的语法现象。判断词后置与叠加式判断句"S 是 + N 便是"就是特色句式之一。如：

（18）贫道是司马德操的便是了。（元刊杂剧《单刀会》二折白）

这种句式，在近代蒙式汉语文献《老乞大》《朴通事》中也常见。如：

（19）你这们胡讨价钱，我还你多少的是？（《朴通事》）

（20）你这马，他每都一发买将直南卖去，便将到市上，也则兀的是。（《老乞大》）

在古本《老乞大》还中有"是"和"有"重叠使用的例子。例如：

（21）这参是新罗参有，也着中。

（22）你的师傅是什么人？是汉儿人有。

汉语史学界早已注意到了元白话里"是"用于判断句句末以及叠加的现象。江蓝生（2003）认为叠加现象显然是汉语与阿尔泰语判断句相融合而产生的，即 S 是 O + SO 有→S 是 O 有，句末的"有"或"是"，是汉语受到阿尔泰语判断句影响的结果。中古译经和元白话都是使用其他语言的人学习汉语，也就是第二语言习得的结果，从语言习得的角度看，它们都是一种中介语。这种中介语是不稳固的，是逐渐变化的，在不断的重组分析中逐渐接近目的语。故这种特殊的语言现象不会在元代以后的汉语语法系统中生根发芽。我们从《老乞大》不同版本的比较研究中注意到，这些受到蒙古语影响的特殊句式，随着元朝的灭亡，很快就消失了，请看下面的例句：

（23）【旧】这段子外路的不是，服地段子有。（74/27b4-7）

【翻】这段子是南京的，不是外路的。（77/II29a9-29b1）

【新】这绸子是南京的，不是别处来的。（77/32a4）

【重】这绸子是南京的，不是别处来的。（77/30b9）

例（23）中，元代古本《老乞大》判断句句末"不是"与"有"对举，到明代的《翻译老乞大》中"有"被译成"是"，判断句的语序也变成了汉语的语序；清代的版本中沿用。

这样的用例在元代直译体文献、元白话以及西北接触方言中可以见到。例如：

（24）"那达鲁花赤是甚么人有那达鲁花赤是哪里人？"么道圣旨问呵，回奏："姓崔的汉儿人有是姓崔的汉族人。"（《元典章》）

(25) 他给阿爸说了<u>有</u>，没说的<u>不是</u>他给爸爸说了，并不是没说。（青海汉话）

(26) ŋə ɬəˊma xæ jɤ 我是学生。（五屯话）
　　　我　学生　是　有

(27) 您的不<u>是</u><u>有</u>不是您的。（《通制条格》）

例（24）"是……有"，是汉语和蒙古语两种判断句的混合形式；例（25）"有""不是"前后呼应，其义一也；例（18）是肯定性的判断句，句末"是"与"有"重叠并置；例（27）是否定性的判断句，则"不是"与"有"重叠并置。从上面的例子可以看出："有"与"是"结构形式与语法功能完全相同，均是用来标记判断或者存在的助动词。祖生利（2002）等的研究证明，"有"是蒙古语特殊动词 a‑/bü‑ 的反映。它既能独立使用，表示"有、存在"等实际意义，又能作助动词依附于主要动词之后，辅助表达一定的时体意义。贾晞儒（2014）对元代白话文句末"有"和青海汉话句末"有"进行比较分析，指出：青海汉话句末的"有"，是蒙古语助动词［bai‑］／［bui］／［adʒgu］对于元代汉语影响在青海汉话中的"存在"。同理，我们有理由认为：临夏话置于判断句句末的"是"是蒙古语表判断的句末助动词的对译。至于临夏话使用"是"和青海汉话使用"有"，只不过是不同时期和地域采用了不同的对应手段，两者"只是用字上的不同选择而已"。

以上我们的研究证明：甘肃临夏话、中古译经以及元白话中出现的"S+N是""S是N是"句式，都是汉语与非汉语语言密切接触、不断融合而衍生出的一类重叠句式，句尾的"是"是阿尔泰语言或者梵文将后置助动词引进汉语的产物。我们在前面的分析中指出，中古译经和元白话中的特殊语法现象，都与第二语言习得有关。二语习得者即非母语使用者，在不完全习得的情况下，他们把佛经原典和蒙古语的语序、句型和语法范畴等特征保留了下来，并带进了接受语——汉语。

（二）否定判断句"S是+N不是是"句式的形成

按上述我们的分析：临夏话肯定句句末的"是"是蒙古语判断句式的语法复制和仿造，这些特殊语法形式的源头是蒙古语。据我们对东乡语、保安语、土族语等蒙古语族语言的调查发现，少数民族语言的否定

第七章　西北汉语方言"是"字句研究　/　343

语气词有两种形式：一种是否定动词的，置于被否定的动词之前；一种是否定静词或形动词的，则会置于静词或形动词的后面。我们以东乡语为例，前者如"ulie""əsə""bu"；后者如"pu ʂi"，以下是具体的例句：

(28) kəwos ɯla　ajidʐɯ　əsə kiəliə　wo.
　　　孩子们　　　怕　　　不 说 助动词
　　　孩子们吓得不敢说了。

(29) uliə mədʑiəkuni kuŋdə　asaku ʂi　yama ʂidzʑərəu　pu ʂi　wo.
　　　不　知道事情　别人　问　是　什么　耻辱　不是 助动词
　　　不知道的事情向别人请教，不是什么耻辱。

例中画线部分是否定语气词。"不说""不知道"和汉语语序一致，是"否定词＋动词"形式；需要注意的是否定语气词"pu ʂi"，用"pu ʂ i"（不是）否定"耻辱"时，被置于否定对象的后面，构成"耻辱不是"的形式，语序和汉语相反。蒙古语族其他语言的否定形式与东乡语类似。例如，否定动词的情形：

(30) dadunnə baonaŋ gatɕ ˈɡədʑi dʑi ɢanə baonaŋ gatɕ ˈɢalə　laŋə　lə ndə ɢanə o.
　　　大墩　　保安　话　和　甘河滩　保安　话　　　不相同 助动词
　　　大墩的保安话跟甘河滩的保安话稍有不同。（保安语）

(31) bu　lii　ajegun　i.
　　　我　不　怕　　助动词
　　　我不怕。（土族语）

(32) dʒaluu kuus　barddʒə lə tʃəlaʁɐ uudʒə lə tʃəd ɢə nasə wai.
　　　年轻　人　　做　不累　　吃　不　饱 年龄 助动词
　　　年轻人是干活不累吃饭不饱的。（东部裕固语）

否定静词或形动词的情形：

(33) P ũ　pɑonɑŋ　kʼuŋ　i/o①.

---

① 刘照雄（1982：234）保安语否定的判断动词来 ɕi－来自 ʂi i，ɕo 来自 ʂi o；ʂi 当是 pʼu ʂ i 的减音形式。

我　保安　人　不是　助动词
我不是保安人。（保安语）

(34) pǔ　moŋqol　kʻuŋ　pʻu ṣi　i/a.
　　 我　土族　人　不是　助动词
我不是土族。（土族语）

(35) ene emə uusa toloʁui wed - gə puʃə wai.
　　 这　个　吃　头　痛　不是　助动词
吃这个药头就不痛了。（东部裕固语）

以上例句中的否定词"不"否定动词时，均依附于动词的前面。如保安语"lə ndə Ganə"（不相同）、土族语"lii ajegun"（不怕）、东部裕固语"lə tʃalaʁə"（不累）、"lə tʃəd Gə"（不饱）等；而否定词"pu ṣi"否定静词或形动词时，则置于静词和形动词的后面，如保安语"i /o"（ço 来自 ṣi o，ṣi 当是 pʻu ṣi 的减音形式）、土族语"pʻu ṣi"、东部裕固语"puʃə"等，并且句末均有帮助判断的助动词。也就是说，蒙古语在体词充当句子的谓语时，否定词置于体词之后，同时体词的后面还必须用判断助动词。

刘照雄（1982）也明确指出：在蒙古语族语言里判断动词是体词谓语的必然组成成分。判断动词"是"和存在动词都有两种语音形式。如表7—1 所示。

表7—1　判断动词（"是"）和存在动词（"有"）的肯定、否定形式

蒙古语言	东乡语	土族语	东部裕固语	保安语
是	wo	i /a	pai/wai/ pai	i/o
不是	pʻu ṣi wo	pʻu ṣi i /a	pʻu ṣi wai/ pai	çi/ço
有	(pi -) /uainə	i/a	pei/pai	wi/wa
没有	(ui -) /uwo	kui/kua	u≃ui/u≃uai	ki/kinə

表7—1 中否定式均借用汉语的"pʻu ṣi"（不是）加固有的助动词，组成"pʻu ṣi + 助动词"混合形式。如我们上文所述，助动词如果对应为"是"，则会构成"不是 + 是"形式，句末就会出现两个"是"并置叠用

的现象。

临夏话否定句（C1）混合型 2 "兀个笔是我的不是是"即由此复制而来。这是在复制语言中，说话者按照来源语的语法模式通过使用复制语言中可能的语言资源而创造一种新的语法结构。

我们再以临夏话和东乡语、土族语等做一比较：

(36) 东乡语　chi　mini　ana　pʻu ṣi　wo.
　　　　　　你　我的　阿娜　不是　助动词
　　　　　　你不是我的妈妈。

　　　临夏话　你我的阿娜不是是你不是我的妈妈。

(37) 土族语　pu　moŋqol　kʻuŋ　pʻu ṣi　i.
　　　　　　我　土族　　人　　不是　助动词
　　　　　　我不是土族。

　　　临夏话　我土族不是是。

(38) 东乡语　chi　ṣi　lanzhdaxieni laosi　pʻu ṣi　wo.
　　　　　　你　是　兰州大学　　老师　不是　助动词
　　　　　　你不是兰州大学的老师。

　　　临夏话　你是兰州大学的老师不是是。

以上三例都是"不是+助动词（是）"句式，与我们讨论的"（C1）混合型 2"的句子结构相同。句中的三个"是"各司其职，各有其来源，反映了语言接触的不同层次。

第一个"是"是系词，是比较近的层次，是受普通话影响的反映。

第二个"是"附着于否定词"不"后，"不是"整体否定静词和形动词，其来源是少数民族语借自汉语，但保留了原来民族语 OV 语言的语序。

第三个"是"与前两个"是"显然语源不同，是蒙古语判断助动词的对译，是一种异源性标记，而不是系词。

临夏话"S 是+N 不是是"判断句式，是在汉语 VO 语言"系词+判定语"前提下，先用汉语的"不是"表示否定，又用汉语的"是"对译蒙古语等后置判断助动词，最终衍生出的一种创新结构。这种结构出现在汉语自身系统内很难解释，但放在该地区的大语言环境中去看，应该是西北民族地区不同历史时期，汉语和阿尔泰语两种语言逐渐渗透、混合的结果。

（三）临夏话特殊判断句的结论及思考

以上我们主要讨论的是临夏话判断句中的一组特殊重叠句式："S 是 + N 是"和"S 是 + N 不是是"。我们再重复一下临夏话表示判断的七种句型。

A 组是 OV 型的肯定句和否定句：判定语 + 助动词

B 组是 VO 型的肯定句和否定句：系词 + 判定语

（C）、（D）是汉语的系词 + 判定语，采用了不同于汉语的语序

（C1）混合型 2：兀个笔是我的不是是。（B）+（A）+（是）

又借入了汉语的"是"，经这种句式带进了对译蒙古语等后置判断助动词，最终衍生出的一种创新结构。

尽管例（C1）、（D）这种特殊判断句已经被临夏话所接受，但是在不同的人群中的使用仍是有区别的：混合型句式多在少数民族杂居的人群中使用，城中心以及年轻人中使用较少，在外上学的大学生基本上不会使用。同样是混合型的否定句式，例（C1）"兀个笔是我的 [tɕi] 不是是"比较少见，而例（D）"兀个笔是我的 [tɕi] 不是"句式则多用。如：

（39）前头来的兀是尕王，兀个尕马不是_{前面过来的是小王，不是小马}。

（40）兀是洋芋，兀是红苕不是_{那是洋芋，不是红薯}。

显然，上述几种句式对于目的语汉语来说都是不合乎语法规则的，是语法错误，只有在与阿尔泰语系杂居而处的临夏话中使用着，并作为一种特殊的方言变体，保存在特殊的时间、地域和人群中。

联系临夏的民族起源、地理位置以及临夏与周边少数民族的关系等方面的情况，我们认为，语言接触是引发这组重叠句式出现的主要原因。临夏市是甘肃省唯一的回族自治州，而西北回族主要是以蒙元时期入华的西域色目人为主体，并融汇多民族逐渐"华化"而成。"华化"的西域色目人和皈依伊斯兰教的蒙古人，当初转用的汉语即元白话，就不可避免地会烙有母语的印记，这些印记不同程度地保留在今天的西北方言和临夏话里，像 SOV 语序、名词的复数标记"们"（每）、"格"标记、动

词的形态成分"着"连接式、"呵/时"假设、条件连接式等（江蓝生，2002；余志鸿，1988；李崇兴，2007；祖生利，2000）都可以在近代蒙式汉语文献里找到相应的形式。同样，临夏话特殊判断句句末"是"与蒙古语的助动词也一脉相承。

如果我们从元代以后的汉语历史考察，这种句式主要是由汉语和蒙古语这两种不同类型的语言不断融合、协商而成。当不同类型的两种语言发生接触的时候，不同的表达方法使语言的使用者无所适从，兼顾的办法就是重叠。用系词或者助动词所表达的语义关系是不同语言共有的，表达方式却完全不同。历史上，汉语从秦汉以降一直都是 VO 语序，长期使用"系词+判定语"表达判断；蒙古语则是 OV 语序语言，宾语后面使用后置的助词表达判断。汉语的系词和蒙古语宾语后面的助动词，表达的语义相近，位置相反。也就是说，二语习得者或者只是使用已经存在的结构，像 A 组；或者重新定义这些结构，并且创造出反映模型语言（model language）语序特征的新的结构，像 C 组和 D 组。

我们从上文表格中清楚地看到：蒙古语族否定式是整齐划一的"pʻu ʂi＋助动词"句式，像东乡语 pʻu ʂi wo、土族语 pʻu ʂi i /a、东部裕固语 pʻu ʂi wɑi/ pai 等均为汉语的"pʻu ʂi"（不是）加源语言的助动词（是）构成，即临夏话否定式"S 是+N 不是是"句式是蒙古语的语法仿造。这点毋庸置疑。而语言接触引发的结果同一个系统是整个结构的区域性推移和发展，那么，临夏话肯定判断句"S 是+N 是"应该也是外借的 OV 型蒙古语语言采用了不同于汉语的语序。

如果我们将考察的视野展开得更开阔一些，考察时间看得更久远一些，就会引发不同的思考。临夏自古以来就是一个多民族杂居地区，从汉至宋金，这里的居民除了汉族，还有羌人、吐谷浑人和吐蕃人等。已有的研究证明，临夏话中保存有大量藏语地名和藏语借词，而 SOV 语序等也是藏语的语法特征。不难想象在汉至宋金的长期民族交融过程里，藏语等语言对这个地区有过长期的影响，这些特殊现象的出现可能受到藏缅语干扰（谢晓安，1996；雒鹏，2004）。

临夏话里特殊判断句和其他特殊语法现象的出现在元代以后，显然受到阿尔泰语系语言的影响；从语言事实和长期的历史发展考虑，也不能排除早期藏缅语干扰的因素。现代的临夏话是一个历史积累的产物，包含着不同历史层次两种语言逐渐演变渗透、混合积淀的痕迹。随着研究的深入，希望对这些历史层次能有进一步的梳理和了解。

二 "是"用在陈述句中表达体、式范畴

我们看到在阿尔泰语言中存在一个语法化斜坡：助动词有时会失去自己的独立意义变成一种附加成分。据林莲云（1980）、刘照雄（1982）的研究证明，陈述式动词的确定语气与非确定语气范畴在体词谓语语句里，用句法功能相同、语音形式不同、成对互补的助动词来表达。即在一些语言里，助动词完全虚化成附加成分。(1982：236)

如东乡语：

（41） bi niə çinni pʻit ʂɯ wo.
　　　 我 一　信　写
　　　 我写了一封信。

（42） bi tʂɯn niə çinni pʻit ʂɯ - tʂɯ wo.
　　　 我 正　一　信　写
　　　 我正在写一封信。

（43） həni irəsəntə bi tʂɯn çinni pʻit ʂɯ - tʂɯ wo.
　　　 他　来　　我 正　信　　写
　　　 他来的时候我正在写信。

以上三例中的"wo"在这里就不是判断助动词，而是东乡语动词完成体的形态标记。就是说使用了从判断动词虚化来的助动词来表达体的语法功能。我们再考察其他少数民族语言和临夏话等汉语方言中，叙述句中表示判断确认的情形。东乡语助动词"wo"，如：

（44） beijing echi - ku huoche yijing kai yaola wo.
　　　 北京　　去　　火车　已经　　开　　助动词
　　　 开往北京的火车已经出发了。

汉语方言：北京搭火车走开了是。

（45） ene igva shi bi ghalugva san bushi wo, he ghalugva san wo.
　　　 这　碗　是 我　破碎　　打 不是 助动词, 他 破碎　　打　助动词。

汉语方言：这个碗不是我打破的，是他打破的。

土族语助动词"i/a"，如：

(46) mune aane xuguai taa–dçe saiin a.
　　 我　　奶奶　谜　　猜　　　　好　助动词

　　 我奶奶特能猜谜。

汉语方言：我的[tçi]阿奶谜猜好是。

西部裕固语助动词"dro"，如：

(47) vɑŋ lo şi jysəŋge jɑnəp dro.
　　 王　老师　他家　　回　　助动词

　　 王老师回家去了。

汉语方言：王老师回家了是。

以上例句无论从语法功能，还是从所对应的原文来看，句末的"是"对应的是少数民族语完成体的形态标记，即附加成分。最后再看看我们临夏话和保安语汉语等表示动词完成的形态标记"是"字句的用法。

临夏话：

(48) 明早张明阿门着走里是？（明天张明怎么走呢？）

(49) 张明一顿饭里三个饼子吃完哈里是。（张明一顿饭吃得完三张饼。）

(50) 兀个昨个走哈地，阿早北京到料是。（他昨天走的，现在应该到北京了。）

保安语汉语：

(51) 田里庄稼死过了是！（田地里的庄稼死了。）

(52) 尼个车们个买上开上了是。（他已经买了一辆车开上了。）

(53) 傢俩可打脱了是。（他们俩又打起来了。）

(54) 天干过是等脱着是。[天旱了的话（我们）就得开始等着。]

青海甘沟话：

(55) 早现在是手一挂啊打过着没是。（于是手一下子被打断了没有了。）

(56) 那天砖不够说着，我俩的房子也拆过了是。（那天说砖不够把我俩的房子拆掉了。）

(57) 则乃拜的阿舅十八岁上媳妇儿娶上了是！（登登的舅舅十八岁的时候娶到了媳妇。）

(58) 傢［tɕia］哄上着下［xa］去了一晚夕坐住是。（哄着他去住了一晚上。）

蒙古语的动词有式范畴，其中祈使式通过附加成分表达。第一人称意愿式，表达自己的愿望、建议；第二人称命令式，表达命令和要求；第三人称希望式，表示对他人或者事物的愿望和要求。西北接触方言中，祈使句大多用零形式表达，有时候还会在句末使用"是"表祈使。例如：

(59) 我的二阿娘我哈叫三天里后院的兀座山挖平是我的二婶叫我三天里把后院的那座山挖平。

(60) 二阿娘兀个贼怂我哈叫三天呢可挖平的山攒起来的是再不是你哈要过起尼是。你说嘛我再阿木呢呆？二婶那个臭女人叫我三天把挖平的山堆起来，没再成的话你就要过去了。你说我怎么了？

(61) 你这些里住哈是，我的三个丫头你使唤是，要么个是给她们说一哈你在这里住下。我的三个姑娘你随便使唤，要什么就和她们说一下。

以上例子都是临夏话的祈使句。临夏话中，"是"的意义和用法非常丰富。敏春芳（2016）指出："'是'字句在临夏话中随处可见，可以表达假设、条件、转折等各种复杂的关系，还可以做判断助词表示判断，做引语标记等。"

以上我们列举了以临夏话为代表的汉语方言中出现的几种主要的特殊语法现象：肯定句"傢我的阿娜是"是蒙古语判断句式的复制，句末的"是"是后置的助动词；"傢是我的阿娜是"和否定句"兀个笔是我的不是是"句末的"是"与此相同，是后置的表示判断的助动词；而在"我信写了是""你这些里住哈是，我的三个丫头你使唤是"等例句中的"是"则是一种完成体、祈使式的附加成分。

总之，西北汉语方言里这些特殊的语言现象都是一些不符合汉语语法规则的东西，在汉语语法系统中是一些"异质"成分。从我们对这些特殊现象与少数民族语做的对比可以看出，这些特殊现象与少数民族语有相似之处，并且与西北地区的阿尔泰语系语言，如蒙古语、东乡语等有明显的一致性。

那么，这些特殊现象从何而来呢？综观目前的研究，人们对问题的分析往往似乎更倾向于汉语底层。即假定临夏话是在汉族与少数民族接触过程中，双方通过学习对方语言，最终形成的一种交际中介语。那么临夏话就是以汉语为底层，在接触过程中受阿尔泰语特征的影响而产生了新的语法范畴，通过接触产生的语法化，并随之发生了语法系统自组织性的调整。依照这样的假定，东乡汉语、保安汉话等与北方官话的共时分布和意义对应关系则较少。反之，如果我们假设西北汉语方言是少数民族语言使用者学习使用的目标语（target language），在学习汉语的过程中，学习者不自觉地将母语（来源语，source language）的多种特征带入目标语中，形成了现在东乡汉语、保安汉话、西北特殊的方言。即西北汉语方言是不完全习得产生的混合语，也就是在阿尔泰语的框架中填入汉语的词汇形式。正是基于这种假定的前提，所以我们用大量的用例比较了临夏话等西北汉语方言与阿尔泰语的语法系统之间的对应性。对于语序变化来说，虽然语言接触一个普遍的影响是去诱导人们从一种语言向另一种语言转移有意义成分的排列，即重构，但语序变化实际上并非一种新语序的出现，而更多的是已有语序的选择。

汉语和蒙古语的接触是语言类型上差距明显的不同类型语言的接触，不完全习得会造成语言使用者在母语的主要特征上犯学习错误，反映到东乡汉语上，呈现为某些类型的错误反复出现，如错误的 OV 语序，OV 式判断句在译经和元白话里都有使用，错误使用汉语不需要用的格标记"些""哈""搭/塔"，元白话中宾格用"根底"。元白话语言接触的基本形式是外借，而这种外借也是蒙古人借给汉语，只有到这种蒙式汉语被接受以后，它才重新以干扰的方式进入汉语。

语言接触造成语言变异是一个漫长的过程，也是一个无法预测其最终结果的过程。今天我们在西北方言中看到，在阿尔泰语（或许也包括更早的藏缅语）和汉语的接触中，前者成功地把自己的语法成分带进了汉语，而这些语法成分经与汉语"协商"，成为一种汉语方言变体的语法特征，现在它不仅稳定了下来，也完成了母语化过程。但随着社会经济的快速发展，西北地区与内地日益广泛的交流融合，这些特殊的汉语方言能否长期保留下去，还能保留多久，谁也无法确定。

三 临夏话"是"表示假设等复句的关联词

"是"字句在甘肃临夏话等随处可见。既可以表达特殊的判断句和陈述句式，如前所述，又可以表示各种复杂关系。这里我们考察"是"在临夏话中表示各种复杂关系的用法及其来源。据兰州大学中文系临夏方言调查研究组和甘肃省临夏州文联编《临夏方言》的调查结果，"是"用于前一分句的末端，除表示假设或时间外，还可以表示条件关系、转折关系或顺承关系等。也就是说，临夏话中表示假设、条件等关系复句时不用"假如……的话""只要……就""因为……所以"等关联词，而是用一个"是"字。

（一）"是"在临夏话、东乡汉语中表示各种复杂关系

1. 表示假设关系

（62）我昨个几菜要买<u>是</u>，钱走久（丢）不过_{如果我昨天没去买菜，钱就不会丢了。}

（63）经常烫饭吃<u>是</u>身体不好_{经常吃烫饭对身体不好。}

（64）你横（杏子）哈买<u>是</u>藏买去_{你如果买杏子的话，现在就去买。}

（65）你官当上<u>是</u>我们要忘过_{你要是当官了，不要忘掉我们。}

（66）阿藏水喝些<u>是</u>舒服得呱_{现在要是喝些水，就舒服了。}

（67）乖<u>是</u>阿舅你哈心疼呢_{要是你乖乖的话，舅舅就会疼爱你的。}

2. 表示条件关系

（68）手逗<u>是</u>麦穗儿淌呢_{只要用手去碰麦穗儿，麦粒儿就会掉的。}

（69）你我哈好<u>是</u>，我你哈好呢_{只要你对我好，我就对你好。}

（70）做完事就家里来，你有<u>是</u>日子好过些_{做完活就回家，有你在身边日子就好过。}

（71）你做<u>是</u>就能做好呗，阿门者做不好呢_{只要你去做这件事，就一定能做好，怎么会做不好呢?}

3. 表示因果关系

（72）直个尕几兀个的阿妈打地料一顿<u>是</u>，像不上学起料_{这个小孩被她妈妈打了一顿，就不去上学了。}

（73）锅我没洗<u>是</u>阿娜我哈骂了一顿_{因为我没有洗锅，所以妈妈骂了我一顿。}

（74）衣裳贵是舍不得穿了这件衣服太贵了，所以我没舍得买。
（75）兀个单位好是我就签了因为那个单位很不错，所以我与它签约了。

4. 表示目的关系

（76）梅花鹿山下是吃水呢梅花鹿下山，是为了喝水。
（77）人家兀达去是找工作去了他去那个地方，是为了找工作。
（78）我来是办事情的我来是为了办事情。

5. 表示顺承关系

（79）你我哈哄来是你不管了你把我哄骗到这儿来，骗来以后你又不管了。
（80）尕娃饭吃过是学里去了孩子一吃完饭就上学去了。
（81）傢的男人勤快着，门里进来，围裙子一围是厨房里进了她的丈夫非常勤快，进门围上围裙就进厨房。

6. 表示转折关系

（82）我你哈看个来是没钱着我想过去看你，但是没有钱。
（83）我思谋你哈东西买个是钱没我想给你买件礼物，但又没有钱。

有时在同一个句子里往往出现好几个"是"字，就要根据句子的整体意义判断它们之间表示的关系。如：

（84）娘家里接来是你嫑去，你去是阿哥么想呢！

例（84）第一个"是"表时间，第二个"是"表假设。全句意思是：娘家来接你的时候你不要去，你如果去了的话，阿哥我会想你呢。

（二）前人对临夏话"是"字句的研究及其不足

1. 《临夏方言》指出"是"可以表示假设关系、条件关系、转折关系等，但并没有说明此类"是"的来源。

2. 莫超认为，关联助词"是"是由"时间"含义虚化而来的。又说，关于"是"的来源问题，学术界还有不同看法。据一些时贤的研究，关联助词"是"跟阿尔泰语系的阿尔泰语、突厥语的假设连词［sa］、［sə］有音义上的对应关系。

3. 郭延兵认为临夏方言中的"是"相当于语气词，她从句法、语义、语用三个方面分析了临夏方言中的"是"字作为语气词的用法。郭延兵的说法暂不足取，因为实际的使用情况并非如此简单。

4. ……的规律　用在谓词后，对谓词的动作、行为进行肯定和强调,含有"是一定如此"的意思。王先生的看法有待商榷。"是"用在谓词后,对谓词的动作行为虽然表示肯定,但并不是强调"是一定如此"的意思,而与我们讨论的"是"用法一致。

5. 谢晓安、张淑敏认为,"是"用在谓词后,属于"甘肃临夏汉语方言中的安多藏语现象"。两位先生认为"是"尽管是外借的 OV 型少数民族语言的句式,采用了不同于汉语的语序,但该结论似乎还可以进一步完善和补充,因为阿尔泰语也是 OV 型语言,我们推测引起临夏汉语句法这一变化的是大规模阿尔泰化的原因。

6. 江蓝生先生指出:汉语的假设语气助词古今变化很大,上古、中古基本用"者",少数用"也",唐宋时期出现了新兴的假设助词"时"和"後",元代前后又相继用"呵、么、呢"等,到了清代小说《儿女英雄传》才开始出现现代汉语最盛行的假设助词"的话"。江先生进一步论证了唐宋以来的"时""後"由原本的时间词语,通过话题标记阶段进而语法化为假设助词的过程。他的论述清楚地表明后置条件标记的发展是一种内部演变。

7. 余志鸿先生根据《蒙古秘史》的对译材料,其他历史文献及现代北方汉语、非汉语的资料提出,后置标记"时""呵"的产生是语言交融的结果,与北方阿尔泰民族语言在特殊历史时期对中原地区的渗透有关。余先生说"时""呵"在语音上可能都与古蒙古语 – asu、现代东乡语的 – ra、– sə 等相应形式有关。江、余两位先生所言极是。众所周知,历史上语言的演变,大部分都不是由该语言内在的因素引起的,比亲属关系更重要的是跟周围语言的互相影响。

综上所述,前人对临夏话"是"表示假设等复杂关系的用法,众说纷纭,莫衷一是。我们认为临夏话中"是"用于前一分句的末端,表示时间或假设条件关系等,既是汉语内部自身语法演变的结果,也是临夏话受到北方非汉语,主要是阿尔泰语系语言影响的结果,是一种旧瓶装新酒式的"不借之借"。因为"是"是汉语固有的成分,它是由原本表示判断的系词,通过话题标记阶段进而语法化为假设助词,这是"不借";从"是"在临夏话中使用频率之高、使用功能之发达,我们联系临夏与周边少数民族的地理分布以及语序类型学研究所揭示的事实,又表明

"是"与周边少数民族 OV 型语言密切相关，应该是语言接触影响的结果，这又是"借"的一面。

（三）"是"表示各种关系的来源分布

临夏自古就和少数民族或比邻而居，或杂居而处，其中东乡族、保安族、撒拉族、裕固族和土族是甘、青地区独有的五个民族，都有自己的民族语言，其中东乡语、保安语、土族语和东部裕固语属于阿尔泰语系蒙古语族。下面我们便从跨语言研究的视角出发，比较分析临夏回族话的"是"表示复杂关系的用法。

1. "是"与蒙古语副动词附加成分 sa/ə/ɛ 的语音关系

临夏话中的"是"附着在动词、时态助词之后，说明该行为动作发生的条件或原因等，从渊源上与蒙古语的条件副动词形式 -sa（东乡语 -sa，保安语 -sa，土族 -sa，东部裕固语 -sa/-sə/-so，达斡尔语 -aas/-aasaa、-gaas/-gaasaa）有关。

蒙古语根据动词在句子里的功能和出现的位置，一般分为三大类：终结型、连接型和多能型。

副动词是连接形的动词，它的性质相当于名词的"格"。蒙古语族东乡语、土族语、保安语、东部裕固语等语言的副动词均有假定形式，在语法书籍中通常将其称为副动词的"假定式"或"条件式"。在蒙古语族甘、青语言中，副动词的假定式是借助专门的附加成分来表示。并且，这些语言的假定式附加成分在语言形式和语法意义上非常一致。

蒙古语族甘、青语言的副动词假定式附加成分有以下形式[①]：

东乡语的副动词假定式附加成分为 -sə。例如：

(85) Gura bao -sə dʐondʑia osɯnə.
　　 雨　下（副动词）庄稼　　长
　　 如果下雨庄稼就长。

(86) tʂi ətʂi ʂida -sə bi jə tʂimalə hantu ətʂinə giədʐi wo.

---

① 蒙古语族甘、青语言副动词附加成分的材料主要引自民族出版社出版的各语言简志，下同。

你　去（副动词）我也　你　一起　去
如果你能去，我也愿意和你一起去。

土族语的副动词假定式附加成分为－sa。例如：

(87) tɕə denjindʐe udʐe －sa bu ɕii udʐeja.
你　电影　看（副动词）我　戏　看
如果你看电影我就看戏。

(88) ɢurdənxan jauu －sa kuiidʐə ʂdam.
快　点（副动词）赶　上
如果稍微快点走就能赶上。

保安语的副动词假定式附加成分为－sə/－sa。例如：

(89) ɕirodə ɢura or －sə ndʐaŋ lə rəm.
下　雨（副动词）不　来
要是下雨，他就不来了。

东部裕固语的副动词假定式附加成分为－sa/－se/－so。例如：

(90) tʃə unə ab －sa bə tunə abəja.
你　要　这个（副动词）我　要　那个
如果你要这个，我就要那个。

以上蒙古语族土族语、东乡语、保安语和东部裕固语的副动词假定式在语法意义上大致相同：均表示前一个动作是假设或者是后一个动作的前提条件。其语音形式也具有明显的一致性。土族语假定式或者条件式附加成分是－sa，东乡语、保安语是－sə（－sa），东部裕固语是－sa/－se/so，附加成分的元音形式为－a/－ə/－o；同样在突厥语族语言中，表示动词的假定意义和条件意义的语法形式通常称为动词的条件式，各个语言中的条件式附加成分有如下形式：

撒拉语的动词条件式附加成分为－sa/－se。例如：

(91) asman nene jaʁ －sa, selen gei －ɣar.
天　雨　下（副动词）洪水　下来
若再下雨的话，洪水将冲下来。

哈萨克语的动词条件式附加成分为－sa/－se。例如：

(92) men odan sura －sa－m, ol søzsiz maʁan ajtatə.

我 问 他（副动词）　　他 告诉 我
如果我问他，他一定会告诉我。

柯尔克孜语的动词条件式附加成分为 -sa/ -se。例如：

(93) bygyn ubaqtəm dʒet -se, aʁa barat elem.
　　 我　 时间　 多（副动词）　我 去 那里
　　 假如今天我时间够多，我就到他那儿去了。

维吾尔语的动词条件式附加成分为 -sa/ -sɛ。例如：

(94) aldinqilar dɛrɛx tik -sɛ, kejinkilɛr sajdaptu.
　　 前人　 栽 树（副动词）　　后人　 乘 凉
　　 前人栽树，后人乘凉。

我们有必要再重复一下阿尔泰语副动词附加成分。

表7—2　　阿尔泰语系诸语言副动词附加成分一览表

语族	语种	假定式或条件式附加成分
蒙古语族	蒙古语书面语	-ɣasu/ -gesü, -basu/ -besü
	土族语	-sa
	东乡语	-sə
	保安语	-sə（~ -sa）
	东部裕固语	-sa/ -se/ -so
突厥语族	古代突厥语	-sar/ -sär, -sa/ -sär
	维吾尔语	-sa/ -sɛ
	哈萨克语	-sa/ -se
	柯尔克孜语	-sa/ -se/ -so
	乌孜别克语	-sæ
	撒拉语	-sa/ -se
	西部裕固语	-sa/ -se

由表7—2来看，不管是阿尔泰语系的蒙古语族（土族语、东乡语、保安语等），还是突厥语族（撒拉语、西部裕固语、维吾尔语等）均有假

定形式，其附加成分在语言形式和语法意义上显示出高度的一致性："sa/sə/sɛ"。我们也可以把以上诸语言的副动词假定式附加成分归纳为"–s+元音结构"。而汉语的"是"［ʂʅ］也是"–s+元音结构"。故临夏话表示各种复杂关系的"是"，是用汉语固有的成分对译阿尔泰语言副动词标记，其实就是音译的一种对应手段。我们知道元代汉语常借用一些固有词语，如"呵""时""哈"等来模拟蒙古语结尾词或后置词，因而这些词具有与一般用法不同的语法意义，就不能用原有的词语意义去解释。

祖生利指出，临夏话的"是"［ʂʅ］，从汉语历史的角度看无疑就是宋元以后至清代中期"的话"产生前，官话里最主要的假设后置词"时"。不过考虑到它跟邻近的蒙古语族东乡语、保安语、土族语等（以及突厥语族撒拉语、西部裕固语等）的假定副动词（或称条件副动词）词尾–sa、–se、–sə 等语音上的近似，也可以认为这是采用了有别于直接音借的另一种更常见的对应策略，即尽量用汉语固有的语法意义和功能、句法位置和语音形式都相似的成分去对应蒙古语族相关的语法形式。东乡汉语用自身语言的材料去重新解释各种复杂关系以便适应东乡语原型，–sa、–se、–sə 就是对本土材料的再分析和重新解释，不必一定涉及借代形式。也就是，一个本土的语素根据来源语言中与其语音上相似语素的句法功能被重新解释。

2."是"与蒙古语副动词的语法关系

临夏话中的"是"［ʂʅ］类似阿尔泰语言的副动词形式，与蒙古语、突厥语的假设条件附加成分不仅有明显的语音对应关系，而且语法功能也完全相似，均能一一对照。且看以下临夏话中的"是"与阿尔泰语言的例子。

"是"相当于阿尔泰语的假定副动词。假定副动词表示前一个动作是假设的动作，或者是后一个动作的前提条件。临夏话中的"是"在句中可以表示假设关系，其意义和用法与副动词十分相似。如：

(95) 普通话：你如果买苹果的话，现在就去买。

临夏话：你苹果买<u>是</u>阿藏买去。

蒙古语：[蒙古文] ①
你 苹果 买（副动词）现在 就 买
维吾尔语：[维吾尔文]
买 就 现在（副动词）买 苹 果 你

(96) 普通话：现在要是喝些水，就很舒服。

临夏话：阿藏（现在）喝些水<u>是</u>舒服者呱。

蒙古语：[蒙古文]
现在 一些 水 喝（副动词）很 舒服

维吾尔语：[维吾尔文]
很 舒服（副动词）喝 水 一些 现在

(97) 普通话：只要你对我好，我就对你好。

临夏话：你我哈好<u>是</u>我你哈好。

蒙古语：[蒙古文]
只要 你 我 好 对（副动词）我 你 好

"是"相当于阿尔泰语的前提副动词，前提副动词表示前一个动作是后一个动作的前提，有了前一个动作才能有后一个动作。临夏话中的"是"在句中可以表示这种条件关系，其意义和用法与前提副动词十分相似，例如：

(98) 普通话：只有你在身边，日子才会好过。

临夏话：你有<u>是</u>日子好过。

蒙古语：[蒙古文]
你 身边 在（副动词）日子 才 好过 会

(99) 普通话：只有你去我才去。

临夏话：你去<u>是</u>我才去。

蒙古语：[蒙古文]
你 去 我（副动词）才 去

(100) 普通话：只有那样做才是对的。

---

① 本书蒙古语和维吾尔语材料来自西北民族大学蒙古语学院的红梅（斯琴格日勒）老师和维吾尔语学院的阿尔帕提老师，在此谨表谢忱！

临夏话：兀么做是才对着呢。

蒙古语：〔蒙古文〕

　　　　那样　做（副动词）　正确

相当于阿尔泰语的立刻副动词和跟随副动词。立刻副动词表示前一个动作发生后，很快发生后一个动作；跟随副动词表示在前一个动作发生的时间和条件下发生后一个动作。

临夏话中的"是"在句中也可以表示这种顺承关系，其意义和用法与立刻副动词和跟随副动词相似，例如：

（101）普通话：小姑娘饭还没有吃，一放下书包就跑出去了。

临夏话：尕丫头饭没吃呢书包放下是出去了。

蒙古语：〔蒙古文〕

　　　　小　姑娘　饭　吃　没 书 包 放下（副动词）出去

（102）普通话：孩子一吃完饭就上学去了。

临夏话：尕娃饭吃过是学里去了。

蒙古语：〔蒙古文〕

　　　　孩子　饭　吃完（副动词）上学　　去

（103）普通话：我回家，他也跟着回来了。

临夏话：我回家是㑇也回哩。

蒙古语：〔蒙古文〕

　　　　我家 回（副动词）他 也　跟着　回来

（104）普通话：我玩儿游戏时，他也玩儿了。

临夏话：我游戏哈玩是㑇也玩哩。

蒙古语：〔蒙古文〕

　　　　我 游戏 玩（副动词）他也 玩

以上例句说明：临夏话中的"是"附着在动词、时态助词之后，表示各种复杂关系，不仅和蒙古语等阿尔泰语系语言的副动词形式密切相关，而且表示的语法意义也完全相同。

之所以存在这样的现象，是因为用汉语固有的语法意义和功能、句法位置和语音形式都相似的成分对应了蒙古语族相关的语法形式。

李克郁在谈到青海汉语中的某些阿尔泰语言成分时认为：青海汉语

中的"哈"当连词使用，有"要是""假使""倘若"的意思，这个"哈"来源于阿尔泰语系语言。他举出的例子是：

（105）你走哈我不挡，你留哈我欢迎。

（106）这本书你喜欢哈我也喜欢。

（107）你吃哈我去烧，不吃哈我不烧。

（108）药吃哈病好哩。

以上句中的"哈"在临夏话中说成"是"，用"是"可以完全替换：

（109）你走是我不留，你留是我欢迎。

（110）这本书你喜欢是我也喜欢。

（111）你吃是我做起，不吃是我不做。

（112）药吃上是病好哩。

李先生认为：青海汉语句末的"哈"可以和土族语言中的 soo（假定副动词附加成分 – so 和语气词 oo 结合而成）相对照。所以，我们也有理由坚信：临夏话表示各种复杂关系的"是"与阿尔泰语言副动词标记"sa/sə/sɛ"一脉相承，是汉语和阿尔泰语系语言不断"协商""融合"的结果。

3. 临夏话等西北方言的语序类型

张建考察了中国境内五大语系 116 种少数民族语言里偏正复句的关联标记模式，得出语序类型、附置词、复句关联标记之间的蕴含共性：（po 为后置词，pr 为前置词）

OV⟷po > 前句 – 关联词，后句

VO⟷pr > 前句，关联词 – 后句；关联词 – 前句，后句；关联词 – 前句，关联词 – 后句。

也就是说 OV 型语言复句的关联标记通常居于前一分句的末端；而 VO 型语言的三种模式的关联标记或者在整个句首或者在前一分句句首，并不居于前一分句的末端。历史上，汉语从秦汉以降一直都是 VO 语序，关联标记一般不会居于前一分句的末端；蒙古语则是 OV 语序语言，复句的关联标记通常居于前一分句的末端。临夏话中的"是"则居于前一分句的末端，这恰好是 OV 型语言普遍存在的语法特征。联系临夏的地理位置、民族起源以及临夏与周边少数民族的关系等方面的情况，我们认为：

用"是"表达复杂关系的主要原因是语言接触。语言接触最普通的结果是产生外来词,但有一种特殊的结果是产生"混血儿",即所谓"混合语"。根据祖生利的研究,今天青海、甘肃地区的接触方言和元代大都一带的"汉儿言语"大抵是已"克里奥尔化"(creolization)了的汉语变体。语言接触的一般原理是,不同的接触情形导致不同的语言学后果,皮钦语、克里奥尔语和混合语都是常见的接触语言类型。克里奥尔语和皮钦语的词汇通常主要来源于"声望较高的族群所使用的一种语言",克里奥尔语的结构特征并不是从现有的一种语言提炼出的,而是对创造者们所使用的多语言或跨语言的折中。同样,临夏话中"是"字句及其表示复杂关系的特殊用法,既是阿尔泰语言底层现象的反映,也是汉语和阿尔泰语不断"折中""混合"的结果。

四 临夏话异源性语法成分的形成与发展

甘肃临夏是回族自治州。回族是经明、清两代形成的人们共同体中人数最多,对甘青地区的民族格局和文化类型格局产生重大影响的民族。回族主要是以蒙元时期入华的西域色目人为主体,并融汇多民族,逐渐"华化"而成。回族形成的主要时期当推蒙古征西之际。蒙古人西征,横扫欧亚大陆,从中亚等地俘虏二十余万青壮年以及工匠,将其编入签军;另外还有大量商人和平民随军到达中国各地,蒙古军西征的结果,即是形成"元时回回遍天下,及是居甘肃者尚多"的局面。临夏为其中最重要的集中地之一,俗称"小麦加"。那些从中亚地区来到临夏的工匠、商人和普通百姓等来自不同地区,语言存在差异,有阿拉伯语、波斯语等,在该地区并没有一种通行的语言。由于元代蒙古语的特殊地位以及东来色目人与蒙古人的密切关系,皈依了伊斯兰教的蒙古族、本土或内地的回族在"华化"为回回民族的过程中共同经历放弃原用语转用汉语的过程,即逐渐形成一种民族间日常交际的中介语。这种中介语就是"克里奥尔语",它的词汇以当时的强势语言——汉语作为供给语,而语法则主要来自汉语和蒙古语族等语言不同程度和形式的折中、混合。因此,蒙元时期的回族所使用的中介语以及早期(元至明初)转用的北方"汉儿言语"不可避免地带有"蒙式汉语"的特征,这些特征不同程度地保留在今天的西北方言和临夏话里。临夏话的语音、词汇系统与语法系统显示出明显的异源现象:词汇来自一种语言——汉语,语音结构和汉语基本一致;句法上则与另一种语言——阿尔泰语有高度的相似性。其异源性语法特征如 SOV 语序,名词的复数标记"们",成系统的格标记,动词的体、态、式等形态标记,都可以在近代蒙式汉语文献里找到相应形式。本文所探讨的"是"表连接式复杂关系的用法,也跟阿尔泰语系诸语言的副动词"sa/sə/sɛ"有异曲同工之妙,这些异源性语法成分经与汉语"协商"后成为一种汉语方言变体,保存了下来,并且在特殊的地区和人群中使用。

我们再重复一下前文中提到的,临夏所在的河湟一带自古以来就是多民族杂居地区。临夏回族和少数民族之间有着相同的宗教信仰和相近的民族来源,当地各民族与回族始终保持着密切的联系。语言方面,除回族使用汉语外,其他民族都有自己的民族语言,有的使用双语或者多种语言,但都兼通临夏话。正是这几种没有亲属关系的不同语言,共处于一个地区,长期密切接触,不仅在语言结构上产生了共同特征,而且这些异源性语法特征在临夏话中得到进一步的稳定和加强。

桥本万太郎指出:语言历史上的演变,大部分都不是由该语言内在的因素引起的。那么,比亲属关系更重要的是跟周围语言的互相影响,和作为其结果的整个结构的区域性推移和历史发展。

综合以上分析,我们从跨语言比较、民族来源以及民族关系史等方面分析,临夏话的"是"表达各种复杂关系的特殊用法,既是阿尔泰语言底层现象的反映,也是汉语和阿尔泰语两大不同语系之间不断协商、不断折中、不断混合的结果。同时说明使用频率的增加是语言接触中所能体现的一种重要现象。即一个语法形式是来源于汉语本身,如"是",但我们通过对应发现使用少数民族语言者总是拿这个语法形式去对译母语中的语法形式,导致它在少数民族语言的使用频率极大提高,这种情况也可以证明它的用法受到母语的影响。此外,语言接触频繁的历史时期,如蒙元时期,一些特殊语法形式使用频率也会极大提高,频率一方面可以为语言接触提供证据,另一方面也是语言接触带来语言变化的具体表现。

第八章

西北汉语方言"给"字句研究

"给"字句在西北汉语方言和"是"一样也是满目皆是,屡见不鲜。"给"前的动词范围广泛,几乎所有动词后都可以带上"给",如"走给、坐给、发展给"等。我们的研究证明,西北方言位于句末、用法复杂、使用功能较发达的"给"与蒙古语族、东乡语的引语标记"giə"和祈使式附加成分"giə"相匹配,是一种只具有语法功能而脱离了词汇意义的形态标记。

一 西北方言"给"字句复杂用法

西北汉语方言"给"字句的语法系统要比普通话复杂得多,其类别、来源、语法功能等都有不少值得再研究的地方。我们生活在西北民族地区,经常会听到如下的说法。

(1)明天一早我俩就走给他说:"明天早晨我们两个就出发。"(西宁话;程祥徽,1980)

(2)卡的[tɕi]王老师茶倒给他说:"赶快给王老师倒茶。"(临夏话;《临夏方言》,1996)

(3)人家不去给他说:"我不去。"(临潭话;敏春芳,2014)

(4)坐起给说着让他住说道。(唐汪话;徐丹,2013)

(5)坐给了坐给,要回来叫你留下你就留下,不要回来了。(青海话;李克郁,1993)

(6)王村长啊好消息一个大家啊说给说着王让村长给大家通知一个好消息。(甘沟话;杨永龙,2015)

（7）兀个蛇啊打死给把那条蛇打死！（保安汉语；张竞婷，2013）

（8）信哈给寄给把信寄给（他）。（西宁回民话；张安生，2006）

（9）这男底不坐给，要走给哩这男的不让（她）住，让（她）走。（唐汪话；徐丹，2013）

（10）把书给他给给你把书给他。（兰州话；刘公望，1986）

以上例句的"给"附着在动词之后，用于句末，很像汉语普通话中的单音节动词加"给"。其中例（10）"把 + N_1 + 给$_1$ + N_2 + 给$_2$ + 给$_3$"中，当"给"的对象为双方熟知时，可省去不说，就会出现三个"给"连用的情况："把书给$_1$给$_2$给$_3$。""给$_1$"是介词，"给$_2$"是动词；句末"给$_3$"的语法功能、标记方式、语序类型与汉语的"给"有较大差异，这是值得我们研究的一种语言现象。①

二 "给"字句研究现状及其不足

"给"字句的研究成果丰硕，见仁见智。首先是"给"做动词的用法。朱德熙（1979）从"给"字及其相关句式的研究中划分出三类不同的动词②；蒋绍愚（2002）论述了"给"字句表被动的由来③；洪波（2004）从语义分析的视角出发，提出"给"是从清代早期开始对同义词"与"字的兴替而逐渐提高使用频率而来④。

像石毓智（2004）、王健（2004）、李宇明和陈前瑞（2005）等对北京话"给"兼作处置标记和被动标记的语法化过程做过专门研究。李炜（2004b）认为，北京话介词"给"被动用法的发展，可能受到了南方官话的影响。沈明（2002）提出太原话的"给"表示遭遇时，一般不出现

---

① "给"表给予等义的其他用法，我们兹不赘述。

② Va 表示给予（卖、送），Vb 表示取得（买、娶），Vc 不表示给予，也不表示取得（画、炒）。特别指出兼属 Va 和 Vc 的一部分动词（写、寄）的意义带有不确定性，即有时包含给予的意义，有时不包含给予的意义。

③ 蒋先生认为表被动的"给"字句是由表给予的动词发展为表使役的"给"再发展为表被动的"给"。并通过类推使得"给"字句成为和"被"字句一样的表被动的句式，最后完成"给"字句的功能扩展。

④ 洪波先生提出"给"字在清代早期以前产生的几种虚词用法是受"与"字类化的结果，清代中期产生的使役介词用法和被动介词用法则既可能是其自身语法化的结果，也可能是"与"字类化的结果，清代晚期产生的使役动词标记功能则是其自身语法化的结果。

施事；周磊（2002）指出，乌鲁木齐话的介词"给"可以表被动，助词"给"则不可以直接表被动，但却可以用"让"。佐佐木勋人（1996）、王彦杰（2001）、张谊生（2002）、李炜（2004）等对助词"给"也有所研究。

"V+给"句式除了在兰州方言（刘公望，1986）、太原话（沈明，2002）、山西平定方言（延俊荣，2006）、户县方言（孙立新，2007）、河南确山方言（刘春卉，2009）等地普遍存在，在西北民族地区的汉语方言更是层出不穷、屡见不鲜，但特点各不相同。关于句尾"给"的来源，刘公望（1986）认为是动词"给"演化来的[①]，程祥徽（1980）也持此说。但他提出："给个"与藏语 roqs byos 的意义和位置相当，因此，"给个"的定型似乎与藏语的影响有关；宋金兰（1990）提出，西宁方言中土的"给"是助动词，与阿尔泰语有着千丝万缕的联系；王森（2003）列举了"给"字的9类18式，指出"给"的词性大多处在虚化过程中[②]。

张安生（2006）认为西北方言中的"给"字句的特殊用法与近代汉语一脉相承[③]。

综上"V+给"句式，王先生强调了"给"字句的复杂性；刘、张两位先生认为句尾的"V+给"是语言自身的演变规律；程、宋两位先生则以为是外部的接触影响所致。

本书从语言接触的视角出发，从共时跨语言类型的角度，考察：（1）"给"字句结构的形式类型、语义机制和句法特征；（2）从历时类型学的视角，讨论"V+给"句式的来源以及"V+给"结构与周边民族语言联系动词（引语标记）、祈使式标记等语法范畴之间的相互关系。

[①] 他认为，虽词义逐渐虚化，但仍保留有"给予""施加于"的附加意义，且明显地起表示行为动作已然或将然的语法作用。

[②] 当处在连动句 V_2 的位置上时，它是地道的动词"给"；当处在其他语法位置上时，它和它所取代的词语相当，或实或虚；当无可取代时，它或此或彼，难以确认。

[③] 她指出同心等西北方言中"给$_3$"的特殊用法，与《老乞大》《朴通事》所代表的近代汉语中的"馈"有着直接的渊源关系。

三 "给"与蒙古语联系动词、祈使式标记的对应关系

(一) "给"与蒙古语联系动词的对应关系

西北地区自古就和少数民族或比邻而居或杂居而处,其中东乡族、保安族、土族、撒拉族和东、西裕固族是甘、青地区独有的五个少数民族,语言均属阿尔泰语系。正是这几种没有亲属关系的不同语言,共处于一个地区,长期密切接触,从而在语言结构上产生了共性,形成了明显的"语言区域特征"(黄行,2005;钟进文,2007)。联系西北民族地区的地理位置和民族关系,我们从"给"和周边少数民族语言之间的对应关系,考察"给"字句结构的类型特征。试以普通话"他说:'我不去。'"为例:

(11) 蒙古语　tere kümkün: bi o čiqu　ügei geĵü　keleĵei (geĵei).
　　　　　　　那　人　　我不　　去　联系动词
　　　　　　　他说:"我不去。"(清格尔泰,1991:335)

(12) 东乡语　hə kiəliəwo: "oruŋ uliə ətʂinə" giəne.
　　　　　　　他说　　　我　不　去　联系动词
　　　　　　　他说:"我不去。"(布和,1986:177)

(13) 保安语　nəgə kuŋ　ədgə　çi gədʐi.
　　　　　　　那　人　　不　去 联系动词
　　　　　　　他说:"他不去。"(陈乃雄,1986:246)

(14) 土族语　te niudur ruguni: gɵna.
　　　　　　　他 今天　来　联系动词
　　　　　　　听说他今天要来。(李克郁,1988:210)

以上例句表言说。普通话的结构顺序:言说动词→言说内容,蒙古族语为:言说内容→言说动词(联系动词),语序和汉语相反。这里的联系动词,并不是真正意义上的联系,而是一种特殊的虚义动词(清格尔泰,1991:335)。从句法功能来看,联系动词就是存在于我国民族语言中的引语标记(quotative marker)(道布,1982:43;刘照雄,1981:151),蒙古语的联系动词是"gekü"、东乡语是"-giə"、保安语是"gədʐi",均与蒙古语书面语的"ge"(古典蒙古语书面语 keme-,蒙古

语口语为 gə - ）同源。它是阿尔泰语中常见的语法范畴，或转述自己听到的内容，常常被置于句末，汉译为"听说""据说""传说"，如上所举；或引述别人或自己的某种愿望或者打算，表示"想要""想要做""将要做"等情态意义；还可用在名词或表疑问的代词后面表示"叫作"的意思。例如：

(15) 东乡语　ui dʐaŋ mini hamara giə wo.
　　　　　　队　长　我　休息 _{联系动词}
　　　　　　队长说让我休息。（布和，1986：177）

(16) 土族语　tendə more　fune　ge。
　　　　　　他　　马　　骑 _{联系动词}
　　　　　　给他说："让他骑马。"（照那斯图，1981：200）

(17) 蒙古语　nərttʃin　xə　gə - dĕg bee?
　　　　　　名字　　谁　说道　呢
　　　　　　你叫什么名字？（清格尔泰，1988：210）
　　　　　　minii　nər　dɛmɾiŋ　gə - dĕg.
　　　　　　我的　名字　达木林　说道
　　　　　　我的名字叫达木林。

以上三例对应的西北汉语方言分别是：

(18) 队长我哈休息<u>给</u>。

(19) 傢马骑<u>给</u>。

(20) 你叫啥名字<u>说着</u>？我"达木林"<u>说着叫着</u>。

前两例"给"用在动词"休息""走"后面，表示间接引语"想干什么"；后一例汉语方言改为"说着"①。

另外，阿尔泰语系的满—通古斯语族的满语、鄂温克语、鄂伦春语也有类似的引语形态。例如：

(21) 满语　bila　xudʐuu xɯ ʂɯnje gum xulame.　（恩和巴图，
　　　　　1997）
　　　　　河主　河神爷 _{联系动词}

---

① 元白话的"么道"与此一脉相承。

叫作河主河神爷①。

（22）鄂温克语　tɑri mintuxi ʃii awʊwa gələədi gun.
　　　　　　　　 他　 我　 你　谁　找　联系动词
　　　　　　　 他对我说："你找谁？"

（23）鄂伦春语　tamaan ʃinəwecɔnkarəmejingunəkənbuku ʃilbɑɑtʃɑɑ.
　　　　　　　　 明天　 你　无论如何　去　联系动词　布库
　　　　　　　 布库说明天你无论如何去一下。

表 8—1 是阿尔泰语言联系动词及其句法功能的对比例句。

表 8—1　　阿尔泰语言联系动词形态标记以及句法功能

阿尔泰语言	形态标记	例句
蒙古语族	蒙古语 gekü	tere kümkün：bi o ɣiqu ügei geĵü keleĵei（geĵei）. 他　说　我不　去　联系动词
	东乡语 giə	hə kiəliəwo："oruŋ uliə ətʂinə" qiəne. 他　说　　　我　不　去　联系动词
	保安语 gədʑi	nəgə kuŋ ədgə çi gədʑi. 那　人　不　去　联系动词
满—通古斯语族	满语 dʐəme	yŋxa mutɕin untʂar niambə ini xaxdʑe dʐəme. 砂　锅　卖　人　他的　男孩　联系动词
	鄂温克语 gun	tɑri mintuxi ʃii awʊwa gələədi gun. 他　我　你　谁　找　联系动词
	鄂伦春语	tamaan ʃinəwe cɔnkar əmejin gunəkən buku ʃilbɑɑtʃɑɑ. 明天　你　无论如何 去　联系动词　布库

从表 8—1 中我们看出：阿尔泰语系的蒙古语族、满—通古斯语族联系动词附加成分"gekü""-giə""gun"等其语音形式具有明显的一致性，即"-g+元音"结构。联系动词这种特殊的虚义动词，汉语里没有

---

① 恩和巴图（1997）满语口语里存在一个联系动词 gɯ，主要是将一些专有名词连接到有关名词上，将要表达的内容连接到主句或接于动词某些形式之后表示情态意义。

相应的词（英语、俄语里都没有，日语有）。译成汉语的时候，一般有两种对译手段：音译和意译。音译，就是用汉语中故有的音同音近的成分去匹配对译。如用汉语的"给"对应蒙古语的联系动词就是一种音译的手段。我们以东乡语与东乡汉语为例进行比较：

（24）普通话　他说："我不去。"

东乡语　hə kiəliəwo "orun uliə ətʂɯnə!" giəne.
　　　　他　说　　我　不　去　联系动词

东乡汉语　傢不起给。

（25）普通话　阿訇说："他不来。"

东乡语　ahun hə uliə irənə giədʐɯ　kiəliə wo.
　　　　阿訇　他　不　来　联系动词　　说

东乡汉语　阿訇不来给。

（26）普通话　他说："我一个人去吧。"

东乡语　hə kiəliə "orun　niə　dʐən ətʂɯjə!" giəne.
　　　　他　说　　我　一　人　去　联系动词

东乡汉语　傢一个人去给。

以上分析可以说明，东乡汉语中"给"的语音形式和句法位置与东乡语中的联系动词"‑giə"一脉相承、如出一辙。西北汉语方言"给"的情形类似。我们用表8—2来概括。

表8—2　蒙古族语联系动词和西北汉语方言、经堂语"给"的对应关系

语言	形态标记	音	用例
东乡语	‑giə	给	hə kiəliəwo "orun uliə ətʂɯnə!" giəne. 他说："我不去。"
东乡汉语	给	[gei]	他　说　我　不　去　联系动词 傢不去 [tɕi] 给。
青海西宁话	给	[gei]	明天一早我俩就走给 他说："明天早晨我们两个就出发。"
甘肃临夏话	给	[gei]	卡的 [tɕi] 王老师茶倒给 他说："赶快给王老师倒茶。"
甘肃唐汪话	给	[gei]	坐起给说着让他住留道。
青海话	给	[gei]	坐给了坐吧，要回来叫你留下你就留下，不要回来了。
甘肃临潭话	给	[gei]	人家不去 [tɕi] /来给 他说："他不去/来。"

表8—2显示：在西北方言以及元末明初出现的回族经堂语中，句末的"给"均与联系动词-giə相对应。表中的"去给"跟前文例（1）至（5）中的"走给""倒给""去给""坐起给""坐给"中的"给"异曲同工，此"给"显然与汉语故有的"给"大相径庭，来源不同，它是在阿尔泰语言影响和渗透下出现的不同类型的异质要素，是一种只有语法功能的引语标记。这种形态标记在西北方言的西宁话和临夏话中，常常对应汉语的言说义动词"说/说着/说了"。关于青海方言句尾"说"的研究，最早见于程祥徽（1980）；张安生（2007）也指出，西宁回民话接于引语之后的"说着""说"，是与本土方言SOV语序倾向相和谐的后置从属语标注式的引语助词，与广见于亚洲大陆SOV黏着语中的引语标记属于同一类型。例如：

（27）傢[tɕiə]说不来说他说："他不来。"（程祥徽，1980）

（28）你叫啥名字说着，我"索索"说着叫着你叫啥名字？我叫索索。（张安生，2007）

在甘肃的东乡汉语、青海的甘沟话中，"说着/说着说着"做引语标记的例子满目皆是。例如：

（29）挣上的两万钱啊头里拿着来给了说着不久前把挣得的两万块钱拿来了。

（30）嗳傢说摘："我的阿达明天学校里来哩"说着他说："我爸爸明天要来学校。"

（31）尼个丫头哈"唱给"说着叫开给了人们向那个女孩叫嚷起来"唱歌"。

马树钧（1984）指出临夏话中的引语标记是"是"①。例如：

（32）他自己来哩是他说："他自己来。"

（33）明天下雨哩是听说明天要下雨。

这是意译的一种方式，即用汉语句法特征和语法功能都相似的"说/说着/说了"对译。因此，即便是完全相同的一句话，也会有不同的表达方法。如：

（34）普通话：他说："我不去。"

---

① 马树钧指出："是"由"说"演变而来的，是"说"的变体，因词义虚化而导致了语音的弱化：语音从"[ʂuo]"变为"[ʂʅ]"；词义从表示具体概念变为主要起语法作用。

（35）临潭话：人家不去给。

（36）临夏话：傢不去是。

（37）甘沟话：傢不去说着。

（38）西宁话：傢不去说着说着。

甘肃临潭话的"给"、临夏话中的"是"、青海西宁话和甘沟话的"说着/说着说着"是不同时期、不同地域采用的不同对应策略：或者用汉语语音近似的成分对应，如"给"；或者用汉语语法意义和功能相似的成分去对应，如"是""说着"；"给/说/是"异口同声，只不过是用字上的不同选择而已。

（二）"给"与蒙古语祈使式附加成分的对应关系

Heine 和 Kutva（2002）从跨语言角度考察了"做义（do/make）、给予义（give）、持拿义（take）"等动词在致使结构中最容易虚化为致使标记。

"做"义动词"做"（do）→致使标记→致使助词→致使补语标记[①]

在东乡语中我们也观察到，"做"义动词有一个虚化的过程："giə"由普通动词"做"虚化为联系动词（引语标记），再虚化为祈使式的附加成分。[②]

"做"义动词（giə）→引语标记（联系动词）→祈使式标记（附加成分）

"做"义动词"–giə"虚化为动词的"式"范畴[③]。"式"范畴分人称，分别用不同的形式标记（刘照雄，1981；布和，1986）。如东乡语第三人称祈使式附加成分是"–giə"[–giə 与中古蒙古语动词附加成分 –tuqai/ –tükei（蒙古语口语为 –g）同源]。例如：

（39）东乡语　hə kəwoŋ kiəliən uliə tʂanliənə ət ʂisə ət ʂi giə！．
　　　　　　那 孩子　说话　不　常听　去 去 附加成分

[①] 引自黄成龙《类型学视野中的致使结构》，《民族语文》2014 年第 5 期。

[②] 《东乡语词典》13 页解释为：giə，做；助动词，相当于"说"（东乡语是用汉语拼音作为记音符号的）。刘照雄（1981）指出，"giə"是由动词 giə"做"虚化而用作引语的标记。

[③] 正如存在动词和助动词可以表达"体"的语法手段一样，这是许多有形态变化的语言的共同特性。

汉语方言　兀个孩子话哈不听的［tɕi］, 去［tɕi·］就去［tɕi·］给。

那个孩子不听话，要是去就去！（布和，1986：156）

(40) 东乡语　hə maʁa ʂidʐiəe Goni aduliə－giə ba!

　　　　他　明 天　　　羊　　放　附加成分

汉语方言　傢［tɕiə］明［məŋ］早羊放给。

他明天可以放羊！（布和，1986：156）

(41) 东乡语　tʂɯ hə Gualadə ʂanlian giə.

　　　　你　那 二人　　商量　附加成分

汉语方言　你傢啦一搭里商量给！

你跟那两人商量吧。（刘照雄，1981：160）

以上三例东乡语中的－giə是动词式的附加成分，表示对他人或事物的希望、要求等。"giə"因为和汉语"给"的语音非常相近，所以汉语方言仍用"给"来匹配和对译这种式的附加成分。其他民族语情况相同。例如：

(42) 蒙古语　dəŋ ɵntărbăl ɵntăr－(ă)－g.

　　　　灯　熄　　　熄　附加成分

汉语方言　灯阿早灭时灭给吧！

灯如果灭就让它灭吧。

(43) 保安语　ndʐasə natə－gə.（布和、刘照雄，1980：350）

　　　　他们　玩　附加成分

汉语方言　傢［tɕiə］们［mu］玩给吧！

让他们玩吧！

(44) 土族语　te ntəraa－lagə (ntəraa－gə).（照那斯图，1981：200）

　　　　他　睡　附加成分

汉语方言　傢［tɕiə］睡给！

让他睡吧！

(45) 东部裕固语　here χarədʐe ere－gani.（照那斯图，1981：399）

　　　　　　他　回　来　附加成分

汉语方言　傢［tɕiə］回来给！

让他回来吧！①

蒙古语祈使式附加成分是 -g，保安语附加成分是 -gə，土族语是 -gi，东部裕固语是 -gani，均表示说话人对第三者的允许，对别的人或者事物进行这个动作或进入这个状态采取听任的态度。我们把上述的例句概括如表 8—3 所示。

表 8—3　　　　　阿尔泰语言祈使式形态标记句法功能

阿尔泰语系		形态标记	例句
蒙古语族	蒙古语	g	dəŋ ɷntărbăl ɷntăr-(ǎ)-g.（熄灯） 灯　熄　　　熄　　给
	东乡语	giə	tʂɯ hə Gualadə ʂanlian giə. 你跟那两人商量吧。 你 他 二人　商量　给
	土族语	lage/ge	te ntəraa-lagə (ntəraa-gə). 让他睡。 他 睡　给
	保安语	gə	ndzasə natə-gə. 让他们玩吧。 他们　玩给
	东裕固语	gani	here χarədʐə ere-gani. 让他回来。 他 回　来给
满语	达斡尔语	tɢai	iin jau-tɢai! 让他走! 他 走　给
	满语	kine	tʂamaxa tər tʂdʐi-kine. 明天让他走。 明天　　他 走 给
突厥语族	撒拉语	gel/gi 或Guʁə	u (-ular) et-gi／et-Guʁə. 让他（他们）做。 他（他们）做给 u (-ular) vaχ-Gə／vaχ-Guʁə. 让他（他们）看吧。 他（他们）看　　　给

表 8—3 显示：阿尔泰语言祈使式的附加成分形态标记有一个共性：

---

① 以上少数民族语言的式范畴用例来自 2009 年修订的《中国少数民族语言简志丛书》。

蒙古语等祈使式附加成分是"-g+元音"形式；汉语方言均以音同音近的"给"对译了这种后置成分。最终导致产生了"灯灭给""他回来给"等直译出来的句式。这种说法在西北方言层出不穷。例如：

    西北方言   普通话
（46）坐给了坐给，嫑回来。 叫你留下你就留下，不要回来了。
（47）队长社员们哈不起给。 队长不让社员们去。
（48）你马啦车子拉给！   叫你用马拉车！
（49）可没要着离掉给了。   又没有要，离婚了。
（50）嗳傢的灶火啊好好儿地修给。 让给她把厨房好好地修起来。

  西北方言句末的表祈使的"给"相当于普通话"使""叫""让"，表示祈使或者命令的语气。这与汉语故有的"给"语法功能不同，甚至两者不能一概而论。历史上《蒙古秘史》中，汉语就用"秃该"或"秃孩"为蒙古语中表示希望、祝愿的祈使式动词的附加成分 -tʽʊqai，-tʽukəi（-tuɣai，-tugei）注音（宋金兰，1990）。众所周知，元代汉语也常用一些固有词如"哈""啦""根底"等来对译蒙古语结尾词或后置词，因而这些词带有与一般用法不同的语法意义。我们不能用原有的词语意义、语法功能去理解。

  通过以上分析，我们认为：西北汉语方言用于句末，或表言说，或表祈使的"给"，是在阿尔泰语言的直接影响渗透下出现的不同类型的异质要素，这个要素是通过借贷的方式。借代的黏着语素被再分析和重新解释后在目标语言中获得一个完全不同的意义，东乡语中的祈使标记和引语标记，借入东乡汉语后变成汉语的"给"，此"给"是一种只具有语法功能而脱离了词汇意义的形态标记。

  (三)"给"字句——二语习得导致的语言接触

  我们在前面的分析中强调，语言接触是引发"给"这组特殊句式出现的直接原因。产生的模式是在第二语言习得策略（second-language acquisition strategies）下引发的语言接触。

  所谓二语习得导致的语言接触，是指人们在二语习得的过程中，把母语中的某些特殊语法形式带进了目的语，从而造成了目的语的改变。Thomason（2001）在讨论语言接触时就曾经提到：语言接触造成的语言改变的另一种是由不完全习得（第二语言习得的结果）把其学习的错误带入接受语中。这些成分出现的原因是母语干扰。干扰跟借用截然不同，它不是从词汇开始的，而是从音系和句法开始，结构的干扰是主要的、居于支配地位的干扰。Heine 和 Kuteva（2005）在讨论语言接触造成的语言改变时，把由语言接触引发的语言变化分为借用和复制两种，"借用"是指形式或者音义单位转移的过程，包含接触导致的某种语音形式的转移。而"复制"则是一种创新机制，是指复制语（repleca language，简称 R）的用户利用自己语言里可得到的语言材料，仿照模型语（model language，简称 M）的特定模式，在其语言里产生出一个新的语法结构。如以上我们讨论的"给"字句，正是西北地区的少数民族（他们是复制语的用户）在学习汉语的过程里，把自己母语的语法特征像引语标记、动词的"式"范畴带进了他们习得的汉语中，从而导致了目标语——汉语的改变，最终复制创造出像"人家不去给""坐起给说着""把书给给给"等这组新的语法结构；像表言说的"给/说/是"，是为了匹配自己母语后置的引语标记，或音译或意译，并把言说动词放在了言说的内容后面。

这些特殊现象有的是改变了汉语的语序和句型；有的则引入了汉语语法本身没有的语法范畴。20 世纪 90 年代以后，语言接触逐渐成为研究热点，研究内容和方法比前期均有较大突破。研究内容上，有学者秉承 Wdnreidi 侧重研究语言接触的过程机制和制约因素，如 Thomason（2001）指出最容易移借的语言成分首先是词汇，其次是语序。Heine（2008）认为基本语序在语言接触中"相当易感"，通过考察南美、中亚、东欧等地一些基本语序因接触而改变的案例，发现没有一例是真正从其他语言直接借来的异己的语序，其最终发生的语序变化都是语言接触带来的"不变之变"（contact-induced word order change without word order change）的结果，亦即接触的效应不是借代，而是对受到影响一方固有的某种可换说的次要语序的一种强化。需要说明的是，这只是一种不断变化发展的动态过程，它在语法化进程中会和汉语不断地"协商"、不断地修订自己的错误，达到区域性趋同；有时候一些被复制进来的语法错误，最后也会被复制语接受，成为复制语的一部分，并在特定的地域或者特殊的人群中使用。"给"字句式在西北方言中的复杂用法即是如此。

　　我们知道，历史上中古译经和元白话是两次最重要的语言接触。中古译经和元白话是由非母语的使用者，在不完全习得汉语的情况下，把中古译经原典和元代统治者蒙古语的语序、句型和语法形式等复制到译经和元白话中来，导致出现了数十种语法改变，这一点在元白话中表现得尤为强烈。元白话中蒙古语的语法特征俯拾即是，我们不再一一赘述；另外，我们在元末明初出现的回族"经堂语"中，也发现了元白话中常见的 OV 语序、名词的格范畴、后置的引语标记和状语的特殊语序等（敏春芳，2014、2015）。这些现象的存在有力证明：第二语言习得导致的语言接触会造成语言改变的另一种可能和结果。

第九章

西北汉语方言"着"字句研究

现代汉语的体标记"着、了、过"具有动词词尾的性质，它们只能紧接动词，不能位于宾语之后。但西北方言动词词尾的"着"不仅置于宾语之后，构成"VO 着/着呢"，如"唱歌着""上古代汉语课着呢""这个道理明白着呢"，还出现"V₁着 V₂"的用法，如"拍手着欢迎"，还常常出现在动词或形容词的某些补语前，如"饭香着尺码没""花俊着"等。"着"字在整个西北方言屡见不鲜、俯拾皆是，且用法复杂，有时写作"着"，有时又写作"者"，我们统一使用"着"。

一 西北方言"着"的复杂用法

1. 动态助词"着"

"着"作为动态助词，可以用在动词或形容词后面，表示动作在进行或状态在持续，这是与普通话相似的地方，但由于西北方言的 SOV 型句式，动态助词"着"除有与普通话相同的"V 着 + 宾语"形式，还有"宾 + V 着"即"OV 着"形式，例如：

（1）王老师课上<u>着</u>。
（2）傢兀个道理明白<u>着</u>呢，就是不爱做。
（3）傢［tɕi ɣ］网上<u>着</u>学里没来_{他去上网了，没来学校}。

有些方言中的"着"还可以出现在"处所词 + NP + V 着"形式中。例如：

（4）墙上一幅画挂<u>着</u>哩_{墙上挂着一幅画}。
（5）桌子一个肚肚罐放<u>着</u>哩_{桌子上放着一个罐子（口小肚大的罐子）}。

（6）树底下一个人睡着哩_{树底下睡着一个人。}

这类句子在否定句中不用"着"。如"墙上画没挂"的否定句为"墙上没有挂着画"。其他句子类似。

2. 结构助词"着"

"着"出现在动词或形容词的某些补语前，与结构助词"得"的作用相当，例如：

（7）这朵牡丹俊着尺码没_{这朵牡丹美丽极了。}

（8）水清着底子哈见哩_{水清得能瞧见河底。}

（9）傢瘦着电线杆哩_{他瘦得像电线杆。}

3. "着"用于补语与中心语之间

这种用法的"着"在句中的位置与使用情况比较复杂，我们分为肯定和否定两种形式。

肯定形式

"V着+趋"结构：

（10）狼哈狗撵着出去了_{狗把狼撵着出去了。}

（11）你把钱拿着来，我给你买去_{你把钱拿过来，我去给你买。}

（12）东西一呱搬着进去了_{东西全搬进去了。}

"V着+趋+宾"结构，其中的宾语一般是复杂形式，不能是光杆儿名词。例如：

（13）尕赵拿着出来一本子书_{小赵拿出来一本书。}

（14）我们单位上安排着进来了一个合同工_{一个合同工被安排到了我们单位。}

（15）供销里送着来了一驮桶酱油，一刹就卖光了_{供销社进了一桶酱油，一下就卖完了。}

"V着+宾+趋"结构：

（16）买着些肉来。

（17）你尕赵哈泡着一杯茶来_{你给小赵泡杯茶来。}

（18）下午借着些红纸来_{下午借点红纸。}

"V+宾+着+趋"结构：

（19）阿不都，下午回家买上两斤肉着来_{阿不都，下午回家时买上二斤肉。}

（20）你学生叫几个着来吵_{你叫几个学生来吧。}

（21）尕赵，你买两张纸着来 小赵，你买两张纸来。

"V_1 + 趋 + 着 + V_2"结构：

（22）阿达饭吃罢着电影看去了 爸爸吃完饭就去看电影了。

（23）阿哥车子哈骑上着城里去了 哥哥骑着车子进城了。

（24）他我的手哈抓住着不放 他抓住我的手不放。

《临夏方言》对临夏话中"V_1 + 趋 + 着 + V_2"的形式作了详细的分析。它指出这些"着"出现的位置却很独特，往往不紧靠在动词后面，出现在动词所带的宾语或补语后面，例为"拍手着"，从意义上看就是"拍着手"，但"着"不在"拍"的后面，而是在宾语"手"的后面。"骑上着"，"着"在补语"上"的后面。我们说"骑上车子"偏重在"往上骑"这一动作，"骑着车子"偏重在"骑"这一动作的持续。临夏话"上""着"同时出现在同一动词后，既指出 V_1 与 V_2 是先后的两个动作，又说明 V_1 是 V_2 的方式，如"唱歌着""抓住着""吃罢着"这类的"着"。

否定形式

否定形式包括可能补语的否定形式和判断句的否定形式。

可能补语的否定形式为"V + 不着 + 趋"，例如：

（25）路窄着汽车开不着过去 路窄得汽车开不过去。

（26）老师站不着起来了 老师站不起来了。

（27）我吃不着下去了 我吃不下去了。

西北方言的还有"V 着 + 趋 + 不下"的说法。例如：

（28）兀个家里困难着生活不下。

（29）苍蝇啊赶着进去不下。

（30）那个马哈圈里拉着进去不下。

否定判断式为"否定词 + V 着 + 趋"或"V 着 + 没/不趋"，例如：

（31）阿个作业不交着来/阿个的作业交着没来，阿个成绩就没有 谁不交作业，谁就没有成绩。

（32）今个上午任务不完成着来/今天上午任务完成着不来，晚上就睡的觉没有 如果今天上午完成不了任务，晚上就不能睡觉。

（33）你明天肉不买着来/你明天肉买着不来，晚上来的客人就没法打发你明天不买回肉来，晚上就没有办法招待客人。

4."着"用于紧缩复句

"着"可以出现在两个谓词性成分之间，有顺承关系，例如：

（34）今天上午阿爸家里来了一转，饭哈没吃<u>着</u>走了今天上午叔叔来家里转了一圈，没吃饭就走了。

（35）下班时间没到呢，兀个人写的文件放下<u>着</u>可跑了下班时间没到，那个人放下文件就走了。

也可以表示并列关系，表示"一边……一边……"的意思，例如：

（36）买车的事，我们饭吃<u>着</u>说买车的事咱们边吃饭边说。

（37）你说的工作的事，咱们走<u>着</u>说你说的关于工作的事，咱们边走边说。

（38）耍客气，赶紧喝<u>着</u>吃不要客气，赶快边喝边吃。

5."着"用于询问原因

西北方言的"着"可以出现在询问原因的疑问句的主语后面，表示疑问。这类句子的主语必须由主谓短语充当，谓语由疑问代词充当。整句形成"主语（主谓词组）—着—谓语（疑问代词）—了"的固定格式。例如：

（39）你阿达气<u>着</u>咋了你为什么生爸爸的气？

（40）僚［tɕi ɣ］今早学没上<u>着</u>阿么了他今天早晨为什么没来上学？

（41）发图嫚哭<u>着</u>咋了发图嫚（人名）为什么哭了？

6."着"用于询问时间

"着"用于时间状语后，强调动作行为的时间，相当于"……的时候"。时间状语可以由名词性词语充当，也可以由谓词性词语充当。例如：

（42）学校六月三十号<u>着</u>放假了学校到六月三十号就放假。

（43）电影看完<u>着</u>我他哈碰上了电影看完时，我碰上了他。

（44）一对骡子走临夏，回来<u>着</u>枣儿捎了些一对骡子去临夏，回来时捎了点枣儿。

二 西北方言"着"的产生与发展

助词"着"和"了"的产生，是汉语语法史上划时代的一件大事。

王力先生（1958）早在20世纪50年代就系统地阐述了这一问题。他指出"了""着"产生于唐宋之际，在宋元时期成为口语中重要的助词，"了""着"分别是从动词"了"的"完结"义、"着"的"附着"义虚化而来。此后"虚化说"在语言学界似乎已成定论，其他学者的研究基本上是沿着"虚化说"的路子进行的。随着研究的深入，"着""了"自身的复杂性也逐渐显露出来。仅用虚化说似乎难以镜圆璧合。也有学者从外部影响和语言接触的角度来考察助词"着"的产生和发展。如刘一之（2001）推测，尽管汉语的"V_1着（O）V_2P"连动结构在唐代已经出现，但是现代汉语中"V_1着V_2"这类表示方式和伴随的结构最早的用例却出现在元代，有可能是受到了蒙式汉语的影响。

我们知道汉语史上最重要的语言接触是中古译经和元白话。中古译经是汉语和印欧语系语言的接触，由于两种语言的性质不同，也产生过特殊的"着"字句。如曹广顺先生（1986）分析《祖堂集》里"着"的用法及其历史来源时，注意到早期"V着"的两类形式，不管是与意识、心理活动有关的"爱、恋、想"等，还是与动作本身有关的产生"附着"状态的"缠、藏、覆盖"等，都在中古译经里广泛使用。因此，他指出"在'着'的演变过程中，早期译经的影响是值得注意的"。此后曹广顺先生（1995）又重申：汉代开始"着"的虚化首先出现于连动式的"V着"，而这种"着"前缀先在译经中大量使用，特别是早期译经对其发展变化有重要影响。关于中古译经对汉语体标记发展的影响，目前比较有说服力的证据是佛经中大量用于瞬间动词后的"V（O）已"，本是对译梵文的绝对分词的结果，隋代前后进入汉语口语里，成为非汉语本有的表完成貌的动相补语"已$_2$"，后来"已""了"发生词汇兴替，其功能被"（VO）了$_2$"所继承，后者经过句法位置的前移，成为汉语的完成体助词"了"（详见 cheung，1999；Harbsmeier，1989；辛岛静志，2000；蒋绍愚，2001；遇笑容、曹广顺，2009；特别是蒋绍愚，2001）。

余志鸿（1988）从《蒙古秘史》的译文材料出发，认为元代白话里出现了一整套时体标志，包括非过去时标志、现在进行态标志"着"、过去进行态标志"着来、着有来"、过去时未完成体标志"有来"、完成体标志"了"等。余先生指出："这是汉语语法发展史上的转折点，如果把这些新出现的后置的时体标志与当时蒙古语的语法结构对照,我们确信这是当时北方汉语受阿尔泰语影响的结果。"他分析其中"着"的用法时说:"上述时体助词,'了'尚可从汉语上找到它的渊源和演变踪迹,而'着'的来源还须进一步探索。'着'恐怕不是古汉语动词'着'的直接继续……而可能跟蒙古语副词性连动助词-JU 的音译有关。"他指出汉语助词"着"附在动词后,"最初都是静态持续的意义,真正用作进行体助词,始于宋,而盛行于元"。还有《蒙古秘史》译文中用于两个动词之间起连接作用的"着₁""表示前一动作是后一动作的手段或状态,而且相对于后一动作必定是非将来时",这种"连动助词'着'显然不是从古汉语直接继承来的",而是对应蒙古语并列副动词词尾-JU(他称为"副词性连动助词")的结果。余先生的文章从明初《蒙古秘史》的蒙汉对译材料出发,指出其中助词"着"的一些时体用法(包括表进行、表方式的用法),是对译中古蒙古语并列副动词词尾-JU 所致。

宋金兰(1991)则提出汉语助词"着""了"的产生和发展与阿尔泰语的长期接触影响有很大关系,是语言影响的产物。她认为"着""了"在漫长的历史发展中表现出的语义和功能上的复杂性,仅用虚化说难以作出圆满的解释。她指出,"着""了"同阿尔泰系语言中某些读音相近的词尾在语义和功能上存在对应关系。比如,"着"就和今天阿尔泰语里一些语音为-ʤ 的词尾在语义、功能上存在大量的对应关系,且呈现一种"趋同现象"。如表示动作的持续或进行,与蒙古语持续体词尾-ʤbeen("并列式副动词-ʤ+助动词现在时 been"这一进行体构式的减缩形式)、与鄂伦春语进行体词尾-ʤi 相对应;表示两个动作同时进行,V₁是 V₂的方式,与东部裕固语和达斡尔语的并列副动词词尾-ʤə、-ʤ一致;表示动作的完成与蒙古语、撒拉语、维吾尔语的过去时词尾-ʤee、-ʤi、-di 相应等。因此,她推断说,"在'着'产生和发展的过程中,阿尔泰诸语对其有过重要影响"。

以上几位先生的观点见仁见智,宋文提出了北方阿尔泰语言对汉语助词形成和发展的接触影响问题,对我们很有启发性。在今天仍与阿尔泰诸语保持密切接触的西北方言里,"着"的使用频率不仅高出一般的北方汉语方言,且功能扩大,具有比它在其他汉语方言里更强的形态性。

它们与阿尔泰诸语词尾的趋同性较为明显，很容易使人联想到与语言接触有关。

三 西北方言的"着"［tʂə］与蒙古族语言的副动词

我们前面介绍过，蒙古语动词形态丰富、变化复杂。根据词尾的形态变化和动词在句中的句法功能，分为"式动词""副动词"和"形动词"等（清格尔泰，1963；1991）。副动词是动词的连接形式，通过动词后接加各种副动词词尾，把一个动词连接于其他动词，体现动作之间的前提、条件、假设、目的、界限等时间和逻辑关系，蒙古语副动词一般分为并列、联合、假设、让步、目的等形式。其中并列副动词形式表示该动作与其他动作同时或接续发生，蒙古语并列副动词词尾是 - ʤ、- ʧ，分别由中古蒙古语的 ʧʊ/ʧhʊ、ʧu/ʧhu 演变而来；联合副动词形式强调该动作与后面动作的共时或伴随发生。即这种语言的两个动词是用副动词等附加成分来连接的。刘照雄（2009）指出：带副动词标志的动词必须跟后面的另一个动词发生关系，副动词不能终止一个独立的句子，隔着它或者与紧跟后面的动词发生关系，或者隔着一些其他实词和另一个动词发生关系。蒙古语是一种"分句连接语言"（clause chaining language）。

东乡语副动词有七种：并列副动词 - zhi，假定/条件副动词 - se，分离/联绵副动词 - dene/de，目的副动词 - le，立即/让步副动词 - senu，界限/选择副动 - tala，组合副动词 - Ø。七种副动词不管和后面另一个动词发生什么关系都表现了它们在结构上的共同特征——连接另一个动词。所以，副动词的性质相当于名词的格。名词的格范畴后可以出现动词和名词，而副动词后只能出现动词。东乡语副动词的附加成分和蒙古语书面语副动词附加成分大部分是同源的，功能基本一致，即副动词同后面的动词连接时，可以表示几种不同的连接关系。但是由于东乡语受汉语的影响，有的副动词出现了不同于蒙古语的一般用法，如并列副动词。以下我们讨论东乡语并列副动词与临夏话等西北方言的"着"之间的联系。

（一）临夏话"着"［tʂə］与东乡语并列副动词"–zhi"

"着"的发展演变正是使用阿尔泰诸语的北方民族进入中原，与汉民族发生民族融合与语言融合的重要时期，大批汉化了的使用阿尔泰诸语的民族在放弃自己的母语之后，底层语言的成分渗入目标语汉语中。我们也推测"着"在语音上可能都与东乡语的–zhi等相应形式有关。东乡语并列副动词的附加成分是–zhi，–zhi与蒙古语书面语、蒙古语口语并列副动词附加成分–tʃʊ/tʃhʊ、tʃu/tʃhu同源，东乡语并列副动词的以下两种意义和用法与蒙古语相同，与后面的动词构成并列或者修饰关系，表示两个行为动作同时发生；或者两个动作同时/前后发生；或者一个动作表示另一个行为动作的进行方式或发生的原因。例如：

(45) hə iawu – zhi irəwo.
　　　他 走　副动词　来
　　　他走着来了。

（副动词 – zhi 表示一个动作是另一个行为动作的进行方式）

(46) hə kidənə uarada – zhi saozhiwo.
　　　他 家　　　喊　副动词　　坐
　　　他在自己家里叫喊着。

（副动词 – zhi 表示两个动作同时发生）

试比较东乡语并列副动词–zhi与相应的"着"在西北方言的用法。

V₁表示V₂的方式：

(47) 阿哥车子哈骑上着城里去了 哥哥骑着车子进城了。

(48) 买车的事我们饭吃着说 买车的事咱们边吃饭边说。

(49) 尕王包包提上着班上去了 小王拎着提包上班去了。

V₁、V₂是先后两个动作，如：

(50) 东乡语　fuzhukadu bi nie daifu qingla – zhi nie jiancha gie wo.
　　　　　　昨　天　我一　大夫　　请　副动词 一　检查　　做了
　　　　　　昨天我请医生给我做了一次检查。（两个动作一前一后相继发生）

(51) 西北方言　尕娃饭吃过着学里去了 小孩吃完饭就去上学了。

(52) 阿达饭吃罢着电影看去了 父亲吃完饭去看电影的。

（53）下班时间没到呢，兀个人写的文件放下着可跑了下班时间没到，那个人放下文件就走了。

并列副动词还可以与后面的动词构成状中关系，表示另一个行为动作的进行方式或发生的原因。例如：

（54）bi yawu －zhi hezhe wo.
　　　我　走 副动词　累　了
　　　我走累了。

（55）udu bi chini sana －zhi uila－zhiwo；ɕiəni bi chini sana －zhi dʐaodʐinliə－zhiwo
　　　白天 我 你 想 副动词 哭 进行体 夜晚 我 你 想 副动词
　　　　　　　　梦　　进行体
　　　白天我想你想得哭，夜晚想你想得做梦。

东乡汉语：白天我你哈想着哭着，晚夕我你哈想着梦着。

"着"在西北方言从正、反两方面说明主语，V_1与V_2共同充当合成谓语。如：

（56）草木经要念着不忘呢草木经要经常念呢。

（57）他我的手哈抓住着不放他抓住我的手不放。

（58）耍客气赶紧喝着吃不要客气，赶快吃喝。

以上这些出现在V_1与V_2之间的"着"，从意义和语法功能上看与上述东乡语并列副动词的几种用法完全叠合。"着"与"－zhi"有着语音和语法功能的对应关系。

西北方言"着"字功能的扩大是受到了阿尔泰诸语言的影响，是多种异质要素的杂糅。如果没有这种外因的推动，单凭"着"内部潜在的语义特征，未必能发展成后来这样一个多语义、多功能的虚词。另外，汉语要使这类具有黏附性质的词尾成为自身一个有机的组成部分，需要一个长时间的消化和吸收过程，要按照自身的性质对其进行加工和改造，创新加工后的结构在系统内部则会扞格不通，将其放在该地区的大语言环境中去解释，文通理顺，如拨云见日。

下面我们再以临夏话与蒙古语相比较。

临夏话中的"着"[tʂə]出现在两个动词性词语之间，表示两个行

第九章　西北汉语方言"着"字句研究　/　387

为动作一前一后相继发生，例如：

(59) 普通话：小赵吃完饭看电影去了。

　　　临夏话：尕赵　　饭　　吃过着［tʂə］　电影　看　去了。

　　　蒙古语：（蒙古文）

　　　　　　　小赵　　饭　　吃完　　电影　看　去了。

(60) 普通话：婆婆擀好面走了。

　　　临夏话：婆婆　　面　擀下着［tʂə］走了。

　　　蒙古语：（蒙古文）

　　　　　　　婆婆　　面　擀好　　走了。

(61) 普通话：姨姨吃完饭上班去了。

　　　临夏话：姨娘　　饭　吃罢着［tʂə］上班去了。

　　　蒙古语：（蒙古文）

　　　　　　　姨姨　　饭　吃完　　上班去了。

临夏话中表示先后发生的几个动作时连用动词，除最后一个动词外，前边的几个动词都要加上一个"着"，其语法功能与分布特点不仅与阿尔泰语系蒙古语的"-tʃʊ/tʃʰʊ、tʃu/tʃʰu"对应，而且与维吾尔语中的副动词"-p"、西部裕固语的"-ʁa（-ʁe/-qa/ke）"也十分相似，请看下面两组例句：

(62) 普　通　话：上街买了东西回来了。

　　　维吾尔语：bɑ zɑ rʁɑ tʃi qip nɛ rsɛ-ke re klɛ rni seti we lip qɑ j tip kɛ ldim.

　　　　　　　　街上　去副动词　东西　买上　　回　来了。

　　　西部裕固语：kɛ ʂɑŋ qɑ pɑ ʁɑ　u rtɕinə ɑ hlʁɑ ɑŋ vup ke hliti.

　　　　　　　　街上　去副动词　东西　买副动词　走　来

　　　临　夏　话：街上去了着［tʂə］东西买上着［tʂə］就回着来了。

(63) 普　通　话：我们来北京后，还没有去过天坛。

　　　维吾尔语：bi　be jdʒiŋʁɑ ke lip　texitʃɛ tiɛntɛnge be rip lɑ q miʁɑnmi z.

　　　　　　　　我们 北京　来副动词　还　天坛　不曾　去过

　　　西部裕固语：mə zpetɕiŋ qɑ ke lʁe　t hiɑnt hɑn qɑ t hɑ qɑ pɑ r

oma ɣan.
　　　　　　我们　北京　来副动词　天坛　　还　　没　去
临 夏 话：我们北京来着［tʂə］天坛还没去过着。
前面的动词与后面的动词构成并列关系，从正反两方面说明主语，例如：

（64）普 通 话：爷爷的话要记着不要忘记。

　　　蒙 古 语：
　　　　　　　爷爷的　话　　记住　　不　　忘

　　　临 夏 话：阿爷的话要念着不忘呢。

（65）普 通 话：他抓住我的手不放。

　　　蒙 古 语：

　　　临 夏 话：家［tɕi ɣ］我的手哈 抓住着［tʂə］　不放。

一个动作表示另一个行为动作的进行方式，例如：

（66）普 通 话：小王骑着车子上班去了。

　　　蒙 古 语：
　　　　　　　小王　　车子　　骑着　　上班　去了。

　　　临 夏 话：　尕王　车子哈　骑上着［tʂə］上班 去了。

（67）普 通 话：爷爷拎着提包回家了。

　　　蒙 古 语：
　　　　　　　爷爷　　提包　　拎着　　　　家 回

　　　临 夏 话：阿爷包包提了着［tʂə］家里去了。

（68）普 通 话：他骑着车子去城里了。

　　　蒙 古 语：
　　　　　　　他　车子　骑　　城里 去

　　　临 夏 话：他车子哈骑上去城里了。

动词后接趋向动词，表示动作的趋向，例如：

（69）普 通 话：狗把狼撵着出去了。

　　　蒙 古 语：
　　　　　　　狼　　狗　　撵着　出去了。

第九章　西北汉语方言"着"字句研究　/　389

　　　　临 夏 话：狼哈　狗　撵着　出去了。
（70）普 通 话：汽车开过去。
　　　　蒙 古 语：
　　　　　　　　　汽车　　开　　过。
　　　　临 夏 话：汽车 开着 过料。
（71）普 通 话：你买些肉来。
　　　　蒙 古 语：
　　　　　　　　　你　一些　肉　买　来。
　　　　临 夏 话：你买着些肉来。

　　以上这些"着"从意义和语法功能上看与东乡语并列副动词的用法不分轩轾、不相上下。这种现象我们在其他汉语方言里看不到。但是在今天仍与阿尔泰诸语保持密切接触的西北方言里，"着"的使用频率不但要高出一般的北方汉语方言，而且与阿尔泰语系词尾的趋同性更为明显。我们认为，在"着"产生和发展的过程中，如果没有阿尔泰诸语言外因的推动，单凭"着"内部潜在的语义特征，未必能发展成这样一个多语义、多功能的助词。因为长期以来，中国北方就是各民族杂居的地方，唐以后，先后建立了由使用阿尔泰语言民族统治的国家辽、西夏、金，各民族的长期杂居，密切接触，不可能不对语言产生影响，从而产生了这种语法上的变异。无独有偶，"着"在直译体文献中也经常会出现并列副动词的用法。例如：

　　（73）密林里钻着入呵。（白话碑文，祖生利，2000：90）
　　（74）天根底祈福着祝寿与有者。（同上）
　　（75）这李提点把着行的圣旨与来。（白话碑文，祖生利，2000：91）

　　以上几例是白话碑文中的旁译，两个动词间使用"着"，强调两个动作发生的先后或者同时发生的关系。例（73）表动补关系，因此在总译中被译成"钻入密林里去"，不再使用"着"连接。例（74）表示并列关系，总译中直接译成"告天祈福祝寿者"。例（75）是副动词"把"和助动词"行"中间使用"着"连接，意思是"保存着、持有着"，表示进行体的意义。"着"在"汉儿言语"的《老乞大》也有同样的使用现象。例如：

（76）这契写时，一总写那一个家分开着写？

（77）更伴当每好的歹的都厮负荷着行。

（78）朋友有些病疾，回避着不照觑，那病人想着没朋友情分，凄惶呵，纵有五分病添做十分也者。

（79）咳，这官人好寻思，计量大。你的杀子多没眼棋。咱摆着看。

（80）你道的是，我也心里那般想着有。

例（76）"分开"与"写"是状谓关系，汉语倾向于直接省略"着"。例（77）的"负荷"也是"行"的状语，表示方式。例（78）"回避"和"不照顾"表示两个动作同时发生，汉语一般使用并列结构来表达，不会使用"着"连接。例（79）表示两个动作先后发生，"摆着看"类似于汉语中的俗语"走着瞧"，表示尝试汉语可以用"先 V_1 再 V_2"这种语义手段表达。例（80）是"着有"连用表示进行体意义的用例。"着"是蒙古语联合式副动词或者并列式副动词的附加成分的结果，常构成"V_1 着 V_2"这样的结构，尽管结构上与汉语相似，汉语中与之类似的结构是"V_1 着（O_1）V_2（O_2）"，其中"V_1 着 O_1"做"V_2"状语，表示实现 V_2 的方式、目的等意义，但是"着"的性质是完全不同的。直译蒙古语动词的后附成分，作用是连接两个动词，表示两个动词及以之为中心的短语、小句的动作同时或者先后进行，"V 着"不能独立使用也不能结束句子。这种结构是在维持汉语固有动宾语序的前提下，巧妙地利用动词词尾的暗示性来满足西北非汉语以动词结句的要求，以提高其与大环境的适应性。

从以上比较分析可以看出，"着"在西北方言里的特异现象并非偶然。"着"所表现出来的复杂性亦说明它们不可能是单纯虚化的结果，它的产生和发展同阿尔泰诸语对汉语的长期影响和渗透不无关系。需要特别强调的是，临夏话等西北方言的"着"，不仅出现在两个动词之间表达各种语法关系，如前所述，还可以出现在补语和中心语之间，相当于普通话的结构助词"得"。也就是说，临夏话补语标志不用普通话的"得"，而用"着"。分以下三种情况。

第一种是结果补语，如：

（81）风刮着树上的叶子一呱跌着下来了。（风刮得树上的叶子全都掉下来了。）

（82）尕哥哥<u>活着人大了</u>，妹妹啦话也搭不上了。（哥哥变得架子大了，和妹妹连话也不说了。）

（83）尕丫头<u>干散着尺码没</u>。（小姑娘漂亮得没法儿形容。）

这三例是结果补语。若结果补语是词组，补语和中心语之间一定出现"着"［tʂə］；如结果补语是词，特别是单音词，补语和中心语之间一般不出现"着"［tʂə］，如"说清楚了""吃饱了""听懂了"。

第二种是程度补语，如：

（84）<u>手抖着［tʂə］筷子啊抓不住了</u>手抖得拿不住筷子了。

（85）<u>雨大着［tʂə］地啊淌过了</u>雨大得把地都冲毁了。

（86）<u>阿伊莎急着［tʂə］坏坏的了</u>阿伊莎（人名）急坏了。

程度补语是动词性词组、形容词性词组，补语和中心语之间也会出现"着"［tʂə］，补语是副词的话，补语和中心词之间不出现"着"［tʂə］，则会出现"得"，如"好得很""爱得凶""激动地呱"。

"着"后面的结果补语和程度补语，在一定语境中也和普通话一样可以省去，如：

（87）<u>易思哈狠着［tʂə］</u>易思哈（人名）是那样能干，有本事。

第三种是趋向补语，如：

（88）汽车<u>开着［tʂə］过了</u>汽车开过去了。

（89）东西一呱<u>搬着［tʂə］进去了</u>东西全搬进去了。

（90）日子一天一天<u>好着［tʂə］起来了</u>生活一天天好起来了。

趋向补语无论是单音节词，还是双音节词，中心语无论是动词，还是形容词，中心语和补语之间都出现"着"。只有"上""下"不具有实在趋向意义时，"上""下"和中心语之间才不出现"着"［tʂə］。如"衣裳雨泡下了"（衣服让雨淋湿了），"兀个人走上回了"（那个人走回去了）。如果谓语中包含有宾语，宾语不论是受事还是施事，都只能出现在趋向补语之后。如"拿着出来一本子书"或"书拿着出来一本子"（前者是不定指，后者是定指），"走着进来一个人"。而不是像普通话那样，"着"出现在中心语和趋向补语之间，或出现在双音节趋向补语之间。例如可能补语：

(91) 你站着［tʂə］起来呢么站着［tʂə］不起来_{你站得起来站不起来？}

(92) 水淌着［tʂə］下来了_{水淌了下来。}

(93) 路窄着汽车开不着［tʂə］过去_{路窄得汽车开不过去。}

可能补语和趋向补语的明显不同在于语气词。可能补语是句子末尾出现表肯定的语气词"呢"，趋向补语是句子末尾出现表已然的语气词"了"。如"站着［tʂə］起来呢"，"起来"是可能补语；"站着［tʂə］起来了"，"起来"是趋向补语。如表示不可能，则只是在"着"［tʂə］和谓语中心语中插入否定副词"不"，不能在"着"［tʂə］和趋向补语中间插入"不"。

"着"的产生和发展同阿尔泰诸语对汉语的长期影响和渗透息息相关、形影不离。我们推测："着"出现在补语和中心语之间，相当于结构助词"得"的用法和发展，也与阿尔泰诸语的深刻影响密不可分。根据布和（1986）的研究，东乡语并列副动词还有以下几种蒙古语并列副动词没有的意义和用法：可以直接和形容词结合组成述补结构，还可以出现在中心语和补语之间起结构作用。例如：

(94) zhangmin sanqian ba'er – ni jien musi – se ye hhen – de uzhe <u>– zhi</u> gao wo。

张明 三 千 元 衣服 也 看 _{副动词} 好

张明用三千元买的衣服也不好。

(95) zhangmin cai gie – se la gie <u>– zhi</u> gaodi – da gao – wu.

张 明 菜做 做 _{副动词} 稍微 好。

张明做菜做得好。

东乡语并列副动词"– zhi"后紧接形容词，和形容词结合组成述补结构。即东乡语并列副动词"– zhi"，在句子中的位置不同，所表现的意义和性质便不同。如并列副动词后可以直接连接形容词，表示这个形容词的前提或者条件。如副动词表示动作的行为，形容词说明动作行为的性质特征。而在蒙古语书面语里表述动作行为的性质特征的词通常以状语或谓语的形式出现。例如：

(96) 东乡语：mini jiaoni jiaorug othu <u>– zhi</u> xeŋ wo.

我的 弟弟的 头 疼 副动词 很

蒙古语书面语：minu tekuu jin tolokaini surexei epetthhu paina.（充当状语）

我的 弟弟 的 头 厉害 疼（助动词）

我的弟弟头痛得厉害。

(97) 东乡语：ghura bause mo jawu －zhi gau uwo.
　　　　　 雨 下 路 走 副动词 好 不

蒙古语书面语：porukan orʊpal cham maku pʊlʊna.（充当谓语）

雨 下 路 不好 走

如果下雨，走路比较难。

(98) 东乡语：ene budag ijie －zhi andutuno wo.
　　　　　 这 饭 吃 副动词 香

蒙古语书面语：ene pʊtaka itehuxu thuŋ amthathai.（充当状语）

这 饭 吃 很 香

这饭吃起来很香。

(99) 东乡语：enetetu orog qulug wo joushi narawo zhuanjia osi －zhi xudu hen wo.

这 地方 热 是 阳光足 庄稼 长 副动词 胡度 很

蒙古语书面语：ene katʃar tʊlakan mor eken naran－nu kerel kuitʃet tʃarijia sajin ʊrkʊna.

这 地方 温暖 而且 太阳的 光 充足 庄稼 好 长

这里气候温暖，阳光充足，庄稼长得非常高。

以上各例东乡语中的并列副动词都与形容词结合。东乡语中动词后加形容词，补充说明这一动作行为的性质、特征和趋向。这种结构类似于汉语的述补结构。那么，我们推测东乡语这个使用频率非常高的－zhi

同样会渗入临夏话。临夏话中的"着"承担了东乡语并列式副动词的附加成分 – zhi 的全部功能，临夏话"着"[tʂə] 隐含了不同的发展层次。出现在两个动词之间，既可以表达各种语法关系，如前所述，又可以出现在补语和中心语之间，相当于普通话的结构助词"得"。试比较临夏话与东乡语的用例：

（100）东乡语：he　xolu　– zhi　qutuŋ　wo.
　　　　　　　　他　跑　副动词　　快
　　　临夏话：傢跑着快是。
　　　　　　　他跑得快。

（101）东乡语：ana heni　ore　– zhi　xeŋ　wo.
　　　　　　　阿娜 她　爱　副动词　很
　　　临夏话：阿娜傢疼着很。
　　　　　　　妈妈非常疼爱他。

（102）东乡语：nie xieni　kixie　– zhi　fudanno　wo.
　　　　　　　一　晚　睡觉 副动词　舒坦
　　　临夏话：一晚夕睡着舒坦。
　　　　　　　整夜睡得很舒服。

　　临夏话这三例的"着"[tʂə] 也与东乡语的 – zhi 相近。不仅语音相近，所处的位置和语法功能也相似。临夏话的"着"是语言接触的产物。

　　东乡语由于长期受到汉语的影响，一方面，大面积地吸收汉语成分来丰富自己，增强自己的表达能力；另一方面，东乡语并列副动词附加成分 – zhi 也会渗入周边的东乡汉语、临夏话中。临夏话等的"着"就承担了外来成分 – zhi 的全部功能，它在句子中的位置不同，所表现的意义和性质便不同：出现在两个动词性词语之间，表示 V_1 与 V_2 之间有普通话连谓词组中的各种意义关系；出现在中心语和补语之间起结构作用。不同语言的接触始终处于矛盾对立和竞争协商之中，主要表现为固有成分与借用成分的重叠并用和竞争协商。

　　蒋绍愚（2005）指出：述补结构的产生与发展，是汉语语法史上的一件大事，它使汉语的表达更加精密了。述补结构的结构方式是词的组合，本质上与词的构成一致。汉语是分析性强的语言，多以词根的组合表示各种意义，有较大的构词空间。故"着"也可以出现在补语和中心语之间，表达结果、程度、趋向等补语。

以上是东乡语并列副动词"-zhi"对东乡汉语、临夏话等的影响。

（二）临夏话"着"[tʂə]与东乡语假设副动词"-se"

东乡语不仅有并列副动词形式，还有条件、假设等副动词。西北一些方言中同样将这种条件、假设副动词对应为"着"，有的地方对应为"是"（详见第七章临夏话"是"表示假设等复句的关联词）。西北方言中有的"着"附着在动词后，说明该行为动作发生的条件或原因等，从渊源上与蒙古语的条件副动词形式-sa有关。蒙古语族东乡语、土族语、保安语等语言的副动词均有假定形式。例如：

（103）东乡语　Gura bao -sə　dʐondʐia osɯnə.
　　　　　　　雨　下副动词　　庄稼　　长
　　　　方　言　雨下着庄稼长。
　　　　　　　如果下雨庄稼就长。

（104）土族语　tɕə denjindʐə udʐe -sa　bu ɕii udʐeja.
　　　　　　　你 电影　看 副动词 我 戏 看
　　　　方　言　你电影看着我戏看。
　　　　　　　如果你看电影我就看戏。

（105）保安语　ɕirodə Guraor -sə ndʐaŋ lə rəm.
　　　　　　　下　　雨　副动词 不 来
　　　　方　言　下雨着不来。
　　　　　　　要是下雨，他就不来了。

这三例中的"着"相当于"……的时候"，强调的是两个动词之间的条件关系。在西北接触方言中广泛存在表示复杂关系的助词。

我们再重复一下第七章提到的语序类型、附置词、复句关联标记之间的蕴含共性。张建通过考察100多种少数民族语言里复句的关联标记，得出的语序类型、附置词、复句关联标记之间的蕴含共性是：OV型语言复句的关联标记通常居于前一分句的末端；而VO型语言的三种模式的关联标记不居于前一分句的末端，或者在整个句首或者在前一分句句首。汉语是VO语序，关联标记不会居于前一分句的末端；蒙古语是OV型语言，复句的关联标记通常居于前一分句的末端。西北方言中的"是/着"居于前一分句的末端，是 OV 型语言普遍存在的语法特征，是表假设、条件、原因等关系的连接助词，西北方言或用"呵"，或用"是"（用"是"较多），也用"着"。如：

（106）庄子里到了<u>呵</u>再甭唱，再唱<u>呵</u>老人们骂哩 到村子里了就不能唱，再唱的话老人们骂呢。

（107）猎打不上<u>是</u>傢就要饿肚子了 猎打不上的时候他就要饿肚子了。

（108）手逗<u>是/着</u>麦穗儿淌呢 只要用手去碰麦穗儿，麦穗儿就会掉。

（109）衣服贵<u>是/着</u>舍不得穿了 衣服贵的话就舍不得穿了。

试比较以下两句：

（110）电影看完<u>着</u>我他哈碰上了 电影看完的时候我碰上了他。

（111）饭吃过<u>是</u>学里去了 小孩一吃过饭就去学校了。

"着"与"是"功能趋同，均表示"……的时候"。江蓝生先生指出，汉语的假设语气助词古今变化很大。上古、中古基本用"者"，少数用"也"；唐宋时期出现了新兴的假设助词"时"和"後"；元代前后又相继用"呵""么""呢"等，到了清代才开始出现"的话"。余志鸿先生根据《蒙古秘史》的对译材料、其他历史文献及现代北方汉语、非汉语的资料提出，后置标记"时""呵"的产生是语言交融的结果，与北方阿尔泰民族语言在特殊历史时期对中原地区的渗透有关。他说"时""呵"在语音上可能都与古蒙古语 - asu 相应形式有关。江、余两位先生所言极是。我们的研究也证明，西北方言如临夏话中用于句中表示各种复杂关系的"是"与当地阿尔泰语系蒙古语的假设副动词 - sa、- se 有对应关系；而西北方言表示条件关系的"着"与"是"功能趋同，也是阿尔泰语接触的产物，只是表示复杂关系的"是"在临夏等西北方言中比比皆是。但"着"也不乏用例，且功能有扩大倾向，越往西越明显，演变的方向则是向西北非汉语靠拢，这是典型的外因驱动。在共同语、北京话及其他非西北北方话里，"着"基本上是一个较具体的非完整体，亦即持续体标记；但在西北方言里，它不同程度地向一般的非完整体标记靠拢，具有比其他汉语方言里更强的形态性，表现出特异性。这种现象并不是孤立的，元代直译体文献常见。我们先看几个元代的直译体文献助词"着"的例句：

（112）蒙古汉军周岁出征去呵，自备气力去底也有，请官粮吃着去底也有。(《元典章》，兵部卷1)

（113）车里船里多载着往高丽等地面里货卖去有。(《元典章》，刑部卷19)

（114）于去年十二月十七日闻奏过立着的淘金总管府罢了。(《元典章》，户部卷8)

（115）上位不奏了不差有来，这的每不曾奏着差了有。(《通制条格》卷9)

（116）尸首实葬了那怎的？烧人场里烧着，寺里寄着哩。(《朴通事》)

以上五例是曹广顺先生（1995）所举的元代典型的表进行体的例子，其中后三例是元代"着"兼表完成和曾经的例子。曹先生明确指出：元末明初"着"的类似混用现象，应与元白话对当时汉语共同语的影响有关。所以，我们需要分析元代直译体文献中助词"着"的用法及其来源问题。

四 西北方言"着"[tʂə]与东乡语进行体"tʂɯwo"

西北方言中的"课上着""饭吃着""网上着"等用法，这种"OV着"是在维持北方非汉语宾动语序的前提下，巧妙地利用动词词尾的暗示性来满足北方非汉语动词结句的要求。

我们在第二章第二节探讨了东乡语动词的时体范畴，东乡语动词陈述形式包括三种形态标记：完成体 – wo、进行体 – tʂɯwo 和未完成体 – nə。进行体 tʂɯwo 有时简写为 zhuo（蒙古语 – [ʤ]，保安语 – ʥi）。例如：

（117）pi tʂun nie ɕinni p'it ʂɯ – tʂɯwo.
　　　 我　正　一　信　写 进行体
　　　方言：我正信写着。
　　　我正在写一封信。

（118）həni irəsəntə pi tʂun ɕinni p'it ʂɯ – tʂɯwo.

    他 来 我 正 信 写 _{进行体}

   方言：傢来我正信写着。

    他来的时候我正在写信。

(119) zhangmin ede xiyouji uzhe – tʂɯwo.

   张明 现在 西游记 看 _{进行体}

   方言：张明《西游记》看着。

    张明在看《西游记》呢。

(120) udu bi chhini sana – zhi uila – zhiwo；çiəni bi chhini sana – zhi dʐaodʑinliə – zhiwo.

   白天我 你 想 _{副动词} 哭 _{进行体} 夜晚 我 你想 _{副动词}
   梦 _{进行体}

   方言：白天我你哈想着哭着，晚夕我你哈想着梦着。

    白天我想你想得哭，夜晚想你想得做梦。

  以上东乡语进行体"tʂɯwo"，在西北方言中均与"着"对应，如"写着""看着""哭着""梦着"。西北方言中的"课上着""饭吃着""网上着"等用法，这种"OV 着"是在维持北方非汉语宾动语序的前提下，巧妙地利用动词词尾的暗示性来满足北方非汉语动词结句的要求，有时候句中会出现两个"着"。如：

(121) 普通话 他说跟看见的一样。

   东乡语 tərə kiəliə kuni tʂɑnliəsə tʂudʑiəkəsɑn mutu giəzhi kiəliə tʂɯwo.

    他 说 人 看见 熟悉的 一样 _{引语标记 副动词}
   说 _{进行体}

   东乡汉语 他说的个家见过啦像哩说₂着说₃着。

(122) 普通话 说道：娶一个像我这样的媳妇吧。

   东乡语 bi mutu imutu niə biəri ɑgi giəzhi kiəliə tʂɯwo.（布和，1986：177）

    我 一样 像 一 媳妇 娶_{引语标记 副动词} 说 _{进行体}

   东乡汉语 我一样像的媳妇娶上。说₂着说₃着。

(123) 普通话 阿訇说："他不来。"

东乡语　ahun hə uliə irənə giəzhi　　kiəliə tʂuwo.
　　　　阿訇　他　不　来　引语标记　副动词　说　　进行体
东乡汉语　阿訇不来给说₂着说₃着。

以上三例中的前一个"着"是并列副动词"zhi"的对译，属于连接性的动词，故用于句中；句末的"着"是进行体的对译，属于终结性的，故在句末。如：

（124）bi ghuran shu uzhe – zhi dao – tʂuwo.
　　　　我　三　书　看　副动词　过　进行体
　　　　我在看三本书。

（125）bi zhangmin liushi olu – se ana – ni chujiegva – zhi dao – tʂuwo.
　　　　我　张明　　六十岁　　　阿娜　看　副动词　过　进行体
　　　　我见过张明六十岁的母亲。

（126）nie kuzimogvei bagvada – zhi zhangmin shida echi – tʂuwo.
　　　　一　　蛇　　爬　副动词　张明　　旁边　去　进行体
　　　　有条蛇爬向张明。

两个"着"所指并不相同，如同重叠的两个"说"一样。例（121）至（123）三例的三个"说"也是各司其职，反映了语言接触的不同层次：

第一个"说"是汉语的核心动词，是受普通话影响的结果；第二个"说"在言说内容的后面，就是引语标记（联系动词），它是一种异源性标记，非汉语的"说"；第三个"说"与第二个"说"功能显然不同，而与第一个"说"意义相同，是蒙古语言说动词"kiəliə"（说）的对译，也是核心动词，置于句末，维持民族语动词结尾的语序。

也就是说，作为引语标记的"说₂"和言说动词"说₃"，都是少数民族语借自汉语，前"说"是引语标记，后"说"是核心动词，为了保留民族语 OV 语言的语序，置于句末。

我们再重复一下清格尔泰（1991：335）对联系动词即引语标记的分析。他说：联系动词从表达方式来说，有直接引用式的和间接引用式的。直接引用就是引用原意与原话，间接引用是经过转达者的口吻转述的。具体内容有思维内容，概括词有想/想起、生气、发愁、怕、谨慎、觉悟、知道、误解、高兴、理解、忘记、感兴趣等；有言语内容，概括词有说/据说、听、问、唱、赞扬、叫喊、同意、责骂、评价、委托等。

故置于句末的言语内容概括词不一定是"说₃"，而是其他言说动词，如上所列举的"听、问、唱、想/想起、希望、生气、知道、理解、忘记"等。例如：

(127) 普通话　你家里有什么人？

东乡语　tʂuni giədə ian kun wo? giədʑɯ asadʑɯwo.（刘照雄：151）

你的　家里　什么　人　有　引语标记　副动词　问 进行体

东乡汉语　你的家里什么人有？说着₂问着。

(128) 普通话　人们抬举他，叫作尕司令。

东乡语　kuŋla taidʑi giədʑi ga siliŋ giədʑi urugdʑiwo.（布和，1986：177）

人们　抬举 引语标记 进行体 尕 司令 引语标记 副动词 叫 进行体

东乡汉语　人们抬举他尕司令说₂着叫着。

(129) 普通话　我想一定要在那个时间准时到达。

东乡语　bi idʑiŋ hə ʂidʑiə. ə kudʑi irənə giədʑi sumuladʑiwo.（布和，1986：177）

我　一定　那　时间　准时　到 引语标记 副动词　思慕 进行体

东乡汉语　我一定那时间准时到，想着。

(130) 普通话　我儿子长大想参军。

东乡语　mini kəwoŋ fugiə. asə dʑiəfaŋdʑiŋ. aŋlanə giədʑiwo.（布和，1986：177）

我的　儿子　长大　解放军　当　希望进行体

东乡汉语

这四例中句尾的核心动词不是"说"，而是言说动词"问""叫""想"和"希望"，"说着₂问着""说₂着叫着""说着₂想着"。

西北方言"傢说₁着傢不去说₂着说₃着"引语句式，是汉语和民族语两种句式的叠加套用。先用汉语的VO语序"言说动词'说₁'＋言说内容"；再用汉语的"说₂"对译引语标记，模仿蒙古语"言说内容＋言说动词'说'"的特定模式；最后用汉语的"说₃"对译蒙古语言说动词，创造出一种新的语法结构。

五　元代直译体文献中助词"着"的用法

汉语同其他民族语言的接触也有相对丰富的历史语料和文献记述，元代的白话碑文、《元典章》《通制条格》等白话碑文典籍中保存了大量的直译体文字，这些文字多由蒙古语原文翻译而来，具有鲜明的中古蒙古语语法的特征。由于蒙古语底层语法的影响，直译体文字中助词"着"的使用十分丰富，有许多不同于唐宋汉语的特殊用法。试看下面两组例子。

A组：

（131）江西行省官人每将文书来，吉赣等处地面，湖南、广东、福建这地面相连着有。（《元典章》，兵部卷2）

（132）如今大都见设着蒙古、汉人国子两学，都破着钱物，每日与茶饭有。（《通制条格》卷5，学令·庙学）

（133）江南学校呵，怎生先属学校底田地属官也？如今师父根底学文书的孩儿每根底种养着吃的田地。（《元典章》，礼部卷4）

（134）刘得成等人每为杀了野物的上头，拿着问呵，招了也。（《通制条格》卷28，杂令二·围猎）

（135）限满时将媳妇、孩儿、女孩儿拖将去，面皮上刺着印子做奴婢有。（《通制条格》卷28，杂令二·违例取息）

单从汉语语法的角度来看，例（131）的"着"用于存在句，表状态的持续；例（132）"设着"表动作造成的结果的持续，"破着"表动作的正在进行，前面有时间词"如今""见"（现）；例（133）是典型的"V₁着V₂"格式，"着"分别表示目的"种养着吃"。现代汉语助词"着"的主要用法元代都已经具备了。但实际上，这些例子中的"着"都是中古蒙古语语法的反映，多数情况下是对译蒙古语并列副动词和联合副动词形式的结果，具有不同于汉语的语法意义。

B组：

（136）俺商量来："教百姓每做佃户种养呵，种养也者，根脚里的不

拣甚么差发有呵，依体例当者，休遮护者。"么道，在前也禁约着有来。（《通制条格》卷2，户令·官豪影占）

（137）奉圣旨：问火鲁火孙丞相："您在前禁约着来么?"（《元典章》，兵部卷2）

（138）无勾当时拘收，库里放着呵，怎生？（《元典章》，兵部卷2，军器，拘收·弓箭库里顿放）

（139）游手好闲的人，于诸衙门官人每根底投做总领面前祗候人，江南更多有，一个司县官，百十个人家根着的也有。（《元典章》，工部卷3）

（140）别个的官人每隐藏着来的也多有。（《通制条格》卷4，户令·均当差役）

这些例子中的"着"都与其他助词连用，构成"着有来""着来么""着呵""着的""着来的"等，也都是对应蒙古语相关语法形式的结果。如果说，唐代和宋代主要是助词"着"的各种用法产生和发展的早期阶段，那么元代则是"着"的各主要用法发展和成熟的重要阶段。比如，"进行体"用法，王力先生（1958）说："进行貌的形尾'着'字的普遍应用是由元代的史料证实的。"曹广顺先生（1995）说："元明以后，表进行的例子更多，也更典型了。"李讷先生等（1999）说："'着'真正表示动态行为的正在进行的用法元代以后才逐渐出现。"

众所周知，历史上语言的演变大部分不是由该语言内在的因素引起的，比亲属关系更重要的是跟周围语言的互相影响。语言接触过程中，以另一语言为模型复制一个范畴，复制语言可能获得一个以前没有或没有合适对等物的新范畴，从而实现"空白填补"（gap filling）。同时，语言发展是新旧交替的一个过程，是通过旧成分的消亡和新成分的产生来实现的。这个过程可以归纳为 A→A/B→B。A/B 可以是两个成分在一个时期同时分别使用，也可能是两个成分重叠使用。当新成分 B 完全替代 A 之后，就进入了一个新的发展过程。语言接触引发的语法改变与一个语言内部自发的改变，除了起点不同，常常会有基本相似的过程。

蒙古语动词有着极其丰富的形态变化，表达态、式、时、体等各种语法范畴；副动词形式用于连接两个或多个动词，表达动词之间的并列、假设、条件、目的等句法和逻辑关联。如白话译文在对译蒙古语动词种种变化形式时，多用汉语固有的语法功能和句法位置相当的助词来对译，如常用句末语气助词"者"对译蒙古语动词祈使式附加成分，用时态助词"了""来"对译蒙古语动词陈述式过去时附加成分，用动态助词"着"对译蒙古语并列、联合式副动词附加成分，用语气助词"呵"对译假定式副动词附加成分，用"有"来对译汉语中没有对等成分的蒙古语特殊动词 a-、bü-和陈述式动词现将时附加成分等。

由于汉语里这些语法成分与蒙古语动词诸变化形式并不完全对等，有时它们所标记的蒙古语的用法超出了其在元代汉语里所承担的原有的功能，显得十分复杂。如"有"表示判断和时体意义，"着"不表示动作的进行体，而表示动作与其他动作时间上的同时或先后发生。这些异质的用法，通过语言接触，不少已经影响渗透到西北汉语方言里，如句末特殊助词"有/是"的大量出现、祈使句末大量用"者"、假设从句后置标志频繁用"是"以及助词连用现象显著增加等。

语言接触的变化也可以是一种在语言接触的情形下的结构类型的变化。结构类型的变化所使用的策略就是选择一种与模型语言语序最佳匹配的结构，使得这种结构在复制语言中承担一种不是原模型结构所具有的功能，临夏话的"着"即是如此。二语习得者在他们自己的母语里选择了一个最常用、最符合他们使用习惯的结构——并列副动词附加成分-zhi，使之扩展使用到更广范围的语境。这种情况并不代表从一种形式范畴到另一种形式范畴的变化。

所以，语言接触是一个双向互动的过程，也是一个互协的过程，接触的双方都会留下对方的印迹。东乡汉语、临夏话等作为一种汉语方言表现出了明显的格系统的格标记现象。如东乡汉语的"些"表示从格标记，其实就是阿尔泰语系蒙古语族语言里从格或离格的附加成分的对译。距离东乡不到100公里的甘肃临夏话中，"是"字句随处可见，使用频率很高，字句用法复杂。我们通过将句末的"是"与东乡语等蒙古语助动词的对勘和跨语言比较，证明临夏话判断句句末的"是"，虽然表示判断，但不是系词，而是句末助动词-wo的对译。"是"除用在句末，还可以用在句中表示假设关系、条件关系、转折关系等。我们认为西北方言中"是"字句的特殊用法，既是阿尔泰语言底层现象的反映，也是汉语和阿尔泰语不断"协商""混合"的结果。"给"字句在西北汉语方言中随处可见，层出不穷。"给"前的动词范围广泛，几乎所有动词后都可以带上"给"。我们的研究表明：西北方言位于句末，用法复杂、使用功能较发达的"给"与蒙古语族如东乡语的引语标记"giə"和祈使式附加成分"giə"相匹配，这种用法是在阿尔泰语言影响和渗透下出现的不同类型的异质要素，是一种具有语法功能而脱离了词汇意义的形态标记。临夏话等西北方言的"者"与东乡语副动词附加成分 – zhi 的相似性非常明显，是并列副动词附加成分 – zhi 的复制与对应。凡此种种，均是在两种对立类型的语言之间，通过"协商和妥协"达到双赢。

西北汉语方言的语法演变基本上是由汉语自身提供材料，而在北方非汉语与汉语深度接触的过程中，两种类型的语言必然会有协商和妥协，汉语里的异质要素会以如下几种方式存在：旧瓶装新酒，主要是在外部因素作用下对已有形式作重新分析；新瓶装新酒，即直接借用；旧瓶装旧酒，即异质要素体现在原有形式使用频率的消长上。汉语的发展演变一方面是"语法化"等内部机制作用的结果，另一方面明显受外部接触的影响。

西北地区的汉民族长期以来和阿尔泰语系民族等共同生活，有着大量的语言接触，产生的语言变化可以折射出汉语发展史上接触引起的变化的各个阶段。我们的研究可以为汉语历史上曾经发生的接触及其后果提供一些佐证，也有助于揭示外部接触与内因驱动的语法化之间的辩证关系，揭示汉语历史发展的基本规律，拓展我国的语言接触研究领域。

第 十 章

语言接触与西北方言语法变异

众所周知，汉语史上两次语言接触——中古译经和元白话都是使用其他语言的人在学习使用汉语的过程中发生的，都和第二语言习得有关，即第二语言习得者在母语的干扰下，会借用自己母语的一些语法结构，由不完全习得造成语法错误。反映在东乡汉语上，呈现为某些类型的错误反复出现，如错误的 OV 语序、错误使用。如汉语不需要用的格标记"些""哈""搭/塔"、直接引语标记"给"、表复杂关系的"是"等。这些都是由于东乡民族在没有完全掌握汉语的情况下，错误地模拟汉语的语法规则而犯的语法错误，不完全习得者在对译的时候，误认为某些词汇的功能在两种语言中是完全对应的，为了追求功能平行而产生错误的用法。不同阶层对元白话中特殊现象的使用有所不同，社会阶层越高，使用特殊现象越多，而一般平民百姓基本不用或少用。这种使用显然依附于蒙古人的政治统治，伴随着蒙古王朝的覆灭，元白话也走向了消亡。元白话在历史上的使用状况说明，这些特殊的语法现象多数都没有进入当时的汉语，只是汉语在特殊条件下出现的一个局部变体，是语言学习中出现的语法错误。这些错误出现之后，有些只是个别的使用，很快就消失了；有些经过传播在特定的人群中被接受，这些人群再通过"协商"固定下来，形成一套新的比较简化的语法系统，最后甚至被说汉语的人所接受，变成了汉语语法系统的一部分。

西北方言中的格标记、引语助词、OV 语序等，这些现象在元白话中也都曾经使用过，但在蒙古人退出中原以后，这些特殊现象也就跟着消失了，它们都没有真正进入汉语，更没有对汉语的发展造成影响，而在西北方言中则被完整地保存了下来。甘青河湟地区和河西走廊分布着汉、回、藏、蒙古、东乡、撒拉、土、裕固、保安和哈萨克等民族。其中东乡、撒拉、土、裕固、保安族五个民族是目前甘肃和青海两省的特有民族，人口较少，来源各不相同，这些特色各异的民族生活在西北民族地区的这一特殊环境中，与周边民族频繁接触，相互影响。这些民族都有自己的民族语言；有的民族使用两种民族语言，如裕固族使用东部裕固语和西部裕固语；有的民族一部分人放弃民族语转用了汉语，如河滩、东塬、百合的东乡族，民和的土族，梅坡的保安族，黄泥堡的裕固族，等等。大部分聚居区的东乡族、保安族、撒拉族、土族使用本族语，也有一部分人使用东－汉、保安－汉、撒拉－汉、土－汉等双语；散居区的东乡、保安、撒拉、土族已基本转用汉语。除河西走廊的裕固族外，其他民族均以具有混合语特点的临夏话为第二语言。

一 语言变异——东乡汉语等西北方言的语言系统

语言系统中的语音、词汇、语法之间是密切关联的，是一个整体。任何一个子系统的变化都会在不同程度上引起另外两个子系统的相关变化。当然，少量、零散词汇的借入，一般不会影响到语音、语法系统，但是大量借词的借入，特别是短语的直接借用，不仅会引起一种语言的词汇系统和语义系统发生变化，而且可以使借入语言的语音要素也随之发生变化，由此引起音位组合规则、音节结构类型的改变，最终导致语音系统的本质变化。

（一）语言变异引发东乡语语音系统的变异

东乡语等西北方言的声母、韵母与汉语基本一致，但仍有一些与汉语不同的特点；而这些特点在一定程度上与阿尔泰语言的影响相关。如我们前面的语音研究篇章。东乡语等西北方言调类较少，调值接近：一般有两个到三个单字调。三个单字调的调值也比较接近，相差不大，而且有些字的调值不是完全固定的。与汉语其他方言相比，声调的辨义功能相对较小；而连读变调主要是改变音长和音强，有时也会改变音高，音色则一般不变。这与普通话有较大差别。普通话的连读变调主要是靠改变音高来完成的，有时也会改变声母、韵母的音色，音长和音强则基本不变。

陈其光先生把这些语音现象称为"声调重音"。"声调重音"是有声调语言与无声调语言相互影响混合的产物。阿尔泰语系语言只有重音，没有声调，使用阿尔泰语系语言的人由于受母语的影响，对汉语的声调不敏感。他们在习得汉语的时候，很自然会把汉语中音高较高的音节说得较重，音高较低的音节说得较轻，以轻重音来取代声调；同时由于汉语里高调低调的位置在多音节词里是不固定的，随之产生了区别词义、位置不固定的重音。结合西北地区历史、民族、社会状况分析，我们认为这一现象应是汉语与阿尔泰语系语言混合的结果。如五屯话曾经是有声调的，但长期受到没有声调的同仁藏语的影响，声调出现了退化。为了区别词义，词重音作为补偿代替了声调，表现为每一个多音节结构里都有一个或一个以上音高较高、音强较强的音节。

（二）语言变异引发东乡语词汇的变异

东乡语除有少量的阿拉伯语、波斯语的借词外，大量借词来源于汉语。像甘肃的临夏话、唐汪话，青海的甘沟话、托茂人的语言等，在词汇方面的混合特征不明显。这主要和西北地区的历史背景休戚相关。在整个西北区域，汉族无疑在人口数量上具有绝对优势，尤其是到了明朝初年，政府进行"移民实边"，从江、淮、湘、蜀、冀、晋等地大批向甘青的河湟地区移民，大量"随官而迁"的亲属也定居甘青等地，彻底改变了这一区域的民族格局，汉族人口大量增加；清中叶以后，河南、湖北、山西、陕西等地的许多商人先后进入这一区域进行贸易，开设商铺，不少人最终定居于此。再者，从政治地位上看，元代时蒙古族作为统治民族，蒙古语的地位较高；但伴随着元朝的灭亡和明朝的建立，明政府对蒙古人采取了一系列的措施。明太祖洪武元年（1368年），政府下令"禁胡服、胡语、胡姓"，这里的"胡"主要针对的就是回回色目人和蒙古人。这一政策牵涉面相当广，人数又众多，明令要求蒙古人和回回色目人从语言、服饰和姓氏上改变元王朝旧俗；在婚姻政策上，明朝政府允许蒙古人、色目人与汉人通婚，反而不准本民族之间通婚嫁娶，违者处罚。这项政策对蒙古族的汉化起到重要的作用。加上河湟一带自古就处于交通要道，是丝绸之路南路的必经之处，也是内地与藏区进行茶马互市的重镇。费孝通先生曾说过"东有温州，西有河州"。特别是西北穆斯林有外出经商的传统，其中河州的"脚户"尤为出名，这些外出经商之人无形之中充当着文化交流的传递者。这种相对开放的环境以及频繁密切的经济往来，必然使得东乡语等西北方言容易受到汉语的影响，这种影响最容易也集中地反映在词汇方面。也正是由于独特的地理环境和特殊的社会历史文化背景，东乡汉语等形成了许多与众不同的特点，即词汇是汉语的，语法结构接近阿尔泰语，有"格"的语法范畴、SOV语序、有后置词的用法等，具有明显的混合性质。

纵观现代汉语方言，我们发现汉语方言之间的差异主要表现在语音和词汇方面，语法方面的差异相对较小。但是东乡汉语等西北方言则相反，它与汉语方言的差异突出表现在语法方面。如甘肃的唐汪是甘肃东乡县唐家村和汪家村的合称，这里居住的绝大多数是东乡族，奇怪的是他们不会说东乡语，而是使用一种既不同于汉语又不同于东乡语的语言——唐汪话。唐汪话的词汇同样也是汉语的词汇，但又有数、格、领属语法范畴，动词有体、态、副动词三种范畴；又如五屯话，主要用于青海省同仁县隆务乡五屯下庄大村、五屯上庄村和江查麻村。陈乃雄认为它主要是受了藏语（汉藏语系）的接触影响，是着眼于词汇系统而言；从语法系统来看，更多是受了当地土族语（阿尔泰语系）的影响。语言接触会导致语言结构的变化，包括个别、零散的变化现象，也包括系统性的变化。从临夏话到唐汪话、青海汉话再到五屯话，语言发生了一系列的变化，其语言呈现出一系列显著的区域特征。

综上所述，东乡语等西北方言的语音、词汇系统基本与汉语一致；但是句法上则与蒙古语有高度的相似性。也就是说，东乡汉语等西北方言保存了强势语言汉语的词汇，语法上更接近弱势语言，显示出明显的异源现象，这种语法上的独特性正是汉藏语系和阿尔泰语系两种非亲属关系语言接触的结果。我国的语言接触分为两大层次：亲属语言之间的接触和非亲属语言之间的接触：北方汉语方言接触多是汉语和非亲属关系的阿尔泰语系语言之间的接触，非亲属语言接触产生的结果就有引起语言演变的可能。

（三）语言接触与语言类型

语言发展史表明，语言演变与语言的相互影响有密切关系。根据语言之间的影响程度，语言接触归纳为语言渗透、语言融合和语言混合三种类型。其中语言渗透是由借用方式造成的直接原因，因为大多数语言都从其他民族语言中借用有用的成分来丰富自己的语言，如我们上编研究的结果：东乡语借用汉语的借词已达到了58%，大批词汇的借入使该语言增加了自己没有的音位，继而对语言的语音系统产生影响。例如，许多藏缅语族语言从汉语中吸收[f]音位，由借用对方的语言成分到直接使用对方的语言就是语言的语言融合。语言融合经过了双语制直到最终放弃本族语言而完全使用对方语言，被换用母语语言以底层方式保留了本族语的印迹，目标语言在融合对方的同时也发生了变异，从而出现了对母语来说是语言的换用，而对目标语来说则是语言的变异的现象。语言混合是经过两种或多种语言之间长期的相互影响、深度的接触才形成的，经历皮钦语和克里奥尔语两个阶段，最终形成一种不同于来源语中任何语言的混合语。目前，国内认可的混合语有四川的雅江倒话、青海的五屯话、云南的卡卓语、新疆的艾努语、海南的回辉话等。这些例证表明，长期的语言接触会形成语言混合现象，即甲语言与乙语言的接触，形成既非甲又非乙甚至又非丙的语言结构。语言的混合是语言接触最深、相互影响最大而产生的一种深层变异。

托马森将接触型语言分为两类：一类是皮钦语与克里奥尔语，另一类是其他混合语。皮钦语是使用不同语言的人由于贸易或移民等聚集在一起形成的一种混合语，即"洋泾浜语"，是出现在通商口岸的一种常见的语言现象。首先，外来者为了使当地人明白自己的意思，常常在语言上作出让步，简化自己的语言，加入一些当地语言的成分，于是这种变了形的语言成为当地人模仿的对象。当地人在掌握这种语言的时候，会不自觉地受到自己语言中语音、语法规则和表达习惯的干扰，又对它进行相应的改变，而这些改变又被外来者接受。最后双方在语言上达成一种协议，产生了一种大家都能接受的交际工具。皮钦语是在一定场合下使用的特殊语言，没有人把它当作母语来学习使用。但在一定条件下，它也可能被社会采用为主要的交际工具，由孩子们作为母语学习。在这种情况下，皮钦语就会变成克里奥尔语。皮钦语一旦升格成克里奥尔语，就会在全社会成员的口头中扎下根，就会扩大词汇，严密语法。皮钦语和克里奥尔语是多种语言在有限度的接触情形下产生的，一般没有充分的双语或多语现象，词汇主要来源于一种来源语言，其绝大多数结构特征并不是由原先存在的任何单一语言派生出来的，可以看作创造者们所使用彼此语言之间的一种多语折中，是一般只在有限的特定社会环境中才需要的一种中介语言。其他混合语是在只有两种语言接触的状态下产生的，存在广泛的双语现象，语法和词汇大量从每一种来源语言中获取并加工和调整。由于特殊的社会环境、历史文化背景、民族状况以及独特的地理环境，西北接触方言形成了自己的混合特点：材料来自汉语，语法框架近似阿尔泰语系语言。在汉语方言中独树一帜、与众不同。意西微萨·阿错在《倒话研究》中从结构和功能两相结合的角度对混合语的界定提出四条基本标准。第一，来源语言必须各自都是独立的语言，不能互为对方的方言，这是一个基本的前提。第二，从结构上说，是深度的结构异源。在共时层面的反映是不同语言结构的交错混合，从历时层面反映出的就是来自不同语言的异源性。第三，从功能上说，必须是一个语言社团的母语或者母语性的语言。第四，从结构功能上说，和任何自然语言一样，混合语拥有一个独立语言的所有特质和全部功能。

西北方言特殊语法的形成期是使用阿尔泰诸语的北方民族进入中原，与汉民族发生民族融合与语言融合的重要时期。这种长达数百年之久的、大规模的双语现象，对汉语的发展无疑是一个重要的外在推动力。此时，汉语、胡语并行，"胡言汉语"反映了当时规模空前的双语情况。大批汉化了的使用阿尔泰诸语的民族逐渐放弃自己的母语，而对汉语的习得不可能一步到位。底层语言的一些形态特征必然要渗入他们使用的汉语中去。因为语言结构的差异越大，渗透的难度便越大。汉语要将截然不同的语言形态特征融入自身的系统，不仅需要一个长时间的消化、吸收过程，可能还需要对其进行改造和重新分析的过程，即按照汉语的特征对来源语的形态特征进行重新分析。如我们上文探讨的"些""是""给""着"等，其语义的复杂性和功能的多样化，是多种异质要素的杂糅，是汉语对阿尔泰诸语有关语法成分的革新和改良，也是由语言接触引发的语言变异。

　　由语言接触引发的语言变异无法确定语言接触和影响的方向性时，人们往往会采取两种假设思路：假设西北汉语方言是在汉族与少数民族接触过程中，双方通过学习对方语言，最终形成的一种交际使用的中介语。那么西北汉语方言可能以汉语为底层，在接触过程中受阿尔泰语特征的影响，产生了新的语法特征，并随之发生了语法系统组织性的调整。如果依照这样的假定，我们需通过比较西北方言与北方方言语法系统的特征，并寻找这些语法特征在北方官话区相关方言中的表现方式。如果二者有分布和意义上的对应关系，那么我们就说这是一个受接触影响产生功能变化的语法范畴。反之，如果假设西北汉语方言是少数民族语言使用者在学习目标语汉语的过程中，不自觉地将母语的各种特征带入目标语中，形成了现在西北汉语方言的面貌，那么，我们就要比较西北汉语方言和东乡汉语等阿尔泰语的语法系统。我们在讨论分析西北汉语方言的特殊语法时，其实一直采取的是第二种假设，即二语习得者在母语干扰下，由于不完全习得，将来源语的特征带入了目标语中。事实上，桥本万太郎早就提出"北方汉语阿尔泰化"的观点。他认为北方汉语在很大程度上受到了阿尔泰语的影响。

　　西北汉语方言属于 Thomason 和 Kaufman（1991：50）归纳的"母语放弃语言转换的底层干扰"中的中度、深度接触。所以，我们比较了西北汉语方言和东乡语、蒙古语等阿尔泰语的语法系统，并归纳其中的类型特征。西北汉语方言是在不完全习得下产生的汉语变体，和元白话一样，都是在语言接触过程中，汉语中掺杂了其他语言的成分。西北接触方言、元代的蒙式汉语和汉儿言语，从语言类型学的角度构成了语言接触的连续性。它们之间是普、方、古三者结合的材料；三者之间的对比是语言类型学跨时代、跨地域的对比，可以为西北接触方言中的特殊语法现象的来源找到印证。

二　西北方言与元白话特殊语法比较

　　西北地区有着复杂的民族成分和语言成分。除了汉藏语系的汉语和藏语，主要是阿尔泰语系诸语族的语言。如东乡语、保安语、土族语、东部裕固语（属于阿尔泰语系蒙古语族）、撒拉语和西部裕固语（属于阿尔泰语系突厥语族）。汉语和各少数民族语言长期共存，密切接触。在甘肃的临夏、甘肃东乡的唐汪，青海的民和、甘沟、五屯等地形成了独具特色的语言现象，呈现出显著的"区域特征"，学界称为西北接触方言。如 OV 语序类型；成系统的格标记形式；复数"们"的复杂表现形式；句末特殊助动词"是""有"的用法；动词祈使式形式"giə"（给）以及引语标记"giə"（给）；假设从句标记"是"；并列副动词"着"等。（张安生，2013；杨永龙，2015；敏春芳，2014、2015 等）。无独有偶，这些特殊语言现象不仅出现在东乡汉语等西北接触方言中，在元白话中的"蒙式汉语""汉儿言语"中也随处可见。

我们将西北接触方言、蒙式汉语和"汉儿言语"置于同一研究平面，发现它们三者具有诸多相似特点。

首先，西北方言和元白话有着相似的接触环境和对象，祖生利（2011）认为"相似的接触环境和对象往往产生相近的语言学后果，与其说西北接触方言是'汉儿言语'的遗风流绪，不如将其视为接触的类型学后果合适"。从地区的民族和语言成分来说，元代大都作为全国政治和文化的中心，同时也是汉、蒙等多民族杂居最为集中的地区之一；西北地区同样是自古以来少数民族尤其是使用阿尔泰语系语言的各民族居住最为集中的地区之一。因此，接触的双方是阿尔泰语系语言和汉藏语系的汉语，在人口杂居环境下，由于政治、文化教育、通商、通婚、日常交际等使用双语并且互相接触产生了具有混合特征的语言；从时间上来说，语言接触历史中，元明时期都是最为重要的阶段之一；从语言类型学的角度看，元代的蒙式汉语、"汉儿言语"以及西北接触方言可能构成一个语言接触的连续性，三种语言现象是处在这个连续性的不同阶段，它们的对比能够为语言类型学的研究提供一个跨时代、跨地域，普方古三者结合的材料。

其次，从形成的具体过程和发挥作用的机制来看，元代的"汉儿言语"和今天的甘青接触方言也十分相似，即都是官话经由"协商"（negotiation）、"有意为之"（change by deliberate）、"耳濡目染"（passive familiarity）等接触机制吸收了母语非汉语的周边民族在习得汉语过程中所犯的"不完全习得"（imperfect learning）错误而形成的（祖生利，2011）。

再次，元白话和西北接触方言对当时汉语的影响主要体现在语法上，形成了区域性特征，并且都留下了宝贵的口语材料。元白话有直译体文献和会话体文献，西北地区有活生生的汉语方言等，这有利于我们对其进行比较研究。三者之间的对比可以为解释西北接触方言中的一些问题提供思路，给西北的语言接触研究提供一种更为具体的历史比较的视野。比如，西北接触方言相对于元代的"蒙式汉语"和"汉儿言语"而言是一种怎样的语言，是更接近于"蒙式汉语"或是"汉儿言语"抑或一种更高程度的接触语言，西北接触方言随着时间的推进，可能会经历什么样的发展历程等。

因此，我们从语言接触和类型学的角度，分析了西北少数民族语言东乡语等对东乡汉语以及西北方言的影响，探讨了西北方言语法现象的来龙去脉及其形成之因；同时我们从语言接触和类型学的角度，将西北接触方言与历史上曾经产生的接触语言——元白话中的特殊语法现象相互比较印证，归纳总结汉语同阿尔泰语接触的类型学结果和一般规律。元白话和西北接触方言经历了不同的发展过程，据祖生利（2011）的研究，在民族接触过程中产生的中介语"蒙式汉语"被汉族人耳濡目染后形成了"汉儿言语"，这种混合了汉语和蒙古语成分的"汉儿言语"被"汉儿"社团作为母语习得，成为通行于北方的一种语言。

在语言接触历史中，元明时期是蒙古语和汉语发生大规模语言接触的时期，形成了"蒙式汉语"和"汉儿言语"。蒙式汉语是蒙古人对标准汉语（纯汉语）不完全习得的产物。蒙古人在习得目标语即标准汉语的过程中，由于受到母语底层的干扰而出现种种不合汉语规则的说法。早期"蒙式汉语"的词汇和句法表现出个体差异，许多句法现象各有差异；但其中共同的、反复出现的特征，则被固定下来，成为民族特征。而接触的另一方，处于优势地位的"纯汉语"，经由"协商"等机制，接受"蒙式汉语"中某些特征性的成分，最终形成一种既不同于"纯汉语"，也不完全同于蒙式汉语的语言，即"汉儿言语"。汉儿言语的词汇以汉语为主，语法多保留蒙古语特点，也有两种语言句法的妥协折中。据祖生利（2011）研究，元代的"汉儿言语"和今天的甘青接触方言，从形成的过程和发挥作用的机制来看也十分相似，即都是官话经由"协商"

(negotiation)、"有意为之"(change by deliberate)、"耳濡目染"(passive familiarity)等接触机制,在"不完全习得"(imperfect learning)汉语的过程中,吸收了母语的语法形式。

江蓝生(2009)指出,"真正能集中反映'汉儿言语'遗风流绪的是甘肃、青海、宁夏、陕西、新疆等西北地区的汉语方言。把古代'汉儿言语'跟西北地区方言语法的描写材料相比较,能够清楚地看出二者之间的血缘关系,我们完全可以说:西北方言就是'汉儿言语'的活化石。"江蓝生先生所提到的"西北方言"确切地说是和蒙式汉语、汉儿言语一样,带有一些异质特征的汉语方言,即"西北接触方言"。祖生利(2011)指出,与其说西北接触方言是"汉儿言语"的遗风流绪,不如将其视为接触的类型学后果更合适,并说"相似的接触环境和对象往往产生相近的语言学后果"。也就是说,西北方言和元白话中的特殊语法现象,是语言接触下的类型学后果。西北方言和元白话中都存留了宝贵的口语材料:元白话有直译体文献和会话体文献,西北地区有"活化石"的汉语方言富矿。故我们将西北接触方言、蒙式汉语和汉儿言语置于同一研究平面。下面是西北方言、蒙式汉语和汉儿言语类型列表(见表10—1)。

表10—1　　　　西北接触语言中特殊语法现象的类型对比

类型	特殊语法现象语言	西北接触方言	汉儿言语	蒙式汉语	普通话
们	无生命名词+每(们)	+	+	+	-
	指示代词+每(们)	+	-	+	-
	VP的每(们)	+	-	+	-
	并列名词分别加每(们)	+	-	+	-
	数量词+每(们)	-	+	+	-
语义格	受事格	+	+	+	-
	与事格	+	+	+	-
	同事格	+	+	+	-
	比较格	+	+	+	-
	工具格	+	+	+	-
	处所格	+	+	+	-
	依据格	-	+	+	-

续表

类型	特殊语法现象语言	西北接触方言	汉儿言语	蒙式汉语	普通话
语序类型	OV – VO	+	–	+	–
	核心动词 – 附置短语	+	+	+	+
	前置词 – 后置词	+	–	+	–
	名词 – 领属语	+	+	+	+
	形容词 – 比较标准	+	+	+	+
	动词 – 方式状语	+	+	+	+
	助动词 – 主要动词	+	+	+	+
特殊助词和动词	者	+	+	+	–
	着	+	+	+	–
	呵	+	+	+	–
	么道	+	–	+	–
	上/上头	+	+	+	–
	有	+	+	+	–

我们以西北接触方言为参照的话：在 25 项特殊语法现象中，蒙式汉语竟有 23 项与之相同，相似率达 92%；"汉儿言语"也有 15 项与西北接触方言相似，相似率为 60%；而汉语普通话只有在 5 个参项中与之类似，相似率仅为 20%。"汉儿言语"与西北接触方言不仅相似率为 60%，而且与蒙式汉语的相似率也为 60%，与汉语普通话相似率为 20%。

从以上数据可得出结论：西北接触方言和蒙式汉语高度相似，都属于 OV 黏着语型；"汉儿言语"介于普通话和蒙式汉语之间。这个结论和我们这几年研究得出的结果一致。

蒙式汉语和"汉儿言语"都被认为是语言接触的产物，蒙式汉语的底层是蒙古语，"汉儿言语"的底层是汉语。"汉儿言语"尽管与蒙式汉语在时代和地域上更为接近，但是与蒙式汉语的相似度却远不如西北接触方言，说明它们之间有着本质的区别。西北接触方言和蒙式汉语在时代和空间上差距巨大，却有着如此高的相似度。

这种本质上的差异与共性，是由语言接触过程中的底层语言决定的。李崇兴、祖生利、丁勇（2009）强调：元代的"蒙式汉语"是元代蒙古人所说的一种汉语民族变体。本质上应属于一种以汉语为上层语言（superstrate language），以蒙古语为底层语言（substrate language）的皮钦汉语（Mongolian Pidgin Chinese），它的词汇主要来自北方汉语，语法则主要来自蒙古语。"蒙式汉语"的材料集中地反映在元代白话碑文、《元典章》、《通制条格》等元代直译体文献中，并有着现实的口语基础。

元代的"汉儿言语"指的是元代后期在蒙古语影响下而形成的流行于大都等北方地区的北方汉语变体，以北方汉语为词汇供给，同时吸收其他民族语的部分词汇，语法上则糅入契丹语、女真语、蒙古语等阿尔泰诸语言的语法特征，是一种克里奥尔化的语言。其反映"汉儿言语"的口语材料主要有古本《老乞大》《朴通事》等。元代纯汉语、蒙式汉语、汉儿言语之间的关系，我们可以用图10—1来表示。

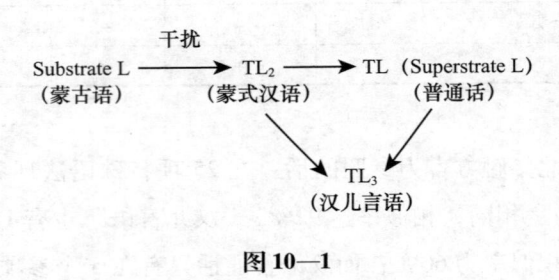

$$\begin{array}{c}\text{干扰}\\ \text{Substrate L} \longrightarrow \text{TL}_2 \longrightarrow \text{TL (Superstrate L)}\\ \text{（蒙古语）} \quad \text{（蒙式汉语）} \quad \text{（普通话）}\\ \searrow \quad \swarrow \\ \text{TL}_3 \\ \text{（汉儿言语）}\end{array}$$

图10—1

从图10—1中可以看出"汉儿言语"是蒙式汉语和普通话接触的结果。而蒙式汉语又是蒙古人对普通话不完全习得的产物，是少数民族在习得目标语即标准汉语的过程中，由于受到母语底层的干扰而创造出的种种不合汉语规则的说法。祖生利（2004）认为元代的"汉儿言语"不是通过北方汉语跟蒙古语直接接触形成的，而是通过与"蒙式汉语"的接触，吸纳了其中若干有代表性的蒙古语干扰特征而形成的。"汉儿言语"同普通话相比，其中掺入了较多的异质成分，并不完全符合汉语的语法规范；同"蒙式汉语"相比，"汉儿言语"里面的蒙古语句法表现要简单规整得多，蒙式汉语和汉儿言语都是由语言接触造成的语言改变，是语言接触的产物。

西北接触方言和蒙式汉语相似度很高，这种语言类型的产生过程和接触强度是我们探讨的内容。吴福祥（2007）、托马森（2003、2008）根据接受语是否保持、"不完善学习"效应是否出现，把语言接触引发的演变分为"借用"（borrowing）和"转用引发的干扰"（shift-induced interference）两种情况。借用指的是外来成分融入了原语言使用者的母语，这个语言社团的母语继续保持，只是特征有所增加，从而发生了变化。借用成分的等级取决于语言接触的等级，随着接触等级的增加而增加。最先被借用的是词汇成分，其次是句法成分，最后是形态成分。借用等级为：词汇成分→句法成分→音系成分→形态成分。转用引发的干扰指的是在语言转用过程中，语言的使用者将自己的母语特征带进了目标语，而这种特征被目标语的使用者模仿复制成为目标语的一部分。转用干扰的等级为：音系成分→句法成分→形态成分。干扰与"借用"不同，是以"不完全学习"导致的语言错误的形式产生的，因为学习的困难度最高的是音系、句法、形态。它们的区别可用表10—2表示。

表10—2　　　　　　　　借用和转用干扰的主要区别

借用	转用引发的干扰
语言保持	语言转用
没有不完全学习效应	具有不完全学习效应
干扰的引入者一般是受语的母语使用者	干扰的引入者一般是源语的母语使用者
源语通常是强势社团的语言	源语多半是弱势社团的语言
词汇干扰先于结构干扰，且前者占优势	结构干扰先于词汇干扰，且前者占优势
结构干扰蕴含词汇干扰	结构干扰不蕴含词汇干扰
接触时间越长、双语制程度越高则结构干扰的可能性越大，种类、层次越多	转用过程越长、双语制程度越高则结构干扰的可能性越小，种类、层次越少

资料来源：吴福祥，2007。

我们再重复一下前面的话题，如果假定西北接触方言是在汉族与少数民族接触过程中，双方通过学习对方语言，最终形成的一种交际使用的中介语，那么西北接触方言可能是以汉语为底层，在接触过程中受阿尔泰语特征的影响，借用了新的语法特征。这种接触属于语言的借用现象。"借用"机制为"词汇干扰先于结构干扰,且占优势","源语通常是强势社团的语言"并且"没有不完全学习效应"。这显然不符合西北接触方言的实际情况。东乡汉语、临夏话等西北接触方言的语法系统,事实上属于表10—2中的"转用引发的干扰","结构干扰先于词汇干扰","干扰的引入者一般是源语的母语使用者"且"源语多半是弱势社团的语言","具有不完全学习效应"。换句话说,西北接触方言是由弱势社团的语言——母语使用者,在不完全学习效应时将自己母语的结构特征,不自觉带入了目标语中。所以,西北接触方言和蒙式汉语有着同样的语言底层。

三 接触语言的复制模式

Heine和Kuteva(2005、2008)在讨论语言接触造成的语言改变时,把由语言接触引发的语言变化分为借用和复制两种。"借用"是指形式或者音义单位转移的过程,包含接触导致的某种语音形式的转移。"复制"则是一种创新机制,是指复制语的用户利用自己母语里的原始语言材料,仿照模型语的某种模式,在其习得的语言里创造出一个新结构[①]。其实"复制"即"转用引发的干扰",指的是二语习得者在构建自己的目标语语法时,通过把母语中的语法形式包括语序、句式、语法范畴等,投射到目标语中并进行重新分析。语法复制包括"语法意义复制"和"语法结构复制"两个方面。语法意义复制是指一个语言(复制语)对另一个语言(模型语)的语法概念或语法概念演变过程的复制。语法结构复制是一个语言(复制语)对另一个语言(模型语)语法结构的复制。

(一)接触语言的复制

1. 语法概念的复制

东乡语中的-ɕiə和东乡汉语的"些"属于语法概念的复制。东乡语复数形式-ɕiə,是指复制语(东乡汉语)对模型语东乡语等西北方言复数"些"[ɕiə]的语法概念的复制。首先,在模型语东乡汉语中找到"些"这样一个表示复数的语法概念或语法范畴,同时,在复制语母语东

---

① 参阅 Heine & Kuteva(2005、2008)。

乡语中存在一个在语义和结构上与模型语中的语法概念或语法范畴相关的结构，依照语法演变策略，复制一个与模型语中语法概念或语法范畴对等的结构，而创造出新的语法概念或语法范畴。东乡语为黏着语，构词依据丰富的形态变化，借用词缀的现象屡见不鲜，所以东乡语的复数附加成分也借自汉语的复数"些"［-ɕiə］。不仅东乡语复数附加形式为-ɕiə，四川一带"倒话"的复数形式也是用"些"来表示。而东乡汉语中的"些"表示从比格标记。这是复制语—东乡汉语对模型语—东乡语从比格这一语法概念的复制，即复制了东乡语从比格附加成分-se，其功能相当于介词"在""从""跟"，表示方向、对象、时间和比较等意义，与东乡语从比格附加成分-se的语法功能大同小异。我们通过溯本求源证明：这是语言接触的结果，东乡汉语中的"些"［-ɕie］无论从语序还是从语法功能来看都和周边的东乡语、保安语、土族语等蒙古语族语言的从比格具有共性，语义功能相同、在结构上同构的"些"正好与东乡语等阿尔泰语言里的从比格附加成分同音。

2. 语法结构的复制

我们通过比较发现，在概念性接触引发的演变中，如果模型语原本存在某个现存结构式，那么复制语就会采取复制模型语中现存结构式的手段获得一个新结构式。如东乡汉语中多项连接词"着"的用法，属于东乡汉语接触引发概念型语法复制这一类型的典型用例。就东乡语和东乡汉语而言，东乡语是模型语（M），东乡汉语是复制语（R），语法复制的过程是：东乡语中有一个并列副动词-zhi出现在表示并列多项动词的后面起连接作用，相当于名词的格；东乡汉语在对东乡语中多项连接词-zhi进行对译时，采取了复制的手段。复制的过程是：一方面促使东乡汉语中新的连接结构句式的产生；另一方面也是对东乡汉语等西北方言中的不同连接结构用于不同的连接成分的语法范畴的充实和突破。东乡汉语中"着"从表两项连接演变为表多项连接的用法的出现，源于东乡汉语对东乡语中并列连接词-zhi语法范畴的复制。如：

你站<u>着</u>起来呢么站<u>着</u>不起来？
风刮<u>着</u>树上的叶子一呱跌<u>着</u>下来了。

上去了着东西买上着就回着来了。
我们北京来着天坛还没去过着。
尕哥哥活着人大了，妹妹啦话也搭不上了。

"着"译自东乡语中的 – zhi。而 – zhi 原本只起连接两个动词之间几个连接成分的作用，但在东乡汉语中却出现用"着"逐个对译 – zhi，并将"着"放置于第一个被连接成分之后，不仅表示并列关系，还可以表示选择、假设、条件、原因等各种关系的情况。

" + A 着 + B 着"结构语法复制步骤如下：

首先是东乡语存在连接两个动词的附加成分的 – zhi，有并列连接结构"A + – zhi + B"；同时，我们在西北方言中发现表示动态助词的"A 着"结构，并找出其与西北方言中"A + – zhi + B"结构功能的相似性；最后，遵循语法演变策略，利用西北方言的" + A 着"结构，对东乡汉语"A + – zhi + B"结构进行复制并加以创新，复制出"A 着…… + B 着"结构。该结构的复制是通过对复制语中原结构的利用，创造出新的"A + 着…… + B 着"结构；同时，该结构的语法范畴可以扩展到多项以及各种语言关系的连接，连接的内容由动词扩展到形容词。事实上，东乡语中没有经历连接词 – zhi 从表实义发展到连接多项的语法意义的演变过程，可见东乡汉语中"A + 着…… + B 着"结构语法复制，并不是东乡语中 – zhi 的演变过程的复制，而是 – zhi 表连接语法概念的复制。具体来说，就是东乡汉语利用西北方言"A 着 + B"结构而创建出一个与东乡汉语中"A + – zhi + B + – zhi……"结构相当的表多项连接的新句式。相对东乡语而言，东乡汉语中出现的这种新结构式并非真正意义上的"新"，因为它的原型毕竟是东乡语中原本就有的某个现存结构。在概念型语法复制中，语言使用者最为关注的是模型语中结构式的演变结果，即语法概念或语法范畴是语言使用者的重点关注对象。而语法结构的复制是由于语言使用者，把模型语中某一现象的语法演变过程复制到复制语中，从而使复制语中的语法演变过程与模型语相同。在语法结构复制语中，语言使用者更多关注的是模型语中结构式的演变过程，即由源头语到语法结构的语法变化演变过程是重点。

东乡汉语等西北民族地区的汉语方言由语言接触所引发的语法复制类型有：人称代词复数的复杂用法；"啦""哈""些"等标记"格"范畴；用"是/有"表示判断和充当时体标记；"着/者"作为祈使标记、完成体多种用法；"S 是 + N 是/不是是"判断句；引语标记的"给"；表示假设等各种复杂关系的"是"等，都是由语言接触造成的语言变异，是少数民族使用者在习得目标语汉语时，把母语中的语法形式包括语序、句式、语法范畴等，复制到目标语并进行的重新分析。例如，前文所举，东乡汉语中名词后缀"些"是东乡语和保安语里的 – sə（土族语里是 – sa、东部裕固语的 – sa（– sə）的语法形式，表示从格或离格，是复制了汉语的材料"些"，在复制语东乡汉语中重新构建，分析为格附加成分；甘肃临夏话等句末的"是"是东乡语助动词 – wo 的复制和对应；西北汉语方言的"给"，是将东乡语等少数民族语言的引语标记" – giə"、祈使式附加成分" – giə"复制在了东乡汉语中，也进行了重新加工；像在西北方言可以表示假设关系、条件关系、转折关系的"是"，是阿尔泰语系假定副动词形式"sa/sə/sɛ"的语法形式的复制等。这形形色色、各式各样的用法，均是在阿尔泰语言影响和渗透下出现的不同类型的干扰特征。

两种语言接触虽然都通过复制来实现语言改变，但由于这种改变的主体不同，改变的对象和方式是有所区别的。所以，语言接触研究首先要区分的问题是：谁是造成改变的族群？谁是复制的对象？主体是复制语的汉语，还是模型语的民族语？这会对语言接触的许多问题有决定性的影响。以往的研究更多地集中在主体是复制语汉语引发的语言接触上，即汉语对少数民族的影响，而忽略了模型语民族语在第二语言习得中造成的语言接触，这使得许多特殊现象得不到正确的解释，甚至越描越黑。

我们通过调查东乡语发现：在东乡语中既有由强势语言的说话人造成的借用情形，也有由弱势语言的说话人造成的转移导致的干扰情形。在双语现象普遍存在的东乡族人所讲的两种语言（东乡语和东乡语汉语）中，东乡语（L_1）来自汉语的借用干扰包含了大量的词汇干扰和比较弱的形态句法以及音系方面的干扰；但在该民族所讲的东乡汉语（L_2）中，转移导致的干扰表明，只有较轻微的词汇干扰，却有强烈的形态句法干扰以及轻微的音系干扰。所以在东乡语中，尽管众多的汉语借词铺天盖地涌入其中，但是我们仍然不懂它，因为它的语法形式仍旧是蒙古语形式，来自汉语的结构干扰要少得多。故复制跟借用的情形截然不同，它是从句法开始，结构干扰是主要的、居于支配地位的干扰。复制的对象是自己母语里一些和汉语有着本质区别的，在他们母语中是基本、常用的成分。复制只是填入汉语里他们觉得语音相同相近的材料。如用汉语的"些"填补格标记"-sə"等，用汉语的"给"补充东乡语的引语标记"-giə"和祈使附加成分"-giə"，用"是"填补假定副动词形式"sa/sə/sɛ"等。从复制到重构看似是一个较简单的演化过程，但通过复制产生的语法成分，从出现到协商，最终被复制语接受，则是一个互相迁就、互相融合、不断适应调节的复杂过程。现在西北民族地区汉、蒙、藏诸民族杂居，汉藏语系和阿尔泰语系语言长期接触，这几个地区的方言里，元白话中常见的 OV 语序、名词的格系统、重叠式判断句、引语标记等语法现象普遍存在，满目皆是。这些现象的存在，证明了第二语言习得导致的语言接触造成语言改变的另一种可能。而当我们描述语言接触的时候，是把接触导致的现象当作一个整体来看待，但实际上接触造成的现象是一个过程。这个过程包含了接触带来影响，这些影响逐渐扩展，并最终被接受等多个阶段。如果我们把这个笼统的"结果"展开，可以看到现象不同的性质。首先，这些现象的出现范围有所不同，如以上提及的东乡汉语引语标记"给"，虽然都是东乡汉语中出现的特殊现象，但和"哈/啦"等相比，"给"的出现要少很多，我们很难在元白话文献里看到"么道"的使用。显然，"么道"作为元白话中汉语与蒙古语接触后受到影响的"结果"，还只在一个很小的范围使用。

语言接触理论：根据语言类型上的远近差距得出的预测是，即便是那些具有高度标记性或被紧密整合进某个连锁结构里的特征，在类型相同的语言系统之间也是会很容易地相互交换的。换言之，语言类型接近的语言容易彼此影响，反之就较难。即结构的相似性对这些结构是否可以进入汉语有决定性的影响，没有相似性的结构很难进入并影响汉语，但同时，具有某种相似性也不表示就一定能够进入和影响汉语。我们所研究的语言接触，阿尔泰语系和汉语在类型上都有巨大的差异，这种差异反映在语法上就是语法范畴和语法手段的不同，而这种差异也就造成了接触难以给汉语带来改变。而我们的研究则表明，由二语言习得产生的中介语一般情况下会不断地修正语法差异以及"错误"，逐渐趋近目的语。有时候有些被复制进来的错误，最后也会被复制语接受，反而成为复制语的一部分，如我们在前面提到的"S+N+是/不是"判断句，动词后的"给"、特殊的结构助词"着"等，均被西北汉语方言所接受，不仅成为西北汉语方言独树一帜的标杆，而且有在特定的社会环境下继续保留并稳定发展的趋势。

（二）语言接触引发语言变化的原因与模式

语言接触是语言变化的重要原因之一。近十年来，中国民族语言学界有关语言接触的大量研究成果证明，分布在同一地区的语言，不管是否具有发生学关系，往往具有某些相似的结构特征，这种区域性结构趋同化倾向，就是语言接触的结果。而语言接触的现象非常复杂，因为语言接触过程中的诸多因素都会对语言的变化产生影响。语言接触致使语言变化的原因既有外部因素，也有内部因素，内部原因主要指语言结构自身的发展规律，外部原因包括社会文化、历史心理等。托马森（Thomason & Kaufman，1988；Thomason，2001）认为：社会因素是语言接触后果的唯一决定性因素。假定具有足够的文化压力，语言内部的任何事情都可能发生。陈保亚（1996）对傣语和汉语接触过程的田野追踪研究也显示，支配语言接触的决定性因素有社会因素和结构因素两类，这两类因素对语言接触的影响是互补的，相互不能取代。

我们主要从语言结构自身的发展规律和语言使用者的态度来探索语言变化的原因。上文的内容"语言接触引发的东乡语词汇变化"，就是通过对大量语言接触事实的调查分析，提供了因词语互借引发语言系统变化的事实。词汇的借入是语言接触的起点和关键，也是语言混合的起点和关键。我们在下编的开头部分也强调了语言接触最明显的特征之一，是弱势语言从强势语言借入大量的词汇。在东乡语里我们可以看到，汉语的任何名词甚至一个动词，都能够轻易地插入一个既存的东乡语结构格式中，这种演变模式即语码转换。语码转换是双语人的一种语言行为，也是人们之间沟通的一种语言形式。在语码转换发生的过程中，说话人和听话人都是双语人,他们在一起交流的时候会灵活使用两种或两种以上的语言。因此,语码转换是在双语制和多语制的背景下产生的。在多民族地区,语码转换是普遍存在的语言现象。而西北自古就是个多民族杂居区,大部分人具有民族语和当地方言的双语能力,语码转换也就成为一种最常见的语法演变模式。语码转换是指在同一次对话或交谈中使用两种甚至更多的语言变体。转换的语码可以是没有谱系关系的另一种语言或同一种语言的两种语体,不同于语言转用。语言转用指一个民族或一个民族的一部分人放弃自己的母语而转用其他民族的语言,而语码转换指一种语言功能关系,它必定要经过一个双语阶段,发生深层次的语言影响。在语言功能的变化中,随着现代传媒的普及,有的语言的使用范围有所扩大,使用功能有所加强;但也有一些语言,其功能有所衰退,语言转用的现象有所增多。

　　语码转换分为不同国家语言之间的转换和同一国家内不同民族语言之间的转换。如东乡语和汉语之间的转换;同一语言内标准语与方言之间,方言和方言之间的转换。如汉语普通话与七大方言中任何一种方言之间的转换,属于同一语言内标准语与方言之间的转换;七大方言之间的转换则属于方言和方言之间的转换。我们所说的"语码转换"则属于同一地区不同民族语言之间的转换,即东乡族使用的东乡语和汉语之间的转换。进行语码转换需要具备一定的条件,产生语码转换的条件分为客观条件和主观条件。客观条件主要指形成语言区域的居住环境;主观条件指实现语码转换的主体,也就是人的语言能力,确切地说应该是双语人的双语能力,更重要的还是指语言本身所持有的特点。

　　东乡族自治县主要有东乡族、回族、汉族等民族。东乡族迁移到中国境内后与汉族（包括回族）杂居在一起,东乡族和汉族的频繁接触,给双语语码转换提供了外部环境。我们在第四章第二节"东乡语的转用情况"中提到:在东乡县边界地带及东乡县以外的如临夏、和政、康乐、积石山等地的东乡族都普遍使用汉语;柳树、达坂、那勒寺、赵家、春台、北岭、董岭、车家湾等以及广河县的阿里麻土、临夏县的安家坡等乡则是汉语、东乡语都说,兼通汉语,客观上东乡语具备形成语言区域的居住环境。东乡族自治州的族际语是东乡语,当地使用的主导语言是东乡语和汉语两种。回族虽是独立的民族，但使用汉语，在语言使用政策方面，东乡族自治州实施双语政策，而且东乡族自治州的双语政策贯彻得非常好，机关单位的行政公文一般是一文两份：一份是东乡语的，一份是汉语的；街面的牌匾要求东乡语和汉语并用，且大小要一致；东乡族学校实施双语教学；等等。为了记录东乡语，并借助东乡语学好汉语，搞好汉语教学，1999 年甘肃省少数民族语言文字工作办公室以《汉语拼音方案》为基础制定了一套东乡语记音符号。东乡语记音符号字母表及字母的读法与《汉语拼音方案》完全一致，如表 10—3 所示。

表 10—3　　　　　　　东乡语记音符号字母表

大写	A	B	C	D	E	F	g	H	I	J	K	L	M	N	O	P	Q	R	S	T	U	V	W	X	Y	Z
小写	a	b	c	d	e	f	g	h	i	j	k	l	m	n	o	p	q	r	s	t	u	v	w	x	y	z

资料来源：甘肃省少数民族语言文字工作办公室以甘族语字（1999）02 号文座谈会纪要附发。

这些都是贯彻双语政策的具体体现，也给双语"语码转换"奠定了基础。东乡语具有黏着语的特征：形态发达，语序也比较自由，行为与主体之间的关系依靠形态标记来体现。例如，东乡语体词后面附加形态标记 - ndu，表达两个或者两个以上的主体共同或者相互进行的行为，一般作主语；体词后面附加形态标记 - gva，表示主体促使另外的客体（人或物）实现的行为等。因此，东乡语转用汉语语码都比较容易，并且不影响整个语句的意思，东乡语的这一特点给语码转换带来了更加便利的条件。

总之，东乡语本身所具有的特点、典型的双语区域、大力推行的双语教育等都满足了发生语码转换的主客观条件。由于语码转换与单一的语言形式不同，它是利用两种语言去表达自己的思想，所以两种语言各自的特点会被激活打乱，但它仍然可以实现语言应具有的功能。语码转换有一个显著的功能，便是从其他语言中吸收本语言所没有的词语，以填补词汇空缺。如果说词语的互借是发生在语言使用者群体之间的语言接触，那么，语码转换则是发生在语言使用者内部个体的语言接触。双语者使用的语码转换,必然会对语言结构产生一定影响,使其产生变异。语码转换是新的形式和结构特征引入接受语的一种机制,语码转换成分一旦出现,便与其语言创新,包括语言内部的创新,沿着相同的途径向永久性特征演化。语码转换有许多不同的话语功能,其中一个显著的功能,便是从其他语言中吸收本语言没有的词语——填空,填补词汇空缺。语码转换是外来词进入一个语言的最主要的途径,它也可以在某些结构借用中起关键作用。如:

zenebe shi i nienji – ni xieshin wo.
则乃白　是一年级　学生　助动词
则乃白是一年级的学生。

he shi mini gaga　wo.
他是　我的哥哥　助动词
他是我哥哥。

ene shi huajisen bushi wo.
这　是 画的　　不是助动词
这不是画的。

以上三句中,各有一个汉语借词"shi"(是)插入对应语言的句子里。如果要直译,就是逐字逐句地直译原文,使得译文也呈现出重复冗赘的特点。这个所插入的词语对于该语言来说是完全不同的异质要素。由语码转换导致的接触性演变主要是借用,借用目标语言的词汇;同时语码转换有时可以随时激活两种语言。就是说,如果一个双语人用 A 语言跟另一个双语人进行交谈,在表达某些概念时可以使用自己母语中的词,也可以想到目标语言里的词,可以直接把目标语言里的词插入模型语言的句子里,也可以插入语法结构,而不会对交际产生任何影响。如:

chini biao dagumu　shifen　qutula wo.
你的 表　大估摸　十分　　快　助动词

你的表大概快十分钟。
jaushi cuowu bise i jin jau gaizhen giene.
要是   错误 有   一定 要   改正   做
要是有了错误，一定要改正。

前一例既有原型语言里的词"chini"（你的）、"qutula"、（快）、"wo"（助动词），也有汉语方言语言里的词"dagumu"（大估摸/大概），甚至把汉语方言语言里的词"biao"（表）、"shifen"（十分）直接插入模型语的句子里；可以说进行语码转换的双语人任意将整个 A 语言转换成 B 语言，如后一例。除两个动词"bise"（有）、"giene"（做）是母语外，整个语法结构基本是汉语的全盘复制。似乎在母语言的背景下，目标语汉语被激活了，运用得活灵活现。

但是需要说明的是，语言发展是通过旧成分消亡和新成分产生来实现的。新旧的交替是逐渐发展变化的过程。如 – zhi → – zhi/［tʂə］→［tʂə］，这个过程可以归纳为 A→A/B→B。A/B 可以是两个成分在一个时期同时分别使用，也可能是两个成分重叠使用，当新成分 B 完成替代之后，B 也就进入了一个新的发展过程，即"自繁殖的发展"。

东乡语自身具备形态发达、语序比较自由、行为与主体之间的关系依靠形态标记来体现等语法形式，在和汉语接触的条件下，会引入新的形式 B。A/B 形式使用初期，人们的接受程度、使用者人群、使用频率和范围不一，我们在东乡语中看到，A 式（东乡语）和 B 式（汉语）还处于混用的状态。我们信手拈来几个《东乡语词典》中对汉语词汇进行改造的词汇，选几个音序为 a 的字母词汇进行分析（见表 10—4）。

表 10—4　东乡语中的 A（东乡语）/B（汉语）混合结构词汇表

东乡语	意义	A（东乡语）/B（汉语）混合结构
alima bazi	果蒂	alima：东乡语"果子"；bazi：汉语"把子"
aman hun – la	哄嘴	aman：东乡语"嘴"；hun – la：汉语"哄"加东乡语构成动词的附加成分 – la

续表

东乡语	意义	A（东乡语）/B（汉语）混合结构
aman ji–la	忌口	aman：东乡语"嘴"；ji–la：汉语"忌"加东乡语构成动词的附加成分–la
aman min–ʤi	抿嘴	Aman：东乡语"嘴"；min–ʤi：汉语"抿嘴"加东乡语构成动词的附加成分–ʤi
amin ho–yi	拼命	amin：东乡语"生命"；hoyi：汉语"豁出去"加东乡语构成动词的附加成分–ji
aminde yen–ji	凭运气	amin：东乡语"生命"；yen–ji：汉语"验"加东乡语构成动词的附加成分–ji
aye zun–ji	守教规	aye：波斯语"教规"；zun–ji：汉语"遵守"加东乡语构成动词的附加成分–ʤi
ayibu gu–yi	遮羞	ayibu：阿语"羞耻"；guyi：汉语"顾"加东乡语构成动词的附加成分–ji

　　表10—4是对汉语借词进行了改造的东乡语词汇。A（东乡语）和B（汉语）两种形式并存，构成了A/B混合式结构。这反映了人们接受新词的渐变过程：既接受新的，又不能改变旧的和固有的语言习惯，于是，出现了上述汉语借词与东乡语词缀搭配的"异源异质"形式。这种形式是东乡语汉语借词的主要构成方式。汉语借词形式B进入东乡语之后，人们会对B有一个整合的过程，即东乡语根据自身黏着语的特点对汉语借词进行改造：他们一方面可能会认为，B和A的功能是完全对应的，这样就会把东乡语A中不具有汉语B的功能嫁接到A里，也会把汉语B中不具有A的功能嫁接到B里；另一方面在他们接受了B以后，融合进东乡语中的B可能使用东乡语的自身发展，这些新的发展既不是汉语具有的，也不是东乡语具有的，这是语言接触造成语法改变以后，接触成分已经融入接受语、作为接受语的一部分。这种语言接触的过程就是语码转换的过程，也是语言混合的过程。出现的新变化，是语言"自繁殖的结果"。当然，新变化的出现并不意味着旧形式的消失，上述形式可能会有一个共存的时期。我们在东乡语里既看到了这个过程，也看到了这

个共存的状态。

语言具有一种神奇自然的自我保护功能。一方面受强势语言的影响，一方面又想保全自己固有的语言格局。面对这样的矛盾，语言接触就会出现互协现象；语言接触引起的语言变化是在相互补充、协商和相互竞争中逐渐前进的，并非一蹴而就；而当语言深层接触后，会产生互协后的结果，这就是"语言间的区域共性"。换言之，西北接触方言的"区域共性"一般也是少数民族保存了母语的某些语法特征，在习得汉语过程中，经由"协商"（negotiation）、"有意为之"（change by deliberate）、"耳濡目染"（passive familiarity）等接触机制形成的语法错误。

"协商"（negotiation）指的是母语为 A 语言或方言的说话人改变他们自己的语言模式，而接近乃至融合另一语言或方言 B 的模式。"协商"这一机制既体现在借用过程中，也表现在转用干扰里。"协商"不像语码转换，必须在双语制和多语制的背景下才能产生。在"协商"导致语言演变的情形里，引发这种变化的语言的说话人可以是完全的双语人，是语言 B 的流利使用者，也可以不是完全的双语人，不是语言 B 的流利使用者。如果发起这种变化的人是完全的双语人，那么他们对语言 B 结构模式的判断可能是正确的，由此产生的演变将使得语言 A 跟语言 B 更为相似，结果是两种语言的结构模式产生融合；更多的是发起变化的说话人不是完全的双语人，那么他们对语言 B 结构模式的判断很可能是错误的，由此产生的演变可能跟语言 B 的结构完全不匹配。在非双语人的接触情形里，如果语言 A 的使用者和语言 B 的使用者均参与"协商"过程，那么结果将是两种情形：或者是语言 A 和语言 B 都发生改变；或者是产生一种全新的语言 C，即皮钦语或克利奥尔语等接触语言。例如：

东乡语　mini　jiaorug　othu–zhi　hen　wo.
　　　　我的　　头　　痛 副动词　很　助动词
　　　　我的头痛得厉害。

临夏话　我的头痛着［tʂə］坏坏的了。

东乡语　zhuanjia osi –zhi xudu gao wo.
　　　　庄稼　长 副动词　胡度 高 助动词 。
　　　　庄稼长得非常高。

临夏话　庄稼长［tʂə］胡度高。

东乡语副动词附加成分 – zhi 与临夏话"着"［tʂə］二者具有一定的相似性，临夏话显而易见将东乡语副动词附加成分 – zhi 对应成了"着"。– zhi 与"着"是在没有亲属关系的对立类型的语言之间，最终通过协商和妥协所做的调整，适应于两种语言。

再如东乡语中汉语借词增多、构词手段灵活、较多使用复合构词法；语音方面浊音成分重、语速快、发音不到位，而且声调趋于减少；形态成分减少等，也体现了妥协原则的适应调节。对东乡语而言，汉语是强势语言，在东乡语的各个层面，汉语的影响无处不在，东乡语在汉语的影响下已经偏离了固有的发展轨道，而向汉语靠拢；反之，东乡语等少数民族语言也以固有的法则影响了当地汉语：西北方言语序以 SOV 结构为基本形式。他们不说"我吃饭""我对你有意见""把书给他"，而是说"我饭哈吃""我你哈意见有呢""把书给他给给"等，受事成分后经常出现类似于阿尔泰语系语言格的"哈""拉""啊"；声调调类少，一般两到三个调类，各调类之间的调值区别又很不明显，但轻重音的作用则非常突出。

西北方言不同于普通话的这些特点正是当地东乡语、保安语、撒拉语等阿尔泰语系语言的特点。东乡族等少数民族学说汉语时，把母语的语法特点带进了他们说的汉语中。这种接触语言的特点又进一步扩散到当地汉语中，成为固定形式被保存了下来。这是西北汉语向少数民族语靠拢。也就是说，东乡语在语音结构、词汇系统方面逐渐向汉语靠拢；而汉语方言在语法上向当地东乡语等少数民族语靠拢，这使西北地区的没有发生学关系的几种语言出现了"语言的区域特征"。就像徐通锵先生指出的："人们在日常生活中使用多种不同的语言，自然区域把它们弄得比较相似，因而出现了相似性：语音趋于相似，语法也趋于相似。这是一种和谐化的过程。所以，人们可以发现完全没有亲属关系的语言，如西北方言和阿尔泰语，语法非常相似、词序相同、语法范畴相同。不同系属、不同结构类型的语言具有相似性，有如生物演进过程中的平行演进现象。"由于生活在西北民族地区的人们，大多生活在语言接触的双语环境中，那么双语中任何一方的语言都有可能偏离固有的发展轨道，使得固有面貌逐渐改变，改变的结果可以与某一种语言趋于同构，也可以发展为第三种语言。双语环境中的两种语言的接触影响可能是双向的，即彼此影响。由此可见，同构、互协是语言接触过程中必然出现的现象。语言互补使语言得到量的扩张，而语言竞争使语言得到质的提高，从而使语言得以丰富和发展。

需要说明的是，语言转移的很多实例是由对目标语（简称 TL）的不完全习得造成的。学习者把自己本族语的一些语法特征如 OV 语序、形态标记等保留下来，并带入他们所说的目标语（TL）变体中，我们把这种变体称作目标语 2（TL_2）。另外，学习者可能未学习某些目标语特征，尤其是那些有标记的特征，于是这些学习者的错误也形成了 TL_2 的一部分。如果转移社团并没有融入原来说目标语的言语社团中去，就像东乡汉语的情形一样，以至于该社团成员仍然保持着一个独立的民族，那么这个 TL_2 就会固定下来成为该社团最终所讲的目标语形式；如果该转移社团已被整合进原来说目标语的言语社团中，那么 TL_1 的说话者跟 TL_2 的说话者则会共同组成一个言语社团，就会出现 TL_1 和 TL_2 这两种语言的杂糅混合体，也就是一个目标语 3（TL_3）。TL_3 指的是包括 TL 的最初使用者和逐渐转用目标语的社团成员在内的社区语言——西北接触语言。

该过程分两个或三个步骤完成。如"东乡语——东乡汉语（TL_2）——汉语 TL"。

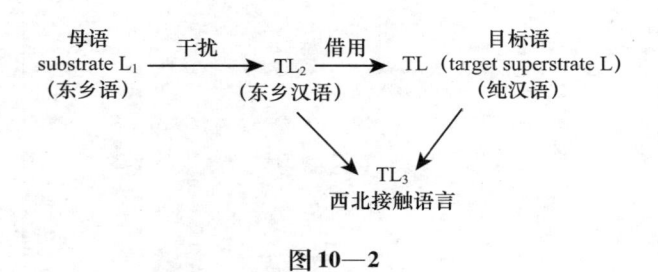

母语 substrate L_1（东乡语） —干扰→ TL_2（东乡汉语） —借用→ 目标语 TL（target superstrate L）（纯汉语）

TL_3 西北接触语言

图 10—2

TL_2 可能既包括结构干扰，也包括词汇干扰，而结构干扰是主要的、居于支配地位的，跟借用迥然不同，它并不是从词汇开始的，而是从音系和句法开始的。有双语现象的东乡族人所讲的两种语言中，东乡语

(L_1) 来自汉语的借用干扰就包含了剧烈的词汇干扰和适度的形态句法以及音系方面的干扰；但在该民族所讲的东乡汉语（L_2）中，转移导致的干扰只有较轻微的词汇干扰，却有剧烈的形态句法干扰以及适度的音系干扰。

附　录

一　短文故事

（一）Pinho ijieku（吃平伙）

原文直译：

Dunxian kun pinho ijiekude hherei no wo,
东乡　人　平伙　吃　　　喜欢

ghura bao xiendase ghoni nie zharuse, zhao pinho ijiechin kunzhe guzi egvine,
下雨天　农闲时　羊　一　宰　　照　平伙　吃　人数　股子　分

nie kunde igu　wo goye goyegvunne ijiene.
一人　一股　　各家 各家　　吃

niudude maomao ghura baole qiyiwo,
一天　毛　毛　雨　下　起来了

mini ada　mini uduruzhi Yousufu abeini giede pinho ijiele echiwo.
我的 阿达 我　带　着　尤素福　阿辈　家　平伙　吃　去　了

yousufu abei nie shenyan ghoniyi onshizhi zharuwo.
尤素福 阿辈 一　生养　　羊　　羯羊　宰了

arasunni choyi sudorodukulani agidene hulun ghoniyi fugie tughonde chinawo.
羊　皮　抽的 去　　掉　内脏　囵囤 羊　大　锅　　煮

ghoni zhugve ganzi pafei　feichan ghuzhun jieredu
　羊　心　肝子 怕肺　肥肠　脖　子　肉,

migvalani man doyizhi ushalagva fazi giene.
一起　　们　剁的 着 碎　　　发子 做

fazini igvalade nie igva nie igvaji taidene lunchonde zhinliewo.
发子　一挂一　碗一　碗的　抬　　龙　窗　　蒸

pinho ijiele iresen kunla man huai jiere saodene onzide sanxiancha ochizho,
平伙　吃　　来　人们　　　　炕上坐　着　盖碗子 三香茶　喝着

jian giezhi bolusen konshinni ijiezho, enese hhenseji kieliechilienduzho.
刚　做着　炸　　油 香　吃着　这里那里的　　说着

niecha shi fazi boluwo gada laoxiaoji donjizhi ogiwo fazini ijiese andatu no wo.
一茬　是 发子蒸熟了尕大老小的端着　　分　发子 吃　香

puse niecha baise, migva boluwo,
又　　一茬　过, 羊肉　熟了,

Yousufu abei hulun ghoniyi donjizhi gie doura irewo.
尤素福 阿辈囫囵　　羊　端的着　房　来

hulun ghoniyi qienjien houjien beizi xinchaleiba
囫囵　羊的　前件　后 件 背子 胸叉肋把

xienji otoluzhi kaiyigvane, ingie hhelani niekielienji guzi egvine,
斜件 分别　　分开　　数量　相同 一 分相等 股子 分

guzilade ghoniyi hunshinni migva waine.
每股子　羊的　浑身的　　肉　有

故事译文：

东乡人喜欢吃平伙，每当阴雨天或农闲时就宰一只羊，按吃平伙的人数打成股子，每人一股，各吃各的一股。有一天，下起了毛毛雨，我的爸爸带着我到尤素福伯伯家吃平伙。尤素福伯伯宰了一只羯羊，宰的时候口中还念念有词。剥掉羊皮，去掉内脏之后把全羊煮到大锅里。把羊心、肺、肝、肠、脖子上的肉，一起剁碎做成"发子"。把发子分别放到许多碗中，拿到笼上去蒸。来吃平伙的人都坐到炕上，喝着盖碗子三香茶，吃着刚出锅的油香，海阔天空地聊天。一会儿，发子蒸熟了，按老幼长序端给大家。发子吃起来真香！又过了一会儿，羊肉熟了，尤素福伯伯把煮熟的整羊端到房中。把整羊按前腿、后腿、背子、胸叉、肋条、尾巴分别剁成数量相同的份子，每一份平伙里有羊全身每一部位的肉。

(二) ghoni Xiaotuliezhi Naizi ijieku（羊羔跪着吃奶）

原文直译：

eqiede nie ga ghoni ghugvan qiaopi hin wo,
以前　一　尕羊　羔　　调皮　很是
anane kielienni ulie chenliene, gochude jin haqi ereizhi ulie olune.
阿娜　话　不　听　　到处　经哈气惹　着
ghoni ghugvan chanban kijiedene anane naizini gogozho.
羊　羔　常常　躺下　阿娜　奶子　喂着
naizini ijiezhi chuduse ga gouxin ga taoleilani peizhilale echizho
奶子　吃　饱　尕狗熊　尕兔子　培折　去

zhuazhuaghalane hhelayi qiaoyizho.
爪　爪　　它们　敲着
niudude hhe puse ga laowani peizhilane giezhi sumulazho,
一天　它　去尕老蛙培折　　着思慕着
ga laowa mutun jiere saose hhe khirei dane. hhe ga laowani uzhedene
尕老蛙树　　上　坐　它　上不去　　它　尕老蛙　看着
peizhilaku banfa sumulazho, ingiekude ga laowani anei
培折　办法思慕着　　这时候　尕老蛙　阿娜
ghugveini amalazhi ire ga laowade qiezhekuni chanlawo.
虫子嘴　叨着　来　尕老蛙　　身边
hhe niuduni ga laowani anei ga laowade qiezhekuni uzhele echizho.
那　每天　尕老蛙　阿娜尕老蛙　　喂着　　看　去着
nie uduse nie uduji ga laowani anei oqiaoluzhi musirei dale qiyiwo,
一天　一天的尕　老蛙　阿娜　老了　飞　不起的了
ga laowa fugiedawo　musireizhi ijiewuni ereile echizho.
尕　老蛙　长大了　　飞　着　吃的　　找　着
hhe sumulase ga laowani anei oliesizhi fugune.
它　思慕着 尕老蛙　阿娜　饿　着

ingiekude fugiedasen ga laowa ijiewuni amalazhi ire aneidene qiezhezho.
正在　　长大的　尕老蛙　吃的　叼着　来　阿娜　　喂
Ga ghoni ghugvan uzhen uzhen gendun giezhi nudunse nubusun khizhewo.
尕羊　羔　看着　看着感动　着　眼泪　流　下了
hhe uduni khuinase ga ghoni ghugvan guai nodawo,
这　此　以后　尕羊羔　学　乖了
aneine niinqinni buyine giezhi xiaotuliedene naizi gogozho.
阿娜　恩情　补的　着　小腿跪着奶子吃

故事译文：

以前，有一只小羊羔很调皮，不听妈妈的话，到处惹事。它还总是躺下来让妈妈给它喂奶。吃饱了奶就去欺负小兔、小熊……用蹄子踢它们。有一天，它想去欺负小乌鸦，可是小乌鸦在树上，它上不去。它正盯着小乌鸦想办法，看见乌鸦妈妈飞到小乌鸦身旁，用嘴叼来虫子喂小乌鸦。它每天都去看乌鸦妈妈喂它的小宝宝。时间一天天过去了，乌鸦妈妈老了，飞不动了；小乌鸦长大了，就飞出去觅食。小羊羔想：老乌鸦要饿死了。正在这时，小羊羔看到小乌鸦叼来食物喂给它妈妈。小羊羔看着看着，被感动得流下了眼泪。从此以后，小羊羔学乖了，为了报答妈妈的恩情，它总是跪下来吃奶。

（三）Qieganzini Zhun Maoyiku（铁棒磨绣针）

原文直译：

libai shi matanyi gojiani tanchao youminji shirin wo.
李白　是　我们的　国家的　唐朝　有名的　诗人。
hhe mila xienzide shu onshile echiku mo jiere nie oqiao nieneigie
他　小　学　的　书学校　去　路上　一　老　奶奶
tashi jiere qieganzi maoyikuni chanlawo.
塔石　上　铁杆子　磨的　　瞅了
hhe khuaichu udu onshile echikude oqiao nieneigie qieganzini dao maoyizho.
他　第二　　天学校　去　老　奶奶　　铁杆子　磨的着
Oqiao nieneigie qieganzini moyizhi yan giekuni hhe ulie mejiene.
老　　奶奶　铁杆子　　磨着　什么　做　他　不知道

lienjizhi giedudu dawase　hhe yawuzhi nieneigieni shida echi asane：
连的着　几天　过去　他忍不住　奶奶的　跟前去　问：
"Oqiao nienei　bi niuduni chanlase chi qieganzi maoyizho,
"老　奶奶，我　每天　瞅见　你 铁杆子 磨的着，
hheni maoyizhi yan giene?"
那个磨的着 什么做呢"
oqiao nienei kieliene："Kewon bi nie chizhe gieku zhun zharune,
老　奶奶　说："孩子我一 花　做　针 需要
bi eneni maoyizhi chizhe gieku zhun gholugvane."
我 这个 磨的着 花　　做　　针　成"
libaini ghaniragva wo kieliene："Chi ime biedun qieganzini yan xienzide
李 白　吃惊　　说：　"你这么粗　铁杆子 什么 时候
maoyizhi zhun gholugvane?"　oqiao nienei xinien xinien kieliene：
磨一只　针 绣花"　　　 老 奶 奶 笑　笑 说：
"Yan wilie gieliaozhe zhiyao gunfu xiayise,
"什么事　做 了着　只要 功夫 下的话
giezhi gaodagva daku wiwo,
做着　不　好 没有
mini ene shi qieban mo xiuzhin, gun dao ziren chin."
我的 这个是 铁棒　磨绣针 功 到自然 成"
ene nie wiliese Libai nie jinyen agiwo：hhe sumulase
这　一　事 李白一　经验 取　他 思慕
oqiao nienei nie chizhe gieku zhunde oluzhi odogvoni gunfu xiayizho,
老　奶奶 一 花　做着针　这么　大　功夫 下着呢
bi shu onshise ye fugiede gunfu xiayine nie　erlin unduni kun gholune.
我 书 读 也 大 功夫 下 一　尔林 大 人 成
eneni khuinase hhe eqie bosine udazhi kijiene xiacha giezhi shu onshizho.
这　开始 他 起 早 到　黑 下 查 做着 书 读
hhe khuinashi kuruse tanchaoni nie youminji shirin gholuwo.
他　终于　最　唐朝的　一 有名的 诗人 成为

故事译文：

　　李白是我国唐代著名的诗人。他小时候去上学的路上看见一个老奶奶在石头上磨一根铁棒。

　　他第二天去上学时，看见老奶奶还在磨铁棒，他不知道老奶奶为什么磨铁棒。连续过了几天，他忍不住走到老奶奶跟前问："老奶奶，我每天都看见您在磨铁棒，磨它有什么用呢？"老奶奶说："孩子，我需要一根绣花针，我想用它磨成绣花针。"李白大吃一惊："您用这么粗的铁棒什么时候才能磨成绣花针呢？"老奶奶笑了笑说："干什么事只要下功夫，就没有干不好的事，我这叫'铁棒磨绣针，功到自然成'。"这件事对李白触动很大，他想，老奶奶为一根绣花针肯下这么大的功夫，我读书也应该狠下功夫，做一个最有学问的人。从此，他起早贪黑读书。他终于成了唐朝著名的诗人。

（四）Shini Bierei Naduku（闹新房）

原文直译：

enedu mini agade nie shini bierei agizhi irewo.
今天　我的　哥哥　一　新的　媳妇　娶　来

khara oluse iban fugiedasen kewonla shini bierei naoyile irewo.
到　　晚上一帮小伙子　　屋里　新的　媳妇　闹　来

shini bierei huai gozide saozho. hhela nie zhintouni qianlazhi iresenu
新的　媳妇　炕　格子里　坐着　　他们一　枕　头　敲　　来

shini biereini egvine giezhi ayigvazho.
新的　媳　妇　打　做着　　假装

iban ga oqinla huai jiere baidene shini biereini huyizhi ese egvigvazho.
一帮小女孩　炕　上　　摆　新的　媳妇护的着　不　让打

niecha oluse hhela agayimi layizhi gie doura ire kieliezho：
一查　过去他们　哥哥　　拉到　　房子来　说

shini biereine nie uzhegva puse bijien chini egvine.
新的　媳妇　一　看　　不　我们　你　打

ingiese agami huai jiere jiaolizhi khidene shini biereine
于　是　哥哥　　上　跳　着　揭开　新的　媳　妇

qierun jiereku shajinni liaoyizhi dawagvawo.
头　上　　纱巾　撩的着　　开

shini biereini qierun jiere chizhe chayizho,
新的 媳妇　头　上　花　插的着

nuni chichigvanji ghua fugie nudun uzhezhi saigvan hin wo.
脸　白　白的　　两　大　眼睛　看着　漂亮　很

kunla kieliezho："Abuduni amin fugie wo nie hin bierei agiwo."
人们　说　阿卜杜的命　大　一　好媳妇　娶

故事译文：

今天，给我哥娶来了一个新娘子。到了晚上，一群小伙子来闹洞房。新娘坐在炕旮旯里，小伙子们假装用枕头打新娘，一群小女孩在炕上护新娘，不让小伙子们打。过了一会儿，他们把哥哥拉到新房里说："让我们看看你的新娘子，不然，我们就打你。"于是，哥哥跳到炕上把新娘头上的纱巾揭开了。新娘头上插着鲜艳的花，她脸白白的，一双大眼睛，看起来非常漂亮。人们赞不绝口地说："阿卜杜的命真好！娶了个好媳妇。"

二　东乡语常用词汇表（1000 词）

东乡语常用词列举（1000 词）

东乡语	汉语	词性	构词结构
alima huhu	果核	名词	东+汉
aman dayi	搭口（指开始吃或喝）	动词	东+汉
aman hunla	哄嘴（指吃零吃）	动词	东+汉
aman jila	忌口（不吃某一类事物）	动词	东+汉
aman minji	闭口，抿嘴	动词	东+汉
ameli ganji	做伊斯兰教功课	动词	阿+汉
amin hoyi	卖命，拼命，豁出去	动词	东+汉
aminde yenji	验命，凭运气	动词	东+汉
ane shijie	这时候	名词	东+汉

续表

东乡语	汉语	词性	构词结构
anzhasum hua	犁铧	名词	东+汉
aye zunji	古尔邦节前若干天内不吃荤、不理发、不剪指甲	动词	波+汉
ayibu guyi	遮羞，遮丑	动词	阿+汉
bafanzi sao	蹲监狱，坐牢	动词	汉+东
baizhen	拜毡（礼拜时的毯子）	名词	阿语借词
baizhenchi	卖拜毡的人	名词	汉+东
baizi fayi	发摆子（疟疾）	动词	汉+汉
balangu yasun	肩胛骨	名词	汉+东
banbanda	用棍棒打	动词	汉+东
banbandui	棒棒队	名词	汉语借词
banda shijie	晨礼的时间（天亮前）	名词	波+汉
banfa xianji	想办法，设法	动词	汉语借词
banfatu	有办法的，办法多的	形容词	汉+东
banla	绑，捆，用绳子固定	动词	汉+东
banli gie	办理	动词	汉+东
banman gie	帮忙	动词	汉+东
bantanda	喝拌汤	动词	汉+东
banxian	板箱，柜子，面柜	名词	汉语借词
banxianchi	卖柜子的人	名词	汉+东
banxiantu	有柜子的	形容词	汉+东
banzi	帮子，旁边，边子	名词	汉语借词
baobao	①包/包裹；②提包	名词	汉语借词
baobei gieda	宝贝蛋，宝贝儿	名词	汉语借词
baobeida	认为是宝贝，看作宝贝，当宝贝看待	名词	汉+东
baoqisa	认为是宝物	动词	汉+东
baozichi	卖包子的人，爱吃包子的人	名词	汉+东
baxian shire	八仙桌	名词	汉+东
bedeinien	翻白眼仁的人/白眼	名词	汉语借词
beigotu	驼背的，背驮的	形容词	汉+东
beilin mila	①辈分小，行辈低；②（庄稼）早熟的	形容词	汉+东

续表

东乡语	汉语	词性	构词结构
beiniin gie	忘恩，不知恩，忘恩负义，背脸	动词	汉+东
beishen gie	倒霉，遭厄运	动词	汉+东
belien	白廉（不花钱的、无代价的）	形容词	汉语借词
benqien bara	闹了半天，到头来，半天	动词	汉+东
besaichi	经营白菜的人，爱吃白菜的人	名词	汉+东
beyan mutum	白杨树	名词	汉+东
bienhua gie	变化	动词	汉+东
bienji	①编，编织；②挽起；③编造，捏造，说谎，胡编	动词	汉+东
bienlun gie	①编造，捏造，胡编；②以欺骗的手段获取不当利益	动词	汉+东
bienshi	饺子，扁食	名词	汉语借词
bienshichi	卖饺子的人，爱吃饺子的人	名词	汉+东
bienshida	吃饺子	动词	汉+东
bienshitu	有饺子的	形容词	汉+东
bienya morei	六岁的马	名词	汉+东
bienyi olu	便宜，准备好了，就绪	动词	汉+东
biinji	①蹦，蹦紧；②请人为自己说情，办事	动词	汉+东
biinshitu	有本事的	形容词	汉+东
bila	比较	动词	汉+东
bilazhi kielie	比方说，举例说	动词	汉+东
bin danla	当兵	动词	汉+东
binji	①变冰冷，冷却，变凉；②形容词凉的，冰凉的	动词	汉+东
binjie	鬓角	名词	汉语借词
binjigva	①冰人，让人感到冰凉；②冷却，使之冰冷	动词	汉+东
binzichi	卖饼子的人，爱吃饼子的人	名词	汉+东
binzida	吃饼子	动词	汉+东
biyen hulu	鼻烟壶	名词	汉+汉
biyenchi	常吸鼻烟的人	名词	汉+东
biyenda	吸鼻烟	动词	汉+东

续表

东乡语	汉语	词性	构词结构
boda	变薄、变轻、冲淡、变淡	动词	汉+东
bosai	菠菜	名词	汉语借词
bosaichi	爱吃菠菜的人，卖菠菜的人	名词	汉+东
buchun gie	补充	动词	汉+东
bugao khireigva	颁布布告	动词	汉+东
bugvun loyi	垒垛子	动词	东+汉
bushi	不是，不对的地方，错	名词	汉语借词
bushi rinji	认错，赔不是	动词	汉+汉
buwa banji	聘请阿訇，聘用阿訇	动词	突+汉
buxian	不像，不一样	形容词	汉语借词
buxianshi	变得不像，变得不一样	动词	汉+东
cai khuru	①炒菜；②祭祀，祭奠	动词	汉+东
cai kizhi	切菜	动词	汉+东
caifiin	裁缝	名词	汉语借词
caifiintu	有裁缝的	形容词	汉+东
caihezida	用饭盒砸、打	动词	汉+东
caihezikei	爱用饭盒的人，卖饭盒的人	名词	汉+汉
caihezitu	有饭盒的	形容词	汉+东
cailiao	①材料；②布料；③人才	名词	汉语借词
cailiaochi	①搞文字材料的人；②卖衣料的人	名词	汉+东
cailiaoda	搞文字材料	动词	汉+东
caitu	有菜的，有蔬菜的	形容词	汉+东
caiyidan	裁的样子，裁剪法	名词	汉+东
canfeira	变残，致残，变成残废	动词	汉+东
canjin gie	参军	动词	汉+东
caoguchi	喜种古草的人	名词	汉+东
caogutu	有谷草的，谷草多的	形容词	汉+东
caoni egvi	打草泥，用粗泥抹	动词	汉+东
caoni shuwa	草泥，粗泥	名词	汉+东
caopiin	草棚，草舍	名词	汉语借词
caorin	比喻失职而有名无实的、不起作用的人	名词	汉语借词

续表

东乡语	汉语	词性	构词结构
caoyentu	有草原的	形容词	汉+东
cha ganzi	茶缸子	名词	汉语借词
cha ochizhi uzhe	品茶	动词	汉+东
chabudo	差不多、将近	副词	汉语借词
chabudo olu	大概可以，事情进行或办理得差不多	动词	汉+东
chacha budui	情况不妙	形容词	汉+汉
chacha erei	找碴儿	动词	汉+东
chachada	用叉翻弄、拨弄，用叉打	动词	汉+东
chi	尺（长度单位）	数词	汉语借词
chighin beida	耳背，耳聋，耳朵变得不聪	动词	东+汉
chijia	①吃力，难，困难，为难；②难受	形容词	汉语借词
chijia gie	为难，显得为难	动词	汉+东
chili	吃力	形容词	汉语借词
chilishi	变得吃力	动词	汉+东
chima	尺码	名词	汉语借词
chindan gie	①答应；②承担	动词	汉+东
chinji	乘	动词	汉+汉
chinshi bao	极其诚实的人	名词	汉+汉
chinxin	信仰，观点，认识	名词	汉语借词
chinxin gie	认为	动词	汉+东
chizhe gudu	花蕾	名词	东+汉
chizhe zaila	栽花	动词	东+汉
chizila	用尺量	动词	汉+东
chongun chinzi	窗户撑	名词	东+汉
chongun taizi	窗台	名词	东+汉
chonji mejiegva	传知	动词	汉+东
chonjizhi uru	传叫，传唤	动词	汉+东
chonmahu gie	冒充	动词	汉+东
chonni banji	划船	动词	汉+东
chonran gien	传染病	名词	汉+东
chonsho gie	自言自语	动词	汉+东

续表

东乡语	汉语	词性	构词结构
chou barei	结仇	动词	汉+东
chouha	抽匣，抽屉	名词	汉语借词
chouyen	仇，仇怨，仇恨	名词	汉语借词
chouyizhi khizhe	抽出来	动词	汉+东
chuchu	①皱纹；②皱，皱的	名词/形容词	汉语借词
chuchura	①起皱；②后缩，不敢表现	动词	汉+东
chufa gie	出发	动词	汉+东
chuida	拳打，用拳击打	动词	汉+东
chun dawa	过春天	动词	汉+东
chunfiin gie	打冲锋	动词	汉+东
chunji	冒充	动词	汉+东
chunqien	春天	名词	汉语借词
chusun shuyi	输血	动词	东+汉
chuwo gie	出窝，指动物长成后第一次离开巢窝	动词	汉+东
chuyi	①除（运算除法）；②除去，除外	名词	汉+东
cimin gie	赐悯，恩赐，赐予	动词	汉+东
ciniu fugie	雌牛	名词	汉+东
ciniu fugietu	有雌牛的	形容词	汉+东
cipie gie	辞别，告别	动词	汉+东
cishutu	有次数的，次数不多的	形容词	汉+东
ciwitu	有刺猬的	形容词	汉+东
cobanzi	搓板，搓衣板	名词	汉语借词
coyi	搓，揉搓	动词	汉+东
coyidan	搓的样子，揉搓貌	名词	汉+东
cuida	变脆	动词	汉+东
cuigu	脆骨，软骨	名词	汉语借词
cuigutu	有软骨的	形容词	汉+东
cuisa	嫌脆	动词	汉+东
cuiyi	催，催促	动词	汉+东
cuiyidan	催的样子，催促的情形	名词	汉+东
cukei	卖醋的人，酿醋的人	名词	汉+汉

续表

东乡语	汉语	词性	构词结构
cunminsa	嫌聪明，显得聪明	动词	汉+东
cunminshi	变得聪明	动词	汉+东
cutu	有醋的	形容词	汉+东
dabala	打扮	动词	汉+东
dabei	长辈，大辈（辈分大的人）	名词	汉语借词
dachun gie	已立春	动词	汉+东
dadou qiezhe	喂蚕豆，比喻给人出难题	动词	汉+东
dadouchi	爱吃蚕豆的人，蚕豆贩子	名词	汉+东
dadouda	吃蚕豆	动词	汉+东
dafala	①打发，送（客）；②嫁女	动词	汉+东
dahunra	变成大红	动词	汉+东
daiban	多半，大多，经常	副词	汉语借词
daibiao gie	代表	动词	汉+东
daigo	①马上，随即，立刻；②快点（走），马上（动身）	副词	汉语借词
daigoshun	马上，随即，立刻	副词	汉+东
daila	①带领，携带，捎带；②代放，寄存；③顺便，顺带	动词	汉+东
daila	逮捕	动词	汉+东
daili gie	影响，拖累	动词	汉+东
dajia dunji	打架，动起干戈	动词	汉+汉
dajiachi	爱打架的人，打手	名词	汉+东
dajie gie	打前失	动词	汉+东
dajin	大月（指公历三十一天或农历三十天的月份）	名词	汉语借词
dakama	大的方面，大概，大致，大概地，大致地	副词	汉语借词
dakanzi	①肚量大的；②胸襟宽广的，气量大的；③大方，不吝啬	形容词	汉语借词
dakumu	大约，大概	副词	汉语借词
dan jiere khirei	上当	动词	汉+东
danbanzi	单帮子（指没有弟兄的人）	名词	汉语借词
danbanzira	变成单帮子	动词	汉+东

续表

东乡语	汉语	词性	构词结构
danda	变成单的	动词	汉+东
dandui gie	在做买卖时双方对商品不数个儿、不过秤、不量尺寸，而将商品以堆儿估价叫卖	动词	汉+东
dangaochi	卖蛋糕的，爱吃蛋糕的人	名词	汉+东
dangaoda	吃蛋糕	动词	汉+东
dangaotu	有蛋糕的	形容词	汉+东
danlin sao	分家坐，分居	动词	汉+东
danlinra	①分家；②分开；③分开干	动词	汉+东
daodiin gie	倒腾，故意找麻烦	动词	汉+东
daodiin kun	难缠的人，刁民	名词	汉+东
daolide ire	讲道理	动词	汉+东
daolitu	有道理的，讲道理的	形容词	汉+东
daolon gie	捣乱	动词	汉+东
daomeira	倒霉	动词	汉+东
daozao gie	倒霉，倒糟，倒闭	动词	汉+东
daoziho	雕刻品/雕刻货	名词	汉语借词
daqi jiere	大体上，大概	副词	汉+东
daqinla	打听，探问	动词	汉+东
dashifu	大师傅，炊事员，厨师	名词	汉+东
dashou gie	拍手	动词（儿）	汉+东
dason gie	①打算；②宗教用语（清算）	动词	汉+东
dasoula	凑，拼凑，搭凑	动词	汉+东
dwala qiyi	起水泡	动词	东+汉
dawei gie	打猎，狩猎	动词	汉+东
dawichi	猎人	名词	汉+东
dayan	慷慨，大方	形容词	汉+东
dayangva	显得慷慨，表现大方	动词	汉+东
dayansa	嫌大方，过于大方，过于慷慨	动词	汉+东
dayanshi	变得大方，变得慷慨	动词	汉+东
dayi gie	粗心大意	动词	汉+东
dayikai	穿大衣的人	名词	汉+汉

续表

东乡语	汉语	词性	构词结构
dayin gie	答应	动词	汉+东
dayitu	有大衣的	形容词	汉+东
dazan	大赞（颂念赞圣词）	名词	汉+东
doyida	①变多；②在下方（棋类）中比对方多成方	动词	汉+东
doyisa	嫌多，认为多	动词	汉+东
doyishi	①变多；②嫌多，显得多	动词	汉+东
dubilie	嫉妒，计较，攀比	动词	汉+东
dubochi	赌棍，爱赌的人	名词	汉+东
duiba	①对面；②地名，对巴，在东乡族自治县关堡乡	名词	汉语借词
duida gie	①不情愿地应答，随便应付；②多人一起故意跟一个人开玩笑，让他上当	动词	汉+东
duido	①堆儿，垛儿；②身体，体高和体壮（含诙谐意）	名词	汉语借词
duiyigva	核对，对准	动词	汉+东
dundun	①木头墩，较粗的木头上锯下来的截头；②木头，死人（训人的话）	名词	汉+东
dunduru	较细的木头截头	名词	汉+东
dungieda sao	生冻疮	动词	汉+东
dunxianzu	东乡族	名词	汉+东
duya wazhuada	为今世的生活而奔波	动词	阿+汉
duyani manzhan	指阳世上容易迷误人的密障	名词	阿+东
emurei zunji	遵命，接受命令	动词	阿+汉+东
erma morei	公马	名词	汉+东
ermatu	有公马的	形容词	汉+东
fakezi	筏客，水手，放筏的人	名词	汉+汉
fama	厉害，了不起，某种性质或气势强，劲儿大，地位显赫	形容词	汉语借词
fama jiayi	加砝码，给压力	动词	汉+东
famagva	①显威风，显示；②变得威风	动词	汉+东

续表

东乡语	汉语	词性	构词结构
famashi	变得厉害，变得显赫	动词	汉+东
fanbienda	图方便	动词	汉+东
fanbiensa	嫌方便，认为方便	动词	汉+东
fanbienshi	变得方便	动词	汉+东
fangula	预防，防备	动词	汉+东
fanxian egvi	掌方向盘，打方向	动词	汉+东
fanxianpantu	有方向盘的，方向盘似的	动词	汉+东
fanxianshi	变得有方向，方向渐渐明确	动词	汉+东
fanxiantu	有方向的，有目标的	形容词	汉+东
fasaila	①发财；②感染，肿胀发炎	动词	汉+东
fashin gie	发生	动词	汉+东
fashutu	有法术的	形容词	汉+东
fazi egvi	放筏	动词	汉+东
fazi mienchan	伐子面肠，将牛羊等内脏剁碎，加调料后装入肠内蒸制而成的食物	名词	汉语借词
fazi tai	放筏	动词	汉+东
fazida	放筏（流放木筏进行运输）	动词	汉+东
fazikai	放筏的人	名词	汉+汉
feijida	乘飞机	动词	汉+东
fiin danji	掸粉，搽粉	动词	汉+东
fiincheda	放风筝，放风车	动词	汉+东
fiinchetu	有风筝的	形容词	汉+东
fiinhunra	变粉红色	形容词	汉+东
fiinqiaozichi	卖粉条的人，爱吃粉条的人	名词	汉+东
fiinqiaozitu	有粉条的	形容词	汉+东
fiinxiatu	有风箱的，拥有风箱的	形容词	汉+东
fiinyen duwa	上坟时念的祈祷词	名词	汉+阿
fiinzi gouyi	抹缝，往砌好的砖缝里抹水泥	动词	汉+汉
fiinzi kuru	够份儿，表示动作进行的程度高	动词	汉+东
fu oro	入伏	动词	汉+东
fuban gie	扶持，帮助，支持	动词	汉+东

续表

东乡语	汉语	词性	构词结构
fude	在伏天	副词	汉+东
funfula	吩咐（口头指派或命令）	动词	汉+东
funi maoyi	冒烟	动词	东+汉
fuqiaotu	有辐条的，辐条式的	形容词	汉+东
fuqitu	有福气的，有福分的	形容词	汉+东
futangva	享受，舒服地过	动词	汉+东
futanshi	变舒服，变舒坦，变舒适，变惬意	动词	汉+东
fuwu gie	服务	动词	汉+东
fuyizhi baigva	扶立	动词	汉+东
fuyizhi dondagva	扶正	动词	汉+东
fuzashi	变得复杂，复杂化	动词	汉+东
fakeizi	船夫，水手	动词	汉+东
fuzi egvi	分配挖渠、道路等任务的数量	动词	汉+东
ga baer	零钱	名词	汉+东
ga beilin	①小辈，小辈的；②（庄稼）早熟的	形容词	汉+汉
ga puzha	小豆	名词	汉+东
gaibien gie	改变	动词	汉+东
ganchanda	①擀面；②做，干，忙乎；③用擀面杖打	动词	汉+东
gandan layi	聊天，拉家常	动词	汉+东
ganganla	把人或物扛在双肩上，两人或两人以上共抬一物	动词	汉+东
ganhuachi	爱说闲话的人	名词	汉+东
ganhuatu	闲话多的	形容词	汉+东
ganmao gie	感冒	动词	汉+东
gansanra	变好，转好，变得能干	动词	汉+东
gansanshi	变好，变得能干	动词	汉+东
gansantu	变好，变得好看	动词	汉+东
ganxi beilie	担负责任	动词	汉+东
ganzhaozira	变得干瘦	动词	汉+东
ganzhin bai	做证，做证人	动词	汉+东
ganzhin egvi	扎干针，针灸	动词	汉+东

续表

东乡语	汉语	词性	构词结构
gaoxingva	高兴，表现得高兴	动词	汉+东
gaoxinshi	变得高兴，高兴起来	动词	汉+东
gashinla	用升量，用升装盛	动词	汉+东
ghazha gailun	地垄	名词	东+汉
ghurun budan	面食	名词	东+汉
ghurun fayi	发酵面	动词	东+汉
ghuzhun oyi	将头偏过来示意叫人离开	动词	东+汉
gieda	疙瘩	名词	汉语借词
giedala	缠结成疙瘩，缩成一团	动词	汉+东
giejia	偏方，套间的里间	名词	汉+东
giinxinla	追问，过问，探寻，寻根问底	动词	汉+东
giinzi fayi	根苗发芽，生根	动词	汉汉+东
giinzi osi	根子发芽	动词	汉汉+东
giinzila	①生根，扎根，起头；②弄到根，做到底	动词	汉+东
giinzilagva	①弄到根部；②扎下根，打了头	动词	汉+东
gocha	犄角（动物的角）	名词	汉语借词
gocha qierun	有犄角的头	名词	汉+东
gochu	各处，到处	名词	汉语借词
gochude	到处，各地	副词	汉+东
golai goqiji	说过来倒过去地，反复地，一个劲儿地	副词	汉+东
golaigoqi	说过来倒过去，反复	副词	汉语借词
golode	角落里	名词	汉+东
gon olu	习惯，以适应	动词	汉+东
gon wi	不习惯，不适应	动词	汉+东
gon zhenji	沾光（指得到别人的帮助或好处）	动词	汉+汉
gonad	①变光，变滑；②变空，变精光；③打扑克中指挨光头	动词	汉+东
gongonji	①光滑的，干净的；②空空的，精光	形容词	汉语借词
gongun sao	当光棍，做鳏夫	动词	汉+东
gonien	明年	名词	汉语借词
gonien gie	过年，过春节	动词	汉+东

续表

东乡语	汉语	词性	构词结构
gonji	①逛荡，不务实；②白白失去（机会）	动词	汉+东
gonjingva	显得关紧，显得重要	动词	汉+东
gonyin wazhuada	为家境奔波	动词	汉+汉+东
gonzijia	开馆子的人，饭馆老板	名词	汉+汉
gouda taoyi	套钩，勾连	动词	汉+汉
gouxin zhunzhugva	熊崽	名词	汉+东
gouyindu	相互勾结	动词	汉+东
gouzhin	钓钩	名词	汉语借词
goyela	各自（个人自己，各方面自己的一方）	代词	汉+东
guachi	爱吃瓜的人，卖瓜的人	名词	汉+东
guatu	有瓜的	形容词	汉+东
guayi	批发买进，大量买进	动词	汉+东
guazi arasun	瓜子皮	名词	汉+东
gudugva	显得孤独，感到孤独	动词	汉+东
gudulie	结骨朵，长出花蕾	动词	汉+东
guguaisa	嫌古怪，认为古怪	动词	汉+东
guguaishi	①变得古怪；②显得古怪	动词	汉+东
guhua tagva	让人猜谜语	动词	汉+东
gunpinshi	变得公平	动词	汉+东
gunzi khireigva	上石磙子，放石磙子	动词	汉+东
gunzi shuwa	用砖在坟墓上砌磙子	动词	汉+东
gunzotu	有工作的	形容词	汉+东
guru linji	执某种观念，持某种理论	动词	东+汉
guzi egvi	分股，打成份儿	动词	汉+东
guzi oro	入股	动词	汉+东
guzitu	有股份的，入了股的	形容词	汉+东
hachan olu	麻烦事有了结果，纠纷有了了结，气消，平息	动词	汉+东
han kuru	得空，得闲暇时间	动词	汉+东
han sao	闲待着	动词	汉+东
hanhura	含糊，疑惑	动词	汉+东
haoshaoji	多，相当多	形容词	汉+汉

续表

东乡语	汉语	词性	构词结构
haozi feilie	吹喇叭，吹号子	动词	汉+东
haqi kuru	遇到事端，遭遇是非	动词	汉+东
haqi tao liinqi	是非、别扭和矛盾交织在一起	动词	汉+汉
haqida	打架，吵架，闹别扭，断绝往来	动词	汉+东
hashutu	①有数目的，限量的；②有准儿的；③有关系的	形容词	汉+东
hazhan maokou	坏毛病，坏脾气	名词	汉+汉
heifanchi	吃晚饭的人	名词	汉+汉
heifanda	吃晚饭，用晚餐	动词	汉+东
heitanchi	喜食红糖者	名词	汉+东
hhanzhi chaoyi	朝觐	动词	阿+汉
ho biyi	屏气（屏住呼吸），呼吸困难，呼吸堵塞	动词	东+汉
ho maoyi	冒气	动词	东+汉
hoyigva	掺和在一起，和到一块	动词	汉+东
huailu	坏（损坏、败坏、变质等）	动词	汉+东
huaishu	槐树	名词	汉+汉
huazi raoyi	耍花招	动词	汉+汉
huazi taoyi	雕刻花纹	动词	汉+汉
hudura	昏迷，糊涂	动词	汉+东
hui kaiyi	开会	动词	汉+汉
huizui towo	忏悔词	名词	汉+阿
hulun guayi	披红，挂红	动词	汉+汉
hulunshi	变囫囵，变得完整	动词	汉+东
huma shazi	细沙	名词	汉+汉
humun munhon	胡门门宦	名词	汉+汉
hunho dagva	凑热闹	动词	汉+东
hunhoshi	变得红火，变得热闹	动词	汉+东
hunla	哄骗，哄逗，看小孩	动词	汉+东
hunmibuzai	昏迷，昏昏迷迷，迷迷糊糊	动词	汉+东
ibei	一辈，一生	副词	汉语借词
ibeijia	用一生去，用一辈去	副词	汉+汉

续表

东乡语	汉语	词性	构词结构
ibilisi	挑拨离间者	名词	阿语借词
idaozi	流行性感冒	名词	汉语借词
idaozi kuru	患流行性感冒	动词	汉+东
ifutu	有姨夫的	形容词	汉+东
igua	都，一概，全部	副词	汉语借词
iguade	全部算起来，都加起来	代词	汉+东
ijiula	已成定局，已成定论，决定	动词	汉+东
ikao gie	依靠	动词	汉+东
inchunmei chizhe	迎春花	名词	汉+东
inganla	干营生，做活，做事儿	动词	汉+东
injiredan	晕法，发昏的样儿	名词	汉+东
inshi anlahhu	一概，全部	名词	阿语借词
inxian gie	影响	动词	汉+东
inxian giedan	影响法	名词	汉+东
inxinchi	多疑的人	名词	汉+东
inxingva	产生疑心	动词	汉+东
inyechi	音乐工作者	名词	汉+东
isan	雨伞	名词	汉语借词
isanchi	经营雨伞的人	名词	汉+东
ishi baobao	极其诚实的人	名词	汉+汉
ishi tashi	玉石	名词	汉+突
ishishi	变得诚实	动词	汉+东
ishitu	有玉石的	形容词	汉+东
ishui	雨水	名词	汉语借词
iyentu	有医院的	形容词	汉+东
iyichi	有雨衣的人，经营雨衣的人	名词	汉+东
izi	胰子，香皂，白内障	名词	汉+东
jiage bao	降价，减价	动词	汉+汉
jiage khirei	涨价，价格上扬	动词	汉+东
jianjiu gie	讲究，讲求，将就，凑合	动词	汉+东
jianjiugva	讲究，讲求，崇尚	动词	汉+东

续表

东乡语	汉语	词性	构词结构
jianshui budan	浆水面	名词	汉+东
jiaonaogva	骄傲	动词	汉+东
jiaoyi hhengerei	绊倒	动词	汉+东
jiaozi qienlie	抬轿子，比喻拍马、奉承	动词	汉+东
jiaozida	吃饺子	动词	汉+东
jiawu	家族，家务	名词	汉语借词
jichu zhayi	扎基础	动词	汉+汉
jida	地耳	名词	汉+东
jiefan gie	解放	动词	汉+东
jiehula	作脚户，跑脚户	动词	汉+东
jiejie gie	解决	动词	汉+东
jiejin gie	作出决定	动词	汉+东
jielu dagva	走捷径，抄近路走	动词	汉+东
jielu mo	捷路，捷径	名词	汉+东
jieluda	走捷路，抄近路走	动词	汉+东
jien egvi	触电，被电击	动词	汉+东
jienjien konkon	颠颠狂狂，疯疯癫癫	拟声词	汉+汉
jienjienshi	变尖，变尖利	动词	汉+东
jienjienzi shelie	分割成一块儿一块儿	动词	汉+东
jienliuzi	扒手，小偷	名词	汉语借词
jienmienzi	脸面子，苏打	名词	汉+汉
jienni zhezi	衣褶	名词	东+汉
jienpizi	贱货	形容词	汉+汉
jienyi gie	建议	动词	汉+东
jienyida	看电影	动词	汉+东
jienzha	精明，奸诈	形容词	汉语借词
jiezha shuayi	耍奸	动词	汉+汉
jienzhara	变得奸猾	动词	汉+东
jinjien dawa	经历过教训经验	动词	汉+东
jinjien ogi	给教训，让领受教训，经验	动词	汉+东
jinjien uzhegva	品尝过教训经验，使其品尝教训经验	动词	汉+东

续表

东乡语	汉语	词性	构词结构
jinli gie	敬礼	动词	汉+东
jinshingva	抖起精神，显得精神	动词	汉+东
jinshinni ghura	打击人的精神，回缩回收精神	动词	汉+东
jinshinshi	变得精神，精神起来	动词	汉+东
jinyi zhagvasun	金鱼	名词	汉+东
jinzhangva	显得紧张，时间显得紧，显得吃紧，紧缺	动词	汉+东
jiqiu	地球	名词	汉语借词
jisai	记性，记忆力	名词	汉+东
jiu oro	数九，进入九	动词	汉+东
jiudun gie	打盹，马虎，打马虎眼儿	动词	汉+东
jiuji gie	丢人，丢脸	动词	汉+东
jiuji gie	救济	动词	汉+东
jiuli	后世，阴间	名词	汉+东
jiurin baihuaiji	丢人现眼地	副词	汉+汉
jiurin gie	丢人，丢脸	动词	汉+东
jixi gie	继续	动词	汉+东
kafeir	不信教者，不信道者	名词	阿语借词
kaichun gie	开春	动词	汉+东
kaidagva	撒，散开	动词	汉+东
kaidao gie	开刀，做手术	动词	汉+东
kaini ghezebu	风灾	名词	东+阿
kaishi gie	开始	动词	汉+东
kaixiao gie	开销，消化	名词	汉+东
kaixie buwa	开学教长	名词	汉+突
kalazi	栲栳	名词	汉语借词
kalazichi	挎着栲栳的人，卖栲栳的人	名词	汉+东
kama	准儿，限度，范围，书目	名词	汉语借词
kanzi pinda	心理平衡，气消	动词	汉+东
kaochu gie	肯定，靠得住	动词	汉+东
kaoshi gie	考试	动词	汉+东
kaoshi gie	靠实	动词	汉+东

续表

东乡语	汉语	词性	构词结构
kaoyi	考/靠/烤	动词	汉+汉
kefen	裹尸布	名词	阿语借词
kelime shehhade	作证词	名词	阿+阿
kelime tonyibe	清真言	名词	阿+阿
keqi gie	客气	动词	汉+东
kara gie	憎恶，厌恶	动词	阿语借词
keyichi	雕刻者	名词	汉+东
kha baiyi	摆手	动词	东+汉
kha zhanzi	手掌	名词	东+汉
khan xinie	火熄灭	动词	东+汉
khane chayi	手叉腰	动词	东+汉
khanni ghezebu	火灾	名词	东+阿
khawa jienjien	鼻尖尖	名词	东+汉
khawa xinji	擦鼻涕	动词	东+汉
khishun naizi	酸奶	名词	东+汉
khudogva bazi	刀把	名词	东+汉
khushun oyi	把嘴侧向一边，给被人示意	动词	东+汉
kidabu	书，经书	名词	阿语借词
kiedosidan	对本门宦外其他门室教徒的称呼	名词	汉+波
kielian biaoyi	讲演，演说	动词	东+汉
kielian dayi	搭话，搭讪，通话	动词	东+汉
kielien fanji	口头翻译	动词	东+汉
kierame xienji	显法术，显幻迹	动词	阿+汉
koma morei	骒马（母马）	名词	汉+东
kon banji	跺脚	动词	东+汉
konkonji	轻轻地，款款地，慢慢地，从容舒缓	副词	汉+东
kouhon	口唤（伊斯兰教用语，许可、命令之意）	名词	汉语借词
kouhon kere	要口唤	动词	汉+东
kouhun danji	掸口红，抹口红	动词	汉+汉

续表

东乡语	汉语	词性	构词结构
koumien	布匹的宽度	名词	汉语借词
kouyi	①扣，扣除，扣留；②扣押	动词	汉+东
kuazi yasun	髋骨	名词	汉+东
kui ijie	吃亏	动词	汉+东
kuichin	①规程，规定；②礼节	名词	汉语借词
kuichin gie	以礼相待，礼遇，行礼节，举行礼节	动词	汉+东
kuiqien	亏欠（欠别人的财物和人情），埋怨	名词	汉语借词
kuiqien kielie	说冤枉，诉冤枉	动词	汉+东
kuiqien loyi	落亏欠，受埋怨	动词	汉汉+东
kuqiaotu	有荞麦的	形容词	汉+东
laba chizhe	喇叭花	名词	汉+东
lajiaochi	卖辣椒的人，爱吃辣椒的人	名词	汉+东
lan bosi	起浪	形容词	汉+东
landa	变懒	形容词	汉+东
langansa	嫌懒	动词	汉+东
lanhua chizhe	兰花	名词	汉+东
lanrenjia	老人家，特指教主、传教者	名词	汉+汉
laobin gien	痨病	名词	汉+东
laodaoshi	①变得难缠，变得顽皮，变刁；②变得复杂，变得难办	动词	汉+东
laoghejimu	老格底目，中国伊斯兰教派别之一	名词	汉+阿
laogushi	①老式，古式；②旧时的	形容词	汉语借词
laoshigva	显得老实，表现得老实	动词	汉+东
laoshishi	变老实	动词	汉+东
layeba	腊月八日（农历月初八日）	名词	汉
leiba yasun	肋骨	名词	汉+东
leibade	①在肋骨处；②旁边，跟前	名词	汉+东
leizhui	累赘	形容词	汉语借词
lian ijie	吃供应粮	动词	汉+东
lian khigva	上房梁	动词	汉+东
lian zhonlo	交公粮	动词	汉+东

续表

东乡语	汉语	词性	构词结构
lianhua chizhe	莲花	名词	汉+东
lianyilin	姨表兄弟姐妹关系	名词	汉+东
liaolonda	料理，办理，拾掇，收拾，料持，设法办理	动词	汉+东
liaoyen kai	寮檐风（贱风）	名词	汉+东
liengie	连枷	名词	汉语借词
liengiechi	打连枷的人，制作连枷的人	名词	汉+东
liengieda	打连枷，用连枷抡打	动词	汉+东
ligun gie	立功	动词	汉+东
lihun gie	离婚	动词	汉+东
liingan	地面上或沟边较长的隆起的部分，楞坎	名词	汉语借词
lilo laosa	驴骡	名词	汉+东
lindao gie	领导	动词	汉+东
linkan gie	不停地重复言语，不停地嘟囔，自言自语	动词	汉+东
linkotu	有森林的	形容词	汉+东
linshaomaoyi	临了，临，最后，到最后	副词	汉+汉
linwande	临完时，快要结束时，到最后	副词	汉+东
linwei	临结束时，到最后，最终	副词	汉语借词
liumu shaoku	柳条	名词	汉+东
lixin kielie	讲道理	动词	汉+东
lolieengva	受可怜，受冷遇	动词	汉+东
lolienra	变可怜	动词	汉+东
lolo loyi	①摞麦垛；②比喻非常多，多用于否定，在不愿给对方东西时用	动词	汉+东
longozi	暖锅子，火锅，涮锅	名词	汉+汉
longozichi	爱吃暖锅子的人	名词	汉+东
longozida	吃暖锅子	动词	汉+东
losofu	爱啰唆的人	名词	汉+汉
losogva	①表现啰唆；②显得啰唆	动词	汉+东
Lososhi	①变啰唆；②变麻烦	动词	汉+东
loto	骆驼	名词	汉语借词
loto ghugvan	驼羔	名词	汉+东

续表

东乡语	汉语	词性	构词结构
loto gugushi	驼粪	名词	汉+东
lotokei	骆驼客	名词	汉+汉
lotolo	①给戴笼头；②笼住，限制，牵制	动词	汉+东
loyire	塌落，滑落，掉落	动词	汉+东
luchachi	爱喝绿茶的人	名词	汉+东
lugo	鹿	名词	汉语借词
lugotu	有鹿的	形容词	汉+东
lun zhintou	龙年，属龙	名词	汉+东
lunchon	蒸笼	名词	汉语借词
lunjire	牟取钱物	动词	汉+东
lushutu	有路数的，有关系的，有门道的	形容词	汉+东
luya fugie	五岁口的牛	名词	汉+东
madashi	变得麻烦	动词	汉+东
magvala zhaozi	帽檐	名词	东+汉
mahon ghadasun	蚂蟥钉	名词	汉+东
mahu chonji	打马虎眼，蒙混	动词	汉+东
mahusa	嫌马虎，嫌粗心	动词	汉+东
maifu daru	埋伏	动词	汉+东
maimai gie	做买卖	动词	汉+东
maimaichi	做买卖的人，买的人，卖的人	名词	汉+东
maimaida	同 maimai gie（maimai gie：做买卖）	动词	汉+东
maimaikei	商人，做买卖的人	名词	汉+汉
malien osun	马连草	名词	汉+东
malo laosa	马骡	名词	汉+东
mangochude	到处，处处	代词	汉+东
mansan gie	奉承，巴结	形容词	汉+东
maodan chizhe	牡丹花	名词	汉+东
maodanchi	爱玩球的人	名词	汉+东
maohon gie	浮躁，烦躁，焦躁，慌，紧张不安	动词	汉+东
maokou hin	脾气大	形容词	汉+东
maomao ghura	毛毛雨	名词	汉+东

续表

东乡语	汉语	词性	构词结构
maomaotu	有毛毛的，有絮的	形容词	汉+东
maoniu fugie	牦牛	名词	汉+东
maoriguisa	嫌冒失	动词	汉+东
maoriguishi	变得冒失	名词	汉+东
maoxienchi	卖毛线的人	名词	汉+东
maoyichi	经营毛衣的人，爱穿毛衣的人	名词	汉+东
maoyitu	有毛衣的	形容词	汉+东
maozi	①关节；②铆	名词	汉语借词
maozi anda	脱臼	动词	汉+东
maozi touyi	投脾气，脾气相合	动词	汉汉+东
maqien	麻钱，古钱币	名词	汉语借词
masho	马勺，瓢	名词	汉语借词
mayi	脱（帽），揭（扑克），松脱	动词	汉+东
mayire	发麻，麻木	动词	汉+东
mayire	松脱	动词	汉+东
mayiredan	发麻，麻木的神情	名词	汉+东
mayiredan	松脱貌	名词	汉+东
mazitu	脸有麻子的	形容词	汉+东
meigui chizhe	玫瑰花	名词	汉+东
meihua banzi	花扳子	名词	汉+汉
meihua chizhe	梅花	名词	汉+东
miao barei	生苗，出苗	动词	汉+东
mienhuatu	有棉花的，带棉的	形容词	汉+东
mienlie	免，免除	动词	汉+东
miensun xiaoyi	冰融化	动词	东+汉
mienzhanda	擀毡	动词	汉+东
mienzhantu	有毡的	形容词	汉+东
miinkantu	有门槛的	形容词	汉+东
miinlienzitu	有门帘的	形容词	汉+东
miinya shidun	门牙	名词	汉+东
mila jiuzi	小舅子	名词	东+汉

续表

东乡语	汉语	词性	构词结构
mimishi tashi	一种光滑明亮似玉的石头，石英石	名词	汉+突
minbe olu	弄明白	动词	汉+东
minbintu	有民兵的	形容词	汉+东
minlin gie	下命令	动词	汉+东
minshin barei	抓名声，获得荣誉	动词	汉+东
minshin khirei	出名	动词	汉+东
minshintu kun	有声望的人	名词	汉+东
mixinra	变得迷信起来	动词	汉+东
mofangva	起模范作用	动词	汉+东
mofanshi	变成模范	动词	汉+东
moguguchi	种或卖蘑菇的人	名词	汉+东
mokien	茅坑，厕所	名词	汉语借词
mokien daru	给厕所坑里压土	动词	汉+东
mokien hhangva	厕所里的或从厕所里攒出的土粪	名词	汉+东
molihua chizhe	茉莉花	名词	汉+东
monlorin	知识与满拉差不多的人	名词	阿+汉
morei machazi	蝗虫	名词	东+汉
morei nanzhan	马鞍	名词	东+汉
morei pan	马绊（系马用的绳子）	名词	东+汉
morei pinji	赛马，跑马	动词	东+汉
morei zungan	马鬃	名词	东+汉
moron wanzi	河湾	名词	东+汉
moshi tashi	磨刀石，磨石	名词	汉+突
moshichi	生产经营磨刀石的人	名词	汉+东
moshitu	有磨石的	名词	汉+东
mosolo	磨蹭，磨洋工	动词	汉+东
mosolodan	磨蹭的样儿	名词	汉+东
moya gongon	掉了牙的嘴、口腔	名词	汉+东
mugou nogvei	母狗	名词	汉+东
muhiin gie	谋算，打主意，企图，妄图，觊觎	动词	汉+东
muji tiigha	母鸡	名词	汉+东

续表

东乡语	汉语	词性	构词结构
mulian gie	谋量，猜测，思量，预想，猜想，估量	动词	汉+东
mulian gie dawude	冷不丁，猛然间，在毫无准备的情况下，不注意时	副词	汉+东
muloto	母骆驼	名词	汉+汉
munan	愁，烦恼，烦闷，使人心烦	形容词	汉语借词
munan dayi	心烦起来，发起愁	动词	汉汉+东
munan gie	心烦，发愁	动词	汉+东
muson gie	谋算，打主意，企图，妄图，觊觎	动词	汉+东
mutun giinzi	树根	名词	东+汉
mutun zaizi	树栽子，树苗	名词	东+汉
muyan ghoni	母绵羊	名词	汉+东
muzha chizhi	砍柴	动词	汉+东
naihu gie	爱护	动词	汉+东
nainiu fugie	奶牛	名词	汉+东
naoye	熬夜	名词	汉语借词
naoye gie	举行熬夜活动	动词	汉+东
maoye sao	教职人员在葬礼当夜在亡人家里坐夜诵经	动词	汉+东
naoyechi	参加熬夜的人	名词	汉+东
naozide ire	想起来，记起来，想到	动词	汉+东
naozide khirei	伤脑筋，伤头，烦	动词	汉+东
naozitu	有脑子的，脑子好使的，有心计的	动词	汉+东
narun lixin	繁细的礼节，小规矩，小道理	名词	东+汉
narun shinqi	尖叫，尖声嗓	名词	东+汉
nashi gie	①掌管事物，主持事物；②掌权，刁难，非难	动词	汉+东
no chayi	欠睡眠，睡眠不足	动词	东+汉
nogvon baogu	尚未完全成熟的玉米棒（用来煮着吃）	名词	东+汉
nonienbao	贪食的人	名词	汉+汉
noniengva	贪食，想多吃	动词	汉+东
noyen danla	当官	动词	东+汉
nudun huada	眼花	动词	东+汉
odun giedan	冬眠的情形，越冬的样子	名词	汉+东

续表

东乡语	汉语	词性	构词结构
ojien	物件，东西	名词	汉语借词
opuchi	住卧铺的人	名词	汉+东
orei layi	借债，欠债，贷款（借款）	动词	东+汉
otogvu maokou	坏脾气，坏毛病	名词	东+汉
ozichi	①开赌场等窝点的人；②经营（淘金等）坑的人	名词	汉+东
paitanla	讲排场，摆阔气	动词	汉+东
panchan dafala	为别人凑盘缠，为别人资助盘缠	动词	汉+东
panchanntu	有盘缠的	形容词	汉+东
pannao	长袍（棉，夹）	名词	汉语借词
pannaochi	制、卖长袍的人，爱穿长袍的人	名词	汉+东
pannaotu	有长袍的	形容词	汉+东
paola	①泡，浸泡；②（雨）淋	动词	汉+东
paoqi	刨	动词	汉+东
paosonchi	给婚礼的宴席上端饭、倒茶的人	名词	汉+东
paozhan tai	放鞭炮，放爆竹	动词	汉+东
paozhan xi	似鞭炮般破碎	动词	汉+东
pazitu	有耙子的	形容词	汉+东
piaosho	匙，勺子	名词	汉语借词
piaoshochi	喜欢用勺子的人	名词	汉+东
piaoshotu	有匙的，有勺子的	形容词	汉+东
pienda	①闲谝，闲谈，寒暄；②吃牛，说大话	动词	汉+东
pienda	欺骗，蒙骗，骗取	动词	汉+东
pienfiin	粉条	名词	汉语借词
pienfiinchi	卖粉条的人，爱吃粉条的人	名词	汉+东
piengeda	闲聊，寒暄	动词	汉+东
pienjian	爱吹牛的人，爱说大话的人	名词	汉+汉
piguakai	皮褂客，穿皮褂的人，制、贩皮褂的人	名词	汉+东
piguatu	有皮褂的	形容词	汉+汉
piinjien gie	碰电，触电	动词	汉+东
pindiinshi	变得平等，转为平等	动词	汉+东

续表

东乡语	汉语	词性	构词结构
pinggo alima	苹果	名词	汉+东
pingochi	卖苹果的人，爱吃苹果的人	名词	汉+东
pinho	平伙（将羊等宰、煮后平等分吃的形式）	名词	汉语借词
pinho ijie	吃"平伙"	动词	汉+东
pinhochi	吃"平伙"的人，爱吃"平伙"的人	名词	汉+东
pinwitu	品位高的，品级高的，级别高的	形容词	汉+东
pinzitu	有瓶子的	形容词	汉+东
pipachi	爱弹琵琶的人，经营琵琶的人	名词	汉+东
pipin gie	批评	动词	汉+东
piqi fayi	发脾气	动词	汉+汉
pirahha ojien	破烂的东西，不值钱的东西	名词	汉+东
pofan gie	心烦，烦恼	动词	汉+东
pofangva	让人心烦，令人忧愁，心烦，感动烦恼	动词	汉+东
polochi	卖筐筐的人	名词	汉+东
pumientu	有铺面的	形容词	汉+东
pupienshi	变得普遍	动词	汉+东
puqi wizi	霉味	名词	东+汉
pushida	变不是，已经不是	动词	汉+东
pusugva	显得朴素，表现朴素	动词	汉+东
putanchi	制或卖地毯的人	名词	汉+东
putantu	有地毯	形容词	汉+东
putaochi	卖葡萄的人，爱吃葡萄的人	名词	汉+东
puyi	①扑，进攻；②奔赴，直奔	动词	汉+东
qi xiayi	下棋	动词	汉+汉
qianda	开枪，枪击	动词	汉+东
qianfan gie	挖弄，倒腾	动词	汉+东
qianji	堵在前面（离得过近）使人行动不灵活	动词	汉+东
qianla	抢，抢夺，抢劫	动词	汉+东
qianpai gie	强迫	动词	汉+东
qianzhonshi	变得强壮	动词	汉+东
qiaochu tai	拿笤帚打扫	动词	汉+东

续表

东乡语	汉语	词性	构词结构
qiaochuda	①用笤帚扫；②用笤帚打	动词	汉语借词
qiaodan	连襟	名词	汉语借词
qiaohochi	卖调料的人，调料商	名词	汉+东
qiaopigva	要调皮，不安稳	动词	汉+东
qiaopisa	嫌调皮，嫌顽皮	动词	汉+东
qiaopishi	变得调皮，变得顽皮	动词	汉+东
qiaowu gie	跳舞	动词	汉+东
qiaoyi ghura	淫雨	名词	汉+东
qiche sao	乘汽车	动词	汉+东
qida jianji	讲经	动词	阿+汉
qieganzida	①用钢钎撬；②用钢钎打	动词	汉+东
qiehon	铁环，铁圈（玩具，体育用品）	名词	汉语借词
qiejianla	做铁匠活	动词	汉+东
qiemu lienji	炼铁	动词	东+汉
qiemu xiuqira	铁生锈	动词	东+汉
qienlian	钱粮（指给清真寺、拱北的捐款）	名词	汉语借词
qienlian huayi	化钱粮，化缘	动词	汉+汉
qienlitu	有权利的	形容词	汉+东
qienmei	完美	形容词	汉语借词
qienqi bienji	天变阴	动词	汉+东
qienqi fugie	天热	形容词	汉+东
qienqi fugieda	天气变热	动词	汉+东
qienxi gie	谦虚	动词	汉+东
qienxigva	显得谦虚，表现得谦虚	动词	汉+东
qieqie	尿布	名词	汉语借词
qieqien	缺少，短缺，紧缺，缺欠	形容词	汉语借词
qierun jienji	点头	动词	东+汉
qierun naozi	天灵盖，头顶	名词	东+汉
qierun yaoyi	摇头	动词	东+汉
qieshin	铁索，锁链，铁链，铁绳	名词	汉语借词
qiesho	铁勺，勺子，舀饭勺	名词	汉语借词

续表

东乡语	汉语	词性	构词结构
qifula	欺负	动词	汉+东
qighan guaiba	锹把头上的横把儿	名词	汉+汉
qighan qierun	锹头	名词	汉+东
qighanchi	卖锹的人，使用锹的人	名词	汉+东
qighanla	用铁锹翻地，用脚踩锹肩使进入地面	动词	汉+东
qighantu	有铁锹的	形容词	汉+东
qigu gie	迁坟，移坟墓	动词	汉+东
qila	①提，拎；②提升，提拔	动词	汉+东
qinchu olu	弄清楚，弄明白	动词	汉+东
qingu olu	结为姻亲	动词	汉+东
qingu tani	认亲，结亲	动词	汉+东
qingu torei	转亲，到亲戚家做客	动词	汉+东
qingu yawu	①亲戚往来；②走亲戚	动词	汉+东
qingutu	有亲戚的	形容词	汉+东
qinregva	显得亲热，表示亲热	动词	汉+东
qinreshi	变得亲热	动词	汉+东
qinzichi	穿裙子的人	名词	汉+东
qirou layi	拉锯	动词	东+汉
qishanzi	地耳（草坡地皮上生长的一种类似木耳的食用菌）	名词	汉语借词
qishi gie	歧视	动词	汉+东
qishu chighara	呼吸困难，呼吸紧张	形容词	汉+东
qiu egvi	打球	动词	汉+东
qiuji gie	祈求	动词	汉+东
qixi gie	提醒，提示	动词	汉+东
ranji	①磨蹭，拖延；②事无着落，坏了事，弄糟	动词	汉+东
ranta gie	攘踏（在别人家里吃饭或住宿而给人带来麻烦）	动词	汉+东
raoliedan	饶恕貌，原谅的情形	名词	汉+东
raoyi	招手	动词	汉+东
raoyi	①耀光，耀眼；②时光飞逝	动词	汉+东

续表

东乡语	汉语	词性	构词结构
raoyidan	①耀眼的情形；②时光飞逝的样子	名词	汉+东
rinnai gie	忍耐	动词	汉+东
rinwutu	有任务的	形容词	汉+东
rinzhingva	认真起来，表现得认真	动词	汉+东
rinzhinshi	变得认真	动词	汉+东
roer	软儿梨，香水梨（又名 shagieda）	名词	汉语借词
roerchi	爱吃香水梨的人，卖香水梨的人	名词	汉+东
rouda	①（面团等）黏性变大，变柔；②变得柔和	动词	汉+东
roudara	变柔，变蔫	动词	汉+东
rouyidan	揉法，揉搓状	名词	汉+东
run usun	绒毛	名词	汉+东
runnien	闰年	名词	汉语借词
runyetu	有闰月的	形容词	汉+东
ruzichi	爱垫褥子的人	名词	汉+东
sahai	拖鞋，趿鞋	名词	汉+汉
sanmeitu	有煤灰的	形容词	汉+东+汉
sanshu mutun	桑树	名词	汉+东
saochuchi	卖扫帚的人	名词	汉+东
saohu iman	公山羊	名词	汉+东
shan nao	受伤	动词	汉+东
shanfiin	伤风	动词	汉+东
shanjingva	①上进；②表现出喜欢	动词	汉+东
shanla	绱鞋（把鞋、鞋帮、鞋垫绱在一起）	动词	汉+东
shanli kuru	得哮喘病	动词	汉+东
shanlian gie	商量	动词	汉+东
shanshui	①山水；②洪水	名词	汉语借词
shanshui baozhe	发洪水，洪水冲下来	动词	汉+东
shanshui fayi	发洪水	动词	汉+汉
shansun gie	损伤，受损	动词	汉+东
shebiin gie	蚀本，亏本	动词	汉+东
shanji	骟，去势，阉割	动词	汉+东

续表

东乡语	汉语	词性	构词结构
shenjigva	让人闪失，让人扑空	动词	汉+东
shanjien gie	闪电	动词	汉+东
shenma morei	骟马	名词	汉+东
shijie jiere	准时，按时	副词	汉+东
shimeimeiji	严严实实，非常稠密的，人群拥挤的	形容词	汉+东
shimien gie	失眠	动词	汉+东
shinjin lomoro	神经错乱	动词	汉+东
shinqi ho wi	不出声，不作声，闷闷不乐而不作声	动词	汉+东
shinqi khirei	出声（开始说话）	动词	汉+东
shinqi yawugva	用声音、话语暗示	动词	汉+东
shouji egvi	开收据	动词	汉+东
shoushilie	①收拾，拾掇；②教训，整治	动词	汉+东
shouwa	手套	名词	汉+汉
shucai	腌制的大白菜	名词	汉+汉
shuixien chizhe	水仙花	名词	汉+东
shuijiu gie	数九（指进入冬之后开始的九个"九"天，这是一年中最寒冷的时候）	动词	汉+东
shulien	熟练	形容词	汉语借词
shurao gie	饶恕	动词	汉+东
siba duyi	①堵死坝；②说绝，做绝	动词	汉+汉
sibabaji	死巴巴地，死死地	副词	汉+汉
siban	翅膀	名词	汉语借词
sibazhunnao	死板，死死，死心眼儿	副词	汉语借词
sibazhunnaoji	死死地，呆板地	副词	汉+东
siya fugie	四岁牛	名词	汉+东
soncaichi	爱吃酸菜的人	名词	汉+东
sonpanda	打算盘	动词	汉+东
souji gie	搜集	动词	汉+东
sumu mutun	松树	名词	汉+东
sunne zunji	遵圣行	动词	阿+汉
sunzi oqin	孙女	名词	汉+东

续表

东乡语	汉语	词性	构词结构
sunzichi	有孙子的	名词	汉+东
susanchi	爱吃酥馓的人	名词	汉+东
suzikei	患有甲状腺的人	名词	汉+汉
taiji gie	抬举	动词	汉+东
taijientu	有特点的	形容词	汉+东
taipinra	变得太平	动词	汉+东
taizhao	理发员，理发师	名词	汉语借词
taizhaopu	理发店，理发馆	名词	汉语借词
taoer beilie	逃跑，特指妻子怄气而从家里出走	动词	汉汉+东
taoer dayi	打头（指从别人的东西或钱中要去一点归己所有）	动词	汉+汉
taoerchi	爱吃桃子的人，卖桃子的人	名词	汉+东
tebieshi	变得特别	动词	汉+东
tenxienzichi	善弹口弦琴的人	名词	汉+东
tesibihha qiayi	用赞珠计数赞念	动词	阿+汉
tolajikei	拖拉机手，驾驶拖拉机的人	名词	汉语借词
tolajitu	有拖拉机的	形容词	汉+东
touhao chonji	出风头，好战	动词	汉语借词
touxian gie	投降	动词	汉+东
touxitu	有头绪的	形容词	汉+东
tuhua	土话，东乡语（东乡族人称本族语为土语）	名词	汉语借词
tuhua kielie	讲东乡语	动词	汉+东
tujia	屠夫	名词	汉语借词
tuman layi	降雾，雾罩，雾漫	动词	东+汉
tunjigva	开通，弄通	动词	汉+东
ubali xiyi	怜惜，可怜，怜悯	动词	阿+汉
ubazi	①武把子，武术，武功；②会武术的人	名词	汉语借词
uhunra	变得对教规不好好遵守，变得常犯教规	动词	汉+东
unqi	问题	名词	汉语借词
unyi gien	瘟疫	名词	汉+东
uye danyan	端午节	名词	汉+汉

续表

东乡语	汉语	词性	构词结构
uyida	耍武艺，练功夫	动词	汉+东
wanxian gie	希望，期望，望想	动词	汉+东
wazhua gie	①用手或爪子刨、挖取；②为生活或某种利益而操劳、奔波、争取	动词	汉+东
wazichi	经营袜子的人	名词	汉+东
wi khishun	胃酸	形容词	汉+东
widao oro	霉变，产生霉味，发出异味	动词	汉+东
wixienshi	变得危险	动词	汉+东
xi yenjichin	演员	名词	汉+东
xiabasun	坏蛋	名词	汉+东
xiabien kun	南方人	名词	汉+东
xiacha gie	努力，出力，拼力，使劲	动词	汉+东
xian jienji	点香	动词	汉+汉
xiaoqingva	变得有空，得闲	动词	汉+东
xifan	西番，对藏族的称呼	名词	汉语借词
xifan ghoni	番羊	名词	汉+东
xifan kielien	藏语	名词	汉+东
xifan nogvei	藏狗	名词	汉+东
xinhun tayi	摁手印	动词	汉汉+东
yayou	洋芋，土豆，马铃薯	名词	汉语借词
yefiin	月份，指斋月	名词	汉语借词
yeliesen morei	野马	名词	汉+东
yenkou morei	一至两岁口马	名词	汉+东
yenwachi	经营砚台的人	名词	汉+东
yeshichi	掌握钥匙的人，配钥匙的人	名词	汉+东
yewo	野物，野兽，兽畜，野禽	名词	汉语借词
yewochi	猎手，猎人	名词	汉+东
yewotu	有野动物的	形容词	汉+东
youchou gie	忧愁	动词	汉+东
youdan daru	用大辊子榨油	动词	汉+东
youji egvi	打游击	动词	汉+东

续表

东乡语	汉语	词性	构词结构
youjien	优点	名词	汉语借词
youjienra	出现雀斑	动词	汉+东
youjientu	有优点的	形容词	汉+东
zalankei	专卖杂碎的人	名词	汉+汉
zanfukei	①胆子大的人；②野心家，冒险家	名词	汉+汉
zannan	脏，肮脏	形容词	汉语借词
zaoer mutun	枣树	名词	汉+东
zaoer usu	枣水（煮枣水）	名词	汉+东
zaoerchi	爱吃枣的人，卖枣的人	名词	汉+东
zeigutou	贼骨头（有贼心的人，有坏心眼的人，有奸情的人）	名词	汉语借词
zenchin gie	赞成	动词	汉+东
zener yasun	锁骨	名词	汉+东
zhagvasun jiaoyi	钓鱼	动词	东+汉
zhama uyi	紧紧围困，捂得透不过气来	动词	东+汉
zhamaqiao bunzhu	麻雀	名词	汉+东
zhan gie	做账	动词	汉+东
zhanguiji	①掌柜的；②丈夫或妻子	名词	汉语借词
zhanhao gie	吆喝，喝彩，起哄	动词	汉+东
zhaobun onshi	照着书念（不背诵）	动词	汉+东
zhapchi danla	当媒，做媒	动词	东+汉
zhaorin gie	招认	动词	汉+东
zhaoxian gie	照相，摄影	动词	汉+东
zhincha gie	侦查	动词	汉+东
zhingerji	整个儿地，正式地，用在动词前表示动作行为正在正式地、大量地进行	副词	汉语借词
zhinmin gie	证明	动词	汉+东
zhinxienla	做针线活儿	动词	汉+东
zhiyen bogvo	烟头，纸烟的过滤嘴	名词	汉+东
zhiyen ijie	吸烟	动词	汉+东
zhochin danla	做客，当客人	动词	汉+东+汉

续表

东乡语	汉语	词性	构词结构
zhonjia ghura	收割庄稼	动词	汉+东
zhonjia kun	庄稼人，农民	名词	汉+东
zhonjia tarei	种庄稼	动词	汉+东
zhonko	庄窠	名词	汉语借词
zhoqi gie	着气，生气	动词	汉+东
zhouyi	摆架子，傲慢	动词	汉+东
zhugve binji	心凉	动词	东+汉
zhugve daizi	比喻非常、经常牵心的人或事物	名词	东+汉
zhugve jiaore	心焦，焦虑	动词	东+汉
zhugve jienjien	心尖，心头	名词	东+汉
zhugveni shanji	伤心，心受到伤害	动词	东+汉
zhula jienji	点灯	动词	汉+汉
zhumade echi	去做聚礼	动词	阿+东
zhun udasun	针线	名词	汉+东
zhuyi gie	出主意，出点子	动词	汉+东
zhuyi khireigva	出主意	动词	汉+东
zisigva	表现出自私，显得自私，自私地对待	动词	汉+东
zixinchekai	骑自行车的人，卖自行车的人	名词	汉语借词
zixishi	变得仔细，变细心	动词	汉+东
ziyougva	表现出自由，自由自在	动词	汉+东
ziyoushi	变得自由	动词	汉+东
zuixien gie	罪责，罪有应得	动词	汉+东
zun duwa	总祈祷词	名词	汉+阿
zunji	遵，遵守，遵循	动词	汉+东
zunjiaotu	有宗教的	形容词	汉+东
zunsheshi	变成棕色	动词	汉+东
zunshoutu	有遵守的，遵行教义好的	形容词	汉+东
aman gozi	嘴角	名词	东+汉

参考文献

阿·伊布拉黑麦：《甘肃境内唐汪话记略》，《民族语文》1985年第6期。

布和：《东乡语词汇》，内蒙古人民出版社1983年版。

布和、确精扎布：《东乡语和蒙古语》，内蒙古人民出版社1986年版。

布和：《东乡语话语材料》，内蒙古人民出版社1987年版。

布和、刘照雄：《保安语简志》（修订本），民族出版社2009年版。

鲍培：《蒙古语比较研究绪论》，内蒙古大学蒙古语文研究所汉译油印稿，1978年版。

曹广顺、遇笑容：《中古译经中的处置式》，《中国语文》2000年第6期。

曹广顺：《重叠与归———汉语语法历史发展中的一种特殊形式》，《汉语史学报》2004年。

曹广顺：《西北方言特殊语法现象与汉语史中语言接触引发的语法改变——以"格"范畴为例》，《历史语言学研究》第五辑，商务印书馆2012年版。

曹广顺：《近代汉语助词》，商务印书馆2014年版。

曹道巴特尔：《蒙汉历史接触与蒙古语言文化变迁》，辽宁民族出版社2010年版。

陈保亚：《语言接触与语言联盟——汉越（侗台）语源关系的解释》，语文出版社1996年版。

陈保亚：《语言接触导致汉语方言分化的两种模式》，《北京大学学报》（哲学社会科学版）2005年第2期。

陈丹丹：《汉语史上关系从句的类型学考察》，博士学位论文，中国社会科学院研究生院，2009年。

陈前瑞：《方言习得的八条原则——介绍 J. K. Chambers 的〈方言习得〉》，《当代语言学》1994 年第 3 期。

陈乃雄：《保安语词汇》，内蒙古人民出版社 1986 年版。

陈乃雄：《保安语和蒙古语》，内蒙古人民出版社 1987 年版。

陈其光：《语言间的区域特征》，《中国语言学报》1991 年第 4 期。

道布：《蒙古语简志》，民族出版社 1983 年版。

东乡族自治县地方史志编纂委员会：《东乡族自治县志》，甘肃文化出版社 1996 年版。

《东乡族简史》编写组：《东乡族简史》，甘肃人民出版社 1984 年版。

菲尔墨：《"格"辨》（胡明扬译），商务印书馆 2002 年版。

洪波、意西微萨·阿错：《汉语与周边语言的接触类型研究》，《南开语言学刊》2007 年第 1 期。

哈斯巴特尔：《关于蒙古语人称代词词干变格问题》，《民族语文》2001 年第 3 期。

罗杰瑞著〔美〕：《汉语概说》（张惠英译），语文出版社 1995 年版。

贾晞儒：《从青海汉语的几个方言词看语言间的接触影响》，《民族语文》1994 年第 4 期。

贾晞儒：《青海汉话与少数民族语言》，《民族语文》1991 年第 5 期。

甘肃省临夏州文联、兰州大学中文系临夏方言调查组：《临夏方言》，兰州大学出版社 1996 年版。

G. J. 兰司铁：《阿尔泰语言学导论》（陈伟、沈成明译），中国社会科学出版社 1981 年版。

雒鹏：《河州话语法——语言接触的结果》，《西北师大学报》（社会科学版）2004 年第 4 期。

力提甫·托乎提：《阿尔泰语言学导论》，山西教育出版社 2002 年版。

李炜：《甘肃临夏一带方言的后置词"哈""啦"》，《中国语文》1993 年第 6 期。

刘丹青：《语法调查研究手册》，上海教育出版社 2008 年版。

刘丹青：《汉语的若干显赫范畴：语言库藏类型学视角》，《世界汉语教学》2012 年第 3 期。

刘照雄：《东乡语简志》，民族出版社1981年版。

刘星：《西北方言与元白话特殊语法比较研究》，硕士学位论文，兰州大学，2017年。

临夏回族自治州文史资料委员会：《临夏文史资料选辑》，第八辑，《河州史话》专辑，内部发行。

敏春芳：《语言接触视域下东乡语副动词研究》，《甘肃高师学报》2013年第6期。

敏春芳：《"经堂语"的格标记和从句标记》，《方言》2014年第3期。

敏春芳、丁桃源：《回族"经堂语"的特殊语言现象（一）——"上"和"打"》，《回族研究》2014年第1期。

敏春芳：《甘青民族地区语言接触中的"格"范畴》，《民族语文》2014年第5期。

敏春芳：《回族"经堂语"特殊语法形式研究》，《中国语文》2015年第5期。

敏春芳、程瑶：《语言接触视域下临夏话"是"字句特殊用法研究》，《兰州大学学报》（社会科学版）2015年第6期。

敏春芳：《从语序类型分析经堂语的来源及其性质》，《西北民族研究》2016年第4期。

敏春芳、雷雨：《临夏回民汉语的"S是+N是/不是是"句》，《方言》2016年第3期。

莫超：《白龙江流域汉语方言语法研究》，中国社会科学出版社2004年版。

莫超：《也谈兰州及周边方言的"们3"》，《语言科学》2004年第6期。

莫超、张建军：《从语法特点看唐汪话的语言性质》，《西北师大学报》（社会科学版）2015年第2期。

孟达来：《北方民族的历史接触与阿尔泰诸语言共同性的形成》，中国社会科学出版社2001年版。

孟和达来：《蒙古语族甘青语言的假定式附加成分与突厥语族语言的比较》，《西北民族学院学报》（哲学社会科学版）1999年第1期。

马国忠、陈元龙：《东乡语汉语词典》，甘肃民族出版社2001年版。

秦臻、马国忠：《东乡族—甘肃东乡县韩则岭村调查》，云南大学出版社 2004 年版。

马如彪：《中古蒙古语与现代东乡语同源词汇研究——以〈蒙古秘史〉语言为视角》，《兰州大学学报》（社会科学版）2017 年第 4 期。

马树钧：《汉语河州话与阿尔泰语言》，《民族语文》1984 年第 2 期。

马伟：《循化汉语的"是"与撒拉语 sa/se］语法功能比较》，《青海民族研究》1994 年第 3 期。

马伟：《试探河州话的产生基础》，《青海民族研究》1997 年第 2 期。

马自祥、马兆熙：《东乡族文化形态与古籍文存》，甘肃人民出版社 2000 年版。

牛汝极：《西域语言接触概说》，《中央民族大学学报》（哲学社会科学版）2000 年第 4 期。

那德木德：《关于蒙古语人称代词的词形变异问题》，《西北民族学院学报》（哲学社会科学版）1984 年第 1 期。

那森柏：《东乡语蒙古语人称代词比较研究》，《东乡语论集》甘肃民族出版社 1988 年版。

清格尔泰：《蒙古语语法》，内蒙古人民出版社 1991 年版。

仁增旺姆：《汉语河州话与藏语的句子结构比较》，《民族语文》1991 年第 1 期。

宋金兰：《甘青汉语选择问句的特点》，《民族语文》1993 年第 1 期。

宋珊：《甘肃天祝县汉语方言语法研究》，硕士学位论文，兰州大学，2017 年。

司提反·米勒：《阿尔泰语系蒙古语族语言语法比较研究》，博士学位论文，中央民族大学，2005 年。

孙竹：《蒙古语族语言词典》，青海人民出版社 1990 年版。

桑席叶夫：《蒙古语比较语法》，民族出版社 1959 年版。

特木尔陶高：《蒙古语人称代词》，蒙古语学家第三届大会，第二卷 1977 年版。

太田辰夫：《中国语历史文法》，北京大学出版社 2003 年版。

吴福祥：《关于语言接触引发的演变》，《民族语文》2007 年第 2 期。

吴福祥:《区域语言学综观》,《历史语言学研究》第六辑,商务印书馆 2013 年版。

王森:《甘肃临夏方言的两种语序》,《方言》1993 年第 3 期。

王双成:《西宁方言的介词类型》,《中国语文》2012 年第 5 期。

徐丹:《唐汪话研究》,民族出版社 2014 年版。

徐丹:《唐汪话的格标记》,《中国语文》2011 年第 2 期。

徐丹:《甘肃唐汪话的语序》,《方言》2013 年第 3 期。

徐丹:《从借词看西北地区的语言接触》,《民族语文》2015 年第 2 期。

谢晓安、华侃、张淑敏:《甘肃临夏汉语方言语法中的安多藏语现象》,《中国语文》1996 年第 4 期。

谢小冬、王勋陵、安黎哲:《从群体遗传的 DNA 线索看东乡族族源问题》,《民族研究》2002 年第 1 期。

杨永龙:《青海民和甘沟话的多功能格标记"哈"》,《方言》2014 年第 3 期。

杨永龙:《青海甘沟话复数标记"们［mu］"的类型特征及历史比较》,《历史语言学研究》第八辑,商务印书馆 2014 年版。

杨永龙:《青海民和甘沟话的语序类型》,《民族语文》2015 年第 6 期。

杨永龙、张竞婷:《青海民和甘沟话的格标记系统》,《民族语文》2016 年第 5 期。

喻世长:《论蒙古语族的形成和发展》,民族出版社 1983 年版。

意西微萨·阿错:《倒话研究》,民族出版社 2005 年版。

余志鸿:《从〈蒙古秘史〉语言看东乡语》,《民族语文》1994 年第 1 期。

张安生:《宁夏同心话的选择性问句——兼论西北方言"X 吗 Y"句式的来历》,《方言》2003 年第 1 期。

张安生:《甘青河湟方言名词的格范畴》,《中国语文》2013 年第 4 期。

赵长才:《〈训世评话〉中"是"的两种用法及其来源》,《历史语言学研究》第六辑,商务印书馆 2013 年版。

张成材:《西宁方言的语法特点》,《青海社会科学》1981 年第 1 期。

张成材:《西宁及周边方言介词初探》,《青海师范大学学报》(哲学社会科学版)2006 年第 3 期。

张竞婷:《保安族汉语方言格范畴研究》,硕士学位论文,兰州大学,2013年。

照那斯图:《土族语简志》,民族出版社1981年版。

照那斯图:《土族语简志》(修订本),民族出版社2009年版。

祖生利:《〈元典章·刑部〉直译体文字中的特殊语法现象》,《蒙古史研究》2003年。

中国社会科学院语言研究所方言研究室资料室:《汉语方言词语调查条目表》,《方言》2003年第1期。

Barnhart. Robert K., "The Barnhart Dictionary of Etymology", New York. 1988.

Corbett. Greville G., "Number", Cambridge University Press, 2001.

Chomsky N., "Aspects of the Theory of Syntax. Aspects of the theory of syntax", M. I. T. Press, 1965.

Chomsky N., "Remarks on nominalization. Readings in English Transformational Grammar", 1970.

Diessel, Holger, "The Ordering Distribution of Main and Adverbial Clauses: A Typological Study." Language, 2001.

Dryer, Matthew S., "The Greenbergian Word Order Correlations." Language (1992).

Dryer, Matthew S., "Word Order. In Timothy Shopen (eds.), Clause Structure", Language Typology and Syntactic Description, Vol. 1, Cambridge University Press, 2007.

Greenberg, Joseph H., "Some universals of grammar with particular reference to the order of meaningful elements". In Greenberg, Joseph H. ed. Universals of Language. Cambridge, 1963.

Bernd Heine & Tania Kuteva, "World lexicon of grammaticalization". Cambridge University Press, 2002. 龙海平等译2010《语法化的世界词库》,世界图书出版公司。

Hopper, Paul J. & Traugott Elizabeth Closs., "Grammaticalization: Grammaticalization across clauses". Cambridge University Press, 1993.

Lees R B., "The basis of glottochronology". Language, 1953.

Payne T, 潘恩, 方梅, "Describing morphosyntax". 世界图书出版公司, 2011.

Peyraube, Alain. "A comparative analysis of the case system in some Northwestern Sinitic languages". In Cao guangshun, Redouane Djamouri, Alain Peyraube ed. Languages in Contact in North China: Historical and Synchronic Studies. Paris: CRLAO, Ecole des Hautes Etudes en Scinces Sociales, 2015.

Thompson, S. A. & Longacre, R. E. "Adverbial clauses", In Shopen, Timothy (ed.) Language Typology and Syntactic Description, vol. II: Complex Constructions. Cambridge: Cambridge University Press, 1985.

Thomason S. G., "Language Contact: An Introduction", Edinburgh uneiversity press, 2001.

M. A. K. Halliday, "The Language of the Chinese 'Secret History of The Mongols", 1959.

后　记

一　说明

1. 东乡语记音符号

甘肃少数民族语言文字工作办公室于1999年制定了一套"东乡语记音符号"（见下表）。该记音符号是以《汉语拼音方案》为基础制定的，符号中的字母表及字母的读法与《汉语拼音方案》完全一致，只是没有声调。所以，本书中的东乡语我们均以"东乡语记音符号"记音。

东乡语记音符号字母表

大写	A	B	C	D	E	F	G	H	I	J	K	L	M	N	O	P	Q	R	S	T	U	V	W	X	Y	Z
小写	a	b	c	d	e	f	g	h	i	j	k	l	m	n	o	p	q	r	s	t	u	v	w	x	y	z

2. 东乡语语料来源

语音方面，我们前后调查了东乡县的达坂、锁南、那勒寺、东塬、百和、关卜、河滩、唐汪八个乡镇的语音系统。本书中我们选择了东乡语语音、东乡汉语语音以及混合语的语音。东乡语的语音以东乡政府锁南坝为主，东乡汉语的语音选取转用了汉语的东塬乡，混合语的语音以唐汪话为例。

词汇以布和等编的《东乡语词汇》中的四千多词和马国忠、陈元龙编的《东乡语汉语词典》中的一万八百多词为主。我们总共调查了一万五千多词（不包括《方言调查字表中的词汇》），文中选取了一千词附在了文末。"见微知著，见端知末"，东乡语汉语借词可见一斑。

此外，我们收集并转写了四十多则东乡语短文故事和一些民间传说，附录只选取了四则短文故事。

3. 东乡语使用情况

我们对东乡族的语言使用情况做了几年的跟踪调查，初步得出结论：东乡县的河滩镇、百和乡、东源乡、关卜乡、果园乡等乡镇已基本转用汉语；柳树乡、达坂镇、那勒寺、赵家乡、春台乡、北岭乡、董岭乡、车家湾等乡镇兼用汉语和东乡语；东乡县中部和腹部地带的锁南镇、坪庄、免古池、沿岭乡、汪集乡、风山乡、高山乡、大树乡、龙泉乡、考勒等乡镇还在使用东乡语。（见图4—2 东乡民族的语言转用图）

语言接触是目前国内语言学界的一个研究热点也是一个难点。民族语言的研究有时还需要科学的佐证。如东乡族的族源问题，曾经众说纷纭，莫衷一是。兰州大学生命遗传科学院的谢小东等先生，从群体的遗传动态探讨东乡族的族源，通过分析DNA中的遗传信息，得出的结论是：东乡族的起源与历史上中亚色目人的迁入有关，而跟属于阿尔泰语系蒙古语族的蒙古人没有联系。由此看来，历史比较语言学、民族社会学和生命遗传科学三者互相推求，一些复杂问题才能迎刃而解、水落石出，真相才能大白。此次东乡语的研究，仅仅是引玉之砖，我们将对其进行长期的跟踪调查研究。

二 致谢

这本书是在我博士后报告《语言接触与语言演变—东乡语词汇研究》的基础上修改完成的。

从2009年至今，十年磨剑。前几年的时间和精力花在了东乡语的调查、核实以及语料的转写方面。东乡语长期处于汉藏语系语言的包围之中，是受汉语影响最深的蒙古族语言之一，半东半汉，行文艰难，需百锻千炼；报告完成之后的几年，又在修修补补：或拾遗补阙，或伤筋动骨，"怀胎十年"的艰辛是有的。正如作家格拉德威尔提出的"一万小时定律"：要完成一项工作，需要时间，需要一万甚至几万小时的磨炼；也需要不厌其烦、持之以恒的耐心。

所幸的是，在我研究的各个阶段都得到了良师益友的指点和帮助，这是我人生的一大幸福，也是我坚持做西北语言接触研究的主要原因。

2009年，我到中国社科院语言研究所博士后流动站进站学习，我的博士后指导老师曹广顺先生为我提供了十分难得的学习机会，使我能在中国社科院语言研究所这个学术殿堂接受最好的语言学训练。先生为人处世，虚怀若谷，从容不迫；先生的学问，古今贯通，博大精深。2009年前后，我刚完成有关训诂学的项目，感觉自己江郎才尽，黔驴技穷；须另辟蹊径，找寻新的研究方向。先生因地制宜，因材施教。建议我"走出去""走下去"，深入西北民族地区看看，看看西北民族地区的语言使用状况，考察民族地区语言接触的程度……"寻寻觅觅，蓦然回首，那人却在灯火阑珊处"。自己一直苦苦寻找的就在转身的刹那。感谢先生慧眼识材，醍醐灌顶。西北民族地区是语言研究的富矿，语言的接触随处可见，比比皆是。民族语向汉语借入大量词汇的同时，母语的干扰根深蒂固，始终存在。本书中我的一些思考和想法，借鉴沿用了先生的观点。在社科院学习的三年间，先生给我的教诲最多，恩泽最深；江蓝生、杨永龙、李蓝、赵长才、祖生利等先生言传身教，获益良多。他们在为学、为人、为事方面给予我心灵上的感染和启迪，令我敬佩不已，感激不尽！

感谢法国高等社科院的贝罗贝先生和罗端先生、美国加州大学圣塔芭芭拉分校的遇笑容先生，在我论文的评审和答辩中提出的宝贵意见。

东乡人民助人为乐、乐善好施。马建华、马宗贤、马欣薇、马健、马小凤等，都是我教过的优秀大学生，他们会讲地道的"土话"（东乡语），是流利的双语人。每次去东乡调研，他们跑前跑后，帮我联系发音合作人。马建华多次带我上山下乡，走村串户。东乡群山万壑、层峦叠嶂。我们到锁南坝、龙泉乡和考勒等地调查过东乡语；赴河滩、百和、东塬、关卜等乡镇调查过东乡汉语；多次深入唐汪了解唐汪话的情况；走进民族学校考察过东乡语的双语教学；去养老院调研过东乡语的保存情况……在他的陪伴下，我们几乎走遍了东乡县的二十四个乡镇，所到之处宾至如归，亲如一家。马建华还帮我收集到了珍藏在民间的东乡语民间传说、短文故事以及珍贵的东乡语资料。马宗贤、马健等同学帮我核对了《语法调查研究手册》和《汉语方言语法调查手册》中的东乡语语料；马欣薇夫妇帮我核实、校对了短文故事和民间传说。在同学们的大力帮助下，我获得了大量的有价值的语言材料，为东乡语的研究打下了扎实的基础。感谢他们的热忱帮助和辛勤工作。也感谢整个调查过程中所有发音人的密切配合：锁南坝的王福康先生、关卜乡的张学龙先生、东塬乡的林庆华先生、河滩镇的郭元胜和汪胜利先生、唐汪乡的唐忠、汪英梅、马小虎同学等。

感谢我的研究生的鼎力相助和辛勤工作。雷雨、宋珊、刘星、杜冰心、张竞婷等，都是我前后毕业的研究生，他们现在都是博士生了。我们一起奔赴西北民族地区的很多地方调查过语言：深入东乡县的二十四个乡镇调查东乡语和东乡汉语；去临夏积石山的"保安三村"调查保安语；赴青海民和的甘沟调研甘沟话；深入青海的祁连山和化隆地区调查"托茂人"和"卡力岗"人的语言，无论严寒酷暑，大家吃住在一起，同心协力，其乐融融。感谢他们为本书付出的辛劳。巴西作家保罗·戈埃罗在《牧羊少年奇幻之旅》中说过："当你全心全意梦想着什么的时候，整个宇宙会协同起来，助你实现自己的梦想。"所言甚是。如果没有良师的指导，没有诸位学生的帮助，也就没有此著作的顺利完成。再次向他们表示深深的谢意。

需要说明的是，本书在一些疑难词汇、重要的例句选择方面参考了前辈时贤的不少论著：如马国忠、陈元龙编著的《东乡语汉语词典》、刘照雄编的《东乡语简志》以及布和编著的《东乡语和蒙古语》等，都是具有一定学术价值的资料。感恩前辈学者为我们留下的宝贵财富。因体例所限虽能逐一说明，但心存感激。

该书仅仅是我研究西北接触语言的初步尝试。本人才疏学浅，掌握的资料有限，书稿虽几经修改，书中疏漏讹误之处在所难免，敬请专家学者和广大读者批评指正。

敏春芳

2018 年 3 月 10 日